胡耀宗 著

义务教育财政体制创新与学校绩效管理实践

华东师范大学出版社
·上海·

图书在版编目（CIP）数据

义务教育财政体制创新与学校绩效管理实践/胡耀宗著.—上海：华东师范大学出版社，2024
华东师范大学新世纪学术著作出版基金
ISBN 978-7-5760-4923-7

Ⅰ.①义… Ⅱ.①胡… Ⅲ.①义务教育-财政制度-研究-中国②义务教育-教师-工资制度-研究-中国 Ⅳ.①G522.3②G635.15

中国国家版本馆 CIP 数据核字（2024）第 088785 号

华东师范大学新世纪学术著作出版基金资助出版
义务教育财政体制创新与学校绩效管理实践

著　者	胡耀宗
责任编辑	孔繁荣　王国红
责任校对	董　亮　时东明
版式设计	郝　钰

出版发行	华东师范大学出版社
社　址	上海市中山北路3663号　邮编200062
网　址	www.ecnupress.com.cn
电　话	021-60821666　行政传真 021-62572105
客服电话	021-62865537　门市（邮购）电话 021-62869887
地　址	上海市中山北路3663号华东师范大学校内先锋路口
网　店	http://hdsdcbs.tmall.com

印 刷 者	常熟高专印刷有限公司
开　　本	787毫米×1092毫米　1/16
印　　张	25.5
字　　数	412千字
版　　次	2024年10月第1版
印　　次	2024年10月第1次
书　　号	ISBN 978-7-5760-4923-7
定　　价	99.80元

出版人　王　焰

（如发现本版图书有印订质量问题，请寄回本社客服中心调换或电话021-62865537联系）

序 言

这本著作是我们承担的《公共财政框架下中国义务教育学校绩效管理动态生成与政策配套供给研究》的研究成果[①]。自2012年课题立项以来，我国经济社会发生了巨大变化，尤其是中国共产党召开了具有重要历史意义的十八大、十九大、二十大，对党和国家的事业不断作出新的战略规划和部署。课题研究的主题公共财政建设和义务教育学校绩效管理在理论和实践上都有新的进展。

因为工作需要，课题负责人2015年借调教育部工作，至2024年本书付印，课题组前后参与了一系列重大教育政策的论证和起草工作，包括参与制定《国家教育事业发展"十三五"规划》，参与修订《中华人民共和国教师法（草案）》，为联合国教科文组织起草报告《中国教育财政制度的逻辑及实践（2016—2020）》，制定上海市基础教育学段生均经费标准（2016—2020），为国家发改委和教育部财务司提供《我国各级各类学校学费政策优化研究报告》（2016—2024）。课题组参与这些对中央和地方义务教育政策的制定工作，深化了对课题研究主题的思考。

本课题的选题源于我国义务教育领域2009年开始实施的教师绩效工资政策，这一政策将"绩效管理"这一风靡世界的公共治理工具引入学校管理领域。实施15年来，由于教育领域长期形成的强制性行政控制型学校管理模式，以及社会资本匮乏、公众参与理性不强等原因导致绩效管理实践毁誉参半。在世纪转换时，中国政府提出建设公共财政制度。在这一背景下，义务教育占据

[①] 国家社科基金一般项目（12BGL098）。

公共财政相当规模；宏观上财政资金支出的效率，微观上教育质量提升的诉求，都要求义务教育学校必须展示其系统是高绩效的。现实表明，在义务教育学校管理中推行绩效管理是一个亟待研究的问题。课题围绕公共教育财政框架下义务教育财政体制创新、义务教育教师绩效工资政策进展、义务教育学校绩效管理实践三个模块展开，其背后的逻辑脉络是从财政体制的宏观政策到教师绩效工资的制度创新再到义务教育学校的绩效实践。这些工作形成三个清晰的研究板块。

第一板块是关于义务教育财政体制创新的研究，包括五章内容。

（1）基础教育财政改革的逻辑。教育财政是国家教育治理的基础和重要支柱，也是推进教育改革不断突破和发展的引导性力量。在中国教育改革发展的每个阶段，教育财政受财政体制改革和教育管理体制改革双重牵引，基本适应了当时教育发展的需要，也实现了教育财政体系本身的自我完善。通过分析我国教育财政制度的基本特征和功能、教育财政制度的构成、基础教育财政的理论依据、基础教育财政分配的公平原则、教育财政投入的外部比例，解读基础教育财政改革的逻辑。

（2）农村义务教育财政投入新机制。农村义务教育始终是国家教育振兴的重点和难点，关系着社会公平。国家相继出台一系列农村义务教育振兴的政策措施，促进农村教育质量的提高。21世纪以来，体制变革推动了我国农村义务教育发展，农村义务教育被纳入公共财政保障范围，中西部地区的支持力度加大。梳理农村义务教育财政保障机制建立历程，分析不同时期不同义务教育财政体制下各级政府的职责，以农村义务教育财政投入密切相关的专项计划为切入点进行解读。农村义务教育发展成效明显，地方农村义务教育生均经费逐年增长，城乡义务教育投入差距逐步缩小，公共财政保障水平不断提高。

（3）从"两为主"走向"钱随人走"。2003年提出"以流入地政府管理为主"和"以全日制公办中小学为主"，即"两为主"的流动人口子女教育财政责任分担体制。然而，我国财政对教育经费的划拨是以户籍为依据的，大量在流入地上学的流动人口子女的户籍仍然保留在流出地，其中央财政教育经费仍然划拨给户籍所在地，他们在流入地无法获得中央财政的转移支付资助。2015年国务院提出中央"两免一补"和生均公用经费基准定额资金随学生流动可携带,该政策打破了"人走钱不走"的僵局。本章以案例刻画了"两为主"和"钱随人走"政策的意义和困境,从明确政府责任、完善转移支付制度、完善学籍卡登记备案三方面提出了完善教育财政责任分担实践的建议。

(4) 基本公共教育服务均等化。基于基本公共服务均等化内涵,反思基本教育服务非均等化的现实,分析基本教育均等化的国家行动、上海公共教育服务均等化现状,以及如何促进的实践。基本公共教育服务均等化,是政府等公共部门为使公民享有均等的教育机会及教育资源,提供能够体现社会公平正义原则的大致均等的教育公共产品和服务的过程。我国的现实情况是义务教育财政长期不均等,导致义务教育的发展存在明显的城乡差距、区域差距、校际差距和群体差距,这四大差距已成为义务教育迈向均等化的严重阻碍。国家层面推进基本公共教育服务均等化,主要是向农村和贫困地区进行政策倾斜和财力支持,免费义务教育、贫困地区农村义务教育学生免费营养餐、困难学生补助和资助等政策,确实在一定程度上减轻了农村家庭的负担。

(5) 义务教育学生资助。严格意义上的义务教育,是指国家对学生进行完全免费的教育,不仅包括免除学费,还要给学生提供教科书、文具等学习用品,甚至还要提供免费住宿、免费乘车等,为保障义务教育的全面实施,离不开学生资助政策的建立。学生资助的形式主要是财务支持:学校为学生提供奖学金、助学金和助学贷款等,主要来源于政府、企业、慈善机构以及个人捐助等主体。在这些主体中,政府是最为主要的贡献者,它所提供的资助力度和覆盖面也是最为有力、最为宽广的,政府在学生资助工作中起主导作用。以国家发布的《学生资助发展报告》为主要数据来源,分析义务教育学生资助的发展情况,2007年以来,我国对学生资助的力度不断加大,财政总额也是持续增加,体现出我国对学生资助经费的投入力度以及困难家庭子女受教育权利的重视程度也在不断扩大;但义务教育资助金额占全国学生资助的总额总体呈下降趋势,义务教育学生资助在整个学生资助体系中处于较低的地位。义务教育学生资助面临贫困地区负担重,免学杂费和免书本费计入学生资助口径,寄宿生生活补助范围小且认定程序和监督管理存在问题,社会资助相对混乱等困境。

第二板块是关于义务教育教师绩效工资制度的研究,包括五章内容。

(1) 义务教育教师绩效工资制度形成。义务教育教师绩效工资是指在义务教育阶段,根据教师在教育教学活动中表现出来的行为和结果,按照绩效考核评价标准对教师进行综合评价,确定教师工资水平的一种工资政策。中国义务教育教师工资制度,经历了实物工资制、货币工资制、专业技术职务等级工资制、结构工资制、岗位绩效工资制五个阶段。

(2) 义务教育教师绩效工资政策内容。义务教育教师绩效工资制度的设计坚持公平与效率结合,注重公平,注重教师专业发展,以人为本,尊重教师主体地位,注重绩效评价主体、内容和方法多元化的价值取向。绩效评价强调以教师的工作实绩和贡献为依据,多劳多得。岗位绩效工资由岗位工资、薪级工资、绩效工资和津贴补贴四部分组成,其中岗位工资和薪级工资为基本工资,岗位工资主要体现教师的岗位职责和要求,薪级工资主要体现教师的工作表现和资历。在保障措施方面,由县级以上人民政府人事、财政部门按照教师平均工资水平不低于当地公务员平均工资水平的原则,确定义务教育教师规范后津贴补助的平均水平。绩效工资结构由70%基础性绩效和30%的奖励性绩效工资组成;分配由学校按照规范的程序和办法自主分配,主要体现工作量和实际贡献等因素。发放周期在绩效考核的基础上,合理确定奖励性绩效工资分配等次,一般按学期或者学年发放。学校财务管理严格实行"收支两条线"的措施,确保义务教育教师绩效工资制度的落实。

(3) 义务教育教师绩效工资政策执行偏差。义务教育教师绩效工资政策以激励为导向,保障和改善教师特别是中西部地区农村义务教育教师的工资待遇,提高教师地位,吸引和鼓励优秀人才长期从教、终身从教,以促进教育事业的发展。从社会普遍反映的情况看,绩效工资政策的执行效果与政策目标出现偏差,政策改革未能获得基层教师共识,因教师工资引发的罢课讨薪现象时有发生。这不仅影响教学秩序,而且酿成削弱教师从教意愿的潜在风险。通过对上海、安徽、河南三省市1000位校长和教师的问卷调查和8次结构性访谈,发现绩效工资政策在执行过程中,存在县域教师与公务员工资出现新的差距、学校层面绩效考核工作异化、绩效工资政策空转等问题。执行偏差的表现是因绩效工资政策模糊导致的残缺式执行、教育评价体系尚未健全下的政策替代、群体及组织结构复杂下的象征性执行。建议从构建国家教育治理体系和治理能力现代化的高度,高位推动善政、开展整体治理,推动多元共治、形成绩效共识，落实法定工资、建立绩效工资改革协调机制。

（4）义务教育教师绩效工资政策执行改进。明确各级政府义务教育教师绩效工资经费保障的责任。加强政策宣传，让教师明确绩效工资政策的目标和内容。建立强有力的问责监督制度，保障各级政府财政责任落实到位。细化学校层面的制度细则以及完善考核过程。学校要成立绩效考核小组，针对教师诉求，学校特点，构建符合本校情况且有利于提高教师工作积极性的绩效考核制度。在具体考核过程中，确保开放透明，扩大教师参与度，及时公开并组织教师学习绩效工资考核方案，对绩效考核的结果进行公开。

（5）乡村教师队伍建设财政保障机制。乡村教师作为我国教师队伍的重要组成部分，是提升乡村教育质量和传承乡村文明的重要力量。由于历史和经济发展水平限制，乡村教师队伍面临数量不足，结构不优；教师社会地位低，专业认同差；队伍稳定性不强，专业成长缺乏，工资水平低等问题。建议完善乡村教师工资财政分担机制，改变乡村地区以县为主的教育经费投入体制，强化中央政府和地方政府的投入比例；核定农村教师工资基数标准及其发放保障承载主体；单独列支农村教师任教津贴，增加并有效规范任教津贴、班主任津贴、交通补贴。强化省级政府的经费统筹力度，建立县区教育财政能力评估制度；建立从财政资金投入到财政资金成效评估的监督机制。《乡村教师支持计划（2015—2020年）》已经针对以上问题作出安排，重点是对中央政策的落实，以及各省及省以下政府财政的落实。

第三板块是关于义务教育学校绩效管理的研究，包括五章内容。

（1）义务教育学校绩效管理运动的全球性浪潮。20 世纪 70 年代以来的新公共管理运动广泛传播于欧美国家的公共部门，并对教育系统产生了深刻影响，绩效管理成为学校组织的管理工具。政府对教育的过度垄断被教育绩效问责和公共教育市场化改革所打破，政府教育管理职能被迫重新定位。顺应国际上教育绩效管理的趋势，最近 30 年来，绩效管理理念作为一种基本价值取向指导着中国义务教育学校的改革。从计划集权走向自主分权，从优质项目走向新优质，教师绩效工资制度全面推行以及学校依据绩效评价获取办学资本，均可以看成绩效管理在我国义务教育学校管理中的实践形态。绩效管理已经对义务教育学校的机构性质和教学关系产生了重要影响。

(2) 基础教育学校国际主要绩效指标比较。20世纪下半叶，以提高质量为旨归的绩效管理引入学校管理后，开发学校绩效指标成为各国共同的政策工具。依据国家基础教育发展水平、国际影响力以及指标体系对本国教育的现实指导作用，选取英国、美国、经合组织国家和中国六套教育绩效指标体系进行比较后发现，各国学校绩效指标体系的内容主要涵盖学校管理、教师教学、学生发展、公共关系四个核心要素，各个核心要素所指向的反映学校绩效的内容主体差异明显。未来中国基础教育学校绩效指标构建应面向2035年愿景规划，在世界范围内确定基础教育学校发展坐标，突出学校领导力和学校组织环境、教师核心素养和教师工作投入标准、家长参与和学校为社区服务，对学业标准提出明确要求，满足学生适应未来社会和生活的需要。

(3) 教育投入与薄弱学校绩效管理的四维结构。从学校管理绩效、教师教学绩效、学生发展绩效、公共关系绩效四个维度，对义务教育学校的学校管理绩效进行测量，调查采用"李克特五点量表"，将学校管理绩效分为不同等级。关于教育投入对学校管理绩效的影响，从校园安全、学校环境、学校设施、学校文化与品牌、学校领导五个维度对义务教育学校管理绩效进行回归分析测量，结果显示薄弱学校的总体学校管理绩效处于中等水平，大部分的受访教师都认为所在学校的学校管理绩效状况一般，尤其在学校的文化建设和品牌创建方面亟须改进。在教师教学绩效维度，义务教育薄弱学校的教师教学绩效管理状况的总体水平较高，处于中上水平。大部分教师认为所在学校教师在教学能力、教师主动参与培训、教师科研、解决实际问题、班级管理和促进学生多元发展等方面的绩效水平良好。建立教育投入与教师教学能力之间的回归模型，结果表明教师参与教研活动的比例比教师工资水平在更大的程度上对教师教学能力产生影响。义务教育薄弱学校学生发展绩效总体水平一般，学生安全意识和学生道德行为表现的评级相对较高，学生学习态度和学业进步这一问题与学生身心发展的评级均分一致，表现一般，而学生多元发展水平则非常低。学校的外部公共关系相比于其他三个维度而言，评级最低，尤其在学校获得社会经费资助以及学校服务社会这两方面状况堪忧，调查数据反映出义务教育薄弱学校的社会关系表现较差。

(4) 义务教育学校财务管理制度框架。中小学财务制度是根据有关法律、法规和政策对中小学有关资金的筹集、分配、使用等业务进行计划、组织、执行和控制等工作所规定的基本行为准则或行为规范。中小学财务管理主要包括预算管理、支出管理、会计核算、资产管理四个方面。预算管理分为预算编制和预算执行，预算编制分为基本支出预算编制和项目支出预算编制，遵循零基预算的原则，编制程序采用"两上两下"的操作规则。预算执行主要包括国库集中支付、收付实现制、精细化平台的使用、公务卡制度的实行。中小学财务支出管理主要包括事业性支出、项目支出，以及经营支出，对附属单位补助支出、上缴上级支出、其他支出等。中小学财务会计核算实行"集中记账，分校核算"的核算模式，教育会计核算中心设置若干名记账会计，以学校为会计主体，分开核算，各个学校的资金使用权、管理权由校长负责。中小学资产管理控制活动包括购买、验收、日常管理等环节。

（5）基于 M 区义务教育学校财务管理的调查。本章围绕"中小学财务管理中存在的问题"这一调查目的，对 S 市 M 区中小学在预算管理、支出管理、资产管理以及目标达成度开展调查，并对问题的成因进行探析，提出改进建议。调查发现，预算管理存在预算编制粗放导致资金效率低下、预算评价千篇一律导致资金使用不合理、预算脱离教学计划导致执行率前松后紧等问题。支出管理存在资金的使用缺乏计划性、效益观念淡薄、忽略财务分析的作用等问题。资产管理存在缺乏专业管理人员，资产验收制度不完善或执行不力，日常管理不到位等问题。目标达成度则是在设定好预算目标之后，对最终的完成情况进行评价。现行财务管理模式存在会计核算中心与学校之间权责不清，误把会计核算看作财务管理；预算编制不合理，内部控制制度缺失，财务人员职业倦怠等问题。建议从以下方面予以改进：推广校本预算，提高资金效益；健全内控制度，从程序和制度上规范经济行为；增设财务管理岗位，提升战略管理能力；完善绩效评价，提高管理与服务效能；加强人员建设，从主观能动性上提高财务管理能力。

课题的主要结论可以归纳如下。

（1）绩效管理是当今世界大多数国家公共治理领域符号性很强的制度创新活动。作为教育领域公共属性最强的中国义务教育学校，其绩效管理的理论和实践必须嵌入自身社会背景之中，回应本国政治、经济、文化变革的需求。学校绩效管理的价值定位、指标体系、实施机制等要素也不同于别国学校。

（2）始于2003年由财政部门主导的支出绩效评价实践开启了建设现代财政制度的序幕，但本质上仍为政府内部目标性评价，甚至说是审计的简版，存在着理论悖论与现实矛盾，体现为体制机制不顺畅、目标功能不明确、组织流程不规范，技术体系不科学，难以形成有效的纠错及监督机制。实践中的义务教育财政绩效评价只是在一些教育专项中试点，学校内部的绩效管理、绩效考核似乎重构了一套话语体系。

（3）中国义务教育学校绩效管理业已开展的实践形态至少包括四个绩效项目，不同角色的利益相关者关注的绩效项目不尽相同。导致各项目绩效结果偏差的普遍因素是公众参与绩效评估的式微，目前的绩效管理实践多由教育内部的专门机构来组织协调，主要关注的是学校内部教与学的绩效，因此难以彻底改变学校内部绩效评估"自说自话"的特征。

（4）世界范围内发生的公共教育重建运动强调学校自主权和学生的选择权，试图通过各种市场化、民营化的形式，打破公共教育的政府垄断，最终改善公共教育的绩效。雨后春笋般出现的特许学校、契约学校以及目前声势浩大的综合学校等，可以为中国义务教育学校绩效管理提供镜鉴但不能照搬。

（5）中国在提升义务教育学校绩效和管理学校绩效的过程中，普遍遭遇窘境，其中突出的问题是所采用的学校绩效管理的国际经验并不能很好地契合中国各级政府义务教育管理的体制机制。过去20年，中国义务教育学校的发展目标是均衡发展、促进公平；2019年则提出优质均衡。换言之，我国义务教育学校绩效管理还没有作为一种相对完整的管理模式在学校管理实践中应用，当前绩效管理实践可以称作前绩效管理阶段，仍然处于不断形塑的动态生成过程中，最近十余年来发展的方向是学生学业质量标准的颁布和学业成就的评价，以及注重学校绩效管理的科学化、精细化。

（6）完善绩效管理政策的研究者往往脱离其根植的财政、教育体制来研究绩效管理。学校绩效管理的政策尚未形成体系，顶层设计缺乏，执行陷入碎片化。完善政策的方向和重点是在财政体制改革和教育体制改革方面，供给一整套与绩效管理制度有效整合，更加科学化、精细化的配套制度。

本书是我和我指导的研究生团队集体合作完成的，她们包括浙江师范大学的严凌燕、杭州师范大学的金晨,华东师范大学附属紫竹小学的褚巍伟,我的合作博士后石雪丽,博士生卢秀,硕士生黄露菡协助完成了全书的校对工作。

  由于课题负责人能力限制,该成果在文献、方法及观点等方面定有不足之处,甚至可能存在不妥与错误,恳切希望读者给予批评指正。

胡耀宗

2024 年 7 月 2 日

目 录

上篇 义务教育财政体制创新

第一章 基础教育财政改革的逻辑 … 3
第一节 教育财政制度的基本特征和功能 … 3
第二节 教育财政制度的构成 … 6
第三节 基础教育财政的理论依据 … 10
第四节 基础教育财政分配的公平原则 … 13
第五节 教育财政投入的外部比例 … 20

第二章 农村义务教育财政投入新机制 … 25
第一节 农村义务教育财政保障机制的建立 … 25
第二节 农村义务教育专项计划实施 … 29
第三节 当前农村义务教育财政投入现状 … 35
第四节 农村义务教育财政体制实践困境 … 38
第五节 农村义务教育财政转移支付改革 … 40

第三章 从"两为主"走向"钱随人走" … 42
第一节 流动人口子女教育财政责任分担 … 42
第二节 流动人口子女教育的政策梳理 … 44
第三节 "两为主"政策下的财政责任分担 … 55
第四节 "钱随人走"实践下的财政责任分担 … 62

第五节 完善教育财政责任分担实践的建议 ………………… 65

第四章 基本公共教育服务均等化 68
第一节 基本公共服务均等化的内涵 ………………………… 69
第二节 基本教育服务非均等化的现实 ……………………… 71
第三节 推进基本教育均等化的国家行动 …………………… 76
第四节 来自上海的实践 ………………………………………… 80

第五章 义务教育学生资助 85
第一节 义务教育学生资助概述 ………………………………… 86
第二节 义务教育学生资助的演变进程 ………………………… 89
第三节 我国义务教育学生资助情况 …………………………… 94
第四节 义务教育学生资助的困境 ……………………………… 100
第五节 义务教育学生资助制度的完善 ………………………… 104

中篇 义务教育教师绩效工资制度

第六章 义务教育教师绩效工资制度形成 111
第一节 国际义务教育教师工资演进历程 ……………………… 112
第二节 中国义务教育教师工资制度演进历程 ………………… 116

第七章 义务教育教师绩效工资政策内容 122
第一节 绩效工资政策目标 ……………………………………… 122
第二节 绩效工资政策的价值取向 ……………………………… 126
第三节 绩效工资考核指标 ……………………………………… 130
第四节 绩效工资的保障措施 …………………………………… 133

第八章 义务教育教师绩效工资政策执行偏差 138
第一节 绩效工资政策实施成效 ………………………………… 138
第二节 绩效工资政策执行偏差的表现 ………………………… 141

第三节　绩效工资制度执行偏差的原因 …………………… 177

第九章　义务教育教师绩效工资政策执行改进 …………… 182
第一节　绩效工资政策目标再造 …………………………… 182
第二节　地方政府绩效工资政策执行改进 ………………… 200
第三节　学校绩效工资政策执行改进 ……………………… 203

第十章　乡村教师队伍建设财政保障机制 ………………… 208
第一节　乡村教师队伍建设的举措 ………………………… 208
第二节　乡村教师队伍建设的挑战 ………………………… 212
第三节　财政保障面临的困境 ……………………………… 216
第四节　财政保障机制的完善 ……………………………… 220

下篇　义务教育学校绩效管理

第十一章　义务教育学校绩效管理运动的全球性浪潮 …… 229
第一节　绩效时代的义务教育学校管理思潮 ……………… 229
第二节　重构政府与学校的关系 …………………………… 231
第三节　中国义务教育学校绩效管理的实践形态 ………… 234
第四节　义务教育学校绩效管理中的价值冲突及平衡 …… 239

第十二章　基础教育学校国际主要绩效指标比较 ………… 247
第一节　国际绩效指标体系的选取 ………………………… 247
第二节　指标体系的核心要素及内容主体 ………………… 249
第三节　对我国制定学校绩效指标的启示 ………………… 257

第十三章　教育投入与薄弱学校绩效管理的四维结构 …… 260
第一节　教育投入对学校管理绩效的影响 ………………… 261
第二节　教育投入对教师教学绩效的影响 ………………… 272
第三节　教育投入对学生发展绩效的影响 ………………… 285

第四节　教育投入对公共关系绩效的影响 ·············· 295

第十四章　义务教育学校财务管理制度框架 ············ 304
第一节　学校财务管理的基本问题 ·············· 304
第二节　学校财务管理模式 ·············· 307
第三节　学校财务预算管理 ·············· 309
第四节　学校财务支出管理 ·············· 320
第五节　学校财务会计核算 ·············· 326
第六节　学校固定资产管理 ·············· 327

第十五章　基于M区义务教育学校财务管理的调查 ············ 330
第一节　M区义务教育投入现状 ·············· 330
第二节　M区学校财务管理体制 ·············· 333
第三节　调查中发现的问题 ·············· 338
第四节　财务管理问题的归因 ·············· 352
第五节　学校财务管理的改进 ·············· 358

附录 ·············· 367
附录一　2016年中国学生资助发展报告（节选） ·············· 369
附录二　教育领导者的绩效预期具体指标 ·············· 371
附录三　美国教育统计年鉴（USA Digest of Educational Statistics）具体指标 ·············· 372
附录四　芝加哥大学全国鉴定研究中心学校效能评估指标体系 ·············· 373
附录五　经合组织学校效能评价指标体系具体指标 ·············· 374
附录六　普通中小学校督导评估工作指导纲要具体指标 ·············· 376
附录七　我国义务教育学校绩效管理的影响因素调研问卷 ·············· 378

主要参考文献 ·············· 382
一、中文文献 ·············· 382
二、英文文献 ·············· 389

上篇　义务教育财政体制创新

第一章　基础教育财政改革的逻辑

改革开放以来，教育发展的探索实践引领中国走上了一条实现教育现代化和建设人力资源强国的道路，为最近40年来的经济高速增长提供了数以亿计的高素质人力资源，为世界提供了通过教育开发人力资本并直接促进经济增长的中国范例。举办教育事业需要大量的资源支撑。几乎在所有国家，教育经费都是由公共机构和个人共同提供，国家财政是教育的主要资金来源。教育财政是国家教育治理的基础和重要支柱，也是推进教育改革不断突破和发展的引导性力量。在中国教育改革发展的每个阶段，教育财政受财政体制改革和教育管理体制改革双重牵引，基本适应了当时教育发展的需要，也实现了教育财政体系本身的自我完善。

第一节　教育财政制度的基本特征和功能

教育财政是国家财政的下位概念，是指国家为发展教育事业划拨经费资源的一种国民收入再分配的方式，主要是对公共教育产品和公共教育服务的一种支付行为。财政是满足社会公共需要的社会资源配置活动，这种配置活动代表着全社会共同利益，是政府组织实施的事务；是家庭、企业、事业等单位不愿办，而社会又必须办的事务；一般社会组织和个人可以办，但只有以政府为主体去办，才能有效协调全体社会成员利益的事务。从满足社会公共需要这一公共财政理论的角度，可以把教育服务公共产品分为两大类：第一类是普及义务教育属于公共教育服务产品，其发展主要依靠政府公共教育财政投资制度；第二类是非义务教育，包括学前准义务教育、各级各类职业教育、高等教育等，属于准公共产品或混合产品，在市场经济体制条件下，既要依靠政府教育财政制度，也要通过市场机制，实现教育资源优化配置。社会普及义务教育为社会公共性教育，不仅可以使个人得到收益，而且可以推进教育公平，提高全民族文化素质，使全社会受益，因此主要由政府教育财政制度提供，属于财政职能的范围内事务（侯慧君，2010）。

一、教育财政制度的基本特征

教育财政制度基本特征表现为国家主体性、无偿性和强制性。教育财政制度的基本价值旨归是其公共性，意味着财政投资要以公共利益最大化作为投资配置安排的出发点与归宿，同时要求预算中完整、公开、全面反映政府公共教育投资计划，接受社会公众的监督。

（一）国家主体性

教育财政制度投入的国家主体性主要表现在三个方面：一是教育财政是国家公共财政的重要组成部分，因此作为社会集中性的分配，教育财政必然以国家为代表；二是国家在参与教育财政分配中居于分配的主导方面，这表明国家是教育财政的组织者和物质承担者；三是教育财政制度分配的实质最终体现为人与人之间的利益关系，但它是通过国家对教育及其他有关各方面的分配关系实现的。

（二）无偿性

无偿性这一特点是指教育财政制度筹措和拨付一般不需要偿还。教育财政都是价值单方面转移，并相应改变其所有权。也就是说，教育财政制度实行无偿转让原则。国家对发展公共教育事业的各种经费拨款，不要求使用这些经费的教育单位或个人归还。无偿分配是国家财政教育制度的基本要求和本质特征。它既不同于商品流通中的等价交换原则，也不同于银行信贷时的有偿分配原则。

（三）强制性

同国家一般财政分配一样，教育财政制度投入分配具有强制性。其强制性主要表现在两个方面：一是指教育财政制度投入的强制性从根本上讲是一种经济强制；二是指教育财政制度投入分配是通过以法律条款形式加以规定，并强行实施。国家作为管理机关，本身不进行物质生产，但它行使的职能将导致物质资料的消耗。国家凭借政治权力强行占有物质资料，参与物质资料的分配或无条件的单方面的转让。无论哪种所有制形式占主导地位的国家，都需要通过立法，以法律形式对物质资料进行强制性分配。

二、教育财政制度的基本功能

我国教育财政制度主要有三大功能。

（一）筹措教育资源

教育资源的具体筹措包括：通过制定有关法律、法规、政策，确定教育经费筹措渠道及相应比例，保证教育经费筹措的合法性与有效性；在各级政府公共财政投资中保证教育经费支出的逐步增长；通过各种行政或经济手段吸纳社会各种民间资金或资源投资于教育事业。通过教育财政制度，配置分配教育经费与教育资源。教育财政制度分配教育经费、配置教育资源的基本依据是，国家有关法律、法规、条例等政策，从而满足社会对各级各类教育的需求，以及各级各类教育自身的投资需求。教育事业的发展一方面取决于教育经费及其他教育资源的多寡，另一方面取决于教育经费的分配是否合理、教育资源投资的配置是否科学。监控教育财政体制投资制度投入的作用，是对各级各类教育机构财务投资活动进行合法的监控，防止违法违纪使用教育经费，杜绝铺张浪费，保障教育经费和资源得其所用，产生应有的效益。

（二）配置职能

政府教育财政制度的资源配置有两个目标，即提高效率与增进公平。政府教育管理对教育财政的配置有三种基本选择：一是向贫困家庭的学生提供教育资助，目的是对社会生活条件差的学生给予教育补偿，保障贫困阶层群体享有接受教育的机会与权利；二是面向所有的学生家庭提供教育资助，使得同一教育层次上能力较强的学生分配较多的教育经费，以增加社会的产出水平；三是政府兼顾公平与效率目标对教育进行供给。对于最低标准以上的教育，如非义务教育，政府教育管理可通过补贴的方式提供教育资源，以保障人力资源的充分利用，使教育资源的配置符合经济社会发展的需要。

（三）调节职能

由于个人与社会教育需求的出发点和追求的目标不同，因而在教育需求的质量、层次及类别结构上必然会出现差异和冲突。这种冲突的根源在于教育资源的稀缺性，尤其是优质教育资源的稀缺性与教育需求的无限性之间的矛盾。从这个意义上说，这种矛盾是普遍的、永恒的，存在于所有国家。这一矛盾如果继续发展超过一定限度，不仅会影响教育的发展，也会影响经济社会的发展。因此必须对教育的供求矛盾进行调节，而调节的主体是政府、市场，由政府与市场对教育的供求矛盾进行共同调节。从公共经济学的角度分析，教育主要是一种公共产品和公共服务，政府对教育公共产品和公共服务进行调节，特别注重教育服务产品的公共性。

第二节 教育财政制度的构成

教育财政是国家通过立法、行政、司法等手段，依法对教育经费及其他相关教育资源的筹措、分配及使用进行管理和监督。当前，探讨解决教育财政面临的实践问题，离不开对已有教育财政治理体系的总结提炼，这是完善中国教育财政治理体系和治理能力的逻辑起点。中国已经建立起了教育财政的基本框架,比如教育财政预算制度、来源制度、支出制度、投资比例构成制度、增长制度、转移支付制度。从教育财政活动程序和组成结构分析,国家教育财政治理体系包括六个方面。

一、教育财政预算制度

1995年颁布的《中华人民共和国预算法》,1996年颁布的《中华人民共和国预算法实施条例》奠定了中国的基本预算制度,经过近30年努力,预算制度运行的基本框架已经成型。教育预算是财政预算的重要组成部分,在现行的国家预算中,预算等级分为类、款、项、目四级,教育事业费属于教科文卫事业费类中的款级,教育基本建设费属于基本建设类中的社会文教费款级。各级政府不仅在每年年初预算中优先保证教育投资,还在年中调整预算,在年底决算中对财政超收部分的支出分配按比例安排教育经费。此外,财政部颁布的《中小学校财务制度》《高等学校财务制度》也对学校预算工作的开展作出安排,一些高校还要求院系等二级单位开展财务预算。目前,一个覆盖各级政府和各级各类学校的教育财政预算制度体系基本建立。

二、教育财政来源制度

教育财政来自国家财政,而国家财政主要来自税收收入。一些国家如美国,依赖固定的税种,如财产税为教育筹集经费,在19世纪以及20世纪的大部分时间里,地方政府的财产税为其教育系统的发展提供了可靠的资金保障。由于历史传统、民众财产计量以及征缴的难度,我国没有采取固定税种为教育筹集经费,而是将教育财政来源与政府财政总收入挂钩,并辅之以教育费附加、土地收益计提10%等措施筹集教育经费。从财政支出的角度看,国家财政支出主要包括社会消费和非生产性基本建设投资,其中教育事业经费来源于社会消费部分,教育基本建设经费来源于非生产性基本建设投资。另外,中国政府也利用学生家庭和个人的成本分担、社会捐赠、教育基金、彩票等私人机制筹集教育经费。

三、教育财政资源配置制度

教育财政资源配置指各级政府采取何种方式将教育经费分配到各级各类学校。中国的教育财政资源配置方式内化于教育管理体制。基础教育于2002年开始实行"地方负责、以县为主、省级统筹"的管理体制，基础教育经费主要由县级政府承担，中央政府和省级政府辅之以一定的转移支付。基础教育中的人员工资按照学龄儿童数量确定编制，再参照同一县域公务员工资水平确定工资总量，学校公用经费按照学生人数确定生均定额拨付。高等教育自1998年以后实行"中央和省两级管理，以省为主"的管理体制，拨款模式于1986年起为"生均定额＋专项补助"，即举办者按照在校生人数拨付生均定额，同时增加具有明确用途的项目经费。换言之，每所高等学校获得的政府拨款额度的多寡主要取决于在校学生数量和专项数量。另外，随着政府财政收入的持续增长，以项目方式拨付教育财政经费的趋势不断加强；由于项目制具有明确的政绩目标、清晰的过程控制、成熟的技术治理以及绩效考核等特点，以专项划拨教育财政经费的方式迅速覆盖到教育的各个层级。

四、教育财政比例构成制度

建立教育投入的比例指标体系，即教育经费与国民经济之间的关系所反映出来的数量指标，有助于保障教育事业与经济发展的平衡。联合国教科文组织、世界银行、经济合作与发展组织（OECD，简称"经合组织"）等都建立了指导监测教育投入的指标，分为静态指标与动态指标两种。静态指标主要有教育投资占国民生产总值（GNP）的比例、教育投资占国民收入的比例、教育投资占财政支出的比例、教育基本建设投资占基本建设总投资的比例，以及人均教育投资等；动态指标主要有教育投资增长比例与国民生产总值增长比例的比较、教育投资增长比例与国民收入增长比例的比较、教育投资增长比例与财政支出增长比例的比较、教育基本建设投资增长比例与国家基本建设总投资增长比例的比较、人均教育投资增长比例与人均国民生产总值增长比例的比较，以及生均经费指数等。我国政府主要使用两个指标：财政性教育经费占国内生产总值（GDP）的比例不低于4％，财政性教育经费占财政支出的比例。前者反映国民财富中有多少用于教育，后者反映政府在教育投资方面的水平与努力程度。

五、教育财政增长制度

最近40年，我国国民经济和财政收入快速增长。在教育优先发展理念的指导下，重大教育决策对财政性教育经费的增长提出要求。1985年《中共中央关于教育体制改革的决定》提出，中央和地方政府教育拨款的增长要高于财政性经常收入的增长，并使之按在校学生人数平均的教育经费逐步增长（中共中央文献研究室，1986）。1995年《中华人民共和国教育法》提出，国家财政性教育经费支出占国内生产总值的比例应当随着国民经济的发展和国家财政收入的增长逐步提高。各级人民政府教育财政拨款的增长应当高于财政经常性收入的增长，并使之按在校学生人数平均的教育费用逐步增长，保证教师工资和学生人均公用经费逐步增长，这在实践中被通俗地称为教育经费的"三个增长"（中华人民共和国第八届全国人民代表大会，1995）。1999年《中共中央、国务院关于深化教育改革全面推进素质教育的决定》（中发〔1999〕9号）规定，自1998年起至2002年的5年中，提高中央本级财政支出中教育经费所占比例，每年提高1个百分点。《国家中长期教育改革和发展规划纲要（2010—2020年）》提出国家财政性教育经费占国内生产总值比例在2012年达到4％（国家中长期教育改革和发展规划纲要工作小组办公室，2010）。这一系列纲领性文件成为统一全党、全社会思想认识，动员各级政府和社会各界支持教育投入的最重要的航标。

六、教育财政转移支付制度

财政转移支付制度是国际上通行的平衡地区财政能力和维持大体相当的公

共服务水平规范的制度。中国政府建立起了包含多种形式的混合模式的公共教育转移支付制度。一是一般性转移支付，即不规定具体的适用范围和方向，由地方政府确定使用的去向（包括均衡补助和收入分享两种形式），其中会安排一定比例用于发展教育；二是教育财政专项转移支付制度，要求按照支付方政府规定的项目和用途使用资金，可区分为非配套补助和配套补助两种形式；三是省级政府之间的教育财政横向转移支付制度，中国目前没有建立正式标准的横向省际间转移支付体系，中央政府一直以来都是采取政治号召的方式，鼓励省级政府之间互助，如鼓励东部发达地区教师去西部支教五年、东西部教育管理干部交流等。

第三节 基础教育财政的理论依据

基础教育财政的理论依据是公共产品理论和财政分权理论。公共产品理论回答了教育由政府供给的必要性，而财政分权理论则讨论如何在不同级次的政府间划分教育责任才能提高效率。此外，各级政府在提供受益范围各异的教育过程中，还涉及各级政府财政存在非均衡时如何协调的问题，此时需依据政府间财政协调理论。

一、公共产品理论

公共产品理论的核心问题，是如何能够利用有限的资源实现最优的公共产品供给。保罗·萨缪尔森（Paul Samuelson）以"灯塔"为例给出了公共产品的经典定义，并建立了公共产品的最佳供给模型，为政府的资源配置职能奠定了理论基础。萨缪尔森认为，公共产品的特征可归结为两点：受益的非排他性和消费的非竞争性。公共产品由于这两种特性，无法在自由市场中由市场实现有效供给，只有政府提供才符合帕累托效率。公共产品不仅具有受益的非排他性和消费的非竞争性特征，此外，其受益范围（即效用溢出程度）还具有区域性。按受益范围划分，公共产品可分为全国性、地方性、准地区性三种不同层次和类型（李燕，2010）。

二、财政分权理论

财政分权是指中央给予地方一定的权限，地方有权自主决定和管理财政收支相关事项。财政分权理论可分为第一代、第二代两个发展阶段。第一代的传统财政分权理论从公共财政理论中发展而来，认为财政分权可使地方政府因地制宜地提供当地所需的公共品，主要有蒂布特"以足投票"理论、奥茨财政分权理论、施蒂格勒—夏普最优分权"菜单"理论、布坎南分权"俱乐部"理论等。第二代财政分权理论的起源及代表是市场维护型财政联邦主义，其主要以蒙蒂诺拉、钱颖一、罗兰、温加斯特、麦金农、内希巴等学者的研究主张为理论核心，将激励相容、制度设计及委托代理理论等引入财政分权理论，并运用信息经济学对政府行为进行分析。

公共产品具有受益的层次性和居民偏好的异质性特征。分权和集权有不同的优势：一方面，分权有利于优化资源配置、促进政府制度创新，使公共产品的提供更有效率；另一方面，集权有利于缓解地区间公共提供差异和不合理竞争，克服辖区外溢和实现规模经济，更好地贯彻宏观经济政策。传统财政分权理论以新古典经济学的规范理论作为分析框架，考虑不同级次政府间经济责任的最优配置问题。

三、政府间财政协调理论

政府间财力和资金无偿性转移的一系列程序、规则和方法的总和，就是财政转移支付制度。由于各级政府拥有的自然资源禀赋不同，经济发展水平有差异，征税能力不同，其提供公共产品的能力也不同。换言之，各级政府的综合财政能力存在差异。这就需要对政府间的财政关系进行强有力的协调，以实现财政均衡的目标。转移支付制度就是国际上普遍采用的一种比较有效的制度安排。

财政转移支付的思想源于财政均衡论。最早关于财政均衡论的探讨可追溯到20世纪50年代美国经济学家、公共选择理论的创始人布坎南。他认为每一个处于平等地位的人都应该得到"平等的财政对待",而州和地方政府间财政能力不均衡在联邦制国家是一种常态,因此,中央或联邦政府有必要进行转移支付来调节这种不均衡。加拿大经济学家格拉汉提倡应将横向均衡作为政府间财政分配的目标,转移支付不应直接针对个人。他认为应设定尽可能高的地方公共服务最低标准,地方政府应按照这些标准来提供公共服务。经济学家鲍德威与佛拉特斯及加拿大经济委员会在转移支付的计算中采用了人均及总量转移支付概念,认为财政均衡应指横向均衡,应通过中央对地方的均衡性分配来实现。该理论对加拿大的财政经济政策和制度产生了深远影响。

纵向财政失衡和横向财政失衡是财政转移支付制度存在的决定性因素。纵向财政失衡,指财政收入能力与支出需求在上下级政府间的不均衡状态,其主要原因在于政府间收支划分的不对称。一方面,上级政府出于管理的需要,必须巩固其政治和行政权威,因而在经济上需要控制相对集中的财力,使下级政府不同程度地依赖于上级政府。为了保证宏观调控职能的实施,维护财税的统一性和公平性,一些税基大、税源充裕稳定的主体收入项目,也需由上级政府来控制。这种收入划分格局,导致上级政府集中了较大比例的收入,而下级政府只占据较小的份额。另一方面,根据效率原则,下级政府比上级政府具有更充分的信息,能较好地把握辖区内居民的偏好,下级政府通常需承担较多的社会事务,因而支出较大。上级政府有较大的财力和较少的支出,而下级政府有较少的财力却承担大部分支出责任,造成下级政府与上级政府之间支出责任和收入能力的不均衡,因此,在上下级政府间进行转移支付成为客观必然。横向财政失衡,指同级政府之间由于自然资源、经济发展水平、财源分布、收入筹集能力、公共支出成本等差异,所产生的地方政府间可用财力与维持均等化公共服务水平的支出需求的不匹配,这构成了转移支付存在的现实基础。地区之间各种要素禀赋条件的差异性是绝对的,地区间经济发展不平衡也是一种常态。经济发达地区通常税基宽、税源广,财政收入充裕;经济落后地区则税基窄、税源少,财政收入紧张。同时,经济落后地区基础设施薄弱,单位支出成本费用高,更需大量的财政投资和支出。从而,地区间基本公共产品和服务必然存在不同程度的差异。财政横向失衡会带来生产要素的不合理流动，导致市场的分割与封锁，加剧地区间经济发展的不平衡，妨碍社会共同发展进步，从而导致无效率和不公平等社会经济问题。更深刻的矛盾还在于，贫困地区财政资金严重不足，而发达地区财政资金的边际效率是递减的，各地主要基于本地利益最大化来安排财政收支活动，发达和落后地区之间无法自动形成财政资金转移。解决这一矛盾需通过转移支付制度来进行必要的调节，以确保地区间基本公共服务均等化，从而实现国家整体福利的最大化。

行政辖区的外溢性和特定政策意图是财政转移支付制度存在的重要依据。由于地方政府提供的公共产品和服务具有较强的外溢性，这种行政辖区间的利益溢出，也需要通过转移支付来调节。企业和个人在生产经营过程中会产生一些外部成本或收益，不能通过市场交易得到补偿。地方政府也存在类似问题，其提供的某些公共产品，资金来源为本辖区居民所纳税收，受益范围则超出本辖区。如在大江大河上游实施水土治理和生态保护工程，获益者是沿江流域的各地区。若治理费用和退耕还林等代价完全由上游地区承担，上游地区肯定没有治理积极性。如果按照获益原则，由沿江流域的各受益地区给予上游地区以补偿，又存在利益外溢计量上的困难，就无法在有关地方政府之间进行对应的准确补偿。可以说，不论地方公共产品的外部正效应还是外部负效应，都会造成资源的不合理配置。因此，须通过转移支付制度，按规范和统一标准，进行必要适当的利益调整。这也是解决行政辖区外溢性导致的无效率状况的最主要、最实用的方式和措施。

第四节 基础教育财政分配的公平原则

在经典教育财政理论看来，所有国家对教育财政的判断都应该坚持三条主要标准：教育经费是否充足，教育资源的分配是否有效，教育资源的配置是否公平。历史已经证明，过去几个世纪里人类社会和经济部门创造的巨大成就，很大程度上归功于公共教育制度的建立。国家依靠税收机制将资金从私营部门转移到学校这样的公共部门，再由学校向私营部门输送人力资本，以此创造活跃的经济和富足的生活。一个国家投入教育经费的多寡，决定了这个国家制造物质产品的技术含量，进而决定其经济影响力。基于此，国家教育财政制度应该遵循三个基本准则：首先，教育经费是否充足。教育经费充足指保障相应教育质量的教育投入水平。人们对教育经费充足的理解，在不同时期不同国家是有差异的。20世纪60年代和70年代上半期，教育经费充足与否是通过其占国民生产总值的百分比（通常认为8%是充足的）和中央财政占教育财政预算的比例（20%是充足标准）来确定的。但是由于这个标准的粗线条以及对私人和地方政府教育经费的忽略，70年代后半期的教育经费充足标准参考了世界银行的建议。自此，一个以教育结果为导向的标准体系被认可——包括小学阶段的入学率，中学阶段的规模和性别比例，全体国民终身学习的教学质量，以及对教师数量和质量水平的要求。其次，教育资源的配置效率问题。教育财政效率是财政效率的重要组成部分。财政学对效率的理解分三个层次：宏观上，根据"需要"和"可能"的原则提供适度规模的公共产品满足社会的需求；中观上，指财政结构的合理确定；微观上，在具体环节上追求单位产出成本的最小化。国际主流的教育财政学研究专门在微观层次上理解教育财政效率。研究者用成本—收益和成本—效率两种方法为标准判断教育财政的效率。最后，关于教育资源配置的公平问题。这是过去很长一段时间乃至当前我国财政分配的核心指导思想。为此，本节重点讨论教育财政公平问题。

一、教育财政公平理念

现代市场经济社会中，国家政府在为社会提供教育服务中起着主导作用。政府为教育事业提供基本的经费来源与教育消费和教育分配中的市场缺陷密不可分。教育公平是社会公平的重要基础，应以教育公平促进社会公平正义。20世纪80年代早期，伯尔尼（Berne）和斯蒂弗尔（Stiefel）提出了一个关于公平性的教育财政概念框架。2007年联合国教科文组织发布的一份世界16个国家有关教育公平的报告，就是建立在这个经典教育财政公平概念框架基础上的。借鉴伯尔尼和斯蒂弗尔（Berne and Stiefel, 1984）提出的教育财政概念，结合中国教育国情，可以从教育财政公平对象、层次、原则等方面全面理解教育财政公平的概念。首先，教育财政公平所涉及的对象主要包括四大群体，分别是获得义务教育服务的学生、通过缴税来支付教育服务费用的纳税人、教师以及家长。其中学生是关注的主要对象。其次，公平包括起点公平、过程公平和结果公平。再次，教育财政公平应当遵循横向公平、财政中性原则以及纵向公平原则。横向公平是指"同等特性，相同对待"，视每个同等特性的学生为相等单位，彼此之间分配的差异越小越公平。财政中性原则是指公共资源或教育经费的分配，不应该与某些其他因素，如地区财政能力、家庭背景、性别、种族等有所关联。纵向公平则指"不同特性，差别对待"，主张分配给处于不利地位者更多的资源。教育财政纵向公平在现实中主要表现为弱势群体子女（如残疾儿童、流动人口子女、贫困儿童等）的义务教育公平问题。

二、教育财政公平的原则

在经济学中，具有代表性的分配公平理论主要有两种：功利主义和罗尔斯主义。功利主义的观点认为，社会福利水平就是社会总效用，等于所有社会成员的效用之和，追求分配公平就是追求每个社会成员的效用之和。对教育公平较为系统的阐述有麦克马洪的"三类型说"和胡森"三阶段说"。麦克马洪提出教育公平的三种类型：横向公平，指的是对相同的人以相同对待；纵向公平，指的是对不同的人以不同对待；代际公平，指的是确保上一代人身上的不平等现象不至于全然延续下去。胡森指出教育机会均等在三个不同时期有不同的含义：起点均等论，指每个人都有不受任何歧视地开始其学习生涯的机会；过程均等论，以平等为基础对待不同人种和社会出身的人；结果均等论，促使学业成就的机会平等。伯尔尼和斯蒂弗尔提出了教育财政公平分析框架中的三个原则——横向公平、纵向公平、财政中性原则。

横向公平原则要求为相同条件的学生提供相同的教育资源。首先要确定"相同条件"，假设各地区的学生是"相同的"，即假设学生的天赋、学习环境等先天和后天的条件是相同的。必须承认，我国城乡间、地区间、省际间，甚至区县内的条件存在很大差别，要找到几个条件完全相同的学生也许在同一所学校内都无法完成。为了进行全国义务教育财政公平的横向公平衡量，假设各地区的学生条件都相同是不得已而为之。在这种前提假设下，引申的一个含义则是公平的教育财政制度将向所有相似区域提供相同的教育资源。研究中横向公平包括在省际间、县际间对教育经费、学校办学条件、教师工资等各具体指标进行比较。

纵向公平原则要求为不同条件学生提供的教育资源要有差别。对提供教育服务需消耗更高成本的地区，要给予更多的关注与教育财政投入。在教育财政实践中，纵向公平"通常是指因其背景而处于弱势地位的个体，应该在教育财政体制中得到更多的资源"。对纵向公平理想的测量方法有两种：一种方法是将横向公平与纵向公平两者结合，要求确定需要额外提供教育资源学生的权重系数，使用经过加权的学生教育财政资源度量来分析横向公平，国外不同权重系数的确定主要应用于残障学生、学习有障碍学生等群体中；另一种方法是在考虑教育财政资源价格差异的前提下，从总投入中剔除额外教育资源投入和专项投入，通过教育财政资源价格指数和教育财政专项收入反映纵向公平程度。但这两种方法目前在我国还无法应用，原因：一是政府对义务教育阶段学生的教育财政投入没有采用不同权重系数的差别投入方法；二是目前我国还没有统一的教育资源价格指数。从实际应用看，纵向公平在我国并不适用。而且，"目前还没有人能在完全意义上选用哪些不公平特征对纵向公平进行定义"。对存在差异的不同群体，各自应赋予多大的权重也没有达成共识。纵向公平原则的运用要考虑我国实际：一是农村与全国平均或农村与城市的分类。农村地区学生作为弱势群体，要考虑农村与全国平均水平或城市水平的比较。二是东、中、西部地区的分类。根据经济发展水平，西部地区学生作为弱势群体，考虑与东部、中部地区进行比较。三是贫困县与非贫困县的分类，贫困县又要考虑国家级贫困县和省级贫困县的区别。

财政中性原则，是指对学生个体来说，要求学生获得的教育财政资源与家庭财富以及所在地区的财富无关；对某一地区来说，要求该地区的教育资源不应随本地区财政能力不同而产生较大差异。财政中性原则也是西方国家普遍认同的教育财政公平观。衡量教育财政是否中性要确定两个基本统计量：一是反映地区财政能力的变量，一般使用人均国内生产总值或人均财政收入作为度量地区财富能力的统计量；二是反映教育经费状况的变量，一般使用生均预算内教育事业费、生均教育财政拨款等。研究中可以对生均教育经费与学生所在地区（省或县）的经济情况或与学生家庭财产状况的相关性进行测量，从而考察教育财政的中性程度。

对财政中性的度量要遵循"有限财政中性"原则，有限财政中性的主要对象是县级财政。从我国目前各县的实际情况看，确实存在着经济水平特别低下的县，这些县级政府的地方财政能力非常低，仅可以勉强维持当地政府的日常运转，能投入义务教育的经费非常有限。对于这样的县，义务教育拨款主要依靠上级政府的财政转移支付、财政拨款，其生均教育资源与人均国内生产总值、人均地方财政收入的相关程度非常高。因此，从我国实际情况出发，对县级政府财政中性度量应使用"有限财政中性"的标准。教育资源的水平与地区经济水平关系越密切，则公平效果越差。将经济差异对教育差异的影响程度控制到最小，既是财政中性的要求，同时也可以理解为横向公平的要求。

纵向公平则假设受教育者个体间存在差异，承认"积极的歧视"，要求区别对待不同条件的个体。从操作层面看，横向公平、纵向公平都是对差异的度量。就权重而言，纵向公平的差异是建立在横向公平基础上的：横向公平为所有个体赋予的权重为1；纵向公平对普通个体赋予的权重为1，对弱势群体赋予的权重大于1。对不同组群而言，横向公平是对组内差异的要求，纵向公平是对组间差异的要求。如果将一组数据分为城市、农村两组，横向公平主要是对城市、农村两个组各自的组内差异的度量，纵向公平主要是对城市和农村两个组间差异的度量。如果同时使用横向公平、纵向公平度量组间差距，两者只有权重选择上的区别。仍以城乡分组为例，假设横向公平度量结果存在差异，但若同时满足城市水平低于农村，纵向公平度量结果接近预设的城、乡权重标准，财政中性度量系数较小（县级层面遵循"有限财政中性"原则）三个条件，这样的结果是最公平的。如果以上三个条件有一个不满足，则可认定不符合教育财政公平的要求。

三、教育财政公平的衡量指标

教育财政公平可通过横向公平的评价和财政中性的指标来度量,如衡量横向公平的单变量离散程度,衡量财政中性的双变量关联程度衡量(即地区财政水平与教育支出关系)。

(一)横向公平的评价

教育财政横向公平的度量指标有很多,包括全距、限制性全距、联合全距比、变异系数、相对平均差、对数标准差、麦克伦(Mcloone)指数、沃斯特根(Verstegen)指数、基尼(Gini)系数、泰尔(Theil)指数等。其中,全距、限制性全距以及联合全距比,都只能反映部分样本数据的离散程度。变异系数由方差的平方根除以平均值得来,关注不同地区间教育财政支出的相对差异。变异系数(CV)的取值范围通常为 0 到 1,一般而言,变异系数的数值越大,表示观察值离散程度越大,越不符合公平原则。相对平均差是各观察值离均差之绝对值除以观察值数值的总和所得之商,其值越大,表示资料群的离散程度越大,越不符合公平的原则。在实际运用时,变异系数虽然常被使用,但有时却用相对平均差更为合适。因为变异系数的计算需要用到离均差的平方和,所以往往对两极端值加重了计算的分量。如果资料中出现较多极端的观察值时,有时研究者使用相对平均差的衡量结果,更能恰当地解释资料群的离散程度。对数标准差和标准差的计算方式大致相同,差别在计算之前先进行对数转换,即先计算各观察值的自然对数值。对数标准差的值越大,表示资料群的离散程度越大,越不符合公平的原则。麦克伦指数提供了一种测量样本数据中位于中位数以下的数据分布的一种方法,用以反映位于中位数以下的观测值的公平程度,它是用位于中位数以下的数据的总和除以这些观测值取中位数时所得总和的比例。沃斯特根指数与麦克伦指数相反,其衡量的重点是高于中位数的观察值的离散情况;计算是以资料群高于中位数的观察值的总和,与假设中位数以上的观察值均为中位数时的总和,两者相除所得之商;值大于 1,当指数越接近 1 时,表示分配越公平,否则反之。基尼系数是一种比较不同地区、不同人群之间资源分配份额大小的方法,由洛伦兹(Lorenz)曲线的概念发展而来。将观察值由小到大排序,以观察值的累积次数百分比为横轴,以累积所得百分比为纵轴,即为洛伦兹曲线。如果分配绝对平均,则观察值所得比例与对应的次数比例完全相等,以此绘制的洛伦兹曲线即为对角线,称为绝对平均线。基尼系数衡量的是洛伦兹曲线与绝对平均线所夹面积占绝对平均线以下三角形面积的比例,其值介于0与1之间。目前教育领域的基尼系数没有一个参考标准,一般来说:0.2以下表示较为平均,0.4以上表示差距偏大。基尼系数的定义虽然简单,但计算不太容易。基尼系数的计算方法有很多,主要有两类:其一是需要把资料按人口分组(等分5组或10组),转换为累积比率再进行计算;其二是使用原始资料直接计算(不分组或不等分分组)。把基尼系数引入教育财政领域,如选用生均经费指标考查教育财政不公平状态时,一般采用第二类方法,因为第一类方法由于数据采集问题很难做到。泰尔指数的计算方式和相对平均差相同,但基于和对数标准差相同的考量,在计算之前也是须将各观察值及其加权后平均数进行对数转换。计算的结果数值越大,表示资料群的离散程度越大,越不符合公平原则。泰尔指数的特点是不受极端数值的影响,而且计算结果不受通货膨胀的影响,可就各年度的衡量结果作直接比较。此外,泰尔指数和对数标准差一样,因受对数转换的影响,非线性缩小尺度,因此两者均强调所得分配中低阶层的影响效果。

(二) 财政中性的指标

据财政中立性原则,一个地区的教育资源或教育的目标不应该随着本地区的财政能力不同而产生很大的差别。这就是说各个地区(特别是经济落后地区)的教育财政不能只依赖于当地的财政状况,换句话说,一个地区的教育支出与该地区的财政能力没有直接关系。财政中性的指标包含两个基本统计量:一是反映当地财政能力的统计量,地区财政能力通常是指该地区的生均财富或生均财产及其他反映当地财政能力的度量指标,一般使用人均财政收入作为衡量当地财政能力的统计指标;二是反映教育财政经费配置状况的统计量,如生均预算内教育事业费、生均预算内教育经费等。为了描述财政中性的程度,可用关联性指标来表示两变量之间相关或相互影响程度,包括相关系数、弹性系数等。相关系数是指两项变量之间关系密切与否的程度,在财政公平的衡量上,多用来表示地区财政能力高低与教育经费分配多寡的关联程度。实际计算的结果几乎不可能完全正相关或者完全负相关,大部分的情形是介于0至1之间,而"相关系数若等于0,则表示两变量之间毫无关联,高度地符合财政中性原则",但这通常仅是一种期望而已。弹性系数的性质与斜率类似,也是要显示出自变量变动时,因变量所产生相对变动的幅度,但弹性系数并非斜率那样以绝对单位来表示,而是以百分比来表示变动的幅度。因此,由弹性系数可以得知每一地区财政能力的百分比变动,对教育经费分配所产生的相对变动的百分比。弹性系数的计算也是由回归系数的概念而来。因此,计算弹性系数前,同样必须先求出两变量回归方程式的最佳拟合曲线,以了解样本分布情形(吴春霞,郑小平,2009)。

第五节 教育财政投入的外部比例

教育财政投入的学理性话语是"教育财政投入的外部比例",指一个国家或地区公共教育经费支出占国民生产总值或国内生产总值比例,简称公共教育支出或政府教育经费,是国际上普遍采用的衡量政府教育投入水平的标准。在我国目前的统计体系中,没有公共教育支出这一指标,但"财政性教育经费"这一概念接近于国际上的公共教育支出概念。我国的财政性教育经费包括国家财政预算内经费、各级政府征收用于教育的税费、企业办学中的企业拨款、校办产业和社会服务收入中用于教育的经费四个部分。

中国共产党的十一届三中全会以后,国家的工作重点转移到经济建设上来。"实现社会主义现代化,科技是关键,教育是基础",邓小平同志的深刻阐述促使全党全社会在大力发展教育事业上形成了共识。发展教育事业需要大量投入,以1985年教育体制改革为起点,一方面建立多渠道筹措教育经费的新体制,另一方面不断加强政府财政教育投入的主渠道。为了测度政府教育投入的科学指标,陈良焜、厉以宁、王善迈、丁小浩、岳昌君等几代学者,运用国际比较的方法，研究世界上人均国内生产总值1 000美元的人口大国不同时期财政教育投入的水平，得出了世界各国财政性教育支出占国内生产总值比例在3.85%—4.30%范围内的一组数据。

我国在1993年颁布的《中国教育改革和发展纲要》（中发〔1993〕3号）中首次提出："逐步提高国家财政性教育经费支出占国民生产总值的比例，本世纪末达到百分之四。"2000年，该指标实际上只有2.87%。就在社会各界纷纷猜疑4%的指标是否继续沿用时，2006年，中共中央十六届六中全会决议通过《中共中央关于构建社会主义和谐社会若干重大问题的决定》（中发〔2006〕19号），再次强调："明确各级政府提供教育公共服务的职责，保证财政性教育经费增长幅度明显高于财政经常性收入增长幅度，逐步使财政性教育经费占国内生产总值的比例达到4%。"这是全会决定中唯一的量化指标。2010年7月颁布的《国家中长期教育改革和发展规划纲要（2010—2020年）》进一步明确"提高国家财政性教育经费支出占国内生产总值的比例，2012年达到4%"（国家中长期教育改革和发展规划纲要工作小组办公室，2010）。2011年3月，第十一届全国人大第四次会议通过的《中华人民共和国国民经济和社会发展第十二个五年规划纲要》重申"2012年财政性教育经费支出占国内生产总值比例达到4%"的目标（中共中央，2011），这是国家五年规划纲要中第一次在教育领域提出量化的指标。可以说，4%的目标已经成为具有高度共识性，能动员各级政府和社会各界支持，统一全党、全社会思想认识的极为重要的教育政策目标。

我国政府从1989年开始，向社会公开发布财政性教育经费占国内生产总值的比例执行情况。表1-1显示，在1989—2009年的21年期间，这一指标长期徘徊在3%以内，90年代中期甚至只有2.40%—2.50%左右。2005年以后，由于公共财政理念的深入，城乡义务教育完全免费、农村义务教育新机制、义务教育教师绩效工资、中小学公用经费基本标准、国家助学体系建设、高等教育质量工程等一批重大改革项目的实施，使得财政性教育投入比例呈现出缓慢爬升的趋势。依据所能获得的数据，2009年，这一指标达到3.59%。

表 1-1　财政性教育经费占国内生产总值的比例（%）

年份	比例	年份	比例	年份	比例
1989	2.98	1997	2.50	2005	2.81
1990	2.96	1998	2.56	2006	3.01
1991	2.77	1999	2.79	2007	3.32
1992	2.65	2000	2.87	2008	3.33
1993	2.51	2001	3.19	2009	3.59
1994	2.51	2002	2.90	2010	3.69
1995	2.41	2003	2.84	2011	3.93
1996	2.46	2004	2.79	2012	4.28

4%的比例是一个事后统计数据，即财政性教育经费比例是在教育实际支出发生以后，各级教育行政部门、财政部门、统计部门统计合成的结果。国家财政预算内经费是现有财政性教育经费来源的四个渠道中的主要部分，但是财政预算内经费的分配主要依据的是上年支出的基数，同时考虑1995年《中华人民共和国教育法》提出的教育经费的"三个增长"，并非"零基预算"的做法。这导致财政性教育经费的增长受到上年支出数额限制，使得这一比例呈现出一定的稳定性，难以突破。为改变这种现状，教育经济学、教育财政学界进行大量的研究分析，提出许多有针对性的政策建议和咨询报告。2011年，国务院颁发《国务院关于进一步加大财政教育投入的意见》（国发〔2011〕22号，以下简称《意见》），吸收了学科研究和社会公众的大量建议。具体来看，基于调查研究的政策创新体现在四个方面。

一是政策坚持已经形成的财政教育投资的价值理念。强调"教育优先发展"体现在经济社会发展规划优先安排教育发展，财政资金优先保障教育投入，公共资源优先满足教育和人力资源开发需要；在政府层级之间的教育责任分担中，财政教育投资的主体是地方政府和有关部门，中央财政的投资原则是维护教育公平，进一步加大对地方特别是中西部地区教育事业发展转移支付的力度，增加中央本级教育支出，发挥表率作用。

二是把提高财政教育支出占公共财政支出的比重作为落实法定增长的抓

手。《意见》认真分析了财政运行的过程,提出对于预算执行中超收部分要优先安排教育拨款,强调预算执行结果要达到法定增长要求,这将有助于解决近年来财政收入超收部分很少用于教育的问题,况且财政收入超收部分额度较大。由于近年来地方政府预算内基建投资增长缓慢,教育事业基本建设经费主要依靠金融机构贷款和社会融资等途径,《意见》要求提高财政教育基建支出占公共财政支出的比重。

三是回应了学者以及社会公众对于热点问题的关切。由于房地产市场发展迅猛,地方政府的土地出让收入猛增。根据国土资源部公布的数据,2008年全国土地出让总收入为9 600多亿元,2009年猛升至1.6万亿元,2010年高达2.7万亿元,而根据财政部的统计口径和审计署公布的审计结果,2010年国有土地使用权出让收入29 109.94亿元。扣除60%左右的拆迁征地补偿成本等因素,2008—2010年地方政府的土地纯收益在3 800亿元、6 400亿元、11 600亿元左右,如何分配土地收益引起各方关注。专家认为,土地出让收益是政府配置国有土地使用权获取的收益,教育资金是政府用于公共教育投入的专项资金,从现实的角度考量,在二者之间建立一定的收支关系,有助于筹集教育经费。《意见》显然吸收了学者和公众的建议,确定将土地收益的10%用于教育,实际上拓宽了现有的财政性教育经费来源的渠道。《意见》同时规定了"统一内外资企业和个人教育费附加制度"以及"全面开征地方教育附加"两项措施,相比土地市场筹资的不稳定,完善教育费附加更为长远。

四是对财政教育经费的分配、使用和管理专门作出规定,要求支持实施重大项目、保障和改善民生、合理配置教育资源、科学理财、强化预算管理、加强绩效评价等,这些政策创新,体现了财政教育资源配置效率的三层要义:弥补教育市场失灵,矫正外部性;保护弱势群体,维护公平竞争环境;按照低投入、高产出的目标实现资源合理配置。C.S.本森(Charles BenSon)认为,公平、效率和充足是政府财政教育投入的三个标准。毋庸讳言,我国教育经费在总体短缺的同时,使用效率不高、管理粗放、截留挪用、分配过程中非制度化的专项转移过多等问题也普遍存在,《意见》在观照教育财政公平的同时,把恪守效率视为应然选择。

从长远来看,要保障教育优先发展战略的实施,增加政府对教育的投入,需要建立健全教育财政制度，以制度保障政府对教育的投入。制度是约束人们包括政府、企业、居民个人行为的规范，制度一旦确定，所有利益各方的行为主体都必须遵守，具有相对的稳定性和强制性。它可以降低决策成本，提高决策效率，就政府来说，它不会因政府换届和决策者更替发生改变。如何从财政制度上保障政府教育投入，涉及公共财政职能、公共财政预算管理体系和教育财政体制等相关制度安排。首先，确定公共财政职能定位，从而确定财政教育支出占财政支出的比例。其次，进一步推进国家财政预算体制改革，做大财政预算；制定各级各类教育生均经费标准和财政拨款标准，将其全部纳入中央和地方预算；明确界定各级财政教育支出责任；实现教育财政和学校财务公开化；规范政府教育投入的计算范围和口径。

第二章　农村义务教育财政投入新机制

中国是农业大国,随着新型城镇化建设速度的加快和城乡二元结构的存在,农村义务教育始终是国家教育振兴的重点和难点,也关系着社会公平问题。国家相继出台一系列农村义务教育振兴的政策措施,以促进农村教育质量的提高。特别是 20 世纪以来,各项管理措施和体制变革(农村义务教育被纳入公共财政的保障范围)推动了我国的农村义务教育长足发展,尤其加大了对中西部地区的支持力度。但是,农村义务教育整体薄弱的状况仍然没有彻底改变。由于城乡经济发展的不平衡,城乡的义务教育水平也具有很大差距,如何促进农村义务教育整体水平的提高和缩小城乡差距则成为跨世纪难题。随着国家财政体制的变革,农村义务教育财政体制经历了从无到有、不断发展的过程。当前,许多专家和学者认为,改革农村义务教育财政体制是促进农村义务教育发展的根本途径,完善教育财政体制才能破解制约农村义务教育发展的难题。

第一节　农村义务教育财政保障机制的建立

一、财政转移支付制度

财政转移支付制度是农村义务教育发展的制度保障和经济保障,通过财政的倾斜提高贫困薄弱地区的义务教育经费投入,是支持农村义务教育发展的重要手段。目前，我国已初步建立合理的财政转移支付制度，在多年实践经验的基础上，越来越规范，程序更加规范合理，制度愈来愈健全完善。通过建立科学的转移支付，优化转移支付手段，能够进一步明确各级政府对农村义务教育投入的主体地位和权责关系。

（一）政府间财政转移支付的内涵

政府间财政转移支付是指上下级政府间和同级政府间的无偿资金转移（刘泽云，2003）。其间主要涉及两个问题：一是转移支付的模式，二是转移支付的形式。政府间财政转移支付主要采取单一的自上而下的纵向转移支付模式和以纵向为主、纵横交错的转移支付模式。从使用的目的和方式来看，政府间财政转移支付可分为一般性转移支付和专项转移支付。一般性转移支付通过财政进行拨款，不规定资金的使用方向，没有附加条件，主要用于平衡不同地区间的政府财力，缩小收入差距；而专项转移支付则以项目运作的形式进行拨款，与前者的区别在于规定了资金使用方向，接受方无权变动，通常附带其他使用规定，如地方政府按比例准备配套资金。

（二）义务教育财政转移支付制度的内涵

我国义务教育财政转移支付可以大致分为两种：一般性转移支付用来均衡不同地方政府财力，给予地方较大的自主权，但需建立有效的监督机制保障地方投资义务教育；而专项转移支付，则明确规定专项资金的使用范围是义务教育，必须用于义务教育的提高，这种形式从制度上赋予义务教育优先权，既防止义务教育经费被挪用，也便于资金监督、管理。另外，除了义务教育财政的一般性转移支付和专项转移支付制度，还有一种情况是中央政府直接承担部分费用，比如直接承担义务教育教师工资，将教师工资拨付给教师个人。为了研究的便利，政府直接承担费用的形式也暂列在此。

二、农村义务教育经费保障机制的建立

农村义务教育财政投资体制始于1985年，其核心思想在于两点：一是分

级办学、分级管理,二是多渠道筹措教育经费。这与该阶段地方财政优于中央财政的现实情况相适应。1994年分税制改革后,财权上收、事权下移,以乡镇为主的农村义务教育财政投资体制造成地方办学困难,加上农村税费改革,各地办学差距拉大。针对这一实际,2001年5月,《国务院关于基础教育改革与发展的决定》(国发〔2001〕21号)中提出了"在国务院领导下,由地方政府负责、分级管理、以县为主"的农村义务教育新的管理及投资体制,农村义务教育责任由乡镇为主转为以县为主,从主要由农民负担变为政府主要承担。2002年5月,《国务院办公厅关于完善农村义务教育管理体制的通知》(国办发〔2002〕28号)中进一步强调县级人民政府对农村义务教育负主要责任,县级政府负责筹措农村义务教育经费,安排上级转移支付资金的用途,统一发放教职工工资,统筹安排农村中小学公用经费。2003年《国务院关于进一步加强农村教育工作的决定》(国发〔2003〕19号)中再次强调落实新的农村义务教育管理体制。"以县为主"的管理体制将农村义务教育的责任主体上移,缓解了"以乡为主"体制下乡镇财政供给不足与农村义务教育财政需求量大的矛盾,这对于义务教育尤其是农村义务教育来说是一次具有里程碑意义的飞跃。数据显示,2006年政府预算内拨款所占全国教育经费比重已达86.8%。但尽管如此,如表2-1,由于不同地域内县级政府财政能力不同,农村义务教育的地区不均衡问题依然突出。

表2-1 各个地区中央与地方分担农村义务教育经费情况(%)

地区	免杂费后公用经费补助资金分担		校舍维修改造资金分担		免教科书资金分担		寄宿生生活补助资金分担	
	中央	地方	中央	地方	中央	地方	中央	地方
西部	80	20	50	50	100	—	50	50
中部	60	40	50	50	100	—	50	50
东部	18—40	82—60	—	—	—	100	—	100

2005年是中国义务教育史上的关键一年。2005年政府工作报告强调,从2006年起,实行"两免一补"政策,免除国家扶贫开发工作重点县农村义务教育阶段贫困家庭学生的书本费、杂费,并补助寄宿学生生活费。

2005年12月,《国务院关于深化农村义务教育经费保障机制改革的通知》(国发〔2005〕43号),决定逐步将农村义务教育全面纳入公共财政保障范围,建立中央和地方分项目、按比例分担的农村义务教育经费保障机制,并提出2006年至2010年分步骤实施。2007年,农村地区全部实现了义务教育免费入学,这是我国农村义务教育发展过程中的巨大进步。2010年,《国家中长期教育改革和发展规划纲要(2010—2020年)》(国家中长期教育改革和发展规划纲要工作小组办公室,2010)指出,将义务教育全面纳入财政保障范围,实施国务院和地方各级政府共同承担,省、自治区、直辖市人民政府负责统筹落实的投入体制。2012年,中央财政进一步完善农村义务教育经费保障机制,将《新华字典》纳入免费提供的教科书范畴,所有资金全部由中央财政负担,进一步完善农村中小学校舍维修改造的长效机制。2012年数据显示,中央财政共安排864.5亿元保障经费。2015年11月,国务院颁布《国务院关于进一步完善城乡义务教育经费保障机制的通知》(国发〔2015〕67号),决定建立统一的中央和地方分项目、按比例分担的城乡义务教育经费保障机制。

农村义务教育经费保障机制的建立极大提高了农村义务教育的经费投入水平,这一时期的农村义务教育获得了较大的发展。

三、不同义务教育财政体制下各级政府的职责

1985年,国家将经费筹措的责任下放给乡镇一级,明确了"地方负责"的义务教育财政体制;2001年,随着分税制改革造成的困难,国务院确立了"以县为主"的管理及投资体制。2005年,国家开始实行免费义务教育,建立农村义务教育经费保障机制,将农村义务教育逐步纳入公共财政保障范围。在此期间,义务教育财政体制所经历的管理模式主要有两种:"地方负责"和"以县为主",主要体现在中央政府与地方政府之间权利与责任的变化,尤其是在教职工工资、公用经费、学校建设方面作出了较大改变,具体如表2-2。

表2-2　各级政府义务教育财政投资职责

模式区别	地方负责	以县为主
教职工工资	由县、乡两级政府统发，中央、省（自治区、直辖市）、县以及村原则上无责任	中央、省（自治区、直辖市）和县三级政府三级负责，而乡、村两级无责任 中央、省（自治区、直辖市）：困难县的教职工工资补助 县级政府：统发教职工工资
公用经费	乡级政府：初中公用经费 村级：小学公用经费 中央、省（自治区、直辖市）、县级政府无责任	县、乡两级政府：部分公用经费 中央、省（自治区、直辖市）、村无责任
校舍维修、建设	乡、村两级承担，中央、省（自治区、直辖市）无责任 乡级：初中校舍建设 村级：小学校舍建设	中央一级：设立困难地区危房改造专项补助 省（自治区、直辖市）：设立困难地区危房改造专项补助 县级：筹措新增校舍建设和改造资金 乡级：提供新增校舍所需土地 村级：无责任
助学金	对中央到地方各级政府均无责任要求（中央财政设立"国家义务教育贫困学生助学金"专款，2001年起每年1亿元）	要求中央设专项补助，地方政府无责任要求
贫困地区补助	中央：设立专项补助 省（自治区、直辖市）：配套专项补助	仅对中央作出设立专项补助的责任要求，其他各级政府无相关责任
教学仪器、图书	中央和地方各级政府均无责任要求	县级政府作出了购置图书、仪器的责任要求

第二节　农村义务教育专项计划实施

自2005年以来，国家逐步承担起农村义务教育财政投入的责任，并建立起农村义务教育经费保障体制。政府对义务教育的财政转移支付分为一般性财政转移支付和专项转移支付。专项转移支付以项目和工程的方式实现。21世纪以来,政府针对农村义务教育的专项计划主要有薄弱学校改造计划(简称"薄改计划")、学校"特岗教师"计划、国家级培训教师计划、中小学校舍安全工程、学生营养改善计划及一些相关配套措施等。为深入了解农村义务教育财政投入情况,下面将以农村义务教育财政投入密切相关的专项计划进展情况为切入点进行分析。

一、薄弱学校改造计划

(一)"薄改计划"政策梳理

农村"薄改计划"自2010年启动。为全面改善农村地区办学条件,促进"薄改计划"顺利开展,国家和政府颁布了一系列政策文件支持计划的实施。笔者对历年来关于农村"薄改计划"的政策进行了梳理,具体见表2-3。

表2-3 农村"薄改计划"政策梳理

日期	政策	主要内容
2010	《国家中长期教育改革和发展规划纲要(2010—2020年)》	明确改造小学和初中薄弱学校的目标,集中从教学装备和校舍建设两个方面开展
2011	《关于印发农村义务教育学生营养改善计划学校食堂建设规划(2011—2015年)的通知》	中央财政设立食堂建设专项,按照5:5的比例给予奖励支持
2013	《关于全面改善贫困地区义务教育薄弱学校基本办学条件的意见》	提出"全面改薄"
2014	《关于制定全面改善贫困地区义务教育薄弱学校基本办学条件实施方案的通知》	制定"全面改薄"实施方案,按照"缺什么补什么"的原则,支持地方全面改善基本办学条件

2010年7月,国务院出台《国家中长期教育改革和发展规划纲要(2010—2020年)》,指出要改造小学和初中薄弱学校,尽快使义务教育学校师资、教学仪器设备、图书、体育场地基本达标。2010年,开始启动农村义务教育"薄

改计划"集中解决农村学校基本建设薄弱等突出问题,首先在中西部地区23个省份及个别困难省份开始进行,集中从教学装备和校舍建设两个方面开展,教学装备类项目于2010年到2012年间实施,主要包括农村薄弱学校教学实验仪器、图书、多媒体教学设备、音体美器材等配备,提高农村教育信息化水平和教学质量;校舍改造类项目集中在餐饮设施、寄宿制学校生活设施和县镇学校的扩容改造问题上,2010年到2015年为实施期限,并配合其他改造项目,实施"薄改计划"。2011年,中央财政又设立食堂建设专项,按照5∶5的比例给予奖励支持,主要用作改造食堂和餐饮设施的配备。

(二)"薄改计划"资金投入

历年统计数据显示,中央财政对农村薄弱学校的资金投入逐年增加,学校办学条件的改善成效显著。2012年,中央财政共安排180.14亿元,2013年增加到207亿元,4年内共安排656.8亿元,用于改善学校就餐条件,配备学校基础设备等,以支持农村义务教育薄弱学校的均衡发展。

教学设备类项目是农村义务教育学校"薄改计划"的重要内容。如图2-1,2013年与2009年相比,教学实验仪器设备投入增长69.19%。2010年启动至今的农村义务教育薄弱学校改造计划已取得显著成效。项目实施以来,政府财政通过专项转移支付支持薄弱学校的教学装备和校舍建设改造,仅2010—

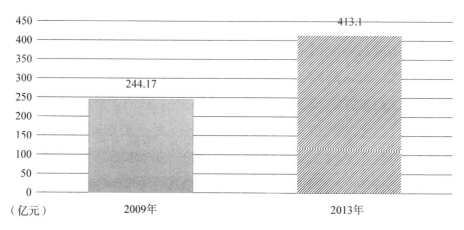

图2-1 中西部22省份农村义务教育学校仪器设备值

注:数据来源于教育部网站。

2014年就累计安排了966.6亿元专项资金,使得农村地区义务教育有了最基本的保障,在设施设备、校舍安全方面有了极大的改善。

二、学校特岗教师计划

(一)启动阶段:2006—2008年

2006年5月15日,《教育部 财政部 人事部 中央编办关于实施农村义务教育阶段学校教师特设岗位计划的通知》(教师〔2006〕2号)颁布,"特岗计划"开始实施:所需资金由中央和地方财政共同承担,并设立专项资金,专门用于特岗教师的工资性支出,三年期满自愿留在本地学校的,将其工资发放纳入当地财政统发范围。2006年,中央财政按照人均年1.5万元的标准,安排了2.5亿元左右专项资金用于教师工资性支出。

(二)调整阶段:2009年至今

"特岗教师"计划聘期为三年,期满自由选择去留,截至2009年,第一批教师聘期满三年。该计划有力缓解了农村地区教师紧缺状况及其结构性矛盾,为继续加强农村义务教育"特岗教师"计划的实施,2009年2月,颁发《教育部 财政部 人力资源社会保障部 中央编办关于继续组织实施"农村义务教育阶段学校教师特设岗位计划"的通知》(教师〔2009〕1号),明确指出扩大计划的实施范围。2010年,中央财政全年下拨30.5亿元"特岗教师"工资性补助经费,年人均享受补助金额为20 540元。2012年继续扩大计划实施范围,西部地区年人均补助2.7万元、中部地区2.4万元;到2014年,西部和中部分别提高到3.1万元、2.8万元。2006—2014年中央财政共安排236.1亿元"特岗教师"工资性补助资金,2015年进行政策调整,开始探索建立省级统筹的乡村教师补充新机制,颁发《乡村教师支持计划(2015—2020)》。

自2009年"特岗教师"计划至今,有效加强了中西部地区农村义务教育教师队伍建设,聘任期满,许多教师长期留任,这对于改善中西部地区师资结构、提高农村义务教育质量起着重要作用。

三、国家级培训教师计划

为加强农村教师队伍建设，切实提高农村教育质量，国家和政府采取一系列措施加强农村教师培训。特别是自 2010 年以来，随着各项国家级培训计划的出台，在国家政策的引领下，中央财政大力支持，农村教师队伍建设取得显著成效。

2010 年 6 月，教育部、财政部联合发布了《关于实施"中小学教师国家级培训计划"（以下简称"国培计划"）的通知》（教师〔2010〕4 号），对"国培计划"的实施作了整体规划。"国培计划"分为两部分，包括"中小学教师示范性培训项目"和"中西部农村骨干教师培训项目"。其中，"中西部农村骨干教师培训项目"通过专项转移支付进行支持。根据《"国培计划"——中小学教师示范性培训项目实施方案（2010—2012）》，中央本级财政每年下拨专项经费 5 000 万元支持"示范性项目"，采取远程或集中培训形式对农村中小学教师进行培训。2010 年，中央财政安排专项资金 5 亿元实施"中西部项目"，从 2011 年起，又将农村幼儿教师纳入培训范围。2010—2012 年，中央财政共安排国家级培训资金 24 亿元，基本实现了对中西部 23 个省份农村义务教育学校的全覆盖。2015 年 6 月，国务院办公厅印发《乡村教师支持计划（2015—2020 年）》的通知，调整"国培计划"的实施范围，主要培训对象调整为乡村教师，确保乡村教师培训的针对性和实效性。

四、中小学校舍安全工程

2001 年以来，国家实施了一系列措施改善农村中小学校校舍状况，如农村中小学危房改造、西部地区农村寄宿制学校建设和中西部农村初中校舍改造等工程。中央财政加大了对农村学校建设的投入，农村中小学面貌得以改善。但数十年之后，早期建设的校舍和部分已经维修的校舍仍需进行全面改善。因此，2009 年全国中小学校舍安全工程开始实施。

实际上，早在 2005 年 12 月，国务院常务会议就决定建立农村义务教育阶段中小学校舍维修改造长效机制。2009年4月，发布《国务院办公厅关于印发全国中小学校舍安全工程实施方案的通知》（国内发〔2009〕34条），决定从2009年起，由国务院统一领导，省级政府统一组织，市、县级政府负责实施，用三年时间对存在安全隐患的各级各类城乡中小学校舍进行改造。在校舍安全工程结束后，中央财政将校舍安全工程支持内容并入农村中小学校舍维修改造长效机制。2015年提高单位面积补助标准，中西部地区分别提高到800元、900元，东部地区实行"以奖代补"的方式。

五、学生营养改善计划

2011年11月，发布《国务院办公厅关于实施农村义务教育学生营养改善计划的意见》（国发办〔2011〕54号，以下简称《意见》），主要对启动试点工作、完善补助政策、食堂建设、支持地方试点工作等方面作出规定。《意见》决定，从2011年秋季学期开始启动，中央财政补助标准为每生每天3元，全部由中央财政承担。2013年11月，《关于印发农村义务教育学生营养改善计划学校食堂建设规划（2011—2015年）的通知》（全国学生营养办〔2013〕4号）指出，学校食堂建设所需资金，由中央和地方共同承担，中央按照5∶5的比例对地方给予奖励支持。数据显示，2011到2014年，中央财政累计安排462.3亿元专项资金。

2016年4月，发布《财政部 教育部关于下达2016年城乡义务教育补助经费预算的通知》（财教〔2016〕51号），决定从2016年起着重考核各地财政投入努力程度。截至2016年4月底，全国共1502个县开展了营养改善计划试点工作，其中，国家试点县699个，地方试点县803个，试点学校达到13.7万所，全国受益学生达到3354万人，全国学生食堂建设面积达2567万平方米，试点地区学校食堂供餐比例达到72.3%。全国学生营养改善计划进展顺利，国家试点与地方试点相结合，实施范围不断扩大，农村地区学生的身体状况、营养状况有所好转，这也进一步促进了农村义务教育，特别是中西部贫困地区农村教育质量的提高，是国家促进基本公共服务均等化的重要举措，是实现义务教育公平的基本条件。

第三节　当前农村义务教育财政投入现状

一、地方农村义务教育生均经费逐年增长

农村义务教育公用经费是指保证学校正常运转，在教学活动、后勤服务等方面开支的费用，而非"人员经费"。按照规定，各级财政、教育部门主要以在校学生数为标准分配农村义务教育公用经费。目前，学校生均公用经费定额由国务院财政部门与教育行政部门共同制定，各省、自治区、直辖市人民政府可以根据实际情况，制定不低于国家标准的学校生均公用经费标准。

自 2000 年以来，农村义务教育生均经费逐年上涨，特别是建立农村义务教育经费保障机制，将农村义务教育逐渐纳入公共财政之后，其增长更是呈现加速趋势。

如图 2-2 所示，从 2000 年至 2013 年，我国农村义务教育地方农村小学、初中生均经费呈逐年上涨的趋势。小学生均经费由 2000 年的 647 元/人提高至 2013 年的 8 152 元/人，而初中生均经费由 2000 年的 884 元/人提高到 2013 年的 10 996 元/人。农村义务教育生均经费总体标准提高较大，这一定程度上是

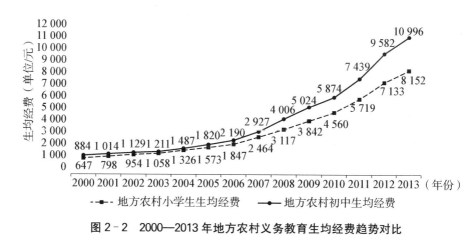

图 2-2　2000—2013 年地方农村义务教育生均经费趋势对比

由于国家加大了对农村义务教育进行财政转移支付的力度。尤其是2005年实施"新机制"之后,国家通过纵向财政转移支付的强化,进一步调整了中央与地方的责任分担,加大财政对义务教育的投入,因此,自2005年以来,无论是地方初中还是小学生均经费的支出增长速度均加快。

二、城乡义务教育投入差距逐步缩小

对农村义务教育加大财政转移支付使得农村义务教育经费投入显著增加,城乡经费投入差距进一步缩小。就政策实施效果来说,"新机制"基本实现了提高农村义务教育经费保障水平,缩小城乡差距的政策目标(姚继军,张新平,2014)。图2-3对2000—2013年我国地方农村义务教育生均经费与地方义务教育生均经费的比值进行了计算,比值越接近于100%,表明城乡义务教育经费保障水平差距越小。如图所示,无论是农村小学还是初中,其比重都在稳步上升,城乡义务教育经费投入差距逐步缩小。数据显示,到2013年,农村小学占地方小学生均经费比重已达到97.04%,而农村初中比重也达到了96%。这表明财政转移支付在促进城乡教育均衡方面效果明显。

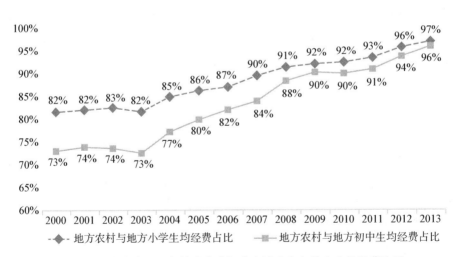

图2-3 地方农村义务教育生均经费占地方义务教育生均经费比重

注:数据来源于历年《教育经费统计年鉴》。

三、公共财政保障水平不断提高

实施"新机制"以后,农村义务教育逐渐纳入公共财政的保障范围。2005年之后,国家通过"两免一补"、校舍改造工程、营养改善等计划不断加大对农村义务教育的财政投入力度,弥补了地方财政投入经费的不足,也使地方财政性教育经费支出的比重增加。图2-4计算了地方农村小学、初中财政预算内教育经费占地方农村小学、初中教育经费的比重,比值越大表明公共财政的保障水平越高。如图2-4,可以看出财政预算内经费比重逐年增加,2003年至2005年增加比较缓慢,2005年到2007年比重骤然攀升,2007年之后虽有所回落,但仍趋于稳定。目前,无论是小学还是初中,地方财政预算比重都保持在84%左右。这说明地方公共财政对于农村义务教育的保障水平在不断提高,农村义务教育的公共性特征愈发显著。

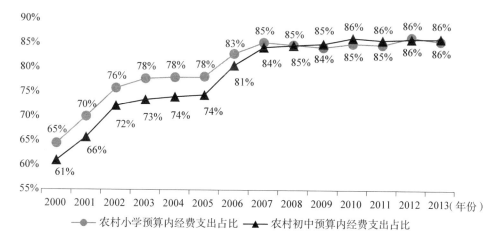

图2-4 地方农村义务教育财政预算内经费支出占地方农村义务教育经费支出的比重(2000—2013年)

注:数据来源于历年《教育经费统计年鉴》。

第四节 农村义务教育财政体制实践困境

国家不断完善农村义务教育财政体制，以促进城乡教育公平，保障农村适龄儿童能享受同等的教育权利。在农村义务教育经费保障机制实施10年后，审视农村义务教育财政的实施效果和实践困境极为必要。

一、农村义务教育经费投入缺口较大

2012年实现了国家财政性教育经费占GDP达4%的目标，我国教育财政开始进入了"后4%时代"。虽然国家财政性教育经费正在逐年增长，国家对农村义务教育的财政转移支付增加，但投资力度有限，在农村义务教育范围广、基础大、复杂程度高的背景下，国家财政转移支付依旧不足。2000年联合国教科文组织曾号召世界各国应至少将GDP的6%投入到教育事业中，我国仍落后于世界平均水平。据统计，2012年，中央对地方的财政转移支付总量已达2 681.09亿元，但就地方政府而言，经费缺口仍然较大。一些西部省份虽然是上级转移支付重点扶持的对象，但其薄弱的基层财政依然无法给予义务教育发展以充足保障。仅新疆地区，基于区域基层统计数据的估算表明，到2020年，95个县（市、区）全面完成学校标准化建设和推进均衡发展任务的资金缺口高达490亿元（姚继军，张新平，2014）。

义务教育影响整个国家的国民教育质量水平，但政府在教育财政投入上偏向于高等教育。国际上大部分国家义务教育教育经费占公共教育财政比例80%，高等教育教育经费约占20%，但我国高等教育的财政支出比例不仅高于世界的平均水平，甚至高于西方发达国家的比例，高等教育财政支出比例过高就会造成义务教育财政比例偏低，间接导致我国的农村义务教育财政投入比例低（谷宝柱，刘月兰，2016）。国家财政性教育经费投资机构应作出适当调整，提高农村义务教育投资比例。

二、经费投入结构的失衡

实证研究显示，同样的投入，若放在低层次教育，社会收益率远高于个人收益率；若放在高层次教育，则社会收益率远低于个人收益率。因此，从这方面来说，政府财政应加大对义务教育经费的投入，尤其是农村薄弱地区，而不是维持非义务教育的过高投入。

另外，在义务教育经费的使用和分配上，也存在着一些不合理现象。一是与用于教育事业的经费相比，对教育基本设施的经费投入不足；但通过部分专项政策的实施，例如中小学校舍工程，义务教育基本设施经费投入问题已得到明显改善。即使是在相对充足的农村义务教育事业经费方面，也存在着公用经费被人员经费挤占的现象，公用经费的不足导致学校无法保证基本的教学条件和学校的正常运转。二是经费使用的城乡差异和地域性差异，东中西部地区经济的不平衡需要更加严谨、科学的经费分配制度与方法。

三、教育财政经费投入的"挤出效应"

2005年出台的农村义务教育经费保障政策建立了中央与地方分项目、按比例的机制，对加大中西部地区农村义务教育财政经费的投入、改善中西部地区农村义务教育条件作出了突出贡献，在实施将近10年后，国内学者对此机制的实施成效进行了量化分析（赵海利，2015）。分析发现"新机制"的实施带来了全国义务教育投入的普遍提高，西部与非西部地区均是如此。但是，在西部地区获得的转移支付规模明显超过非西部地区的情况下，义务教育投入的地区差距并没有显著缩小。从"新机制"政策的实施对地方政府激励机制的角度分析，其中的原因在于中央政府教育投入对地方政府教育投入产生了"挤出效应"，说明中央政策在地方政府层面的执行存在问题，上级政府的努力并没有使县级的努力程度呈现机制性快速增长，相反却有所下降。这种"挤出效应"说明目前的农村义务教育政策在执行中存在着上级政府与地方政府激励不相容的问题。一方面，地方政府和上级政府的政策目标存在一定程度的不一致，没有达到公共利益最大化；另一方面，上级政府是"委托人"，地方政府是"代理人"，由于信息的不均衡性，上级政府需要对地方政府的政策执行过程进行监督，而在实际执行过程中，建立完善的监督机制是相当困难的。

第五节 农村义务教育财政转移支付改革

一、进一步完善省以下财政转移支付制度

一方面，对农村义务教育财政转移支付进行制度优化。财政资金通过层层拨付下达到基层政府，既耗时又耗力，更增加了截留、挪用资金的可能性。笔者认为，省以下的转移支付是资金截留挪用的主要环节，建议尽量减少转移支付的中间环节，推进省直管县改革，才能有效避免资金的截留、挪用；此外，以县为对象，综合考评县级单位的各种要素，构建转移支付模型，定量计算转移支付额度，增加转移支付的科学性和时效性。另一方面，改进地方政府治理，完善地方政府政绩考核方案，提高教育在政绩考核中的比重。对地方政府实行问责制，规范资金的使用和分配，减少转移支付资金的截留、占用、挪用，提高经费使用的透明度。

二、健全义务教育投入体制的法治化建设

农村义务教育的投入需要用法律手段将各方的责任、义务以及相关的制度固定下来，以保障经费投入的充足性和稳定性。第一，修订我国现行的教育法规和财政法规，补充有关教育财政的法律条款；第二，制定专门的《义务教育投入法》，对农村义务教育经费投入作出具体规定，使其有法可依，减少抽象的条文规定，将农村义务教育的责任清晰化、制度规范化，进一步加大教育财政法规建设和制度建设力度，保障教育财政政策的高效执行。只有立法才能确

保各级政府对义务教育投入的比例，并遏制地方政府的不作为。结合我国实际教育形势，在设计相关财政制度和政策时，强调各级政府的必要责任，并制定有效的监督和评定机制，使其行之有效。对经费的使用要加强监督和审议，坚决杜绝浪费，对违法者追究法律责任（张朝伟，2011）。

三、合理划分各级政府间的义务教育投资责任

义务教育属于社会公共事业，义务教育的投资主体是国家。因此，应合理划分各级政府间的义务教育投资责任。首先，政府的职能是满足公众需求，教育作为一项最基本的公共服务，尤其是农村义务教育，应得到优先满足。据统计，自2001年至2009年，全国普通小学生均预算内公用经费支出由45.18元增长到743.70元，其中，农村普通小学由28.12元提高到了690.56元。由此可见，我国政府正在加大对农村义务教育经费的投入力度。为此，要进一步加强地方民主制度建设，转变政府行为，促进地方政府财政的民主决策。其次，划分政府间事权及支出责任，建立各级政府的教育权力清单和责任清单。当前，我国各级政府事权与责任划分的错位现象相对严重，必然会导致各级政府之间相互推诿、讨价还价，导致教育工作难以落到实处。另外，各级教育投入既要解决总量投入不足的问题，也要解决配置不均衡的问题，明确政府是义务教育均衡发展的全部责任方。在教育资源的分配中，要对农村义务教育给予更多的政策照顾和倾斜，缩小农村义务教育财政投入上的差距（朱银南，2011）。

我国的农村义务教育是县办教育，但从国际上来看，中央和省级政府是资金来源主渠道。在美国义务教育中，联邦经费占7%，州和地方平均分担其余经费；在英国，中央政府最终分担了2/3以上的义务教育经费。各级政府应该明确责任，应科学划分中央、省、县三级政府的农村义务教育经费分担比例。

第三章 从"两为主"走向"钱随人走"

从 2008 年到 2012 年,处于义务教育阶段的流动人口子女人数显著增加,年均增长率为 14.3%。从 2013 年至 2015 年,义务教育阶段的流动人口子女总量基本稳定,2014 年为 1 294.7 万人,2015 年为 1 367.1 万人,80% 的流动人口在流入地公办学校就读(教育部,2016)。流动人口子女接受义务教育的经费来源成为政府间的财政责任分担这一背景下的重要问题。

第一节 流动人口子女教育财政责任分担

探讨流动人口子女教育的财政责任分担问题,需要界定清楚"流动人口子女"和"财政责任分担"两个概念。

一、流动人口子女

流动人口(Recurrent population)是指离开户籍所在地的县和市,跨越一定的行政辖区范围、在另一地区进行工作、生活和居住的成年育龄人员(何笑笑,2012)。根据流动人口流动方向的不同,又可以分为流入人口和流出人口两类。流入人口是指在某一地区工作、生活和居住,却没有该地区户口的人;流出人口是指不在某一地区工作、生活和居住,却有该地区户口的人(郭明超,2012)。本文中的流动人口是指流入人口,即没有所在地户口,但却在此工作、生活和居住。流动人口子女就是这类流入人口的子女,这与"农民工子女"和"进城务工就业农民子女"的含义是相吻合的。《关于进一步做好进城务工就业农民子女义务教育工作的意见》中将流动人口子女称为"进城务工就业农民子女",《国务院关于解决农民工问题的若干意见》中将流动人口子女称为"农民工子女"。根据流动人口子女是否随其父母流动,可分为流动儿童和留守儿童(郭明超,2012)。流动儿童是指随着父母迁移流动,在流入地接受教育的儿童;留守儿童是指没有跟随父母迁移流动,在流出地接受教育的儿童。本文所研究的流动人口子女指处于义务教育阶段的跟随父母迁移流动并在流入地接受教育的儿童。

二、财政责任分担

财政责任(Fiscal responsibility)是指财政部门行使财政管理职权,对国家承担的职责和义务。包括合理安排财政的收入和支出,保证财政的收支平衡,从而促进财政资金的合理配置和使用,监管整个社会的经济生活以及财政分配的全过程等(王旭东,2007)。财政责任分担是指中央和地方政府合理配置国家财政性教育经费,共同承担财政支出责任,根据政策文件规定的标准共同负担财政预算内经费。

流动人口子女教育财政责任分担也就是中央和地方政府在流动人口子女义务教育问题上都要承担一定的财政责任,至于中央政府、省级政府、市级政府和区县级政府应该如何分担流动人口子女的教育经费,则需要具体讨论。在国际经验上,美国就是由联邦政府的流动教育项目(Migrant Education Program, MEP)资助计划为流动人口子女提供免费义务教育;欧洲国家由联邦(中央)政府的特别需要项目(Special Need Program, SNP)为流动人口子女学校提供拨款;印度的教育保障计划(Education Guarantee Scheme, EGS)提出,流动人口子女75%的义务教育经费都是由中央政府承担,20%由地方政府承担,个人只要承担5%(李阳,杨东平,2012)。

第二节 流动人口子女教育的政策梳理

流动人口子女义务教育问题，不只是关系到他们个人和家庭，更是关系到整个社会的进步和发展；流动人口子女能否顺利接受教育，不仅是教育问题，更是复杂的社会问题。因此，关于流动人口子女的义务教育问题，国家政府颁布了一系列的政策法规，通过对这些政策发展脉络的梳理，根据政策演变的7个关键节点划分为4个阶段展开分析，有助于厘清流动人口子女教育中的财政责任分担问题。

一、觉醒产生阶段（1996—2000 年）

1996 年颁布的《城镇流动人口中适龄儿童少年就学办法（试行）》和 1998 年出台的《流动儿童少年就学暂行办法》，是流动人口子女义务教育政策的觉醒产生阶段的关键节点，标志着国家开始关注流动人口子女的教育问题，这两份文件是 20 世纪 90 年代中后期解决流动人口子女教育问题的主要政策依据。

（一）《城镇流动人口中适龄儿童少年就学办法（试行）》

加快城镇化进程是 20 世纪中后期我国经济社会发展的一个重要战略，其最显著的特征就是人口流动和迁移，流动人口子女的教育问题也就成为这一过程的伴生问题。随着 20 世纪 90 年代中后期我国城镇化进程的加速发展，流动人口子女义务教育问题越来越凸显，原国家教委于 1996 年 4 月颁布了《城镇流动人口中适龄儿童少年就学办法（试行）》，是第一部专门针对流动人口子女义务教育问题的政策文件，奠定了"以流入地政府管理为主"和以"限制流动人口子女外流为主"的基调。

城镇流动人口中适龄儿童少年就学办法（试行）
（1996 年 4 月 2 日发布）

......

第四条　凡符合本办法第二、三条款的，流入地人民政府（市、区、镇，下同），要为流动人口中适龄儿童、少年创造条件，提供接受义务教育的机会。流入地教育行政部门，应具体承担城镇流动人口中适龄儿童、少年接受义务教育的管理职责。

第五条　城镇流动人口中适龄儿童、少年的家长或其他监护人，必须保证其适龄子女或其他被监护人接受规定年限的义务教育。

第六条　城镇流动人口中适龄儿童、少年户籍所在地教育行政部门，应建立严格的适龄儿童、少年流动管理制度。凡户籍所在地有监护条件的，必须在户籍所在地接受义务教育；户籍所在地没有监护条件的，流动期间在流入地接受义务教育。

第七条　城镇流动人口中适龄儿童、少年的入学年龄，以流入地政府规定为准，其义务教育年限以户籍所在地政府规定为准。

第八条　城镇流动人口中适龄儿童、少年就学，应以在流入地全日制中小学借读为主。没有条件进入全日制中小学的，可以进入各种形式的教学班、组，接受非正规教育。

第九条　城镇流动人口中适龄儿童、少年入学，应由其父母或其他监护人，持流入地暂住证，向流入地住所附近中小学提出申请，经学校同意后即可入学。如果入学申请不能被流入地住所附近中小学校接受，可向流入地教育行政部门或其指定的单位，提出申请，由教育行政部门，或其指定的单位，协调解决就学。

第十条　城镇流动人口中适龄儿童、少年因疾病或其他特殊情况，需要延缓入学或免予入学的，应由其父母或其他监护人，向流入地教育行政部门，或其指定的单位，提出申请，经允许可延缓入学或免予入学。

......

（国家教委，1996）

(二)《流动儿童少年就学暂行办法》

《城镇流动人口中适龄儿童少年就学办法（试行）》试行了两年后，原国家教委和公安部对此进行了进一步的完善和明确，于 1998 年 3 月发布了《流动儿童少年就学暂行办法》，强调流入地政府要担负起更多责任，为流动人口子女提供义务教育，流入地教育行政部门要承担流动人口子女接受义务教育的管理职责。同时，还规定了流动人口子女义务教育阶段的就学形式，以在流入地全日制公办中小学借读为主，公办中小学允许收取"借读费"，《流动儿童少年就学暂行办法》成为解决流动人口子女教育问题的全局性和指令性的政策依据。

<h3 style="text-align:center">流动儿童少年就学暂行办法</h3>

（1998 年 3 月 2 日发布）

教基〔1998〕2 号

……

第二条　本办法所称流动儿童少年是指 6 至 14 周岁（或 7 至 15 周岁），随父母或其他监护人在流入地暂时居住半年以上有学习能力的儿童少年。

第三条　流动儿童少年常住户籍所在地人民政府应严格控制义务教育阶段适龄儿童少年外流。凡常住户籍所在地有监护条件的，应在常住户籍所在地接受义务教育；常住户籍所在地没有监护条件的，可在流入地接受义务教育。

第四条　流入地人民政府应为流动儿童少年创造条件，提供接受义务教育的机会。流入地教育行政部门应具体承担流动儿童少年接受义务教育的管理职责。流动儿童少年就学，应保证完成其常住户籍所在地人民政府规定的义务教育年限，有条件的地方，可执行流入地人民政府的有关规定。

第五条　流动儿童少年常住户籍所在地人民政府和流入地人民政府要互相配合，加强联系，共同做好流动儿童少年接受义务教育工作。流动儿童少年常住户籍所在地乡级人民政府、县级教育行政部门、学校和公安派出所应建立流动儿童少年登记制度。流入地中小学应为在校流动儿童少年建立临时学籍。

第六条 流动儿童少年父母或其他监护人应按流入地人民政府规定，送子女或其他被监护人入学，接受并完成规定年限义务教育。

第七条 流动儿童少年就学，以在流入地全日制公办中小学借读为主，也可入民办学校、全日制公办中小学附属教学班（组）以及专门招收流动儿童少年的简易学校接受义务教育。

第八条 流动儿童少年在流入地接受义务教育的，应经常住户籍所在地的县级教育行政部门或乡级人民政府批准，由其父母或其他监护人，按流入地人民政府和教育行政部门有关规定，向住所附近中小学提出申请，经学校同意后办理借读手续。或到流入地教育行政部门提出申请，由教育行政部门协调解决。

第九条 经流入地县级以上人民政府教育行政部门审批，企业事业组织、社会团体、其他社会组织及公民个人，可依法举办专门招收流动儿童少年的学校或简易学校。办学经费由办学者负责筹措，流入地人民政府和教育行政部门应予以积极扶持。简易学校的设立条件可酌情放宽，允许其租赁坚固、适用的房屋为校舍。

第十条 经县（市、区）教育行政部门批准，流入地全日制公办中小学可利用学校校舍和教育设施，聘请离退休教师或其他具备教师资格人员，举办专门招收流动儿童少年的附属教学班（组）。

第十一条 招收流动儿童少年就学的全日制公办中小学，可依国家有关规定按学期收取借读费。借读费标准按国家教育委员会、国家计划委员会、财政部联合颁发的《义务教育学校收费管理暂行办法》执行。

……

（国家教委 公安部，1998）

总体而言，《城镇流动人口中适龄儿童少年就学办法（试行）》和《流动儿童少年就学暂行办法》的大体思想就是"严格限制"，限制流动人口子女外流，并奠定了"以流入地政府管理为主"的基调，这是20世纪末国家指导流动人口子女义务教育问题的政策依据,也是这段时间国家解决流动人口子女义务教育问题的关键政策节点,标志着我国流动人口子女教育政策的产生。但《城镇流动人口中适龄儿童少年就学办法(试行)》和《流动儿童少年就学暂行办法》只对流动人口子女的就学作了规定,是一种指导性的政策。没有相应的实施细则,给地方政府的政策执行带来较大的弹性空间,出现很多"不执行、形式主义执行和附加条件执行"的情况。同时,由于公办学校可以收取"借读费",导致流动人口子女的教育费用过于昂贵,而且公办学校可以拒绝流动人口子女的入学申请,导致流动人口子女的教育权益得不到保障。

二、探索发展阶段(2001—2005 年)

2001 年发布的《关于基础教育改革与发展的决定》和 2003 年出台的《关于进一步做好进城务工就业农民工子女义务教育工作的意见》,是流动人口子女义务教育政策探索发展阶段的关键节点,逐步明确流动人口子女义务教育的"两为主"原则。

(一)《关于基础教育改革与发展的决定》

《关于基础教育改革与发展的决定》中,重视农村义务教育的持续健康发展,要求重视解决流动人口子女接受教育问题,明确"以流入地政府管理为主"和"以全日制公办中小学为主"的两为主原则。

国务院关于基础教育改革与发展的决定
(2001 年 5 月 29 日发布)

国发〔2001〕21 号

……

针对薄弱环节,采取有力措施,巩固普及九年义务教育成果。地方各级人民政府要把农村初中义务教育作为普及九年义务教育巩固提高的重点,努力满足初中学龄人口高峰期的就学需求,并采取措施切实降低农村初中辍学率。将残疾儿童少年的义务教育作为普及九年义务教育巩固提高工作的重要任务。要重视解决流动人口子女接受义务教育问题,以流入地区政府管理为主,以全日制公办中小学为主,采取多种形式,依法保障流动人口子女接受义务教育的权利。继续抓好农村女童教育。

……

(国务院,2001)

(二)《关于进一步做好进城务工就业农民子女义务教育工作的意见》

2003年9月,国务院办公厅转发了教育部、中央编办、公安部等六部委的《关于进一步做好进城务工就业农民子女义务教育工作的意见》,把占"流动人口子女"绝大多数且处于弱势地位的"进城务工就业农民子女"单独提出并突出强调,首次将政策焦点对准农民工子女。规定由流入地人民政府负责农民工子女接受义务教育工作,以全日制公办中小学为主,但流出地政府也要承担一定责任,配合流入地政府做好农民工子女义务教育工作,流动人口子女义务教育管理的"两为主"原则正式确立。

关于进一步做好进城务工就业农民子女义务教育工作的意见
(2003年9月13日)

国办发〔2003〕78号

……

二、进城务工就业农民流入地政府(以下简称流入地政府)负责进城务工就业农民子女接受义务教育工作,以全日制公办中小学为主。地方各级政府特别是教育行政部门和全日制公办中小学要建立完善保障进城务工就业农民子女接受义务教育的工作制度和机制,使进城务工就业农民子女受教育环境得到明显改善,九年义务教育普及程度达到当地水平。

……

四、充分发挥全日制公办中小学的接收主渠道作用。全日制公办中小学要充分挖掘潜力,尽可能多地接收进城务工就业农民子女就学。要针对这部分学生的实际,完善教学管理办法,做好教育教学工作。在评优奖励、入队入团、课外活动等方面,学校要做到进城务工就业农民子女与城市学生一视同仁。学校要加强与进城务工就业农民子女学生家庭联系,及时了解学生思想、学习、生活等情况,帮助他们克服心理障碍,尽快适应新的学习环境。

五、建立进城务工就业农民子女接受义务教育的经费筹措保障机制。流入地政府财政部门要对接收进城务工就业农民子女较多的学校给予补助。城市教育费附加中要安排一部分经费,用于进城务工就业农民子女义务教育工作。积极鼓励机关团体、企事业单位和公民个人捐款、捐物,资助家庭困难的进城务工就业农民子女就学。

六、采取措施,切实减轻进城务工就业农民子女教育费用负担。流入地政府要制订进城务工就业农民子女接受义务教育的收费标准,减免有关费用,做到收费与当地学生一视同仁。要根据学生家长务工就业不稳定、住所不固定的特点,制订分期收取费用的办法。通过设立助学金、减免费用、免费提供教科书等方式,帮助家庭经济困难的进城务工就业农民子女就学。对违规收费的学校,教育行政部门等要及时予以查处。

七、进城务工就业农民流出地政府(以下简称流出地政府)要积极配合流入地政府做好外出务工就业农民子女义务教育工作。流出地政府要建立健全有关制度,做好各项服务工作,禁止在办理转学手续时向学生收取费用。建立并妥善管理好外出学生的学籍档案。在进城务工就业农民比较集中的地区,流出地政府要派出有关人员了解情况,配合流入地加强管理。外出务工就业农民子女返回原籍就学,当地教育行政部门要指导并督促学校及时办理入学等有关手续,禁止收取任何费用。

八、加强对以接收进城务工就业农民子女为主的社会力量所办学校的扶持和管理。各地要将这类学校纳入民办教育管理范畴,尽快制订审批办法和设置标准,设立条件可酌情放宽,但师资、安全、卫生等方面的要求不得降低。要对这类学校进行清理登记,符合标准的要及时予以审批;达不到标准和要求的要限期整改,到期仍达不到标准和要求的要予以取消,并妥善安排好在校学生的就学。要加强对这类学校的督导工作,规范其办学行为,促进其办学水平和教育质量的提高。地方各级政府特别是教育行政部门要对这类学校给予关心和帮助,在办学场地、办学经费、师资培训、教育教学等方面予以支持和指导。对办学成绩显著的要予以表彰。

……

(教育部,中央编办,公安部等,2003)

总体而言,这一阶段实现了从流动人口子女接受义务教育的"严格限制"到"扶持补助"的转变,不再限制流动人口子女的外流,对入学条件一视同仁,彰显出"教育公平"的理念,成为21世纪初国家解决流动人口子女义务教育问题的关键政策节点。特别是"以流入地政府管理为主"和"以全日制公办中小学为主"的"两为主"原则,奠定了有关流动人口子女教育政策的基调。此后,一系列决定和意见都以递进的形式充实和丰富着"两为主"原则的内涵(孙翠香,2009),国家在处理和解决流动人口子女教育问题上坚持"两为主"原则。但这一时期的政策,在理论和操作层面缺乏强制的约束力,使得地方政府政策执行的空间很大,出现了形式主义执行和附加执行的现象。同时,流入地政府既要负责本地区适龄儿童的义务教育经费,又要负责流入本地区的农民工子女的教育经费,两方面的教育经费会给流入地政府带来巨大的财政压力。

三、规范化建设阶段(2006—2014年)

2006年发布的《国务院关于解决农民工问题的若干意见》和2006年修订的《中华人民共和国义务教育法》,是流动人口子女义务教育政策的规范化建设阶段的关键节点,使得流动人口子女的义务教育问题从一系列行政规定的政策层面上升到了法律的高度,从法律层面保障了流动人口子女平等接受义务教育的权利。

(一)《国务院关于解决农民工问题的若干意见》

2006年1月,国务院发布了《国务院关于解决农民工问题的若干意见》,强调保障农民工子女平等接受义务教育的权利,流入地政府主要承担农民工子女的义务教育责任,以全日制公办学校为主,接收农民工子女入学,不得收取"借读费"等,进一步贯彻"以流入地政府管理为主"和"以全日制公办中小学为主"的"两为主"原则。

国务院关于解决农民工问题的若干意见

(2006年1月31日发布)

国发〔2006〕5号

……

(二十一)保障农民工子女平等接受义务教育。输入地政府要承担起农民工同住子女义务教育的责任,将农民工子女义务教育纳入当地教育发展规划,列入教育经费预算,以全日制公办中小学为主接收农民工子女入学,并按照实际在校人数拨付学校公用经费。城市公办学校对农民工子女接受义务教育要与当地学生在收费、管理等方面同等对待,不得违反国家规定向农民工子女加收借读费及其他任何费用。输入地政府对委托承担农民工子女义务教育的民办学校,要在办学经费、师资培训等方面给予支持和指导,提高办学质量。输出地政府要解决好农民工托留在农村子女的教育问题。

……

(国务院,2006)

(二)《中华人民共和国义务教育法》

2006年6月,第十届全国人民代表大会常务委员会第二十二次会议审议通过了新修订的《中华人民共和国义务教育法》,提出父母或者其他法定监护人在非户籍所在地工作或者居住的适龄儿童、少年,在其父母或其他法定监护人工作或者居住地接受义务教育的,当地人民政府应当为其提供平等接受义务教育的条件,进一步强调了"以流入地政府管理为主",使其具备了法律的强制效力。

中华人民共和国义务教育法
（2006 年 6 月 29 日修订）

……

第十二条 适龄儿童、少年免试入学。地方各级人民政府应当保障适龄儿童、少年在户籍所在地学校就近入学。

父母或者其他法定监护人在非户籍所在地工作或者居住的适龄儿童、少年，在其父母或者其他法定监护人工作或者居住地接受义务教育的，当地人民政府应当为其提供平等接受义务教育的条件。具体办法由省、自治区、直辖市规定。

县级人民政府教育行政部门对本行政区域内的军人子女接受义务教育予以保障。

……

（中华人民共和国第十届全国人民代表大会常务委员会，2006）

总体而言，这一阶段的政策进一步贯彻了"两为主"原则，并使其从一系列行政规定的政策层面，上升到了法律层面。但是，《国务院关于解决农民工问题的若干意见》和《中华人民共和国义务教育法（2006 年修订）》依然是以流入地政府管理为主，没有对中央政府和流出地政府的责任作出相应规定，流入地政府为此承担巨大的财政压力。政策并没有就中央政府和流出地政府的补偿作出明确规定，由此使得流入地政府政策执行的积极性不高，流动人口子女平等接受义务教育的权益无法得到完全实现。

四、进一步探索阶段（2015 年至今）

流动人口子女义务教育政策进一步探索阶段的关键节点是 2015 年印发的《关于进一步完善城乡义务教育经费保障机制的通知》，该政策一改以往的"以流入地政府管理为主"，宣布了"钱随人走"，同时出台"两免一补"的经费标准，明确流出地政府的责任，必须要按此标准转拨教育经费，流动人口子女的教育不再只是流入地政府独自承担。

关于进一步完善城乡义务教育经费保障机制的通知

（2015年11月25日发布）

国发〔2015〕67号

……

（一）统一城乡义务教育"两免一补"政策。对城乡义务教育学生免除学杂费、免费提供教科书，对家庭经济困难寄宿生补助生活费（统称"两免一补"）。民办学校学生免除学杂费标准按照中央确定的生均公用经费基准定额执行。免费教科书资金，国家规定课程由中央全额承担（含出版发行少数民族文字教材亏损补贴），地方课程由地方承担。家庭经济困难寄宿生生活费补助资金由中央和地方按照5∶5比例分担，贫困面由各省（区、市）重新确认并报财政部、教育部核定。

（二）统一城乡义务教育学校生均公用经费基准定额。中央统一确定全国义务教育学校生均公用经费基准定额。对城乡义务教育学校（含民办学校）按照不低于基准定额的标准补助公用经费，并适当提高寄宿制学校、规模较小学校和北方取暖地区学校补助水平。落实生均公用经费基准定额所需资金由中央和地方按比例分担，西部地区及中部地区比照实施西部大开发政策的县（市、区）为8∶2，中部其他地区为6∶4，东部地区为5∶5。提高寄宿制学校、规模较小学校和北方取暖地区学校公用经费补助水平所需资金，按照生均公用经费基准定额分担比例执行。现有公用经费补助标准高于基准定额的，要确保水平不降低，同时鼓励各地结合实际提高公用经费补助标准。中央适时对基准定额进行调整。

（三）巩固完善农村地区义务教育学校校舍安全保障长效机制。支持农村地区公办义务教育学校维修改造、抗震加固、改扩建校舍及其附属设施。中西部农村地区公办义务教育学校校舍安全保障机制所需资金由中央和地方按照5∶5比例分担；对东部农村地区，中央继续采取"以奖代补"方式，给予适当奖励。城市地区公办义务教育学校校舍安全保障长效机制由地方建立，所需经费由地方承担。

（四）巩固落实城乡义务教育教师工资政策。中央继续对中西部地区及东部部分地区义务教育教师工资经费给予支持，省级人民政府加大对本行政区域内财力薄弱地区的转移支付力度。县级人民政府确保县域内义务教育教师工资按时足额发放，教育部门在分配绩效工资时，要加大对艰苦边远贫困地区和薄弱学校的倾斜力度。

统一城乡义务教育经费保障机制，实现"两免一补"和生均公用经费基准定额资金随学生流动可携带。同时，国家继续实施农村义务教育薄弱学校改造计划等相关项目，着力解决农村义务教育发展中存在的突出问题和薄弱环节。

……

（国务院，2015）

总体而言，这一时期不再只是单方面依靠流入地政府对流动人口子女义务教育负责，成为2016年国家开始利用新思路新方法解决流动人口子女义务教育问题的关键政策节点。同时，建立了城乡统一的义务教育经费保障机制，流动人口子女义务教育经费随着流动人口子女进入流入地学校。以往的政策都只是一些大政方针和指导思想，没有具体的操作细则，出现了很多形式主义执行和附加条件执行的情况。此次政策的出台，配套出台了"两免一补"的经费标准和实施步骤，使得政策实施具备可操作性。同时，政策缓解了流入地财政负担重而积极性不高的问题，从政策上保障了流动人口子女的义务教育权益。实施"钱随人走""两免一补"后，减轻了流入地政府的财政负担，提高了流入地政策保障流动人口子女义务教育的积极性。

第三节 "两为主"政策下的财政责任分担

我国从21世纪初开始，有关流动人口子女义务教育实践的基本思想就是"以流入地政府管理为主"和"以全日制公办中小学为主"，流动人口子女教育财政责任分担的实践便是在"两为主"思想的指导下展开的。

一、"两为主"政策的意义

每一位处于义务教育阶段的儿童,都应该平等接受义务教育,政府要为每一位适龄儿童提供受教育的机会,使得所有儿童能够站在同一起跑线上展开后续的学习生涯。但一直以来,流动人口子女却被限制外流,即使来到流入地入学,还要面临公办学校高昂的"借读费",流动人口子女面临着一道又一道平等接受教育权的壁垒。他们跟随父母背井离乡,来到一座新城市,却无法享受和流入地儿童一样的入学机会,而入学机会作为起点公平只是教育公平中最基础、最底线的公平。流动人口子女的起点不公平,更会进一步危及他们接受教育的过程公平和结果公平。

而"两为主"的实践正是秉持着"追求教育公平"的价值取向,保障了流动人口子女平等接受义务教育的权利,实现了从"严格限制"到"扶持补助"的转变,不再限制流动人口子女的外流,不再允许公办学校收取"借读费";以流入地政府为主,管理流动人口子女入学,以全日制公办学校为主,接收流动人口子女入学,彰显出"教育公平"的实践理念。流动人口子女与流入地儿童一样,平等地接受当地的义务教育,这具有十分重大的意义。

(一)浙江省绍兴市的实践案例

浙江是全国流动人口较多,并较早实现政府介入流动儿童少年义务教育问题的省份之一,目前共有105万名流动儿童少年在浙江接受义务教育,占全省义务教育阶段学生的五分之一。近年来,浙江各级政府充分挖掘潜力,通过组织创新和制度创新积极探索解决流动儿童少年教育问题的办法和途径,逐步形成了以公立中小学为主渠道、以公办性质的民工子弟学校为辅助的流动人口子女教育格局。

"到这么美丽的学校读书,真是太好了!"来自四川内江的刘思秀新学期成了绍兴市蓝天实验中学八年级(初二)的一名新同学。开学第一天,这个15岁的小姑娘就早早骑车来到学校。比起老家原来就读的学校,她说,新学校环境优美,校园整洁,老师更是和蔼可亲,而最让她兴奋的是新学校有电脑和多媒体设备。"我以前只是听说过,没想到现在真的可以使用了。"

上学期一结束,刘思秀就来到在绍兴打工的爸爸妈妈身边,并在蓝天实验中学这所公办民工子弟学校办妥了一切入学手续,与当地的孩子一起享受完全的免费义务教育。绍兴县原有13所民工子弟学校,今年暑假期间又新建3所民工子弟学校,招收来自全国各地的近8000名外县籍学生,这些学生加上安排在当地公办学校的20 000余名外县籍学生,今年绍兴县共招收30 000余名外县籍学生,占全县学生总数的五分之一多。

如今,浙江已把流动人口子女教育全面纳入各地教育发展规划,对符合条件的流动人口子女,在入学条件上与本地生源一视同仁,并免收义务教育阶段的借读费;积极鼓励公办学校接纳民工子女入学,并对接纳民工子女的学校实施改(扩)建工程,以满足不断增长的民工子女入学需要。

浙江省教育厅相关负责人表示,各级教育行政部门和各类学校要以积极的态度,统筹解决好进城务工人员子女的教育问题,在确保"有书读"的基础上,努力让流动儿童也能"读好书"。

(朱振岳,2009)

(二)上海市的实践案例

在沪随迁子女全部接受免费义务教育
(2012年9月2日)

1. 突破入学制度限制,建立常住人口教育公共服务准入制度

原来需要"六证":(1)身份证明,(2)居住证明,(3)住所证明,(4)就业证明,(5)计划生育证明,(6)监护人证明;现在只需居住证明或就业证明即可。

2. 突破资源结构性紧缺限制,以常住人口为基数配置资源

上海本地农村人口向城镇集中,中心城区人口也逐渐向郊区导入,加之外来流动人口在郊区的聚集,郊区部分地区教育资源紧张。因此合理教育资源的配置,目前应以常住人口(而不是户籍人口)为基数配置。

要求位于城郊接合部和郊区集镇的公办学校，扩大班额招收随迁子女，班额可以突破学籍管理规定40人的限制，扩大至50人。建立激励机制，教育部门按实际招收学生人数核定教师数，下拨公用经费，鼓励公办学校招收随迁子女。

3. 突破简易学校无法有效监管的限制，将符合条件的学校纳入民办教育管理

将符合基本办学条件的简易学校经过办学设施改造后纳入民办教育管理，同时鼓励社会力量申办以招收随迁子女为主的民办小学，2008—2010年，全市共审批设立158所以招收随迁子女为主的民办小学。

同时关闭存在安全隐患、办学条件不合格的随迁子女学校100余所，到2010年，基本清除了未经审批的随迁子女学校现象。

4. 坚持非营利原则，政府购买民办小学服务

采取政府购买服务的形式，委托这些民办小学招收随迁子女，随迁子女免费就读，政府根据学校招生人数给予学校基本成本补贴。

按照非营利的原则，制订了《上海市民办中小学校财务会计管理办法》《上海市民办中小学校会计核算办法》以及招收随迁子女为主民办小学的财务与资产管理的办法等。

由以上2009年绍兴市和2012年上海市的实践案例可以发现，"两为主"实践下的流动人口子女享受到了与当地儿童一样的受教育权利，实现了入学公平以及一定程度上的过程公平和结果公平。由于"两为主"的实践强调"以流入地政府管理为主"和"以全日制公办中小学为主"，所以诸如上述两个案例，各流入地政府承担起管理流动人口子女义务教育的职责，在入学条件上对外地流入学生一视同仁，没有收取借读费，对接纳流动人口子女的学校实施改建或扩建工程等。流动人口子女在这样的实践中，享受到了政策倾斜和关怀照顾。

二、"两为主"政策的困境

"两为主"政策下流动人口子女的义务教育问题看似得到了很好的解决，

但在实际操作过程中却依然存在很多问题。由于"两为主"只是中央的指导性政策思想,中央没有制定相应的具体细则,而流入地政府承担了管理流动人口子女义务教育的职责,因此各个流入地政府会根据本地的实际情况制定相应的具体政策条例。而这些具体政策对流动人口子女入学所要具备的条件和提交的材料提出了很高的要求,流动人口子女入学仍然面临阻碍,流动人口子女的入学公平问题还是没有得到根本性的改变。

(一) 常州市的实践案例

以下是常州市在管理流动人口子女就学时制定的办法,根据调查发现,符合常州市政府规定的"四项条件"的流动人口家庭很少,大约只占20%,绝大多数的流动人口子女还要收取借读费(邢磊,2008)。

常州市流动适龄儿童少年就学暂行办法
(2004年2月16日发布)

常政发〔2004〕20号

为切实保障流动人口中适龄儿童少年依法接受国家规定的义务教育,根据《中华人民共和国义务教育法》和国务院《关于进一步加强农村教育工作的决定》等有关规定,结合本市实际情况,制定本办法。

本办法所称适龄流动儿童少年是指年龄在6周岁以上未完成九年制义务教育而随父母或其他监护人流入并居住在本市有学习能力的未成年人。

流动人口子女入学需向学校或教育行政部门提供以下有关材料:

1. 随父母或其他法定监护人在流入地暂住,有学习能力,年龄在15周岁以内,未接受完九年义务教育的学籍材料;

2. 居民户口簿、有固定住所(产权房屋或租住的房屋)、监护人在流入地不少于一年的暂住证;

3. 监护人相对稳定工作的证明(与用工单位签订一年以上的劳动合同,或工商营业执照等);

4. 符合户籍所在地计划生育政策规定的有关证明(可由监护人提供流

动人口婚育证明）。

规定符合以上条件，学校收费项目和标准与当地学生一视同仁，除按照国家、省、市规定收取杂费、课本费和住宿费外，一律不收取借读费、择校费。

（常州市人民政府，2004）

此外，我国义务教育的财政经费实行的是中央转移支付、以县为主的分级管理财政经费划拨体制，教育财政体制划分以户籍为依据，严格按照"定员定额"的标准进行义务教育拨款。而大量在流入地上学的流动人口子女的户籍仍然保留在流出地，没有流入地的户籍，从而没有被列入流入地的"定员定额"名单中。中央财政划拨的教育生均经费按照户籍被分配到了流出地，流动人口子女在流入地无法获得中央财政的转移支付资助。而对流动人口子女承担责任管理职责的流入地也不能得到中央财政的划拨，导致流动人口子女的义务教育要完全依靠流入地政府的财政拨款，其财政压力沉重。

（二）四省市的实践数据

以下北京、上海、广东和山东省的实践数据真实反映了流入地政府巨大的财政压力。在这样的实践过程中，"两为主"政策成为中央将流出地政府的义务教育财政责任"完全分担"到流入地政府身上，流入地政府由于缺少中央政府和省级政府的政府财政责任分担，产生了巨大的教育财政压力。

北京市的实践数据

根据北京市公布的数据，到2006年6月，公办学校已招收农民工子女21.4万（小学17.3万，初中4.1万），按2003年北京生均教育经费标准小学每生每年3348元，初中每生每年3680元计算，小学阶段需5.79亿元，初中阶段需1.51亿元。

另一方面，即使按2003年生均公用经费标准小学860元，初中1210元计算，小学阶段要投入1.49亿元，初中阶段要投入0.49亿元。政府一年也需要投入公办学校生均公用经费1.98亿元（邢磊，2008）。

上海市的实践数据

截至2008年12月,在上海接受义务教育的外来流动人口子女总数为401 747人,占上海义务教育阶段学生总数的35.91%,其中农民工同住子女为343 231人,占外来流动人口子女总数的85.43%。全日制公办学校继续挖掘潜力,在外来流动人口子女总数增长1.7万人的情况下,共接纳247 522名外来流动人口子女就读,占外来流动人口子女总数的61.61%。2008年,全市共有66所符合基本办学条件的农民工子女学校纳入民办教育管理,这些学校接受政府委托招收外来流动人口子女,学校享受政府补贴,学生享受免费就读,共接收51 240名学生,占外来流动人口子女总数的12.75%。在公办学校就读和在政府委托的民办学校免费就读的外来流动人口子女两者相加达298 762人,占外来流动人口子女总数的74.36%。

2009年秋季开学,上海共有394 280名非上海户籍人口子女在公办学校或政府委托的民办小学免费就读,占义务教育阶段非上海户籍人口子女总数的92.7%。按照上海2008年上海义务教育阶段生均财政拨款10 000元(上海义务教育生均财政拨款在2007年已超过10 000元)计算,上海需投入40多亿元,其中不包括因接纳城市农民工子女而进行的义务教育校舍等基础设施建设投入,如此数量的学生给政府财政等方面带来巨大压力(上海市教育委员会官网)。

广东省的实践数据

据2012学年统计数据,广东省义务教育阶段非户籍学生365.61万人,占全省义务教育阶段学生总数的27.21%,比2000年增加了301.6万人,增长了4.71倍,平均每年增加25万左右学生。非户籍学生占我省义务教育阶段在校生总数的比例连年提高,而且每年的增长率不低于15%。非户籍学生中,省内非户籍学生179.02万人,约占48.96%,省外非户籍学生186.59万人,约占51.04%;在公办学校就读的非户籍学生195万人,约占53.34%,在民办学校就读的非户籍学生170.61万人,约占46.66%。照此速度增长,现有公办义务教育资源无法满足迅速增长的非户籍人口子女就学需求,新建学校速度赶不上"流入"速度,也将会给广东省各级政府带来巨大财政压力(陈慧,2014)。

山东省的实践数据

从 2007 年到 2011 年，山东省义务教育阶段中央财政、省级财政、市县财政的支出均大幅增长，5 年间中央财政和省级财政支出大约翻了一番，而市县级财政支出 2011 年是 2007 年的 2.8 倍。从支出规模来看，县市财政支出始终比省级财政支出和中央财政支出高。从支出比例来看，县市支出最低年份为 2007 年，占比 38%，最高年份为 2011 年，支出比例高达 55%。省级财政较为稳定，占比在 20% 左右。省级财政平均占比 34%，占义务阶段最高支出为 2008 年的 41%，最低为 2011 年的 27%。从义务教育财政支出的规模和比例来看，地方政府在义务教育问题上的财政压力比较大（陈慧，2014）。

第四节 "钱随人走"实践下的财政责任分担

2015 年国务院提出中央"两免一补"和生均公用经费基准定额资金随学生流动可携带，义务教育经费随着流动人口子女进入流入地政府和学校，在很大程度上减轻了流入地政府的财政压力。

一、"钱随人走"实践的意义

正如上文所言，我国财政对教育经费的划拨是以户籍为依据的，大量在流入地上学的流动人口子女的户籍仍然保留在流出地，其教育经费仍然划拨给户籍所在地，正是"人走钱不走"的真实写照，他们在流入地无法获得中央财政的转移支付资助。对于流动人口子女而言，加重了他们的教育成本压力。另一方面，对于流入地政府而言，在"两为主"政策的指导下，流动人口子女的义务教育责任完全由流入地政府来承担，得到中央转移支付的流出地政府并不用承担流出本地的流动人口子女的义务教育责任。流入地政府不仅要解决本地儿童的义务教育问题,还要解决流入本地的流动人口子女的义务教育问题,并且无法得到中央政府和流出地政府的财政责任分担,其财政压力沉重。

"钱随人走"的实践打破了"人走钱不走"的僵局,是对户籍制度的改进,流动人口子女无论流动到哪里,无论是在哪里接受教育,国家都会以高于或等于基准定额的标准,进行足额的安排和补助。在"钱随人走"的实践下,流入地政府的财政压力将大大减少,中央政府和地方政府实施分项目、按比例分担的机制,中央政府、流出地政府和流入地政府共同承担流动人口子女的义务教育财政责任。

在"钱随人走"的具体实践中,中央统一确定2016年城乡义务教育学校生均公用经费基准定额为:中西部地区普通小学每生每年600元、普通初中每生每年800元;东部地区普通小学每生每年650元、普通初中每生每年850元。在此基础上,对寄宿制学校按照寄宿生年生均200元标准增加公用经费补助,继续落实好农村地区不足100人的规模较小学校按100人核定公用经费和北方地区取暖费等政策;特殊教育学校和随班就读残疾学生按每生每年6 000元标准补助公用经费。同时,取消对城市义务教育免除学杂费和进城务工人员随迁子女接受义务教育的"中央奖补"政策。此外,中央政府和地方政府实施分项目、按比例分担的机制。具体来讲,国家规定课程免费教科书资金由中央全额承担;寄宿生生活费补助由中央和地方按5∶5比例共同分担;公用经费中央和地方分担比例:西部地区为8∶2,中部地区为6∶4,东部地区为5∶5。在中央政策的指导下,各地制定相应的具体实施方案。

以下是甘肃省的实践案例,较好地践行了"钱随人走"的工作安排。

加大省级财政支付力度　统一城乡义务教育生均经费标准
甘肃倾力投入助城乡教育"齐步走"
(2016年3月30日)

近日,甘肃省在西部地区率先出台《甘肃省人民政府关于进一步完善城乡义务教育经费保障机制的实施方案》,加大省级财政转移支付力度,大力促进城乡义务教育发展一体化、均衡化。

实施方案明确,加大省级财政支付力度,确保城乡基准定额足额落实。从2016年春季学期开始，甘肃省统一城乡义务教育学校生均公用经费基准定额，普通小学每生每年600元、普通初中每生每年800元。在此基础上，对寄宿制学校按照寄宿生年生均200元标准增加公用经费补助，继续落实好农村地区不足100人规模学校按100人核定公用经费政策；特殊教育学校和随班就读残疾学生按每生每年6 000元标准补助公用经费。以上公用经费除中央财政保障80%以外，其余20%全部由省级财政足额分担。2016年，省级财政已安排下达城乡义务教育公用经费4.64亿元。建立城乡义务教育阶段家庭经济困难寄宿生生活费和学校校舍安全保障长效机制，50%的地方承担经费全部由省级财政承担。

与此同时，从2016年春季开始，将城乡义务教育阶段家庭经济困难寄宿生生活费补助资金分担比例由中央、省级和县级财政按5∶3∶2调整为中央和省级财政5∶5分担，最大限度减轻县级财政压力。按照2015年数据计算，比例调整将使省级财政新增支出1.39亿元。从2019年春季起，农村公办义务教育学校校舍实行安全保障机制资金分担比例，中央和省级财政按5∶5承担；城市义务教育学校所需资金由市、区财政分担。支持城乡公办义务教育学校维修改造、抗震加固、改扩建校舍及其附属设施。

实施方案要求甘肃省各级教育部门进一步严格学籍管理，确保教育事业年报中义务教育学生数与学生学籍管理系统中数据一致，实现"两免一补"和生均公用经费基准定额资金随学生学籍流动可携带。各级财政、教育部门须先按上年末在籍学生数预拨学校70%经费，按当年10月底实际在籍学生进行清算。学生学籍有变化的学校，要及时办理学籍转入转出手续，确保"钱随人走"。

（柴葳，2016）

二、"钱随人走"实践的困境

"钱随人走"在实践过程中也存在一些困境。"两免一补"政策中的杂费、书本费和寄宿生生活费只是教育经费总额中的一部分，如何推进义务教育经费中全口径的预算和决算，全方位保障流动人口子女的义务教育权利，还没有得到进一步的解决。同时，流动人口子女的数量是中央财政拨款的依据，但如何准确统计流动人口子女的数量还有待进一步的讨论。

此外，在"钱随人走"实践中，中央的划分较为粗略，虽然我国中西部和东部地区在经济发展方面存在差距，把东部和中西部划分出来，给予不同的生均公用经费具有其合理性。但是即使都为东部地区，各个省市之间还是存在较大的差距，苏州的生均经费就比宿迁的生均经费高，因此单一按照东部和中西部来区分生均经费标准不太妥当。美国各级政府的教育经费拨款采用的不是单一的某个标准，而是采用诸如定额补助（flat grants）、基准补助（foundation formulas）和百分比均等化补助（percentage equalization）等一系列公式来计算（张绘，郭菲，2011）。

"不患寡而患不均，不患贫而患不安"。"钱随人走"的实践是义务教育经费保障向"以人为本"迈出的一大步，至于其存在的一系列不明确之处，还有待进一步的讨论，需要进一步完善相关政策措施，以保证流动人口子女义务教育公平，完善流动人口子女教育财政的责任分担，推动义务教育均衡发展。

第五节　完善教育财政责任分担实践的建议

解决流动人口子女义务教育问题的实践在一定程度上很好地解决了流动人口子女的义务教育问题，但各级政府以及流入地和流出地政府在其中的财政责任分担却不是很清晰，县级政府和流出地政府的财政压力沉重。直到"钱随人走"政策的出台，县级政府和流出地政府的财政压力相对减少，但还是存在有待进一步完善之处，以下提出一些完善的建议。

一、明确政府责任，提升投入主体重心

义务教育属于一种正外部性很强的公共产品，公共产品受益范围层次论认

为，根据公共产品的受益范围决定政府负责的范围（杨会良，张朝伟，2012），公共产品的受益范围如果覆盖到了全国，则由中央政府负责（赵则永，2003），公共产品的受益范围如果只覆盖到地区，则由地方政府负责。因此义务教育应该是由中央和地方政府共同承担，但是从受益程度来说，中央政府要承担更多的责任。而目前我国"以县为主"的财政体制中，县级政府是流动人口子女义务教育投入的支柱。据统计，县级政府承担了87%左右的流动人口子女教育财政，省级政府承担了11%左右，中央政府只负担了2%左右。从国际经验来看，中央政府和省级政府承担了义务教育经费的绝大部分，以美国义务教育的经费分担比例为例，联邦政府占7%，州和地方基本平均分担剩下的经费；英国中央政府直接教育拨款占公立中小学经费支出的比例从2000—2001年度的4.95%上升到2006—2007年度的7.20%，并通过财政转移支付，最终负担了2/3以上的义务教育经费（杨会良，张朝伟，2012）。建议各级政府明确责任，将"以县为主"向"以省和中央为主"转变，科学划分中央、省、县三级政府的流动人口子女义务教育经费分担比例。

二、完善转移支付制度，促进教育资源配置均衡

目前对流动人口子女义务教育的转移支付制度中，中央按照东部地区和中西部地区统一确定城乡义务教育学校生均公用经费基准定额，但只是把东部和中西部划分出来，单一按照东部和中西部来区分生均经费标准不太妥当。因此，中央现行的生均公用经费基准定额只能算是流动人口子女义务教育转移支付中的"基础转移"，还应该有更进一步的根据公式得出的"差额转移"。比如这个"差额转移"可以是某地政府应承担的城乡义务教育生均教育经费与实际能承担的城乡义务教育生均经费两者之间的差额，这是中央政府应向下一级政府转移支付的部分；也可以是流动人口子女所在城市的生均教育经费与所在区域（东部或中西部地区）生均经费两者之间的差额，这是中央政府应向每一位流动人口子女转移支付的部分。

三、完善学籍卡登记备案，明确经费分担机制

中央进行转移支付的关键是流动人口子女的数量，但流动人口子女的数量要如何准确统计，还没有得到很好的解答。实际上，可以进一步完善流动人口子女学籍卡的登记备案，也就是流出地政府对流动人口子女的义务教育情况持续进行登记和跟踪备案，当流动人口子女进入新的流入地时，就以此学籍卡在流入地办理入学手续，学籍卡随着流动人口子女流动，但流出地始终进行跟踪备案，这样就能准确统计流动人口子女的数量。在这基础上，中央就能以较为准确的流动人口子女的数量进行转移支付，保证中央拨款的准确性和公平性（冯文全，许晨莺，2013）。当然，流动人口子女的义务教育经费不单单是由中央政府承担，还要由流入地政府和流出地政府共同承担，建立中央、流入地与流出地政府三者共同的经费分担机制，成立专门的拨款委员会负责经费的发放、保障和监管（冯文全，许晨莺，2013）。

第四章　基本公共教育服务均等化

"基本公共服务均等化"这一新的政策取向,自 2005 年 10 月首次提出以后,迅速由政策话语嬗变为学术话语,进而显现出向媒体话语、公众话语演进的趋势。几年来,经济学、政治学、社会学等人文社会学科领域对"基本公共服务均等化"表现出浓厚的学术旨趣,形成了一系列有见地的研究成果。义务教育是目前公认的基本公共服务的重要领域。教育学界将义务教育的发展置于基本公共服务均等化的政策场域中深入研究,对于贯彻落实十七大在社会建设领域提出的新要求,建构与其他社科领域学者交流的共同话语,丰富开阔教育学研究的问题领域,正确把握义务教育的价值取向,促进义务教育科学发展,具有重大而紧迫的现实意义。不同学科围绕基本公共服务均等化提出的背景、"均等化"的内涵与理论基础、基本公共服务范围的界定以及如何实现基本公共服务均等化问题,进行了广泛而深入的探讨。学者们认为,"基本公共服务均等化"的提出,是在科学发展观和社会主义和谐社会理论的指导下,将"以人为本""协调发展""社会公平正义""惠及最广大人民群众"等执政理念落到实处的具体体现,是与社会主义的本质要求以及构建和谐社会的目标相一致的。基本公共服务均等化是现代市场经济下社会公平的核心要义,也是国民财富增长到一定水平后保持社会和谐与经济协调的基本支撑条件。公共服务通常由政府、非营利组织和企业共同承担,其中政府是责无旁贷的公共服务提供主体。西方公共财政理论的两大基石——公共产品理论和社会契约理论(倡导政府是公民的服务者、社会的"守夜人",理应提供基本的公共服务,以履行"社会契约"),被认为是基本公共服务均等化的理论渊源。

第一节　基本公共服务均等化的内涵

关于"基本公共服务均等化"的内涵,国际理论界并未给出公认的统一定义,我国学者从各自的学科背景出发提出了自己的认识。中国(海南)改革发展研究院迟福林认为,基本公共服务均等化,不是在公共服务方面实现平均化,而是在最基本的公共服务方面有统一的制度安排。时任国家发改委学术委员会委员常修泽认为,对于基本公共服务"均等化"的内涵,可以从三个方面来理解:第一,全体公民享有基本公共服务的机会应该均等,"有着保障生存权和发展权"意义;第二,全体公民享有基本公共服务的结果应该大体均等或者说相对均等;第三,社会在提供大体均等的基本公共服务成果的过程中,尊重社会成员的自由选择权(常修泽,2007)。时任国家人口和计划生育委员会副主任赵白鸽认为,基本公共服务均等化具有以下几个基本特征:一是为大众服务,具有广泛的覆盖面,而不仅是对特殊阶层和特殊人群;二是基本的和基础的服务;三是非营利性的服务,它指不以营利为目的,其服务所得不用于利益分配,而用于公共事业发展(赵白鸽,2008)。

我国的公共服务经历了从计划经济时代的平均主义、国家包办的公共服务体系,到市场经济时代的市场化、社会化和地方化的公共服务体系的转变,目前已经形成了"政府主导、社会协同、公众参与"的公共服务格局。了解公共服务的基本状况对于认识基本公共服务均等化、基本公共教育服务均等化具有基础性作用。当代中国公共服务的社会政策体系具体为:就业保障与就业服务、义务教育、基本医疗保障与公共卫生服务、基本养老保障与养老服务、最低生活保障与社会救助和保障性住房。基本公共服务的范围是有限的,最为基本的是当下民众最为需要的,随着社会的发展和人民需求的变化,基本公共服务的范围不是一成不变的。将公共服务划分为基本公共服务和一般公共服务,更能反映一个国家的发展现状和其民众的最迫切需求。

2002年以来,通过公共财政体系改革,中国已经初步建立起基本公共服务均等化的财政保障体系，公共服务的财政投入大大增加，但是中国基本公共服务的供给水平仍然偏低，公共服务的财政投入仍有较大的提升空间，财政收入中央集权化与公共服务供给地方化之间的结构性矛盾并未得到根本解决，公共服务供给水平仍取决于地方财力，中央财政转移支付作用有限，由财力差距造成的投入差距仍然是制约区域间、城乡间以及群体间基本公共服务均等化差异的主要因素。政府等公共部门提供的满足全体社会公民最基本、最迫切需求的服务，它不是一成不变的，其内容或标准在国家统一要求的基础上，因时制宜、因地制宜。

由于理论界定上难以统一，现实中人们对公共服务的界定采取了更为务实的做法，即通过具体列举公共服务的清单来界定公共服务的范围。国务院发展中心陈昌盛认为，从我国当前所处阶段看，公共服务的范围清单应包括：国防、外交、基础教育、公共卫生、社会保障、基础设施、公共安全、环境保护、基础科技、文化娱体、一般公共服务等十一个方面。北京大学陈海威、田侃认为，有四大领域可以划在基本公共服务之列：一是底线生存服务，包括就业服务、社会保障、社会福利和社会救助；二是公众发展服务，包括义务教育、公共卫生和基本医疗、公共文化体育；三是基本环境服务，包括居住服务、公共交通、公共通信、公用设施和环境保护；四是基本安全服务，包括公共安全、消费安全和国防安全等领域（陈海威，田侃，2007）。时任国家发改委宏观经济研究院研究员丁元竹认为，根据我国现阶段的实际、国际经验和我国宪法以及党的十六届六中全会决定，应当把我国现阶段的基本公共服务界定在医疗卫生（或者叫公共卫生和基本医疗）、义务教育、社会救济、就业服务和养老保险；而且义务教育、公共卫生和基本医疗、最低生活保障，应当是我们基本公共服务中的"基本"（丁元竹，2007）。

根据以上梳理和前面对公共服务的理解，我们认为：基本公共教育服务均等化是政府等公共部门为使公民享有均等的教育机会、享受均等的教育资源，而提供能够体现社会公平正义原则的大致均等的教育公共产品和服务的过程。

第二节 基本教育服务非均等化的现实

国家层面推进基本公共教育服务均等化,主要是向农村和贫困地区进行政策倾斜和财力支持,免费义务教育、贫困地区农村义务教育学生免费营养餐、困难学生补助和资助等政策,确实在一定程度上减轻了农村家庭的负担,但相对于多年来二元制结构带来的城乡差距、"效率优先、先富带动后富"带来的地区、群体差距,这些无疑是杯水车薪。我国是个幅员辽阔、地区经济发展水平相差较大的多民族国家,国家层面的均等化很难实现。首先,实现区域内部的基本公共教育服务均等化是一切工作的基础。其次,基本公共服务均等化的基础和实现手段是财政能力均等化。在义务教育领域,我国的现实情况是:义务教育财政长期不均等,导致义务教育的发展存在明显的城乡差距、区域差距、校际差距和群体差距。

一、城乡差距

中华人民共和国成立后,为尽快实现工业化和现代化,国家采取城乡二元分制结构、高度集中的计划资源配置模式,财政政策的基本导向是效率优先,这种非均衡发展战略对于推动经济社会发展发挥了重要作用。但是,城乡分治的二元制度造成了巨大的城乡经济社会发展差距。在义务教育领域,城乡学校无论是教育投入、办学条件,还是教师水平等,都存在巨大差异。随着义务教育公共性日益彰显,其均等化发展的基础主要依赖于教育财政。我们以城乡生均预算内教育经费差异、城乡办学条件差异、城乡教师合格率差异为例。根据《中国教育经费统计年鉴(2007)》,2006年全国普通小学生均预算内经费支出为1361元,其中农村1230元,城镇1578元,农村比城镇少348元,是城镇的77.95%。2006年全国普通初中生均预算内事业费支出为1562元,其中城镇1718元,农村1355元,农村比城镇少363元,是城镇的78.87%。城乡义务教育投入的差距,带来的是办学条件的差距(教育部财务司,国家统计局社会和科技统计局,2008)。

《国家教育督导报告2008(摘要)》显示,在教育信息化方面,2007年,建网学校的比例:小学11.2%,初中36.2%,分别相当于2002年的4倍。据抽样调查,53.1%的教师认为学校实验仪器设备不能满足教学要求。2006年全国城市小学校均拥有计算机71台,而农村小学校均只有6台;全国城市初中校均拥有计算机102台,而农村初中校均只有38台。西部农村小学的建网学校比例为3.1%,农村初中建网学校比例仅为18.4%,无法满足教师利用现代教育信息的要求,制约优质教育资源共享(国家教育督导团,2009)。在教师工资收入水平方面,全国农村小学、初中教职工人均年工资收入分别仅相当于城市教职工的68.8%和69.2%。其中广东省小学、初中农村教职工人均年工资收入仅为城市教职工的48.2%和55.2%。2006年与2005年相比,分别有13省、自治区、直辖市农村小学、初中城乡教职工工资收入差距有所扩大,这不利于农村教师队伍稳定。另外对7省区进行的实地调研发现,城市教师工资收入的校际差距也较大(国家教育督导团,2009)。

各地城乡及校际中高级职务教师的比例差距较大,配置不均衡。2007年,全国小学中高级职务教师比例为48.2%,城市高于农村9.5个百分点以上。贵州、陕西农村小学中高级职务教师比例均低于30%,城市高于农村15个百分点以上。全国初中中高级职务教师所占比例为48.7%,城市高于农村19.2个百分点。贵州、甘肃、陕西三省农村初中中高级职务教师比例均低于30%,城市高于农村25个百分点以上(国家教育督导团,2009)。

二、地区差距

我国义务教育长期实行分级负责、低重心投入的体制,经济落后地区投入义务教育的财力有限,导致义务教育发展的区域差距明显。这种差距不仅存在于东、中、西部之间,而且存在于行政省域内部。生均预算内教育经费是衡量政府财政投入力度的重要指标,包括生均预算内事业费和生均预算内公用经费。

2010年,普通小学生均预算内教育事业费全国平均为4 012.51元,有15

个省市低于全国平均值。最高的是上海市,为16 143.85元;最低的为河南省,为2 186.14元,最高是最低的7.38倍。普通初中生均预算内教育事业费全国平均为5 213.91元,有13个省市低于全国平均值。最高的是上海市,为20 023.04元;最低的为贵州省,为3 204.20元,最高是最低的6.25倍。生均预算内公用经费是衡量政府财政在学校日常运行上投入力度的重要指标,这一指标省际之间差距巨大。2010年,普通小学生均预算内公用经费全国平均为929.89元,有15个省市低于全国平均值。最高是北京市,为5 836.99元;最低的是贵州省,为579.26元,最高是最低的10.08倍。普通初中生均预算内公用经费全国平均为1 414.33元,有13个省市低于全国平均值。最高的是北京市,为8 247.66元;最低为贵州省827.24元,最高是最低的9.97倍。需要说明的是,中部省份公用经费普遍短缺,存在"中部塌陷现象"。

在办学条件方面,《国家教育督导报告2005(摘要)》评估显示,2004年东、中、西部小学生均校舍建筑面积之比为1.2∶1.1∶1,初中生均校舍建筑面积为1.3∶1.1∶1,差距缩小。小学生均仪器设备值东部为382元,中部为266元,西部为213元,东、西部之比为1.8∶1,东、中部之比为1.4∶1。初中生均仪器设备值东部为474元,中部为289元,西部为242元,东、西部之比为2.0∶1,东、中部之比为1.6∶1(国家教育督导团,2006)。

《国家教育督导报告2008(摘要)》显示:区域差距不仅表现在省际之间,省内义务教育财政的不均等也很突出。据黑龙江、河南、广西、云南4省小学、初中2006年的统计,省域内小学中级及以上职务教师比例最高的前20%学校与最低的后20%学校分别相差24.5、27.7、30.8和32.6个百分点。省域内初中中级及以上职务教师比例最高的前20%学校与最低的后20%学校分别相差21.3、22.9、27.7和29.2个百分点。校际中高级职务教师比例差距过大,是造成义务教育发展不均衡和择校问题难以解决的重要原因(国家教育督导团,2009)。

三、校际差距

校际差距,主要是指同一区域内同一类型学校中同一层次的学校之间由于财政投入不均等，而出现的学校在人力资源、物力资源以及财力资源方面的差距。其产生的根源是我国长期实行的非均等的教育政策。比如效率优先原则下的精英教育和重点校政策、教育财政对各级各类教育重点校倾斜拨款制度、公立学校转制形成的双轨制等不良的教育政策。这些政策在推动部分中小学教育质量提高的同时，不可避免地扩大了校际间资源配置和教育质量的差距。城市窗口学校与薄弱学校之间办学条件与质量差距不断扩大，乡镇中心学校与村办小学之间的办学条件差距不断扩大。校际资源不均等首先表现在政府公共教育财政的不均等。从生均经费来看，重点学校的生均经费普遍比非重点学校高出15%—20%，重点学校的教职员工工资通常占经常性经费的60%左右，而非重点学校教职员工工资通常占到80%左右；在师资方面，无论是教师的学历构成、师生比、晋升高一级职称的比例，还是获得进修深造的机会、获得特级教师的荣誉等方面，重点学校都要优越得多；在设备和校舍等方面存在的差异同样也是巨大的（转型期中国重大教育政策案例研究课题组，2005）。

2005年某城市普通初中校际间的"生均公用经费总支出"差距已达到3.4—37.3倍，普通小学校际间的差距更是高达14.3—439.2倍。2003年南京市教育局对本市中小学生年均教育成本抽样调查结果显示，南京市中小学生当年的教育培养成本分别是：示范初中3853元，普通初中3482元，省实验小学2326元，示范小学2147元，普通小学1887元。

在办学条件方面，国家教育发展研究中心"基础教育热点问题研究"课题组对京、津、沪及部分省会城市的不同层次的中小学进行了抽样调查。结果显示，优质小学的平均固定资产大于一般小学，而一般小学大于薄弱小学；在同一地区，重点学校的办学规模和设施都要好于一般学校和薄弱学校，建筑面积也是重点学校大于一般学校，一般学校大于薄弱学校。校际间师资状况调查显示，较好小学和初中教师的达标学历明显高于薄弱小学和薄弱初中；较好或重点学校的特级和高级教师占专任教师的比例明显高于薄弱学校；重点小学教师拥有住房的比例明显高于薄弱小学。

校际差距导致"择校"现象屡禁不止。我国普遍存在"以权择校""以钱择校"和"以社会资本择校"现象。北京大学课题组2004年的一项调查显示，如果将借读和择校都归为择校，则义务教育阶段在校生中择校比例为22.8%。

在直辖市和省会城市择校比例为 27.8%，在地级市和县级市为 21.3%，在县镇为 14.9%。越是在经济发达地区，择校现象越普遍。

四、群体差距

我国基尼系数早已超过 0.4 的警戒线，贫富差距有愈来愈大之势，不同群体间接受基本公共教育服务的情况也有较大差距，往往城乡低收入家庭和社会弱势群体的基本权益还不能得到充分保障（胡祖才，2010），这主要体现在享有或运用优质教育资源上。人民群众日益增长的对优质教育资源的需求与当前教育不能满足人民需求之间的矛盾越来越突出，通过种种手段或途径"择校"成为当下盛行之风。聚集在大城市的农民工群体的随迁子女、留守儿童、农村贫困家庭的子女，作为社会弱势群体，享受的教育资源与人们争相获取的教育资源有着天壤之别。据《国家教育督导报告 2008（摘要）》介绍，2006 年，全国有 508 个县平均每 5 所小学不足一名外语教师，西部山区农村小学平均 10 所才有一名音乐教师，很多贫困地区音、体、美等课程由于师资缺乏根本无法开设（国家教育督导团，2009）。除此之外，学校设施设备、图书资料等存在较大差距，虽然在上海等发达地区，贯彻国家"两为主"政策，基本解决了农民工子女在流入地的义务教育问题，但是离彻底的制度变革、实现真正意义上的均等，仍有一段路要走。

以上分析只是笔者依据获取的最新面板数据和研究者的调查资料，从"基本公共服务均等化"这一政策视域，集中描述义务教育迈向均等化过程中依然存在的三大差距的突出现实。事实上，政府已经意识到义务教育领域城乡差距、区域差距、校际差距的事实，从 2001 年实施义务教育管理新体制、2005 年颁布《关于深化农村义务教育经费保障机制改革的颁布通知》、2006 年修订《义务教育法》以来，公共教育财政向农村地区、落后地区及薄弱学校倾斜，义务教育资源配置向财政均等化方向转移；但是，必须清醒地看到，预设的政策目标与政策实施的起点之间存在较远的距离，面临诸多挑战，需要科学的制度创新。

第三节　推进基本教育均等化的国家行动

针对现实中极不均衡的现实，2005年起，国家出台了一系列政策大力推进基本教育公共服务均等化。

(1) 中共十六届五中全会《中共中央关于制定国民经济和社会发展第十一个五年规划的建议》中明确指出"按照公共服务均等化原则，加大国家对欠发达地区的支持力度，加快革命老区、民族地区、边疆地区和贫困地区经济社会发展"(中共中央，2005)。

(2) 中共十六届六中全会通过的《中共中央关于构建社会主义和谐社会若干重大问题的决定》进一步提出，"完善公共财政制度，逐步实现基本公共服务均等化"(中共中央 国务院，2006)。

(3) 2007年，党的十七大报告在两处提出公共服务均等化的问题，在"推动区域协调发展，优化国土开发格局"部分指出，要"注重实现基本公共服务均等化，引导生产要素跨区域合理流动"。接着在"深化财税、金融等体制改革，完善宏观调控体系"部分，再次指出要"围绕推进基本公共服务均等化和主题功能区建设，完善公共财政体系"(党的十七大报告，2007)。

(4) 2008年，第十一届全国人大一次会议政府工作报告中表示，"在加强和改善经济调节、市场监管的同时，更加注重社会管理和公共服务，维护社会公正和社会秩序，促进基本公共服务均等化"(十一届全国人大一次会议政府工作报告，2008)。

(5) 2010年5月，国务院常务会议审议并通过《国家中长期教育改革和发展规划纲要（2010—2020年）》，指出：要合理配置公共教育资源，向农村地区、贫困地区、民族地区倾斜，缩小城乡差距、区域差距和校际差距。扶持困难群体，不让学生因经济困难而失学。《纲要》中还明确提出："建成覆盖城乡的基本公共教育服务体系，逐步实现基本公共教育服务均等化，缩小区域差距"(国家中长期教育改革和发展规划纲要工作小组办公室，2010)。

(6) 2012 年 7 月,《国家教育事业发展第十二个五年规划》指出,以基本公共教育服务均等化和完善资助体系为重点,扩大和保障公平的受教育的机会,"十二五"规划中明确指出:按照基本公共服务普及普惠的要求,巩固城乡免费九年义务教育,促进义务教育均衡发展;基本普及高中阶段教育,重点加强中等职业教育;基本建立"广覆盖、保基本、多形式、有质量"的学前教育体系,重点发展农村学前教育。完善进城务工人员随迁子女、家庭经济困难学生和残疾学生的教育保障政策体系。基本建成服务全民的教育信息与资源共享平台……根据经济发展和教育发展水平、群众意愿,不断提高基本公共教育服务的总供给水平。探索多样化提供形式,积极引入竞争机制,完善基本公共教育服务的供给体制(中华人民共和国教育部,2012)。

基本公共教育服务均等化的内容涵盖了义务教育、高中阶段教育和学前教育,与义务教育均衡发展相比,允分体现了其全面性和前瞻性,在更广泛的意义上促进教育公平。再有,"十二五"期间,国家所提供的基本公共教育服务内容充分考虑了我国区域、城乡、群体之间的差距,力图在这三个方面,努力缩小差距,实现公平。但是,基本公共服务均等化是一个相对的、层次性的、阶段性的概念,有国家层面的均等化,也有区域层面的均等化;有这个阶段的均等化,也有这个阶段过后的均等化,所以各地区需要在国家基本公共教育服务均等化内容的基础上,因地制宜、因时制宜确定本地区基本公共服务的内容。《国家基本公共服务体系"十二五"规划》对基本公共教育服务的国家标准进行了详尽的阐述,如表 4-1 所示。

表 4-1 "十二五"时期基本公共教育服务国家基本标准

服务项目	服务对象		保障标准	支出责任	覆盖水平
九年义务教育	义务教育免费	适龄儿童、少年	免学费、杂费以及农村寄宿生住宿费,免费向农村学生提供教科书;农村中小学年生均公用经费标准,普通小学不低于 500 元,普通初中不低于 700 元	中央与地方财政按比例分担	目标人群覆盖率 100%,九年义务教育巩固率达到 93%

续 表

服务项目		服务对象	保障标准	支出责任	覆盖水平
	寄宿生生活补助	农村家庭经济困难寄宿学生	年生均补助：小学1000元，初中1250元	地方政府负责，中央财政适当补助	目标人群覆盖率100%
	农村义务教育学生营养改善	贫困地区农村义务教育学生	在寄宿生生活补助基础上，集中连片特殊困难地区每生每天营养膳食补助3元（每年在校时间按200天计）	地方政府负责，国家试点地区中央财政承担，其他地区中央财政适当补助	目标人群覆盖率100%
高中阶段教育	中等职业教育免费	农村学生、城镇家庭经济困难学生和涉农专业学生	免学费	中央与地方财政按比例分担	目标人群覆盖率100%，使高中阶段教育毛入学率达到87%
	中等职业教育国家助学金	全日制在校农村学生及城市家庭经济困难学生	资助每生每年不低于1500元，资助两年	中央与地方财政按比例分担	目标人群覆盖率100%
	普通高中国家助学金	家庭经济困难学生	平均资助每生每年1500元，地方结合实际在1000—3000元范围内确定	中央与地方财政按比例分担	目标人群覆盖率100%
学前教育	学前教育资助	家庭经济困难儿童、孤儿和残疾儿童	具体资助方式和标准由地方确定	地方政府负责，中央财政适当补助	目标人群覆盖率100%，学前一年毛入园率达到85%

资料来源：国务院，2012. 国家基本公共服务体系"十二五"规划［EB/OL］. (2012-07-20)

国家标准的制定，让我们看到了清晰的基本公共教育服务均等化的目标，使得具体操作过程有依有据。"十二五"以来，中央财政启动营养改善计划和城乡教育保障工程予以推进。

营养改善计划。2011年11月23日，国务院办公厅印发了《关于实施农村义务教育学生营养改善计划的意见》(国办发〔2011〕54号)。此文件主要针对由于城乡和区域经济发展不平衡、营养科学知识宣传普及不够、膳食结构不合理等所导致的农村中小学生营养状况问题。为了有效解决这一问题，国务院常务会议决定从2011年秋季学期开始，在六盘山区等11个集中连片特殊困难地区和西藏、四省藏区、新疆南疆三地州等3个已经明确实施特殊政策的地区实施农村义务教育学生营养改善计划（以下简称"营养改善计划"）国家试点工作。"营养改善计划"试点工作覆盖22个省份、680个县（市），近2600万农村义务教育学生从中受益。

全国学生营养办（由教育部等16部门组成）依照国家有关法律法规和标准规范，以食品安全和资金安全为核心，组织制定了实施细则、食品安全保障管理办法、专项资金管理办法、学校食堂管理办法、实名制学生信息管理办法、信息公开公示办法、营养健康状况监测评估工作方案和应急事件处理办法等配套文件。有关部门也通过召开电视、电话会议等部署营养餐改善计划，营养改善计划调度检查等在推进营养餐的过程中有条不紊地进行着。落实好"一补"政策，是实施学生营养改善计划的重要内容。从2011年秋季学期起，中央将"一补"标准每生每天提高1元，达到小学每生每天4元、初中5元。加上每生每天3元的营养膳食补助，国家试点地区家庭经济困难寄宿生可达到小学7元、初中8元，全年小学1600元、初中1850元，高于现行高中阶段国家助学金1500元的标准。当年，教育部、财政部即对各地农村寄宿学生进行统计，要求各地要实事求是地确定"一补"发放范围，避免"因为不寄宿，所以没补助"等问题，切实解决家庭经济困难学生的吃饭问题。在资金安排上，2010年和2011年，中央财政累计安排专项资金169.4亿元，用于支持改善农村义务教育薄弱学校配齐教学装备、改善食宿等附属生活设施。

城乡保障工程跟进。《国家基本公共服务体系"十二五"规划》中指出：根据建立健全基本公共教育体系的需要，实施一批保障工程，着力加强薄弱环节，改善薄弱学校办学条件，有效缩小城乡、区域间教育发展差距。

1. 义务教育学校标准化建设工程。完善城乡义务教育经费保障机制，改造农村义务教育阶段薄弱学校，实现城乡中小学校舍、师资、设备、图书、体育场地基本达标。

2. 义务教育教师队伍建设工程。实施农村义务教育学校教师特设岗位计划和中小学教师国家级培训计划，加强农村学校薄弱学科教师队伍建设，建设农村边远艰苦地区教师周转宿舍。

3. 中等职业教育基础能力建设工程。扶持一批优质特色中等职业学校，改善实习实训设施条件，加强"双师型"教师队伍建设。

4. 民族教育发展工程。支持边境县和民族自治地方贫困县高中阶段学校建设，加强民族地区双语教师培训。

5. 农村学前教育推进工程。重点支持中西部贫困地区建设一批乡村幼儿园。

（国务院，2012）

综上所述，基本公共教育服务均等化已经成为国家层面的重要事项，国家在行动，各地区也应根据国家精神行动起来，让基本公共服务均等化成为实现社会福祉的有效途径和手段。

第四节 来自上海的实践

上海作为我国教育改革的先行区和试验田，在中国教育事业的发展中始终处于"领头羊"的地位。基本公共服务均等化的基础是财政能力均等化，关键是财政保障下的服务的均等化。

一、上海基本公共教育服务均等化的现状

上海根据自己的实际发展水平，积极推进本地区基本公共教育服务均等化，2011学年，3—6岁户籍适龄幼儿入园率达99%，在园幼儿数44.42万，在园幼儿中，随迁子女达16余万人，占在园幼儿总数的36%，对户籍适龄幼

儿，学前教育已经实现全覆盖，对随迁幼儿，已基本形成了学前教育或看护服务全覆盖的服务体系；上海义务教育阶段的入学率近年来始终保持在99.9%，2011学年在校小学学生数73.11万人，在校初中学生数43.6万人，义务教育阶段共有50.17万名随迁子女，义务教育的均衡化程度处于全国领先水平，向适龄儿童和少年提供了基本均衡和优质的服务；2011学年，上海市高中阶段入学率达到99.7%，高中阶段教育的普及程度已达到发达国家的同等水平。在中等职业学校，建立起国家助学金和免学费为主，顶岗实习、奖学金、学校减免学费为辅的资助政策体系。

上海基本公共教育服务的范围包括：九年义务教育，学前三年教育或看护服务，中等职业教育，社区基本教育和就业培训教育，对所有困难群体的减免和补助。上海基本公共教育服务均等化的水平在全国居于前列，但仍存在许多问题。

以浦东新区为例，虽然新区政府提出了"小政府、大社会、大服务"的行政服务理念，以期实现"控制型政府"向"服务型政府"的转变，但是其在基本公共教育服务方面仍然存在着诸多问题，如：公共服务无法有效满足多元需求（这与浦东人口结构有着极大的关系，2007年末浦东常住人口305.35万，其中外来人口114.2万人，占常住人口的37.4%，这些外来人口中，农民工子女约6.8万人，外籍学生7 881人，外来人口的涌入带来教育多元化的需求）；城郊差距较大；校际（公办和民办，农民工子女学校和非农民工子女学校）差距较大；各类能承担专业管理的中介机构未能充分孕育；社会参与服务方面的学校自主管理能力和社区、家庭参与教育管理的意识尚未形成等。这些问题的存在，仍然需要通过积极推进基本公共教育服务均等化进行解决。

二、公共财政如何促进上海基本公共教育服务均等化

《上海市区县基础教育"十二五"基本建设规划》（上海市教委，2012）指出：上海基础教育将优化调整校舍资源布局，加强郊区学校建设，进一步推进中小学更新改造加固工程，落实郊区新城和大型居住社区建设公建配套学校建

设，提高公办学校吸纳进城务工人员随迁子女比例，扩大优质校舍资源，改善办学条件，缩小城乡差距，逐步实现教育均衡化。上海的基本公共教育服务均等化的工作重点在于缩小城郊差距、保障农民工子女的基础教育需求。为解决基本公共教育服务均等化问题，上海市政府主要通过公共财政向郊区倾斜，运用公共财政支持下的诸如委托管理、购买服务以及统一生均经费、师资流动等措施取得了较大成果。

(一) 公共财政大力支持郊区基础教育基本建设和服务

"十一五"期间，上海市区县基础教育基本建设竣工项目592个，竣工建筑面积421.51万平方米，投入资金136.68亿元，其中郊区是基础教育建设的重点，竣工面积344.13万平方米，占81.46%。2008年—2010年全市共投入资金103.79亿元，建设中小学和幼儿园363所，义务教育学校144所，提供约15万个义务教育学位，显著改善城郊结合地区和郊区集镇教育资源紧缺的局面。"十二五"期间，上海市九个郊区共规划实施基础教育基本建设项目906个，建筑面积1004.98万平方米，增加用地面积1476.07万平方米，投资估算402.00亿元；八个市区共规划实施基础教育基本建设项目136个，建筑面积137.63万平方米，增加用地面积121.50万平方米，投资估算55.05亿元。

浦东新区大力推进城郊基础教育二元并轨，原镇管、镇办学校全部归新区政府管理，由区财政按照"统一拨款标准，统一硬件配备水平，统一信息平台，统一培训与发展"的原则予以保障。在硬件建设方面，为改善郊区学校硬件水平，在校舍、运动场地大修等方面对郊区学校予以重点支持，2003年和2007年分别投入2200万元和7500万元，使郊区学校面貌一新，硬件条件达到甚至超过平均水平。同时，为加速郊区教育信息化进程，在教室电脑配备上向郊区倾斜。与此同时，在教育专项安排和教育资源的调度上也重点向郊区学校倾斜，如为加速城郊教师交流，对城市化地区教师到郊区支教给予生活和交通补贴；为稳定郊区优秀师资，对郊区学校骨干教师给予覆盖面较大的补贴。所有这些缩小了城郊差距，在促进郊区基础教育的发展，实现城郊基本公共教育服务均等化方面发挥了重要作用。

(二) 公共财政支持农民工子女学校条件改善

为缩小进城务工人员随迁子女学校与公办学校办学条件的差距,上海市教委于 2007 年以专项经费支持及区县自筹的形式,对 240 余所进城务工人员随迁子女学校的教室、食堂、图书室和厕所进行了改善,共投入资金 4 563 万元。2008 年—2010 年,按照《上海市教育委员会关于进一步做好本市农民工同住子女义务教育工作的若干意见》(沪教委基〔2008〕3 号)的文件精神,上海教育部门以"两个为主"为指导,采取"撤、并、转"等措施,将符合办学标准的 158 所进城务工人员随迁子女学校纳入了民办教育管理体系,教育部门给予生均经费补贴,进城务工人员随迁子女就学条件明显改善,义务教育阶段进城务工人员随迁子女全部进入公办学校或民办进城务工人员随迁子女学校就读,依法保障了进城务工人员随迁子女接受义务教育的权利(上海市教委,2008)。郊区是农民工的主要居住区,位于城郊接合部和郊区集镇的公办学校,扩大班额招收随迁子女,班额可以突破学籍管理规定的 40 人的限制,扩大至 50 人。教育部门按实际招收学生数核定教师数,下拨公用经费,鼓励公办学校招收随迁子女。在难以突破户籍制度限制的今天,作为农民工流入地的上海深入贯彻国家"两为主"政策,努力为农民工子女提供良好的教育,缩小农民工子女学校和非农民工子女学校之间的差距,为形成公平、普惠的基本公共教育服务体系奠定基础。

(三) 公共财政购买教育服务、支持委托管理缩小校际差距

教育由于其可观的"外部效应",在很大程度上被视为公共或准公共产品,是公共服务的重要内容,但是这并不意味着政府应该既做生产者也做提供者。某种公共物品由谁来生产,取决于谁在组织生产这种公共产品时更有效率。政府购买服务是指政府部门为了有效履行公共服务职能,通过政府财政向各类社会机构直接购买服务,实现政府财政效力最大化、公共服务优质化的行为。这可在一定程度上改变政府投资渠道单一,不能提供满足群众需要的多元化教育服务的问题;从而改变由政府垄断造成的服务质量有时低下的情况。所以,政府购买教育服务,是一种较为有效地满足群众多元化的、有质量的教育服务需

求的方式。

　　浦东新区经过几年的发展，在不断探索和借鉴国际经验的基础上，形成了"购买学位、购买管理和购买评估"的教育服务购买体系，其中"购买学位"主要是购买民办幼儿园学位和购买农民工子女学位。"购买管理"本质上是"委托管理"，包括购买区域外的优质教育资源和购买区域内的优质教育资源，比如2005年，浦东新区社会发展局与上海市成功教育管理咨询中心签约，委托对其区域内的东沟中学进行为期4年的管理，新区政府每年支付相应的委托管理费用；再如政府委托本区的福山教育文化传播与管理咨询中心，管理本区的一所小学和一所幼儿园；浦东新区还培育成立上海市新城教育事务所，每年拨付相应的管理费，购买事务所管理农民工子弟学校的服务；新区政府委托浦东新区学前教育协会对新区民办幼儿园进行管理等。"购买评估"主要包括对民办学校的评估、对政府购买教育服务的评估、对各类教育项目的评估，对购买服务的评估是政府委托具有专业资质的、中立的教育评估机构对所购买的教育服务进行公正的、客观的、专业的评价，判断服务提供方是否实现其承诺，以及实现程度如何，并以此为依据对服务提供方进行付费的形式。此外，新区政府还购买了针对特殊人群的服务，购买培训、项目研究、设施等服务。[①] 经过几年的发展，浦东新区已经初步进行了具有一定体系和规模的政府购买教育服务的实践，政府的财政支持是一切服务购买顺利进行的强有力保障，如何保障财政资金充足按时拨付是关系到购买服务能否持续有效进行的基础，因此，有必要将购买教育服务纳入年度财政预算中，建立购买教育服务的专项资金，并建立有效的财政监管体系。

---

① 据上海市浦东新区社会发展局《中国教育改革前沿报告——浦东新区教育公共治理结构与服务体系研究》资料整理。

第五章　义务教育学生资助

《国家中长期教育改革和发展规划纲要（2010—2020年）》提出，不应该让任何一个学生因家庭经济困难的原因而失学。政府应当承担这份责任，实行免费的义务教育，保障所有适龄孩子能够接受教育（焦心，2012）。结合国内外经验，要想实现这一目标必须建立起完善的义务教育学生资助体系。义务教育学生资助体系的发展和完善，为实现学生不因贫困而辍学的目标提供了坚实的保障，体现了中国教育的巨大进步。今天的义务教育学生资助制度，可以说是长期教育历史积淀的结果，是历史的教育政策与现实社会需要相结合的产物。中华人民共和国成立以来，我国的义务教育长期实行收费政策，这给经济发展水平不高的贫困地区，尤其是偏远农村地区的家庭造成了巨大的经济负担，导致了很多学生因贫困而大量辍学。随着国民经济的发展和财政制度的改革，政府对贫困学生的资助越来越重视，为学生资助体系的完善提供了源源不断的财力支撑，创造了更有利的外部政策条件，正如一位学者论述的那样：经济的发展是教育发展的物质基础，经济发展到什么程度教育才能发展到什么水平（靳希斌，2010）。所以说，义务教育阶段学生资助体系的更加完善和成熟将会成为历史的必然。本章将从学生资助的概念入手，探寻义务教育学生资助的发展阶段，归纳我国义务教育学生资助的形成过程，以我国每年所颁布的学生资助发展报告为基础，分析我国目前义务教育学生资助的现状，为我国义务教育学生资助的发展和完善提出相应的意见和建议，从而更好地推动义务教育学生资助工作开展。

第一节　义务教育学生资助概述

通常我国的义务教育是指，国家有义务对每个适龄儿童提供免费的教育，同时家长或者监护人有义务让适龄子女或者被监护人按时入学，接受我国法律规定年限的义务教育。而严格意义上的义务教育，是指国家对学生进行完全免费的教育，不仅包括免除学费，还要给学生提供教科书、文具等学习用品，甚至还要免费提供住宿、乘车等必需生活资料，只有做到这些，国家才有资格、有权力强迫儿童家长或者监护人必须履行适龄儿童或者被监护人按时入学，接受规定年限的义务教育（吴宏超，刘丽玫，2013）。下面简单阐述学生资助的内涵及实践意义。

一、学生资助的概念

（一）学生资助的形式

资助，通俗的理解就是用财物给予帮助。学生资助就可以简单理解为用财物为学生提供帮助或者支持，主要是侧重经济上的支持，表现在为学生提供可以用货币来进行衡量的财物等。从这个角度来说，学生资助需要大量金钱上的投入，同时不管何种资助形式都含有资助者为被资助者所提供的经济上的补助和支持。就学校为学生提供的奖学金和助学金来说，这是一种赠予性的补助，也就是说学生自己不需要承担任何经济上的负担；而助学贷款则是用借贷的形式为学生提供金钱上的支持，但是需要学生日后进行偿还，这些贷款经常是无息贷款或者是低利率的，因此就需要资助者来承担中间的利息。

（二）学生资助的来源

因为学生资助通常都是涉及金钱上的支持，所以学生资助的资金主要来源于政府、企业、慈善机构以及个人捐助等主体。在这些主体中，政府是最为主要的贡献者，它所提供的资助力度和覆盖面也是最为有力最为宽广的，政府在学生资助工作中起主导作用。随着人类的进步，正规教育从阶级与等级地位的象征朝着社会的基础地位转变。以大机器生产为标志，社会的发展越来越依赖于教育，人类的文明越来越依赖于人类的脑力，依赖于知识，而社会对教育的要求也在不断的提高。在当代社会，很多工作对劳动者的素质要求在逐步增加，对人才的依赖性也逐步加强。学校不断地培养出大批人才，从不同的角度来促进政治经济和科学文化等的进步。这种促进作用相比其他时期更重要、更直接、更有力，越来越成为国际经济竞争的一项"秘密武器"。因此，社会要想发展就必然要使更多的人接受教育。与此同时，政府身为社会的领头羊，就必须为促进社会的协调快速发展贡献主要力量，应该以政府的公共资金为学生提供资助。

二、义务教育学生资助的意义

截至 2006 年修改《义务教育法》之前，我国的义务教育长期以来实施的是收费制度。收费制度给大量的农村家庭带来很大的经济负担，导致很多义务教育学龄儿童因为家庭经济原因而辍学。卡内罗（Carneiro）和赫克曼（Heckman）曾经对美国 50 年的数据进行分析，认为家庭经济条件给子女造成的影响是长期的。虽然目前我国已经建立起相对比较完善的义务教育学生资助制度，但是这中间还存在诸多问题。所以，为了防止出现因为政府仅仅资助较高阶段的教育而导致那些急需资助的贫困家庭孩子失去接受高等教育机会的情况，政府对教育的资助应该从较低的教育阶段进行（P. Carneiro, J. J. Heckman, 2002），进行义务教育学生资助具有很多的现实意义和价值。

（一）政治意义

自从我国改革开放以来，国家的经济得到快速发展的同时，国民之间的贫富差距也在逐渐地扩大，不同社会阶层之间的矛盾也在不断加剧，社会上存在着一种让人不安和急躁的心理倾向，这种倾向容易导致不良的社会影响。义教育学生资助不仅可以解决家庭经济困难学生上学难的问题，同时还有利于加强国民和国家之间的联系，凸显出社会主义制度所具有的优越性。从某种程度上来说，这种资助也可以起到缓解社会矛盾，维持社会安定的作用。随着时代和经济社会的发展，我们要正确认识当今政治生活的问题并且能够妥善处理，从而维系国家的长治久安。

(二) 经济意义

要想解决社会矛盾，最为关键的是要提高国家的经济水平。我国当前社会矛盾的根源是社会生产力的发展满足不了人民群众日益增长的物质文化的需求，目前的解决办法是建立社会主义市场经济体制，给人民提供一个公平的竞争机会。而公平包含了起点公平、过程公平和结果公平。义务教育学生资助就是一种保证起点公平的办法，这种办法不能由市场来进行调节，需要政府进行调控。资助可以为国家培养更多的人才，而人才的增加能够推动国家的发展和经济能力的提升。

(三) 教育意义

教育是人类社会发展和继承优秀文明的一种重要途径。义务教育学生资助的主要目标是保障我国的适龄儿童都能够接受最为基本的教育。推行这一政策，使贫困家庭的儿童能够感受到党和国家的关爱，利于培养社会主义的爱国青年。青少年阶段是儿童求知欲比较旺盛的阶段，要保证青少年的身心都能够得到充分的发展，对未来充满信心和希望，同时能够承担继承和传承优秀文化和精神财富的责任。换言之，培养合格的公民，是教育的基本目标和任务之一。

对义务教育阶段的学生进行资助，是保护我国弱势群体接受教育的一项具体举措，同时也是社会发展的必然要求。这个问题和中华民族伟大复兴息息相关，我们需要先在这个问题上达成最基本的共识：义务教育学生资助是必须且必不可少的。家庭经济困难群体作为国家的一分子，我们不能忽视他们的教育问题，关注这些弱势群体的问题就是关注我们自身的问题，同时也是对中国未来发展的关注。

第二节　义务教育学生资助的演变进程

义务教育阶段是我国教育工作的奠基性工程。对于提高国民的素质、培养各级各类人才，促进社会主义现代化建设等方面功不可没。1949年后我国义务教育阶段的学生资助政策经历了从无到有、从零散到系统、从笼统到更具针对性的发展过程。根据国家财政体制改革的历史及义务教育学生资助体系形成过程中具有代表性的文件并结合国内、国际背景将我国学生资助体系分为五个阶段：一是政策的缺失阶段；二是政策酝酿探索阶段；三是政策的初步确立阶段；四是政策全面推行时期；五是政策深化改革阶段。

一、政策的缺失阶段

中华人民共和国成立后，一方面由于经济实力薄弱，财政力量不强，以经济建设为中心的路线，把大量的财政资金投入了工业领域，相对忽视了我国教育事业，突出表现是没有考虑到义务教育阶段适龄儿童的教育问题。另一方面，在恢复发展经济过程中各行各业需要的是高等教育阶段的人才来支持经济的发展，一直以来国家的教育经费的资助主要集中在高等教育阶段。种种原因导致这个阶段的义务教育学生资助是处于政策缺失的状态，而恰因为这种缺失导致很多学生因家庭经济问题而痛失上学机会。

二、政策酝酿探索阶段

直到20世纪80年代，我国的财政和经济能力才不断得到发展、巩固和增强；与此同时我国高等教育逐步加入了自费生和委培生等，降低了国家财政的负担，为资助义务教育阶段家庭困难学生提供了经费保障。在抓住这一有利时机的同时，为减少义务教育阶段学生的失学率，发展基础教育提供强有力的法律支持。1986年颁布的《中华人民共和国义务教育法》明确规定，国家应该对义务教育学生免收学费，同时设立助学金保障贫困学生接受教育。从这一规定我们不难看出，国家逐渐重视义务教育阶段。但是这一阶段由于国家财政改革不到位，没有明确义务教育学生资助所需要的费用由哪一级政府承担，对相应的杂费没有作明文规定，在落实过程中出现了各级政府互相推诿的现象。1992年颁布的《中华人民共和国义务教育法实施细则》中提出，义务教育学校可收取杂费，而国家并没有对杂费和学费进行明确的界定，所以减免学费就只是国家颁布的一个"文本"，并没有落到实处。由于政府经费未能落实，为了维持学校正常运转不得不收取费用，造成这条法律规定只停留在政策层面。国家统计局曾对我国十一个地区进行调查，调查显示，2002年，我国有六个省份的农户教育支出已经成为第二大支出项目，大于衣着、住房等生活必需品支出（国家统计局农村社会经济调查总队，2005），学生辍学的现状基本没有扭转，但是这为之后学生资助体系的逐步确立和完善，作了政策铺垫和实践上的探索，义务教育慢慢开始恢复、探索及发展。

三、政策的初步确立阶段

1995年颁布了《关于健全中小学学生助学金制度的通知》（教财〔1995〕53号）。该通知规定，学生助学金的来源需要根据我国的教育管理体制以及我国的财政体制实行分级管理和分级负担，同时各级财政对相应的教育经费要统筹解决，经费不足的部分可以通过其他多渠道进行解决。这在一定程度上明确了各级政府在经费筹集方面的责任，避免了责任模糊不清的状况，有利于保障经费来源，为家庭贫困的学生上学提供了可能，为实现"普九"的目标创造了物质条件。

1997年10月我国颁布《国家贫困地区义务教育助学金实施办法》。这个通知作出明确的规定：要求建立国家贫困地区的义务教育助学金，从我国的义务教育补助专款和民族教育补助专款中拨出1.3亿元帮助家庭贫困的农村学生支付相应的书本费和杂费。与此同时，该通知还明文规定了具体的实施范围、享受该政策的对象、标准和具体的评定方法等。这个办法具有很强的操作性，在一定程度上减轻了某些贫困地区家庭的经济负担,逐渐开始扭转学生因交不起学费和杂费而导致无法正常完成学业的局面。截止到1998年,我国小学适龄儿童的入学率为98.8%,初中为87.3%;2000年底,我国小学适龄儿童入学率为99.1%,初中入学率为99.1%,九年义务教育的人口覆盖率高达85%以上。由此可见,1998年设立的专项资金对我国普及义务教育起到良好的促进作用。

2001年5月颁布了《国务院关于基础教育改革与发展的决定》(国发〔2001〕21号),对我国全面普及九年义务教育起到了强化作用。该规定明确提出要采取有力措施,坚决刹住一些地方和学校的乱收费现象,各级人民政府要完善并落实中小学助学金制度。我国从2001年开始实施贫困地区家庭经济困难学生免费教科书制度的试点,推荐农村地区使用经济适用型的教材,减免学生的杂费、书本费以及学生的寄宿费等具体的措施,尽量降低家庭经济贫困学生的上学负担(国务院,2001)。这一决定的出台明确禁止乱收费现象,进一步完善了中小学资助制度,从某种程度上降低了家庭经济困难学生的上学负担,构建了我国"两免一补"政策框架,标志着我国义务教育学生资助体系初步形成。

四、政策全面推行时期

2005年教育部发布的《中国全民教育国家报告》指出,到2010年我国要实现全面并且高质量地普及九年义务教育,基础教育水平要接近或者达到中等发达国家教育水平。为了实现这个目标,在2002年的中共十六大后,"以人为本"的执政理念和"建设社会主义和谐社会"的发展思路被提出,全民对教育公平等问题的关注逐步加强。在这种社会背景下,2003年颁布了《国务院关于进一步加强农村教育工作的决定》(国发〔2003〕19号),该决定提出:要在已有助学办法的基础上,建立、健全扶持农村家庭经济困难学生接受义务教育的助学制度,争取2007年我国农村义务教育阶段家庭贫困的学生能享受到免除杂费、书本费和补助寄宿生生活费的"两免一补"政策,尽量做到不让一个学生因为家庭经济的原因而辍学(国务院,2003)。这个政策进一步具体明确了义务教育学生资助的内容及目标。为深化和落实这一具体的政策目标，2004年我国颁布了《对农村义务教育阶段家庭经济困难学生免费提供教科书工作暂行管理办法》的通知，具体指出中央和地方政府各自在"两免一补"方面所应承担的责任：中央财政需要设立专项资金，主要为中西部义务教育阶段家庭经济困难的农村学生提供免费的教科书；地方政府不仅要承担对家庭经济困难学生免除杂费的责任，同时履行补助寄宿生生活费的责任（财政部，教育部，2004）。这一通知反映了我国的义务教育学生资助已经开始全面启动。修改后的《中华人民共和国义务教育法》于2006年9月开始正式实施，其明确规定，义务教育阶段免收学费杂费等，经费由国务院和地方政府依照相关的法律提供切实的保障（中华人民共和国第十届全国人民代表大会常务委员会，2006）。

由此，我国以法律为依托建立了一个以免除学生杂费、书本费和补助寄宿生生活费的"两免一补"政策，保障家庭经济困难的学生都能够获得一种或者是多种资助，帮助其顺利完成学业，该政策的颁布标志着我国义务教育学生资助政策体系的建立。

五、政策深化改革阶段

《国家中长期教育改革和发展规划纲要（2010—2020年）》指出，我国的义务教育是所有适龄孩子必须接受的一种具有强制性、免费性和普及性等特征的教育，是我国教育工作的重中之重。要采用具体的措施保障儿童的就学机会，尽量消除因为家庭经济等导致的辍学现象。在2012年国家财政性教育经费支出占国内生产总值的比例达到4%，预期2020年，能够全面实现普及义务教育的水平，教育质量和区域教育的均衡发展等，确保每一位适龄儿童都能够接受良好的义务教育。全面提高教育质量，基本实现区域内均衡发展，确保适龄儿童少年接受良好义务教育的目标。《纲要》还提出了义务教育发展的主要目标：2015年在校生总人数达到16100万人，巩固率93%，2020年在校生人数达到16500万人，巩固率达95%（国家中长期教育改革和发展规划纲要工作小组办公室，2010）。

从2011年秋季学期开始，我国开始实施农村义务教育学生营养改善计划的试点工作,为解决部分贫困地区农村中小学学生营养不良问题作出具体尝试。该办法不但有利于减轻贫困家庭的经济负担而且更有利于改善义务教育阶段学生的就餐条件,保障食品安全,促进学生健康成长与发展。

2012年5月印发的《农村义务教育学生营养改善计划营养健康状况监测评估工作方案(试行)》中提出:每年的3—4月监测试点学校学生营养改善状况,有重点监测指标以及常规监测指标(卫生部,教育部,2012),其中监测的指标更加细致和具有可操作性,为学生营养改善计划的具体实施提供了更为科学的依据,不仅改善了农村家庭上学难的问题,同时为学生的营养、健康问题提供保障。

义务教育学生资助政策是启动弱国办大教育的重要突破口,是政府义不容辞的责任,是一条贫困儿童平等地接受教育的保障线。从我国义务教育阶段学生资助体系的变迁过程,可以明显地看到资助体系的发展轨迹:从伊始的政策空白时期,逐步走向"两免","一补"政策的出台实现了资助政策的紧密衔接,再到"营养改善计划"出笼。目前,基本形成了"两免一补+营养改善"的多元的学生资助体系,这种多元的资助体系保障了困难学生不会因为家庭经济贫困的原因而失学,同时为学生的食品营养与身体健康创造了政策前提,完成了新的历史跨越与质变。

表5-1 我国义务教育学生资助体系的形成过程中相关文件

年份	相关文件/政策
1986	《中华人民共和国义务教育法》
1986	《关于实施〈义务教育法〉若干问题的意见》
1992	《义务教育法实施细则》
1995	《关于健全中小学学生助学金制度的通知》
1997	《国家贫困地区义务教育助学金实施办法》
2001	《基础教育改革与发展的决定》
2001	《关于落实和完善中小学贫困学生助学金制度的通知》
2003	《关于进一步加强农村教育工作的决定》
2004	《对农村义务教育阶段家庭经济困难学生免费提供教科书工作暂行管理办法》

续 表

年份	相关文件/政策
2005	《关于深化农村义务教育经费保障机制改革的通知》
2006	《中华人民共和国义务教育法》(2006年修订)
2011	《国务院办公厅关于实施农村义务教育学生营养改善计划的意见》
2012	《农村义务教育学生营养改善计划营养健康状况监测评估工作方案（试行）》

第三节 我国义务教育学生资助情况

通过对我国义务教育学生资助发展演变的梳理，我们不难发现：我国关于义务教育学生资助的范围和内容正在逐步地加大和深入，不仅包含了免除学生学杂费、免除学生的书本费，还包括了为学生提供寄宿生活补助等，同时，2011年中央财政还增加了"营养改善计划"，旨在改善集中连片的困难地区的学生营养不良等问题。接下来以国家近年来发布的《学生资助发展报告》为主要数据来源，简单分析目前我国义务教育学生资助的发展情况。

一、义务教育学生资助的总体状况

（一）学生资助经费总额及义务教育学生资助经费

自2007年我国学生资助政策体系建立以来，我国对学生资助的力度不断加大，财政总额也是持续增加，从2007年的416.08亿元已经增加到2015年的1560.25亿元；义务教育学生资助的金额也从2007年的54.97亿元增加至2015年的173.21亿元。金额的不断增加，体现出我国对学生资助经费的投入力度及对困难家庭子女受教育权利的重视程度的加大。

根据2007年—2015年全国学生总资助金额及各部分金额情况的分析（参见表5-2），我们可以看出，财政资金和其他资金是构成学生资助经费的两大

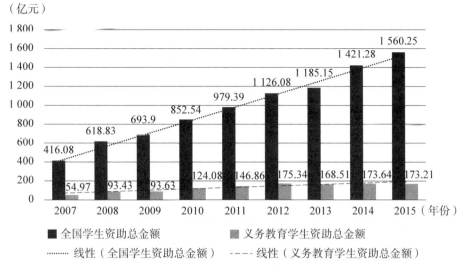

图 5-1 2007 年—2015 年全国及义务教育学生资助

主体。财政资金涵盖了中央财政以及地方财政；其他资金指的是学校所从事的事业收入，相关金融机构所提供的国家助学贷款以及由社会团体、企事业单位和个人所进行的捐助等。在学生资助领域，我国的财政资金 9 年内增加了近 5 倍，中央财政投入的增加倍数也是近 5 倍；而其他资金部分的增加幅度仅 3 倍，明显落后于国家财政投入幅度。因此我们可以得出，在全国学生资助的领域，财政资金特别是中央的财政投入增加速度比其他资金的增长速度快，体现出国家对教育的重视，而随着我国学生资助体系的完善，财政资金也已经成为我国学生资助经费的主体部分。

表 5-2 2007 年—2015 年全国学生总资助金额及各部分金额情况（单位：亿元）

年份	总资助金额	财政资金			其他资金
		总计	（1）中央财政	（2）地方财政	
2007	415.27	227.22	117.13	110.09	188.05
2008	618.83	436.60	230.62	205.98	182.23
2009	693.90	484.71	266.12	218.59	209.19
2010	852.54	632.58	329.50	303.08	219.96
2011	979.39	698.42	396.04	302.38	280.97

续 表

年份	总资助金额	财政资金			其他资金
		总计	（1）中央财政	（2）地方财政	
2012	1 126.07	824.74	432.73	392.01	301.33
2013	1 185.15	805.42	427.75	377.67	379.73
2014	1 421.28	989.43	518.35	471.08	431.85
2015	1 560.25	1 051.85	559.38	492.47	508.40

全国学生资助经费的变化趋势主要有以下特点：一是国家对学生资助问题越来越重视，中央所投入金额也呈现出逐年增加的趋势，但是增长的速度总体放缓；二是财政资金投入增长的速度比其他资金增速更快；三是财政资金是国家学生资助经费的主要组成部分，所占比例最高。

（二）义务教育学生资助投入总额

从图 5-1 可以看出，从 2007 年开始，义务教育学生资助总额从 54.97 亿元增长到 2015 年的 173.21 亿元，增长 3 倍，并且资助总额在不断增加。然而根据图 5-2 又可发现，虽然义务教育资金的总额不断上升，但是义务教育资助

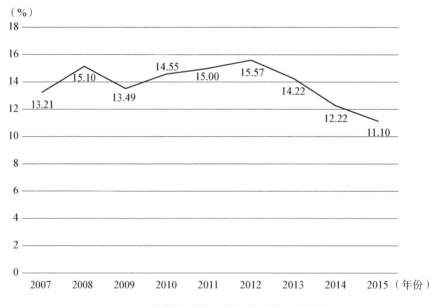

图 5-2 义务教育资助总额占全国资助总额百分比

金额占全国学生资助的总额总体呈下降趋势。由此我们可以得出：义务教育资助经费占全国学生资助资金的比例总体呈现下降趋势，因此，义务教育学生资助在整个学生资助体系中处于不利地位。

（三）义务教育"两免一补"

义务教育学生资助形式主要有三个方面内容：国家免费教科书、地方免费教科书、家庭经济困难寄宿生生活补助等。2015年，全国约1.24亿学生享受国家免费教科书政策，5 697.90万学生享受地方免费教科书政策，1 476.78万学生享受家庭经济困难寄宿生生活补助政策。中央及地方各级财政共计投入国家免费教科书资金约162.96亿元（包含学生字典工具书采购资金）。中央财政资金109.65亿元；家庭经济困难寄宿生生活费补助资金173.21亿元。其中，中央财政资金71.80亿元；地方各级财政投入地方免费教科书资金24.08亿元。

1. 国家免费教科书

2015年，全国约1.24亿学生享受到国家免费教科书政策，平均覆盖率为89.85%。其中，西部地区共资助3 696.01万人，覆盖率为90.03%；中部地区共资助4 631.93万人，覆盖率为87.87%；东部地区共资助4 096.06万人，覆盖率为92.03%。各级财政用于国家免费教科书资金总额为162.96亿元。其中，中央财政资金109.65亿元，占67.29%；省级财政资金36.49亿元，占22.39%；市级财政资金1.97亿元，占1.21%；县级财政资金14.85亿元，占9.11%。

2. 地方免费教科书

2015年，全国共有5 697.90万学生享受地方免费教科书政策，平均覆盖率约41.21%。其中，西部地区2 217.49万人，覆盖率为54.02%；中部地区1 620.09万人，覆盖率30.73%；东部地区1 860.32万人，覆盖率41.80%。地方各级财政共计投入地方免费教科书资金24.08亿元，西部地区投入6.20亿元，占25.75%；中部地区5.51亿元，占22.88%；东部地区12.37亿元，占51.37%。

3. 全国和地方免费教科书各地区投入比重

全国免费教科书投入资金，东部地区所占比重最高，中部地区次之，西部地区所占比重相对最少；2015年地方免费教科书方面，地方各级财政共计投入地方免费教科书资金24.08亿元，其中西部地区投入6.20亿元，占25.75%，中部地区5.51亿元，占22.88%，东部地区12.37亿元，占51.37%，东部地区占总额的一半左右，中部地区较西部地区偏少。由此我们不难看出，东部地区经济相对发达，对免费教科书的投入资金和力度更大，而西部和中部地区处于不利地位。

4. 家庭经济困难寄宿生生活补助

2015年全国共有1476.78万家庭经济困难寄宿生享受生活费补助政策，覆盖率为51.84%。其中，西部地区968.79万人，覆盖率（占该地区寄宿生总数）达79.52%；中部地区343.65万人，覆盖率29.19%；东部地区164.34万人，覆盖率36.28%（见图5-3）。由此不难看出，在家庭经济困难寄宿生补助方面，西部地区占全部家庭经济困难寄宿生补助的大部分，中部和东部地区相对较少，中部地区所占比重最低。

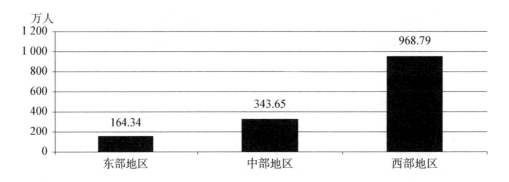

图5-3 2015年寄宿生生活补助资助人数区域分布

2015年各级财政共计投入资金173.21亿元，与2014年基本持平。其中，中央财政资金71.80亿元,占41.45%;省级财政资金68.04亿元,占39.28%;市级财政资金5.92亿元,占3.42%;县级财政资金27.45亿元,占15.85%。从图5-4我们可以看出,西部地区家庭经济困难寄宿生补助为69.30%,占全部补助金额的大部分,中部地区占23.84%,远少于西部地区,东部地区所占资金比例最少,为6.86%。

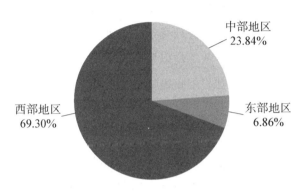

图5-4 2015年寄宿生生活补助资金区域分布

"两免一补"政策的实施以及经费的不断增加,使农村贫困家庭学生的入学得到了保障。"两免一补"政策从农民利益出发,对家庭困难的学童免费提供教科书、免除杂费,并给寄宿生补助一定生活费。

二、义务教育学生资助需要注意的问题

基于对当前我国义务教育学生资助经费投入和使用的简单分析,我们发现,我国现行的义务教育学生资助体制中仍然存在以下几点值得注意的问题。

(一)义务教育学生资助投入力度呈现弱化的趋势

通过观察我国义务教育学生资助经费总额的演变情况不难发现,自从2007年我国学生资助政策体系建立以来,金额呈现增长的趋势,但是所占全国资助金额的比重总体是呈现下降的趋势。对于学生资助工作来说,经费的投入是推动学生资助取得重大进展的主要支撑力量,但是在学生规模逐渐扩大的同时,义务教育学生资助金额占总资助金额比重的下降,必然会影响义务教育学生资

助工作。

(二) 社会各界捐助投资的积极性有待提升

从学生资助经费的来源情况分析，社会团体、企事业单位以及个人等的捐资所占比重较低。社会各界对学生资助的力度逐渐弱化，教育不仅仅是国家的事，也是全社会的事，作为社会的一分子，每个人都应该在自己的能力范围内承担应尽的责任和义务，对于义务教育学生资助以及全国学生资助工作，我们应该积极引导社会团体、企事业单位以及个人等加大对教育的投入，提高其对学生资助的重视程度，加强其投资积极性从而提升学生资助经费的总量。

(三) 义务教育资助力度需注意区域平衡

2015年学生资助发展报告显示，以全国和地方免费教科书来说，东部地区投入金额和力度均高于西部及中部地区，特别是地方教科书免费政策，东部地区的投入金额是中部和西部地区之和。因此，在义务教育学生资助过程中，我们需要多加注意地区的平衡，对于发展相对落后的地区要给予更多的帮助，推动各地区教育水平的均衡发展。

第四节 义务教育学生资助的困境

虽然义务教育学生资助体系在实现国家的普九目标、降低贫困家庭学生的辍学率、减轻经济困难家庭的教育负担等方面取得了巨大成就，但是由于我国地域宽广，人口众多，地域间经济发展差别较大，导致我国的教育发展也不均衡，义务教育发展和义务教育学生资助面临着诸多的难题和挑战。

一、贫困地区负担仍很重

我国的农村主要实行的是以县为主的教育财政体制，但是因为中国各个地方的经济发展差距比较大，同时各地区的财政能力也是有所不同的，这导致我国的义务教育发展不均衡，以我国的中西部地区最为突出。由此我们可以看出，政府的财政投入力度还是不够的，很多贫困地区的需求没有得到满足。农村义务教育发展薄弱的情形并没有得到根本的改善，同时我国城乡教育水平的差距呈现不断扩大的趋势，经济贫困的家庭教育负担依然很重。《中国农村贫困监测报告数据（2009年）》《中国农村贫困监测报告（2009）》指出，在2008年我国267个民族扶贫县中，小学生以及初中生生均家庭实际支付教育费用分别为204元和672元。假如以这些数据和家庭人均收入进行计算，一对夫妇和一个孩子所组成的三口之家的家庭教育支出负担率，民族扶贫县普通家庭分别是2.7%和9.0%；贫困家庭分别是5.7%和18.7%（农村社会经济调查司，2009）。

二、免杂费、免书本费丧失学生资助的意义

我国的"两免"主要指的是免除学杂费和免除教科书本费，这个政策的实施带有很强的时代特点。义务教育本该不收取学费和杂费等，但是结合我国当时的时代背景，当时我国的经济基础比较薄弱，虽然免除了学费但是仍然收取学杂费。从2008年秋季开始，我国义务教育阶段所有的适龄儿童都享受了免除学杂费的政策。也就是说，免除学杂费不是针对家庭经济困难学生所制定的一项政策，而是面向所有义务教育阶段学生的一项普惠性政策。而免费提供教科书政策与此类似，所有的农村义务教育阶段的学生都可以享受国家的免费教科书政策，这也不仅仅是针对家庭经济困难学生的一项政策。我国目前的义务教育阶段学生资助主要是免学杂费、免教科书本费以及提供寄宿生生活补助等的"两免一补"政策，但是学杂费和书本费的面向群体已经发生了改变，它们不再是针对家庭经济困难学生，而是面向了全体义务教育阶段学生。因此严格上来说，"两免"已经丧失了学生资助的意义，不应该再作为学生资助的组成部分。

三、寄宿生生活补助范围太小

目前来说，我国将寄宿生生活补助的对象定位为家庭经济困难的寄宿生，也就是说，家庭经济困难的非寄宿生是无法享受到这一生活补助，处于一种被忽视的状态。在校的寄宿生生活开支比非寄宿生的开支确实高得多，在财政资金有限的情况下，把对贫困生的资助放在家庭经济困难学生的身上具有合理性，但是这种做法的缺陷容易使资助的对象过少，满足不了寄宿生偏少的贫困地区的教育需求。从另一个角度来说，义务教育学生资助应该面向的是全部家庭经济困难的学生和处于弱势的学生，但是寄宿生生活补助的对象只有家庭经济困难的寄宿生。政策上虽然突出了对弱势群体的照顾，但是并没有为处于弱势的学生设立专门的资助项目，对弱势群体的关心不到位。在资助的资金和名额有限的情况下，其他同样处于弱势地位学生群体的利益并没有得到有效保障。

四、实行过程不规范现象严重

《全国农村义务教育阶段学生免收学杂费的实施管理办法》中明确指出，农村中小学公用经费的组成部分主要包括中央及地方安排的免除学杂费补助资金，必须保证补助资金的落实并全部用于学校公用开支，不得以任何理由和方式截留、滞留以及挪用等（财政部，教育部，2006）。但是在实际执行中却出现严重滞后、拨付水平低于国家规定水平的现象，严重影响了义务教育阶段学生的正常学习与学校的正常运转。已有研究指出，湖北省当阳市的贫困寄宿生补助无法及时到位，学校只能预先垫付，在湖北省孝南区也有类似的情况。财政拨款时间延迟，学校只能先行筹款垫付。部分"坐等靠"的学校的学生资助经费一直没法落实到位，这种情况不仅妨碍了学生的正常学习生活，同时还分散学校进行资金的筹措的精力，不利于维持学校的正常办学和运转（张智敏，汪曦，2010）。相关的新闻和报道比比皆是，例如中国教育报所报道的湖北省阳新县通过虚报学生人数套取义务教育公用经费问题；四川省安岳县两板桥镇初级中学教师截留冒领贫困寄宿生生活补助问题等（中国教育报，2012），所有的这些都表明，在我国义务教育学生资助实施的过程中存在不规范行为和现象，如果不对这些行为和现象进行相应约束，那么义务教育学生资助很难真正地落到实处，亟须对不规范的行为和现象采取严厉行动并加以制止。

五、认定程序和监督管理存在问题

家庭经济困难学生如果想要申请生活补助就需要提供齐全完善的申请材料。对于一些政府公共财政比较困难的地方，相关部门会严格控制资助的数量。有不少家庭经济确实困难，但是因为无法提供政府所要求的相关证件而导致其放弃申请。有些学生的父母因为违反了国家的计划生育政策，办理户籍存在很大的难度，而通常这部分学生又是家庭经济最困难并且最需要得到资助的群体。对那些符合资格的家长来说，申请办理的手续和程序会耗费家长们很多的时间，有一些家长认为补助的金额不多，实际上并没有起到多大的帮助，手续又过于繁琐，投入了相应的时间最后的结果可能还是落选，即使被评上了，自家的孩子还会被贴上贫困的"标签"，在学校可能会被看不起等，对孩子的身心造成一定的影响。我国现行的制度规定，得到资助的困难学生名单需要作出公示，这种做法使得部分受助学生承受了很大的心理压力，导致部分家庭即使经济困难，也不愿意提出申请，而放弃接受资助。

对于学生资助的监管，有不少地方因为贫困学生数量较多，导致学校很难做到公平、公正、公开地分配资助的名额，有些学校为了省去麻烦可能会把资助指标平均下发到每个班级或者实行轮换制，让他们轮流领取补助。这种平均主义的做法可能会导致一些需要资助的学生丧失了宝贵的机会，更有甚者，有些学校的学生资助会出现冒领或者滞留等现象，这种现象损害了贫困学生受资助的合法的权益。

六、社会资助相对混乱

随着社会经济的发展以及人民生活水平的提高，很多地方都有热心人士和社会团体等组织积极地加入义务教育学生资助的队伍中来。很多社会资助的力度都比较大，帮助家庭经济困难的学生解决上学难的问题，从很大程度上缓解了政府财政的压力。但是我国目前社会力量方面的学生资助还是处于一种比较零散的状态，没有一套比较完善的体系帮助他们更有效地确立学生资助的对象，造成资源分配的不均和不合理等问题出现。因此一套行之有效的学生资助引导系统就显得十分必要和紧迫。政府和社会资助需要形成合力，充分发挥资助的力度和资助效益的最大化。

第五节　义务教育学生资助制度的完善

我国义务教育学生资助工作能否顺利并且有效地开展，不仅仅直接关系到经济困难家庭适龄儿童的直接利益，而且跟教育资源在城乡间的合理配置也是分不开的。从某种程度上来说，义务教育学生资助制度的顺利推进与我国基础教育改革和发展存在关联；因此，必须采取切实可行的措施，解决义务教育学生资助改革实施过程中出现的问题，确保贫困家庭的孩子不因贫困而辍学、推动区域义务教育的均衡发展。

一、缩小义务教育阶段的区域差距

基本公共服务均等化是指政府要为社会成员提供基本的、与经济社会发展水平相适应的、能够体现公平正义原则的大致均等的公共产品和服务，是人们生存和发展最基本的条件均等。教育的均衡发展是政府提供教育公共服务的重要组成方面，政府的公共财政要努力提供尽可能均等化的教育服务。这不仅仅是政府公共财政"公共性"的体现，同时还是政府公共财政改革以及发展的基本目标之一。党的十七大报告曾明确提出，需要优先发展教育，努力建成人力资源强国，优化教育结构，推动义务教育的均衡发展。因此，随着我国经济的发展，财政收入的增加，一方面应该提高教育经费在各级财政中所占的比重，增加义务教育阶段学生资助的总量；而另一方面，对于新增加的教育经费，要向义务教育阶段倾斜；同时还要向我国的中西部以及一些偏远的贫困地区倾斜，逐渐减少因以县为主统筹的教育经费而造成的差距。

二、推动义务教育阶段校际之间的均衡发展

目前义务教育阶段实行的是"中央适度支持、省级统筹、以县为主"的拨款制度，但是由于历史、地理、政策等原因使得目前我国各地经济发展不平衡，一些中西部地区及东部贫困地区的县级财政实力相对薄弱，容易导致县域内义务教育校际之间发展不均衡。目前来说，义务教育经费的分配基本采用"定员定额"的方法，也就是说，以在校学生数为经费的分配标准。学校之间资源分配的差异大多是由学校自身的规模大小所造成的，这就容易造成校际间的差异，对于偏远地区或在校生数相对少的学校来说，很不公平。为了减少这种同级学校之间的发展差异，需要改善义务教育阶段财政拨款制度。具体来说，同一行政区或者县内的义务教育阶段的学校，采取以在校学生为标准的均等化拨款，同时向农村以及办学条件相对较差的学校倾斜，目的是提高农村教育的质量，减小城乡教育的差距。还可以实行"综合定额＋专项补助"的拨款模式。所谓综合定额是要综合考虑学校的校舍面积、学生数量以及师资编制等；而专项补助就是建立专项的资金解决薄弱学校和偏远地区学校的补助资金（范先佐，朱苏飞，2010）。所以说，为了减少校际之间的差距，需要改进义务教育资金拨款制度，同时设置专项补助，向相对薄弱的学校和地区倾斜，从而推动校际之间义务教育阶段学生资助的均衡发展。

三、增加新资助项目、扩大义务教育资助面

《对农村义务教育阶段家庭经济困难学生免费提供教科书工作暂行管理办法》的规定指出，现阶段我国所采用的义务教育资助是"两免一补"的政策，其中包含了三项内容：杂费、书本费以及寄宿生生活费等。虽然该规定在解决中西部贫困地区学生因贫困而辍学的问题方面发挥了重要作用，但是与国外相

对成熟的资助政策相比,我国的资助政策存在资助项目少,资助种类单一等问题;而项目少,种类单一又容易造成资助的力度不够,某些贫困家庭的负担依然很重。而近年来,随着我国的经济实力不断加强,税收也不断地增加;因此可以结合各地区各学校的具体的情况,制定不同类别和不同对象的专项资金补助。比如可以借鉴同样是发展中国家的孟加拉国的初等教育资助项目(PESP)(张建莉,2007)、巴西的"免费提供学习用具"、墨西哥的"援助家庭计划"、马来西亚的"免费医疗"等资助政策,努力建立符合我国国情且与"两免一补"政策相匹配的义务教育阶段资助体系。

四、合理扩大义务教育范围

根据2006年修订的《义务教育法》,我国现行的是九年义务教育,免除学费和杂费。也就是说,在我国小学、初中阶段属于义务教育免除学费和杂费,对于非义务教育阶段如学前教育、高中仍旧征收相应的费用。有研究者研究提出,发达国家义务教育的普及年限基本上达到12年。如法国对幼儿园到大学都实行免费资助,美国对高中学生免费提供教材(金东海,秦浩,陈昊,2009)。所以,结合我国经济发展的水平和财政的收入情况等,可以根据我国的实际国情,合理加大义务教育的年限。具体来说,我们可以分地区、分阶段、有条件地把学前或高中教育纳入义务教育资助的范围,减轻更多家庭经济困难的负担,减少因家庭经济困难而失学的学生数量,从而提升我国的义务教育阶段水平,推动我国基础教育事业的发展和完善,为中华民族伟大复兴培养更多的人才。

五、合理设置与安排资助内容与资助形式

就目前来说,我国义务教育阶段的学生的资助基本上采用统一的免学杂费、免书本费和寄宿生生活补助等的"两免一补"模式,这照顾了广大地区的贫困家庭、贫困孩子,使得家庭在支付教育费用方面的负担得以减轻;但是却忽视了一些特殊地区、特殊群体的家庭和孩子们。由于他们面临的问题千差万

别且有着不同的特点，在具体执行中应该区别对待，把工作做得更为深入细致。对于距离学校较远的学生增加关于交通、寄宿以及饮食方面的补贴；对于特困的学生，学习工具、辅导资料等相关费用也应该给予合理的解决；对于一些疾病高发的地区体检费、防疫费、保险费应该包括在内。总之，随着义务教育阶段学生的数量不断减少，应该根据不同的家庭特点提供有针对性的补助，这样才能切实有效且富有针对性地将义务教育学生资助工作做好。

六、改进和完善监督机制

在义务教育学生资助经费发放过程中，为了保障资助经费的切实到位，首先，要让各级政府进行农村义务教育经费的安排时做到公开、透明，同时还要把落实的责任以及资金的投入情况等主动向同一级的人民代表大会报告，主动向社会大众公布资金使用情况等，敢于接受来自社会各方的质疑和监督。其次，加强外部审计力度，义务教育阶段资助经费的监督还需要各级财政、物价、审计以及监察等部门的加入：增强对义务教育资助经费安排使用的监督，界定贫困学生的监督，中小学收费情况的监督等。再次，加强内部审计。学校内部要建立健全财务制度，编制科学合理的预算和决算。最后，要对挪用资金、擅自克扣资金等违法以及违规行为作出严厉的惩罚，追究相关人员的经济、行政以及法律责任，对于这种行为要严惩不贷，从而保证农村义务教育经费保障机制能够真正地成为放心工程。

七、合理照顾孩子的心理特点

目前，我国义务教育阶段的学生还处于未成年时期，由于基本价值取向尚未建立，有过强的自尊心与荣誉感。因此，在推行义务教育阶段贫困资助的时候要结合此阶段学生的特点，照顾到贫困家庭的孩子的自尊心与荣誉感，让他们受到资助的同时心理健康也能得到关注。一方面，对贫困的与非贫困的学生一视同仁，不要在学校张榜公布此阶段受助的学生，可以在开家长会而学生不在现场的时候公布相关的信息，既做到保护学生的自尊心，又做到资助信息及时、准确、完整、真实地公开；此外，还可以起到监督的作用。而另一方面，在实际的执行过程中，学校可以把国家的"两免一补"的政策转化为激励学生学习的一种政策。如，在发放教科书的阶段，成绩突出表现好的同学可以得到校长及教师的签名，或者让成绩突出的孩子组织发放教科书。这样不但起到了资助学生的目的，而且调动了学生学习的积极性。

中篇　义务教育教师绩效工资制度

第六章　义务教育教师绩效工资制度形成

"绩效工资",又称为奖励工资,是将工资与绩效相挂钩的一种工资形式,也就是建立在对实际贡献和工作表现综合评价的基础上,以绩效评价结果为依据确定劳动报酬,强调的是实际贡献和工作表现。绩效工资制度是由"科学管理之父"弗雷德里克·温斯洛·泰勒(Frederick Winslow Taylor)一手创造的。绩效工资又可称为绩效加薪,是根据员工个人绩效而增发的奖励性工资,以对员工绩效的有效考评为基础,实现将工资与考评结果挂钩的工资制度。其前身是计件工资制度,即按照合格产品的数量和预先规定的计件单位来计算工资。它不直接用劳动时间来计量劳动报酬,而是用一定时间内的劳动成果来计算劳动报酬,包含直接计件工资、间接计件工资、有限计件工资等几种形式。将薪酬收入与个人业绩挂钩,然后以其为基础计算薪酬。现在,绩效工资是指在对员工的工作技能、工作业绩、工作态度等方面评估的基础上,发放的一种工资制度,既体现了客观公正,又推动了员工之间的竞争,从而推动组织或团体提升业绩。

2009年中国开始实施义务教育阶段教师的绩效工资,由此义务教育阶段教师的绩效工资进入人们的视线当中。一般谈及绩效工资大多是指企业的绩效工资,义务教育绩效工资属于绩效工资的一个种类;然而不同于企业绩效工资,义务教育绩效工资有其自身的特点。企业绩效工资看重在最短的时间内有最大的产出量,注重产出投入比;而教师这一职业的特殊性,决定了对教师的绩效考核更加关注"产品"的质量,注重教师在教育过程中的科学化、人性化。义务教育绩效工资可定义为以义务教育阶段教师为对象,根据义务教育教师在教育教学活动中表现出来的行为和结果,按照绩效考核评价标准对教师绩效进行综合评价后,确定教师工资水平的一种工资体系。义务教育绩效工资核心是绩效工资分为基础性和奖励性工资两部分,两者占总工资的比例为 7∶3。奖励性绩效工资主要体现教师的工作量和实际教学成果等因素,在考评结果的基础上确定教师奖励性工资分配的数额。义务教育学校教师绩效工资制的基本内涵从本质上体现了校本管理与人本管理的基本思想。

第一节 国际义务教育教师工资演进历程

一、新形势下教师工资变革(20世纪50年代前)

20世纪中叶,世界政治经济发生深刻变革,两次世界大战重构世界政治和经济格局。在这一时期,美国的国际地位得到迅速提升,其与苏联的"太空竞赛"迫使联邦政府将教育改革提到政策议程,社会公众对教育改革的重视程度日益高涨。

当时的教育改革涉及课程、教学等诸多领域,与早期教育改革不同的是,这一时期的公众认为,为了确保学校培养的未来学生能迎接来自国际的挑战,需要将学校塑造成企业(Johnson,1984)。按照这一思路,学校从课程教学到管理开始了企业化改造。在提高学校质量的努力中,"有效教师"被认为是提升学校质量的关键,企业的人力管理模式给教育界提供了新的工资支付启示;于是,研究者批判传统单一的教师工资计划。他们认为,以往刚性的教师工资计划基于教师的教学经验和最高学历进行工资给付,并未与学生学业成就相联系(Hanushek,2007),正如拉维(V. Lavy)提到的,早期的教师工资是根据输入(input)而非输出(output)决定的,这也意味着传统单一的教师工资是"非结果导向"的(Lavy,2007)。反对传统工资制的论者进一步指出,教育领域根深蒂固的单一教师工资制实质上是对市场供需定律的亵渎,学校可以对抗市场规律,但成功的概率渺茫(Johnson,1984)。教育家和公众中的企业化改造支持者认为，教师工资如果依据教师留任和对有特殊贡献的教师进行奖励、分配和发放，学生成就将更有可能得到提升（Hanushek，2007）。

在英国，教师根据统一的"九点（nine points）"基本工资模式获得报酬，每年得到晋升，但到 20 世纪末，已经有 75% 的教师达到了最高点，此工资模式限制了教师工资增长的空间（Atkinson，Burgess，Croxson et al.，2004），逐渐消弭教师的工作积极性。正是在这一社会背景下，绩效工资逐渐成为各国传统刚性的、单一的教师工资制度的补充性选择。

二、绩效工资在教育领域的运用（20 世纪 50—80 年代）

绩效工资最初在企业的实行，有效提高了企业员工的工作积极性和工作效率，并且持续地在私人部门发挥着重要作用。在教育领域实行绩效工资，其背后的逻辑在于，如果教师基于竞争性的激励进行工资给付，教师将更努力工作，以此奖励和保留有效教师，迫使低效能的教师离开教师队伍，最终提高学校效能（Johnson，1984），提升教育质量。库伯里（Cubberly）指出，绩效工资可以形成更好的奖励分配机制，为教师专业学习和个人发展提供激励，为教学效率的提高提供契机，从而提高有限财政资源的回报效率（Johnson，1984）。

正是青睐于绩效工资可能带来的激励效应及政治家勾勒的绩效工资实行后的教育蓝图，使绩效工资屡次成为各国和地方教师工资改革的选择方案。20 世纪 50 年代，国际政治环境突变，教育领域"师资力量短缺、教育质量低、庞大的教育经费开支以及学生数量的持续增加"成为教育发展的桎梏，美国社会号召"提高教师工资"；于是，教育部门和企业共同推动了这一轮绩效工资改革。不同于 30 年前的绩效工资改革，这一时期的改革已然失去了教育意义，取而代之的是追随企业的标准化导向；因而参与此次绩效工资改革的学校比率持续降低。在 30 年后的 80 年代，同样因为经济原因，美国当时的国内生产力低于传统和新兴的工业国家，教育领域的反应是在里根政府时期重新实行绩效工资，以雇佣高质量的教师（Johnson，1984），这一时期，公立学校教师实际工资得到了显著提高（Figlio，1997）。

英国于 20 世纪 80 年代末开始进行教育改革，将"准市场（quasi-market)"理念引入教育领域(Glennerseter H, 1991)。由于这一时期的教学水平较低,教育质量低下(Tomlinson, 1997),受到绩效工资在私人部门成功实施的影响,英国保守党认可绩效工资计划(Performance-related pay schemes)的理念,并于20世纪80年代末90年代初重新引进公共部门[①],包括少数州立学校,但并未大规模实行。直到20世纪末,英国才在全国范围的学校实施绩效工资。在政策层面上,国家在学校部门实施绩效工资的政策目标是为了提高教学专业性、教育质量和教育效能,绩效工资的实行改变了早期相对集中和区分度不高的工资体系,回应了公共部门问责及"现代化"改革。在绩效工资改革中,不符合绩效工资计划要求的教师(通常教龄低于六年)依然采用传统的自动增资机制,而符合要求的教师则在此基础上采用基于学生表现和教师评价的绩效工资计划,当评分高于临界点(threshold point)时,教师才能增加工资(Farrell, 2004)。虽然各地关于政策实施的细节不同,但绩效工资政策均包含基本的政策目标、绩效评估体系以及将评估结果转化为经济奖励的方式(Cutle, 1999)。阿姆斯特朗(Armstrong)认为,绩效工资计划的成功执行,首先,需要个体清楚地了解组织所要求的绩效目标和标准,绩效能够进行测量和验证;其次,个人应当具有调节绩效水平的能力,并理解奖励与绩效表现之间的联系;再次,奖励应遵循工作的完成情况和价值性;最后,绩效结果对员工来说是可获得的,且得到员工积极的讨论和认可(Farrell, 2004)。

概而言之,绩效工资在教育领域的实施以"教师表现—工资给付—教育质量"为基本逻辑,而国内外环境是各国教师绩效工资产生和发展的重要社会背景。从英美两国的学校绩效工资实行情况来看,绩效工资项目种类较多,其主要功能在于补充单一的教师工资制度。

三、绩效工资在教育领域中的争议与发展(20世纪80年代后)

绩效工资在各国实行以来,成为各地和各部门工资机制的重要组成部分,但绩效工资在学校部门的实施尚未取得政策蓝图所预期的效果,反而引起教育

---

① 文献表明,英国于19世纪中期在初等教育学校用过绩效工资计划。

领域关于绩效工资项目执行的强烈争论。其争议的焦点集中在绩效工资政策的组织实施问题、效果问题和绩效工资是否适合教师工作的内在激励特征等问题上面。

首先,绩效工资在美国的实行经历了多次立废,学者在总结历次失败的经验后认为,绩效工资项目执行的主要障碍在于技术、组织和财政方面。在技术上的问题主要表现为利益相关群体对有效教学的理解和测量方式并没有达成共识,人们普遍认为教师的工作难以进行测量和评估,同时无法确保评估人员公正地使用评估标准。在组织方面,许多学校并不认同绩效工资政策及其价值理念,绩效工资遭遇教师个体和联盟的反对,其在实施中改变了学校原有的运行机制,从而难以获得学校领导的支持。在财政方面,绩效奖励的过度消耗和财政资源短缺,是绩效工资无法有效运行的主要原因(Johnson, 1984)。

其次,绩效工资在学校执行后,大多数教师和学校管理者并不认可其在识别、奖励"好"教师上取得的效果(Cutle, 1999)。与此相一致,绩效工资的反对者坚持,绩效工资将加剧教师间的竞争而非合作,竞争性的工资不能带来好的教学效果和应有的教师激励,反而会干涉学校在效能提升上的努力(Johnson, 1984)。从政策的目标对象——教师的反馈来看,教师并不清楚政策的目标和标准;同时教师对评估个体教师和评估过程的公平性同样表示担忧(Bregn, 2013)。研究中也发现,教师认为绩效工资对提高他们从教可能性和留任的积极作用很小(Farrell, 2004)。汉纳谢克(E. A. Hanushek)在研究中指出,绩效工资的运行效果不佳,是因为没有解决以下两个问题:其一,在数量规模上,绩效奖励的金额能否对教师产生激励;其二,这一奖励是否产出了良好的"退出和保留机制"(Hanushek, 2007)。换言之,绩效工资在数量上的吸引力和区分度是影响政策运行效果的主要因素。

最后,绩效工资政策之所以在存续期间饱受争议,其中的另一原因在于政策执行过程中忽视了教育的特殊性。诚如在部分研究中指出的,绩效工资政策在教育领域的失败,是政策未与广阔的教育环境结合导致的,教学专业的准则与绩效工资理念相对立(A. M. Mohrman, S. A. Mohrman, A. R. Odden, 1996)。此外,与外部激励相比,有研究指出,教师的内在激励对于提高教师专业认同和教学效果具有更为显著的作用(Firestone, 1991)。教育领域教师报酬体系的变革，实质上牵动了教育系统整体的变革；因此，在教育系统中，绩效工资并非独立的变量，而需与教育的整体变革相联系，对绩效工资的探索成为国际学术界关注的焦点问题之一。莫尔曼等（A. M. Mohrman et al.）从系统观点出发，描述潜在的科学报酬结构，认为绩效工资应包含技能本位和基于团队表现的奖励（A. M. Mohrman, S. A. Mohrman, A. R. Odden, 1996）。基于现行绩效工资的经验与教训，有效的绩效工资方案依然在探索中，部分地方推出"广泛基础报酬政策"（broad-based compensation policy），或根据学生成就的价值增值（value-added）支付教师工资（Hanushek, 2007）等方式，对绩效工资政策的实施开展有益探索。

简言之，从各地的实践经验来看，绩效工资实施的影响是双面的，其有效实施受到来自绩效评价、工资保障、教育系统接受度等主客观因素的影响；因此，设计科学合理、与教育理念相一致的绩效工资方案，是政策成功执行的先决条件。

第二节 中国义务教育教师工资制度演进历程

一、由供给制过渡到工资制（1949—1955）

中华人民共和国成立初期，我国逐步地从战争条件下形成的偏重平均主义的供给制改为工资制。我国政府在对解放区的供给制和旧中国的工资制度进行研究和比较的基础上，对工资制度进行了必要的改革。1950年，国家劳动部和全国总工会制定了《工资条例（草案）》。

1952年，依据《工资条例（草案）》，制定了中华人民共和国第一套工资制度。其主要内容有：第一，以"工资分"作为全国统一的工资计算单位，并规定了其包含的品种和数量。第二，各大行政区各自建立新的工资等级制度。国营企业大多数工人实行了八级工资制，并且制定了工人技术标准。规定了政府机关技术人员、文艺人员、卫生技术人员、教学人员、科研人员、翻译人员、出版社编辑人员、报社通讯社广播台工作人员八种工资标准。教学人员（教师）实行的是职务等级工资制。工资标准分为大学、中等学校和初等学校三个工资标准。这一时期中小学实行以职务为基础的供给制和工资制并存的待遇制度。第三，供给制向工资制过渡。供给制已经不能适应当时我国经济建设发展的需要。实际上，从1950年开始，供给制的等级标准就在逐步向工资制方向转变。到了1955年1月，人民解放军干部全部改成工资制。同年7月，所有国家机关工作人员一律改为工资制（杨奎松，2007）。

二、职务和技术等级工资制度（1956—1984）

1956年进行了全国范围内的工资制度改革，在此后的近30年间，工资制度基本没有变动，只是做了局部的修改和变动。这次改革在普遍提高工资标准后，规定了国家机关，包括公立学校在内的事业单位实行职务和技术等级工资制度。主要内容包括：第一，取消"工资分"，实行直接货币工资标准。根据各地物价水平，全国划分了十一类工资区。第二，事业单位各类专业技术人员的工资制度，都在原有基础上进行了完善和修订；并根据各类人员的特点，分别建立了职务等级工资制。国家机关、事业单位实行职务和职称等级工资制，学校属于事业单位，实行职称等级工资制。第三，提高了全国职工工资水平。原待遇过低的中小学教职员、乡干部，工资增加较多。1956年国务院发布《关于工资改革的决定》，适当提高全国职工工资水平。同年7月，高等教育部和教育部制定并下发全国中小学教师、行政人员的工资标准表。

此次工资改革具有重大意义。首先，普遍提高了教师的工资待遇，调动了教师的工作积极性；其次，建立了统一的货币工资制度，逐步缩小中小学教师工资间的地区差距；再次，使工资和职务等级挂钩，克服了平均主义，强化了激励机制。但由于工资改革的艰巨性以及改革经验的缺乏，这次改革也出现了一些问题和缺陷。具体如下：首先，工资标准繁杂过细，各工资关系级别林立，层次重叠。其次，职工工资的增长幅度过大，致使国家财政支出处于紧张状态，引起物价上涨。再次，教师等级工资制把所有劳动报酬全部体现在等级工资中，而等级工资确定又主要的是以资历、经验等潜在的劳动形式为依据确立的，挫伤了以其他劳动形式工作的教师的积极性。

三、结构工资制（1985—1992）

第二次全国范围的工资制度改革把教师的工资分为四个部分：基础工资、职务工资、工龄津贴和奖励工资。基础工资是国家对工作人员的最低生活保障；职务工资是按照实际职务确定的相应工资部分；工龄津贴是以工作人员工作年限，以年为单位，逐年增加，按月发放的部分；奖励工资是以工作人员的工作成绩为依据，鼓励先进优秀，有利于调动教师的工作积极性。

这次的结构工资制有两个突出的特点：一是既把影响教师工资的各种因素相结合又简化了工资标准。把影响工资形成和变化的多种因素分为四类，也就是将复杂的工资标准和级别林立、层次重叠的工资关系进行简化归一。理顺工资关系，克服平均主义，实现工资的正常晋升。二是强调了职务工资，使工作人员的劳动报酬与其职务相联系，发挥工资结构中每个部分的积极作用。确立正常的增资机制，更好地体现了按劳分配的原则。实行结构工资制的同时，政府相对地逐渐扩大了学校在分配上的权力，这对教师工资的进一步改革起了重要的作用。

但是结构工资制也有它的缺点。比如：教师的工资增长幅度没有全国工资总体提高的幅度大。工资设计上过分强调职务因素，一定程度上导致教师产生功利心理和官本位思想。由于大幅度削减职务和技术等级工资制度的等级，导致等级偏少，同一层级的教师的能力差距难以体现；而且这次中小学教师的工资制度是比照国家机关制定的，没有体现教师特殊劳动的特点。

四、岗位工资制度（1993—2009）

结构工资制使得教师的工资受到学历、职称、工龄来确定报酬的分配制度的影响，导致了学校内"待遇"与"职称"挂钩，却与实际的岗位和工作结果不符，显现出结构工资制的种种弊端；于是国家再一次实行工资制度改革，以工作岗位为核心，依照实际工作的岗位职责、完成任务的复杂性、完成工作的数量和质量等因素来确定工作报酬（安鸿章，1991）。1993年的事业单位工资制度改革确立了独立的教师工资制度，实现了中小学教师工资与国家机关在工资制度上的脱钩；教师的工资水平得到提高。以岗定薪的分配制度，开始拉开教师间的工资差距。与此同时，岗位工资制也浮现出一些弊端：如基层教师岗位级别较低，但是工作量大，付出的劳动量与获得的劳动成果不成正比，由此教师的工作积极性受到打击，影响教师工作。于是从2009年起，义务教育阶段开始实施绩效工资制度改革。

五、绩效工资制度（2009年—至今）

针对1993年工改中的突出矛盾，我国进行第四次重大的工资制度改革。改革后事业单位实行岗位绩效工资制度。岗位绩效工资由岗位工资、薪级工资、绩效工资和津贴补贴四部分组成，其中，岗位工资和薪级工资为基本工资。

（一）岗位工资

岗位工资主要体现教师的岗位职责和要求。岗位工资实行一岗一薪，岗变薪变。中小学教师的专业技术岗位设置为第五级到第十三级，共九个等级。中小学根据现行教师职务制度和国家关于岗位设置的有关规定，设置教师岗位；并按现聘用的岗位执行相应的岗位工资标准。

表6-1　2015年事业单位专业技术人员基本工资标准　单位：元/月

岗位工资		薪级工资									
岗位	工资标准	薪级	工资标准	薪级	工资标准	薪级	工资标准	薪级	工资标准	薪级	工资标准
一级	2800	1	80	14	273	27	613	40	1064	53	1720
二级	1900	2	91	15	295	28	643	41	1109	54	1785
三级	1630	3	102	16	317	29	673	42	1154	55	1850
四级	1420	4	113	17	341	30	703	43	1199	56	1920

续 表

岗位工资		薪级工资									
岗位	工资标准	薪级	工资标准	薪级	工资标准	薪级	工资标准	薪级	工资标准	薪级	工资标准
五级	1 180	5	125	18	365	31	735	44	1 244	57	1 990
六级	1 040	6	137	19	391	32	767	45	1 289	58	2 060
七级	930	7	151	20	417	33	799	46	1 334	59	2 130
八级	780	8	165	21	443	34	834	47	1 384	60	2 200
九级	730	9	181	22	471	35	869	48	1 434	61	2 280
十级	680	10	197	23	499	36	904	49	1 484	62	2 360
十一级	620	11	215	24	527	37	944	50	1 534	63	2 440
十二级	590	12	233	25	555	38	984	51	1 590	64	2 520
十三级	550	13	253	26	583	39	1 024	52	1 655	65	2 600

(二) 薪级工资

薪级工资主要体现教师的工作表现和资历，共 65 个薪级，每个薪级对应一个工资标准。根据工作表现、资历和所聘岗位等因素确定薪级，实行"一级一薪，定期升级"的工资正常晋级制度。正常晋升工资时限由原先的两年一档缩减为一年一级，满足了人们对工资增长的心理期待，工资的正常晋升部分可以抵消因物价上涨而带来的压力，奠定了良好的心理基础，从而使教师更全心全意地投入教育教学工作。

(三) 绩效工资

此次工改最大的亮点就在于实行了以绩效为导向的绩效工资制度。绩效工资往往是好学校和差学校差异较大的部分，分为 70% 的基础性绩效工资和 30% 的奖励性绩效工资两部分。基础性绩效工资主要体现地区经济发展水平、物价水平、岗位职责等因素，具体项目和标准由县级以上人民政府人事、财政、教育部门确定，一般按月发放。奖励性绩效工资主要体现工作量和实际贡献等因素，在考核的基础上，由学校确定分配方式和办法。

(四) 津贴补贴

根据实际情况，在绩效工资中设立艰苦边远地区津贴、特殊岗位津贴补贴（教师教龄津贴、班主任津贴、特级教师津贴）等项目。

与以往历次工资制度改革"一步到位"的办法不同，这次教育事业单位收入分配制度改革将按照"同步考虑，分步实施，制度入轨，逐步到位"的思路实施，先实现制度的初步入轨，再结合事业单位分类改革、岗位设置工作和人事制度改革等进程，逐步实施到位。此次教育事业单位收入分配制度的特点主要体现在单位功能性质、管理方式和用人机制等方面，在制度模式上，突出体现激励功能，将工作人员劳动收入与其岗位职责、工作业绩和实际贡献相联系，将收入分配的总体水平与单位完成社会公益目标任务及考核情况相联系，区分教育事业单位公益程度的不同。在绩效工资经费来源、总量水平上采取不同的政策，充分调动工作人员的积极性，促进事业单位不断提高公益服务水平。在运行机制上，强化岗位管理、岗位聘用、岗变薪变，保障与激励相结合，工资随工作年限增长的"正常升级机制"。

第七章　义务教育教师绩效工资政策内容

第一节　绩效工资政策目标

纵观教师工资制度发展的历史沿革，不断走向完善和健全是其必然的发展趋势，教师的工资水平也由此得到提高。以省级政府转达的本地区文件中有关政策目的性和意义的内容作为政策的主要目标，省级层面关于绩效工资实施的目标与中央层面的"指导意见"基本一致，"促进教育事业的改革和发展""深化事业单位收入分配制度改革"以及"贯彻义务教育法"得到省级政府的认可和传达。同时，在中西部省级政策文本中，着重强调了中央对本地区的关注，各省将绩效工资与薄弱地区教师待遇的提高和改善作为工作重心。此外，保障教师待遇，尤其是缩小与本地区公务员工资的差距，鼓励优秀人才从教，提高教师地位以及激励义务教育的学校和教师，也成为绩效工资政策在地方执行的目标。

一、进一步完善教师工资制度

从岗位类别角度出发，教师岗位属于专业技术人员，其劳动报酬依据按劳分配的原则应该是比较高的。从职业属性角度出发，教师这一职业对国家实现百年教育大计具有重要意义。无论从哪一方面入手，国家都应保证教师的工资具有较高水平以体现教师的地位和价值。但事实并非如此。

自20世纪80年代以来,党和政府根据发展生产同改善人民生活相结合的方针,连续多次上调了教职工的工资标准,并同时采取其他措施以提高教职工工资待遇偏低的问题。虽然如此,但与其他行业相比,我国中小学教师的工资水平依然不高,其获得报酬与劳动价值不成正比。2008年的《国家教育督导报告》主题是关注义务教育教师,数据显示,2006年,全国有273个县(占区县总数的8.5%)的小学教职工和210个县(占6.5%)的初中教职工人均年工资收入低于1.2万元,人均月收入不足1000元。其中河南、陕西、山东尤为突出,小学教职工人均月工资收入低于1000元的县占省县数的比例分别为34.1%、21.2%和18.2%;初中分别为25.0%、20.7%和18.0%(国家教育督导团,2009)。这在一定程度上,降低了教师们的职业满意度和生活幸福感。

因此,为了进一步完善我国教师工资制度,充分调动义务教育学校教师工作的积极性,吸引和鼓励各类高素质人才到义务教育学校,特别是到农村义务教育学校长期从教、终身从教,迫切需要根据事业单位工作人员收入分配制度改革的要求,在义务教育学校推进绩效工资制度改革。

二、依法保证义务教育阶段教师工资待遇

联合国教科文组织在国际公共教育大会第七届会议上就教师工资问题提出过以下建议:"在考虑国家财政状况的情况下,教师应获得与其作用的重要性相适应的工资,工资水平应足够使他们同相应的官员或雇员持平"(国家教育督导团,2009)。《中华人民共和国教师法》和《中华人民共和国义务教育法》都对"教师的平均工资水平应不低于当地公务员平均工资水平"有着明确的规定。党的十八届四中全会结束以后,"依法治国"成为我国改革向前的制度保障。推进教师绩效工资改革不仅是依法保证教师工资待遇的必然要求,更是我国走向法治社会道路上一个意义重大的里程碑。

一直以来,教育系统的平均工资在国民经济各行业中的排名都是比较靠后的。1978年,教育文化系统职工的平均工资在国民经济十二大行业中居倒数第

一,之后多年都在倒数第一和倒数第三之间徘徊(孙喜亭,1993)。1990年至1999年间,在十五个社会行业系统中教育系统平均工资一直处于第十至第十三位之间(陈赟,2003)。2001年至2002年教育系统在十五个行业中排名第九。2003年至2006年在十九个行业中排名第十一或第十二(范先佐,付卫东,2011)。《国家教育督导报告2008》显示,2006年全国普通小学、普通初中教职工年均工资收入为17 729元和20 979元,分别比国家机关职工收入低5 198元和1 948元(国家教育督导团,2009)。这大大挫伤了教师队伍工作的积极性。曾有学者对华东某省F县范围内的义务教育学校教师及中层干部就绩效工资实施后的收入满意度做过调查,仍有55.5%即超过半数的教师没有达到"满意"的程度(满意度为"一般""不满意"和"非常不满意")(刘亚琼,2013)。研读调研结果,笔者发现,F县虽然在教师绩效工资改革上整体取得了不错的成绩,但其具体制度尚存诸多漏洞。这说明,我们不仅要推行教师绩效工资政策,更要科学、合理地进行改革。

在市场机制的作用下,劳动力已然商品化,为追求价值最大化而流动。教师工资是调节和配置教育领域人力资源的经济杠杆,也是影响教师队伍的数量、质量、结构以及稳定的重要因素。所以,义务教育学校实施科学的绩效工资制度改革,是依法保证义务教育阶段教师工资待遇的基本保障,也是加强义务教育阶段教师队伍建设的必然要求。

三、促进义务教育均衡发展

义务教育均衡发展是教育公平的基础,《国家中长期教育改革和发展规划纲要(2010—2020年)》将均衡发展作为义务教育的战略性任务。然而,义务教育均衡发展的关键是学校的均衡,学校均衡的关键在于教师的均衡。可以说,义务教育能否均衡发展关键看教师,教师队伍均衡有序流动的风向标在于教师收入分配制度的改革。

长期以来,我国义务教育阶段教师间的收入差距过大,在东西部地域上以及城乡二元上的差距尤为明显。我国农村教师收入水平偏低的一个重要原因是津贴补贴尚未得到很好的落实。《国家教育督导报告2008》抽样调查结果表明,全国近50%的农村教师和县镇教师反映没有按时或足额领到津贴补贴。全国农村小学、初中教职工人均年工资收入分别仅相当于城市教职工的68.8%和69.2%。其中广东省小学、初中农村教职工人均年工资收入仅为城市教职工的48.4%和55.2%（国家教育督导团，2009）。为了推进义务教育均衡发展，我国还建立了均衡发展督导评估制度，2013年启动了义务教育发展基本均衡县（市、区）的督导评估认定工作，2014年初发布了以"义务教育均衡发展"为主题的《国家教育督导报告》。报告中显示，近两年，部分省份通过开展均衡督导评估，共督促地方追补义务教育经费438亿元。其中，追回"三个增长"欠拨经费113亿元，追回挤占挪用（教育费附加、转移支付等）经费9亿元（参见表7-1）。如此高额的教育经费欠费情况，造成了拖欠教师工资的局面。

表7-1 2012—2013年各地追回欠拨和被挤占挪用经费、增拨经费情况

项目	2012年		2013年		小计（亿元）
	省份（个）	经费（亿元）	省份（个）	经费（亿元）	
追回欠拨经费	21	55	18	58	113
追回被挤占挪用经费	10	5	10	4	9
为消除薄弱环节增拨经费	24	139	23	177	316
合计	—	199	—	239	438

资料来源：国务院教育督导委员会，2014. 国家教育督导报告：2013年义务教育均衡发展督导评估[EB/OL].

实施绩效工资改革，通过政府有目的地调控和引导，可以在一个特定的行政区域内使义务教育教师工资水平达到基本均衡，可以缩小不同区域间教师工资水平的差异。安排专项资金用于落实教师绩效工资，重点向农村地区、边远地区、贫困地区和民族地区倾斜，加快缩小差距；因此，义务教育学校实施绩效工资改革，是促进义务教育均衡发展的必要举措。

第二节 绩效工资政策的价值取向

一、公平与效率相结合，注重公平

公平与效率的相互关系在不同时代发生过多次改变，学者对此问题也都有自己的见解，不论研究哪个背景下的公平与效率都需要先了解何为公平、何为效率。公平就是社会建立一套科学制度，使一定范围内的个人和团体合理而平等地享有公民应有的基本权利及与能力、贡献相对应的其他权利；本文所指的公平并不是完全的平均。效率是在给定的投入、技术下，有限资源带来的最大可能利用的最佳分配方法。义务教育阶段开展教师绩效评价将公平理念融入实施的各环节，注重公平与效率相结合。

义务教育阶段开展教师绩效评价给予参与人员公平的机会，尤其注重教师主体地位的实现，在民主公平的氛围下，教师有公平的表达权、参与权去参与任何一个环节，可以实现与学校管理人员平等对话，教师对于不认可的评价结果可以进行辩解、提出异议。义务教育阶段开展教师绩效评价强调要以教师的工作实绩和贡献为依据，干多干少不一样，多劳多得。如前所述，公平并不是完全的平均，每位教师实际做了什么工作，作出什么贡献，应从质量和数量进行评价，优绩优酬，这才是真正的公平。评价结果只要达到合格的教师都可以获得基础性绩效工资，体现了内部的公平；然而进一步思考可以发现，如果合格教师都领取同样报酬就又形成了平均分配的局面。因而义务教育阶段教师绩效工资实施中的绩效评价提出要对优秀或具备突出贡献的教师按一定的比例发放奖励性绩效工资，适当拉开教师间收入差距，其占绩效工资总额的30%。综上所述可见，只注重公平会降低教师积极性，使其安于现状；只强调效率，会引发教师恶性竞争，使其不能在友好交流中共同学习与进步。在公平这个大背景下要注重公平与效率相结合，找到两者最佳结合点，使之呈现出最佳的状态。

二、注重教师专业发展

义务教育阶段教师绩效评价的结果除了可以作为义务教育阶段教师聘用、晋升、发放绩效工资的依据，也可以指导教师不断改善自身，促进教师的专业发展。教师绩效评价改变了以前单一的以鉴别、奖惩为导向，强调借助定性方法，以评语或语言描述方式反映教师的优势和缺陷，使学校管理人员通过教师绩效评价了解每一位教师某阶段的现状，使每位参与评价的教师了解自己还可以提升的空间。教师只有获取了这样的信息，才会从内心深处自觉地改善自我、提升素质，为长期从教、终身从教积累资本。

义务教育阶段教师绩效评价指导性地指出，除了要评价传统重视的知识和技能领域，更要评价教师平时参加教育教学研究的表现及专业发展的状况，从而引导教师意识到学习是终身的、可持续的。义务教育阶段教师不能只掌握现在自身具备的专业知识、教学技能及教育学、心理学综合知识，还要跟随时代发展的脚步，不断更新教育观念，自觉获取前沿的教育学、心理学综合知识及专业知识，在教育教学中懂得利用高效的教育教学方法分析问题、解决问题。

三、以人为本，尊重教师的主体地位

现代社会日益注重"人"的作用，在学校中教师是教学活动的主体，直接决定着学校教育教学质量的高低；然而义务教育学校对教师的管理经常是"见物不见人"，认为教师就是提高学校教学质量的"手段"。这种管理是典型的目标管理，对教师静态的控制与限制替代了人性关怀。学校没有意识到教师的需求并不单纯局限于物质层面，也包括精神层面。教师获得正常生理需求就向往更高级的尊重的需要、自我实现的需要，但是学校往往忽视探寻教师内心的需求。义务教育阶段教师绩效评价强调以人为本，学校管理人员要承认教师在学校中的主体地位，尊重教师并满足教师物质及精神需求，认同教师的个体差异性，营造和谐的评价环境去实现教师可持续专业发展的最终目的。

(一) 教师是绩效评价的主体

以往的教师绩效评价是由学校管理人员或专业评价人员根据预先制定的评价标准对教师开展评价，教师作为评价对象只能被动接受。义务教育阶段开展教师绩效评价认同教师担任绩效评价主体，换言之，教师不再只充当评价对象这个角色，同时也是评价主体。其他评价主体虽然能够反映教师的工作状况，但这属于外在刺激；而且这些参与者对不熟悉的教师往往会随意评价，主观判断成分太大。开展教师绩效评价如果要真正调动教师工作积极性、创造性，还要考虑激发教师的内在动机。教师作为评价主体要从内在需求出发，不可否认，教师相对其他参与者更能提供全面和最新的信息，能够更深入地开展自我评价，发自内心地反思才能激发其自我提高、自我改善的内在动机，从而避免个别教师的抵抗心理及"走过场"现象，使评价结果能如实反映教师状况。

(二) 让教师真正参与绩效评价

义务教育阶段开展教师绩效评价强调要民主公开，充分征求教师的意见。作为学校一员，教师有权参与学校管理，具体到教师绩效评价，不仅表现在教师自评，还体现在开展评价的每个环节，包括树立评价目的、甄选评价内容、监控评价结果等。教师参与绩效评价一方面可使教师了解开展绩效评价的目的、标准等，有效消除教师的心理疑虑，从而积极配合学校；另一方面，可使教师学习一些开展评价必备的技术，为自我评价提供有利条件。要开展高质量、高效的教师绩效评价，学校管理人员不能高高在上或单方面侃侃而谈，必须带领教师积极参与，做到与教师平等地交流与沟通，用心倾听不同意见，帮助他们发现问题、分析问题和解决问题。

四、绩效评价主体、内容、方法多元化

(一) 绩效评价主体多元化

评价主体多元化是针对评价主体的单一性而提出的。义务教育阶段开展教

师绩效评价强调评价主体多元化，认为与教师评价信息相关人员都应参与到绩效评价中，并且要充分听取他们的意见。评价主体不仅包括学校行政管理人员、学生，还包括学校同事、家长及教师本人，这不仅包括自上而下的学校行政管理人员评价、学生评价，还包括同级的同事评价、家长评价及教师自我评价。以多元主体替代单一主体衡量教师的实际工作状况，可以实现各方评价主体互补，增强教师绩效评价的全面性。评价主体多元化使评价人员能获取更可靠和全面的评价信息，最重要的是为教师自评、自我发展提供了平台，从而保证评价过程更公正、民主，提高评价质量。

（二）绩效评价内容多元化

第一，教学过程与态度纳入评价内容。义务教育阶段开展教师绩效评价的内容不仅包括考评知识、技能领域，而且强调对情感、态度与价值观的评价，将师德列入绩效评价，考察义务教育阶段教师关爱学生、为人师表等情况，以此作为教师绩效评价的必备要求。义务教育阶段开展教师绩效评价不再只是关注表面的知识、技能，而是更多关注投于抽象的、潜在的情感、态度与价值观等深层次的内容。

第二，义务教育阶段开展教师绩效评价的内容不再局限于教师过去的工作表现，而是加入教师未来的成长与发展预期。教师绩效评价内容中的教师专业发展，充分体现了评价内容不应只量化式地衡量现阶段教师表现，还应考察教师为发展而自觉提升的情况。通过此类评价指标引导教师认真考虑未来的发展方向，自觉参加业务进修，从而发挥最大潜能，不断超越自我、实现自我。

第三，评价内容注重从学生的"学"的角度评价教师的"教"。义务教育学校开展教师绩效评价基本是从教师角度出发，评价教师备课、课堂组织等表现。即使从学生的"学"角度出发，也只是评价教学效果，基本上学校都是侧重升学率。义务教育阶段开展教师绩效评价注重从学生的"学"来体现教师的"教"，比如评价教师对学生进行的思想品德教育，从学生个性品质等德育成果评价教师是否做到育人。此外，教学效果的评价标准发生了转变，从倾向升学率变化到注重学生的纵向发展。从学生角度出发甄选评价内容能够引导教师因材施教，关注每位学生个性化的全面发展。

（三）绩效评价方法多元化

1. 收集评价信息的方法多元化

义务教育阶段开展教师绩效评价强调采用课堂观察法、调查法、业务知识测试法等多种方法去收集信息，实现对教师准确的价值判断。比如，采用课堂观察法，可获得很多有价值的第一手资料，资料可靠程度高，但不全面、主观判断成分过多；采用文献法，通常就是借助教师工作记录、档案，可以了解教师现有水平、素质，资料丰富，但不系统的文献可能会影响评价的可靠性。总之，每种收集评价信息的方法都有优势和局限，单独使用某种方法只可能提供片面信息，影响教师绩效评价的可靠性和真实性。为了做到全面反映教师的实绩和贡献，评价人员要配合使用各种方法，扬长避短，从不同角度全面收集教师信息。

2. 处理评价信息的方法多元化

处理评价信息的方法多元化就是将定性方法与定量方法相结合，根据具体的评价情况，发挥它们各自的优势。定性方法就是将收集的文字信息通过一定方式找到规律，靠经验判断并以语言描述形式得出结论。它能够对教师信息进行分析，提供必要建议，但主观性较大。定量方法是用数理统计来描述教师信息的基本结果，通过数值间关系找到结论。它的准确性和可靠性较高，但数字往往无法揭示问题本质，可能会丢失重要的内在内容。义务教育阶段开展教师绩效评价不能肯定一种方法就否定另一种方法，尽量将两种方法根据具体情况运用于适合的领域，对于要求准确数量的评价内容采用定量方法，对于情感、态度及能力等不易量化的评价内容采用定性方法，从而实现处理评价信息的方法多元化。

第三节 绩效工资考核指标

绩效工资在学校的分配原则上，省级政府要求教育部门制定义务教育学校绩效考核办法，依据考核结果进行绩效工资分配，绝大多数的省份均明确根据岗位的不同实行分类考核，要求在分配中坚持多劳多得，并向一线教师、骨干教师和有突出贡献的教师倾斜，部分省份明确向班主任为代表的一线教师倾斜。教育部明确指出，各地要因地制宜，结合所教学科特点，考核教师在课堂教学中实施德育的情况；对教学效果的考核，主要以完成国家规定的教学目标、学生达到基本教育质量要求为依据，不得把升学率作为考核指标。各地的绩效工资考核指标可以总结为德、勤、能、绩四个方面。

"德"主要在于考核教师的师德，具体的考核指标包括：教师是否按时到岗；是否有体罚或变相体罚学生，以及谩骂、辱骂学生等现象；是否团结同事；是否遵纪守法等方面。

"勤"分为基本考勤和值班考勤。基本考勤主要是考核教职工日常工作的出勤情况，除婚丧嫁娶产等假期之外，教师未能到岗则会减掉相应的分数。值班考勤指的是学校周末及寒暑假的护校值班考核，未能按时在假期值班的教师也会被扣除相应的项分数。

"能"主要考核教职工在教育教学过程中的工作岗位职责履行情况和安全管理职责履行情况、工作态度、责任心。专任教师重在考核备、教、批、辅、考、研等常规教学落实情况和教学研究及教学研究活动参与情况。要引导教师把教学工作落实在平时，积极参与教学研究活动，提高课堂教学效果，实施素质教育。对于从事非教学工作的人员的此项考核，各校要制定相应的细则。

"绩"主要考核教职工的工作任务目标完成情况和工作的实际效果。专任教师兼有其他社会工作的，要根据兼职情况将本项考核分值按照一定比例分解为教学分与兼职分，分项考核计算本项得分。非专任教师的教育教学实绩考核，由中心学校（单位）依据岗位任务目标及每次安排的工作任务制定详细的考核细则，认真严格搞好考核并量化为分数。

[案例] 贵州省2009年义务教育学校教师绩效工资考核分配实施办法

（一）绩效考核项目及计分标准

考核共计100分，其中考勤10分、工作量30分、教育教学过程30分、教育教学业绩30分。

1. 考勤（10分）

主要考核教职工出勤情况。病假3天扣1分、事假1天扣1分、旷工1天扣3分，本项得分扣完为止，不计负分。婚丧嫁娶产等假期按有关规定执行。考核依据为学校（单位）考勤记载。

2. 工作量（30分）

量化出学校所有岗位周工作量。全体教职工周工作量相加，得出学校各个岗位周工作量总和，除以全校教职工总数，得出学校教职工周人均工作量。教职工周实际工作量除以学校教职工周人均工作量乘以工作量即为教职工工作量得分。计算公式为：

教职工周人均工作量＝学校各个岗位周工作量总和÷教职工总数

教职工工作量得分＝教职工周实际工作量÷教职工周人均工作量×30分

各学校（单位）要合理搭配教职工的工作量，尽量使教职工周工作量均衡。

3. 教育教学过程（30分）

主要考核教职工在教育教学过程中的工作岗位职责履行情况和安全管理职责履行情况、工作态度、责任心。专任教师重在考核备、教、批、辅、考、研等常规教学落实情况和教学研究及教学研究活动参与情况。要引导教师把教学工作落实在平时，积极参与教学研究活动，提高课堂教学效益，实施素质教育。从事非教学工作的人员的此项考核各校要制定相应的细则。

4. 教育教学业绩（30分）

主要考核教职工的工作任务目标完成情况和工作的实际效果。专任教师兼有其他社会工作的，要根据兼职情况将本项考核分值按照一定比例分解为教学分与兼职分，分项考核计算本项得分。非专任教师的教育教学实绩考核，由中心学校（单位）依据岗位任务目标及每次安排的工作任务制定详细的考核细则，认真严格搞好考核并量化为分数。特校教育教学实绩考核可以根据自身特点制定切合自身实际的考核细则。

（二）绩效工资的分配

教职工绩效工资分配以工作绩效考核结果为依据。每位教职工工作考核得分相加，得到全校教职工工作绩效考核得分总和。全校绩效工资总量除以全校教职工工作绩效考核得分总和，得到分值，分值乘以教职工工作绩效考核得分即为教职工个人应得的绩效工资额度。计算公式为：

$$\frac{\text{全校绩效补贴总额}}{\text{全校绩效考核得分总和}} \times \text{教职工个人绩效考核得分} = \text{教职工个人绩效工资额}$$

（三）绩效工资发放要求

1. 本学期未承担任何教育教学工作的不享受省绩效补贴（市教育局下文明确的退养人员除外）：（1）本学期累计旷工达5个工作日、病事假累计超过2个月的，（2）脱产学习的，（3）解除聘用合同的，（4）停发工资的，（5）借调在教育系统之外的。

2. 在师德师风方面，违反《教师法》《中小学教师职业道德规范》及有关规定，够不上组织处理的，酌情扣除绩效考核得分。凡学期内受到通报批评、警告、记过、记大过、降级、撤职、开除处分的，分别扣除绩效考核得分的20%、30%、50%、60%、70%、80%、100%。

第四节　绩效工资的保障措施

财政经费的充足与否是绩效工资能否在地方落实的关键，"指导意见"在经费保障上，规定了"管理以县为主、经费省级统筹、中央适当支持"的原则，并原则性地规定了各级政府的财政责任，对中央财政的规定是"加大转移支付力度，对中西部及东部部分财力薄弱地区及农村义务教育学校实施绩效工资给予适当支持"。各级政府根据在所辖地的事权明确财权，事权与财权对等在保障公共事业发展具有重要意义。

一、绩效工资总量核定

义务教育学校绩效工资总量暂按学校工作人员上年度 12 月份基本工资额度和规范后的津贴补贴水平核定。其中,义务教育教师规范后的津贴补贴平均水平,由县级以上人民政府人事、财政部门按照教师平均工资水平不低于当地公务员平均工资水平的原则确定。

人力资源社会保障部、财政部、教育部《关于义务教育学校实施绩效工资的指导意见》规定:

(一)绩效工资总量暂按学校工作人员上年度 12 月份基本工资额度和规范后的津贴补贴水平核定。义务教育教师规范后的津贴补贴平均水平,参照我区公务员津补贴实际平均水平执行。绩效工资总量随学校工作人员的人数变化及基本工资和我区公务员规范后津贴补贴的调整相应调整。

(二)义务教育学校实施绩效工资同清理规范义务教育学校津贴补贴工作结合进行。将规范后的津贴补贴和原国家规定的年终一次性奖金纳入绩效工资总量。在具体核定各学校绩效工资总量时,要合理统筹,逐步实现我区义务教育学校绩效工资水平大体平衡。

(人力资源社会保障部,财政部,教育部,2008)

二、确定绩效工资结构

义务教育学校绩效工资总量的 70% 作为基础性部分,绩效工资总量的 30% 作为奖励性绩效工资,由学校按照规范的程序和办法自主分配,主要体现工作量和实际贡献等因素。在绩效考核的基础上,合理确定奖励性绩效工资分配等次,一般按学期或者学年发放。

[案例一] 江西某区实施方案中绩效工资构成

（一）绩效工资分为基础性和奖励性两部分。

1. 基础性绩效工资主要体现地区经济发展水平、物价水平、岗位职责等因素，占绩效工资总量的70%，设岗位津贴、班主任津贴等项目，按月发放。岗位津贴和班主任津贴标准由各校根据岗位责任轻重等制定具体的分配办法。

2. 奖励性绩效工资主要体现出勤率、工作量、教育教学工作过程和工作业绩等因素，设考勤津贴、超课时津贴、超时工作津贴、教育教学成果奖励等项目，由学校确定具体分配方式和办法，在绩效考核的基础上进行分配。

3. 各校要依照教育部《中小学班主任工作规定》对班主任进行配备与选聘、考核与奖惩。班主任工作量按教师标准课时工作量的50%计入教师基本工作量。学校行政、事务等可按本校教师标准工作量的一定比例计入教职工基本工作量。

（二）充分发挥绩效工资分配的激励导向作用。学校应根据《章贡区义务教育学校教职工绩效考核办法（试行）》，针对教师、管理、工勤技能等岗位的不同特点，分别制定详细的考核细则和建立分类考核办法，健全绩效考核指标体系，完善内部考核制度，提高考核工作质量，增强考核结果的客观性、公正性。绩效考核结果要作为绩效工资分配的主要依据，坚持多劳多得、优绩优酬，重点向一线教师、骨干教师和作出突出成绩的其他工作人员倾斜。

（三）学校制定绩效工资分配办法要充分发挥民主，坚持公开、公平、公正原则，广泛征求教职工的意见。分配办法由学校领导班子集体研究，经学校教职工代表大会或教职工大会讨论后报区教育主管部门批准和区人事、财政部门备案，并在本校公布实施。确保教职工有知情权、参与权和监督权，保障教职工的合法权益。

（四）校长、书记的绩效工资，在区人事、财政部门核定的绩效工资总量内，基础性绩效工资纳入本学校绩效工资中按月发放；奖励性绩效工资由区教育主管部门根据对校长、书记的考核结果统筹考虑确定。村小校长的奖励性绩效工资由中心小学考核确定。

（五）教职工绩效考核的情况及奖励性绩效工资分配结果应进行公示。

（章贡区政府，2010）

[案例二] 四川某市实施方案中绩效工资构成

（一）基础性绩效工资主要体现地区经济发展水平、物价水平、岗位职责等因素，占绩效工资总量的70%，按月发放。基础性绩效工资设立岗位津贴和农村学校教师津贴，标准分别由县人事局、县财政局、县教委确定。岗位津贴标准按照岗位层次分别确定（具体标准附后）。农村学校教师津贴标准为：一类学校每人每月42元；二类学校每人每月67元；三类学校每人每月83元；四类学校每人每月100元，执行范围为所有执行义务教育学校绩效工资的正式在职人员。

（二）奖励性绩效工资主要体现工作量、实际贡献等因素。县教委在县人事、县财政部门核定的绩效工资总量内，根据学校的社会公益目标任务完成情况、绩效考核情况，综合考虑人员构成、事业发展、岗位调协等因素，核定各学校奖励性绩效工资总量。学校在县教委核定的奖励性绩效工资总量内，在考核的基础上确定内部分配方式和办法。奖励性绩效工资中设立班主任津贴、超课时津贴、教育教学成果奖励等项目。小学班主任津贴总量按全县义务教育学校工作人员奖励性绩效工资人均水平的43%×所在学校班主任人数的办法提取，初中班主任津贴总量按全县义务教育学校工作人员奖励性绩效工资人均水平的45%×所在学校班主任人数的办法提取。各学校对班主任绩效考核结果分一至四等四个等次。各等次的分值分别为1.2分、1.1分、1分、0分。班主任津贴按考核结果的分值计发（具体公式为：班主任津贴＝所在学校班主任津贴总量÷所在学校班主任考核等次总分值×班主任考核等次分值）。

（四川省遂宁市人事局，财政局，教育局等，2009）

三、学校财务管理保障

义务教育学校实施绩效工资所需经费，纳入财政预算，按照管理"以县为主、经费省级统筹、中央适当支持的原则"，确保义务教育学校实施绩效工资所需资金落实到位。县级财政要优先保障义务教育学校实施绩效工资所需经费，省级财政要强化责任，加强经费统筹力度，中央财政要进一步加大转移支付力度，对中西部及东部部分财力薄弱地区及农村义务教育学校实施绩效工资给予适当支持。

规范学校财务管理，严格执行国务院关于免除义务教育阶段学生学杂费等费用的规定，严禁"一边免费、一边乱收费"。学校的国有资产实行统一管理，各类政府非税收入一律按照国家规定上缴同级财政，严格实行"收支两条线"。严禁利用收费收入和公用经费自行发放津贴补贴。

学校绩效工资应专款专用，分账核算。绩效工资应以银行卡的形式发放，原则上不得发放现金。具体发放方式按地方财政国库管理制度有关规定执行。实行工资财政统一发放的地方，基础性绩效工资按规定程序直接划入个人工资银行账户；奖励性绩效工资经学校主管部门审核后，由同级财政部门划入个人工资银行账户（人力资源社会保障部，财政部，教育部，2008）。

第八章 义务教育教师绩效工资政策执行偏差

第一节 绩效工资政策实施成效

义务教育教师绩效工资的实施,是我国教育领域收入分配制度的一次重大改革和进步。目前,绩效工资制度已经陆续在我国广大中小学得到很好的实施,改革取得了明显成效,解决了众多问题,得到了广大教师的支持。以下,笔者将通过数据的引用来加以论证。

一、教师平均工资水平提高

绩效工资改革后,教师绩效工资总量上参照当地公务员工资标准和津贴补贴水平而确定,不仅初步解决了义务教育学校教师收入偏低的问题,而且大大缩小了与当地同级别公务员平均工资水平的差距。

有学者对北京市 P 区 Y 中学的教师工资水平做过统计:绩效工资实施以前,2007 年 Y 中学教师的年平均工资(指实际发放到教师手里的)为 2.7 万元;实施绩效工资后,2012 年 Y 中学教师的年平均工资为 7.8 万元,涨幅达到 188.89%(董春辉,2013)。不仅是北京、上海等经济水平发达的一线城市,经济发展水平较为一般的地区教师收入也得到了一定的提高。有学者对湖北省义务教育学校教师收入增加状况做过调查,结果显示,在欠发达地区,如恩施土家族苗族自治州、红安县和英山县等地义务教育学校教师年收入增加了 2 000—4 000 元；中等发达地区，如浠水县、黄冈市黄州区和赤壁市等地增加了 3 000—6 000 元；经济条件比较好的黄石、宜昌等地增加了 5 000—8 000 元；发达地区，如武汉市洪山区、武昌区等地增加了 15 000—18 000 元（范先佐，付卫东，2011）。

在推行绩效工资政策的同时，与当地公务员的收入水平建立起联动制度，保证教师津贴补贴完全到位，津补贴部分与公务员基本一致，有利于保障教师待遇，使教师工资水平稳步增长。

二、教师工资水平的区域内平衡得到保证

《关于义务教育学校实施绩效工资的指导意见》国办发〔2008〕133 号（以下简称《意见》）中要求："在人事、财政部门核定的绩效工资总量内，学校主管部门具体核定学校绩效工资总量时，要合理统筹，逐步实现同一县级行政区域义务教育学校绩效工资水平大体平衡"（人力资源社会保障部，财政部，教育部，2008）。义务教育学校实施绩效工资改革后，教师的各种津补贴在统一规范的基础上纳入绩效工资，所需经费全额纳入财政保障。学校各种非税收入一律按照国家有关规定上缴同级财政，严格实行"收支两条线"管理。这既有效解决了过去学校依靠自筹经费发放津补贴造成的学校之间收入差距问题，又有利于促进学校规范办学行为，集中力量做好教书育人工作。

不仅如此，《意见》中要求："对农村学校特别是条件艰苦的学校要给予适当倾斜"（人力资源社会保障部，财政部，教育部，2008）。强化了向农村教师倾斜的政策导向，体现在绩效工资总量核定上，设立了农村学校教师补贴，显著提高了农村教师的收入水平，这有利于稳定农村教师队伍，有利于吸引优秀人才到农村任教，为城乡进一步交流奠定基础。如湖北省赤壁市规定，在市人事局、财政局核定的绩效工资总量范围内，根据全市学校所在地自然环境和经济社会发展情况，设立农村教师津贴，各乡镇镇中、镇小教师按月人均 60 元标准执行；其他义务教育教师按月人均 100 元标准执行（范先佐，付卫东，2011）。有些地区虽然存在对偏远地区工作教师发放"山区、边远山区工作和

生活补贴"及"地区补贴"的既有政策,但绩效工资实施之后,补贴经费来源从政府直接专项拨款转变为从区域内义务教育学校基础性工资总额中提前扣除,这使得农村学校教师补贴得到了进一步的财政保障。

绩效工资制度不仅使区域内教师工资水平趋于平衡,校际间师资均衡配置成为可能,还为促进农村教师队伍建设奠定基础,推动城乡师资均衡配置。校际之间、城乡之间的收入差距缩短,原本制约教师合理流动的因素将不复存在,义务教育均衡发展的步伐将迈得更大。

三、政策的分配激励导向作用显著

绩效工资政策实施之后,各地都以义务教育教师绩效工资实施为契机,充分发挥绩效工资分配的激励导向作用,建立科学规范的教师收入分配机制,真正体现了"多劳多得、优绩优酬"的原则。可以说,绩效工资政策是教师保持工作积极性和主动性的激励因素。

工资水平提高后,教师们的工作热情普遍高涨,更安心于本职工作,这有利于推动教师们产生对专业发展的更高需求,同时也给专业发展动机较弱的教师带来了危机感。绩效工资的实施还促进了班主任队伍的建设,注重对班主任工作的认定,大幅提高了班主任的津贴,提升了班主任的地位,充分调动了教师们对班主任工作的热情。主动申请班主任岗位的教师增多,给学校从优挑选班主任留下更大的余地,为学校德育的开展创设了新的机遇。此外,绩效工资改革为学校评价制度的改革创造了有利条件。通过构建符合教育教学和教师成长规律、导向明确、标准科学、体系完善的教师绩效管理制度,对教师形成一种良性的激励,有利于教师队伍的建设,从而促进学校教育质量的可持续发展。

2009年9月4日,时任国务院总理的温家宝同志在北京市第三十五中学调研时指出:"一个国家重视不重视教育,首先要看教师的社会地位。从今年起,在国家财政比较困难的情况下,按教师平均工资水平不低于当地公务员平均工资水平的原则,实行义务教育阶段教师绩效工资制度……中小学教师非常重要……要像尊重大学教授一样尊重中小学教师……让尊师重教蔚然成风。"确实,近年来媒体的新闻报道和学者的调查研究都证实,实施绩效工资提高了教师的社会地位和职业荣誉感,增强了教师职业的吸引力和竞争力,极大地推动全社会弘扬尊师重教的良好社会风尚,从而吸引更多的优秀人才从事教育工作。总之,绩效工资政策激励了广大教职工爱岗敬业、扎实工作、开拓进取、积极主动地完成各项工作任务,进而大大促进了学校教育教学质量的提高。

第二节 绩效工资政策执行偏差的表现

一、地方政府执行绩效工资政策存在行为偏差

义务教育学校绩效工资改革自2008年底正式拉开序幕后,从2009年初开始陆续由各省级政府发文,并在全国范围内展开。政策实施以来,各地采取多举措执行策略,除发布本行政区的实施意见和具体实施办法外,部分省市通过成立义务教育学校绩效工资实施工作领导小组[①]统一组织领导本地区绩效工资改革。同时,在政策执行过程中,事业单位于2010年全面实行绩效工资,给地方义务教育学校的绩效工资政策执行带来新的变量,部分地方绩效工资政策的调整[②]也表明,绩效工资政策在地方的执行是动态的过程。

综合政策文本的分析结果以及前期收集到的与义务教育学校绩效工资相关的政策、官方报告、官方报道等文本,研究者从"自上而下的层级性与多属性"视角,进一步分析绩效工资政策文本中所呈现的中观政府层面的执行行为偏差。

(一)政府层级间政策编制的"照搬式执行"

"照搬式执行"是指在政策执行过程中,执行机关没有对上级政策进行认

---

① 从收集到的政策文本看,在绩效工资政策改革初期成立有关领导小组的省市有湖北、新疆、南京、宜春、赣州、遂宁、吐鲁番等地。
② 部分地方2009年的政策文本失效,重新制定新的政策文本。

真的学习、思考和调研，机械性地照搬照抄，没有根据地方实际提出政策执行的指导性文件，导致政策文件对下级部门的指导意义不足，具有随意性和盲目性的特征（宁骚，2011），也可称为"机械式执行"。由于行政过程的缺陷，从地方政策文本中，能够鲜明地看到省市级政府"照搬"上级政策文本的现象。

1. 表现

下级政府机械照搬上级文件。我国幅员辽阔、人口众多，区域经济发展极为不均衡，此国情同样反映在区域间的义务教育不均衡上。2010年颁行的《国家中长期教育改革和发展规划纲要（2010—2020年）》将义务教育均衡发展作为我国教育改革的重要任务，促进地区间的义务教育均衡发展是绩效工资政策执行过程中的主要背景。基于以上既有的政策环境，地区间的绩效工资实施意见应在遵循《意见》基本精神的前提下，经过学习和调研，制定适应本地实情的政策方案。但在政策文本分析中，笔者发现，地方政府"应付式"地照搬现象明显。一方面，部分省份成立"义务教育学校实施绩效工资工作领导小组"十天后，即发布本省的绩效工资实施方案，在文本中除地方行政单位进行了替换以及中央强调的农村学校津补贴问题进行说明外，其余部分基本遵照《意见》，在绩效工资总量核定等部分略显粗糙。另一方面，人力资源和社会保障部、财政部、教育部《关于抓紧做好义务教育学校绩效工资兑现工作》（人社部明电〔2009〕19号）的通知下发后，省、市级政府提高了绩效工资落实的重视程度，于是，各地下达了明确的落实时间要求，要求在规定时间内兑现教师绩效工资，从市级政策文本发布的时间来看，所收集的大部分地市在9月份新学年开学、教师节前后发布政策文本，具有一定的"应付性"，从政策文本内容来看，部分地市级政策基本按照省级政策文本进行下发，文本对下级政府实施的指导意义令人怀疑。

2. 归因

"行政人"决策的政策照搬行为。西蒙（Simon）认为，"行政人"是心理人与经济人的结合体（丁煌，2004），其中，心理人具有个人的目的和动机，在行政决策时会产生合理与不合理的决策结果；经济人因具有"最大限度"的能力,因此能为实现目标作出最佳决策。二者结合形成的决策人,不倾向于最大限度地追求最佳决策,而是仅对眼前的行政形势简化分析,从而无法认识到复杂的决策环境,最终导致"有限理性"下的行政决策,由此可以解释行政机构的决策行为。

省市级政府制定本地政策是政策执行链中的关键环节,地方政府在某种程度上希望达到中央政府所认为的"完美行政"(贺东航,孔繁斌,2011),但是其本质上是由"行政人"所构成的行政组织。在地方行政机构中,行政人员的素质具有明显差异,对上级政策的认识参差不齐,加之复杂的部门和地方利益,使得上级的政策在地方贯彻过程中无法保证完全得到合理执行。在绩效工资政策执行中,中央政府颁布的《意见》直接指向绩效工资改革,但实质上其对教师队伍建设、学校管理等教育事业改革和发展同样具有重要意义。因此,执行人员需要厘清绩效工资改革与其他既有教育改革工作的关系,深入了解本地区义务教育学校的工资管理和学校管理情况,在领会政策精神和了解本地实情基础上,研究行动方案和研制本地区政策文本。这一过程通常需要行政决策者具备资源协调能力并"花费"一定时间和精力。但是,在压力型体制以及追逐政绩导向下,"行政人"倾向于按照上级政策文本进行"照搬式执行",只在利益相关不大的地方作调整。这一观点可在一定程度上解释绩效工资政策在地方政府层面的照搬现象。

(二)政府层级间经费保障的"规避执行"

政策的规避执行,在地方政府政策执行中属于常见现象。规避执行,既包括执行主体采取主动积极的规避行为,也包括消极机械的行为(王国红,2007)。进一步而言,规避式的政策执行,是政策执行主体间分工不合理、权责不明确,责任承担互相推诿,导致工作完成缺乏质量(宁骚,2011),既有主动规避也有消极规避。在绩效工资政策的执行环节,地方政府间关于绩效工资的财政责任问题明显地反映了政府间的"规避执行"行为。

1. 表现

层级政府推诿财政保障责任。在上文政策文本分析中,笔者已通过自上而下的分析，基本呈现了省级、市级政府关于财政责任的行政决策结果。为深入分析绩效工资政策执行中经费保障的规避现象，将以典型省份作为分析对象，自上而下考察经费保障的责任不明和层级间政府的"推诿"现象。

S省的省级政策文本中将本省的经费保障原则按照中央的指示进行规定，分为"县—省—中央"三级政府，并在解释中明确了县级财政的优先保障、省级政府的经费统筹原则。该省的地市级政府在发文中呈现三种趋势：一是"传话型"，此举"稳妥"地将上级政府对下级政府的经费保障要求传递；二是"模糊型"，要求"各级政府"优先保障绩效工资所需经费；由于政策文本的主送机关既包括县、市、区，也包括市级政府部门，因此"各级政府"的理解具有多重意涵；三是强化对下级政府的经费要求，在文本中明确了强化县级政府经费责任的具体做法。总体而言，由于政策文本并未就省级政府的投入基准、配套比例与金额作出具体规定，加之缺乏对各级政府财政投入的有力监督，因此政策在向下传递时，仅简单将经费保障向下级政府"施压"，在此趋势下县级财政成为经费保障的主要来源。

L省在省级及以下政府经费安排时，要求县级财政优先保障教师绩效工资所需经费，省级政府将增量部分优先安排给县级以下义务教育学校作为经费补助，并要求强化市级财政的转移支付力度；而在该省的地市级政策文本中，均选择性"忽视"了省政府对市级政府的政策要求，将财政重心放在县级政府或以"各级政府"进行规避。在该省的实施意见中，政策文本将市级财政作为绩效工资转移支付的来源之一，有减轻省级政府财政压力的动机；而地市级政府显然并不接受省级政府的安排，在行文中规避了市本级政府的财政责任。由于中央财政并未对地市级政府的财政投入作出要求，削弱了地市级政府财政投入的积极性。

2009年，中央向农村及偏远地区学校转移支付120亿元作为绩效工资的经费保障；但对庞大的农村义务教育教师总量而言，真正落实到每位目标对象的金额仍然是杯水车薪（庞丽娟，韩小雨，谢云丽等，2010）。简言之，从中央到县级的政府层级间，没有建立明确的政府间绩效工资财政责任，给政策有效和有质量地执行造成障碍，转移支付的任意性使地方政府易陷入"跑部钱进"的困境（胡耀宗，2009）。地方财政投入，尤其是县级政府财政投入压力，给中西部薄弱地区的地方政府执行绩效工资政策带来了消极影响。

2. 归因

事责与财权不匹配下的尴尬。改革开放以来，我国义务教育管理体制从"分级办学、分级管理"向"以县为主"转变，义务教育管理权力和责任从中央下移到地方后，又将农村学校的管理上收到县级政府，最终形成了当前"以县为主"的义务教育管理体制（鲍传友，冯小敏，2009）。在这一管理体制下，县级政府不仅有义务教育管理的事权，实际上具有义务教育的"行事之责"（侯一麟，2009）。而在现行财政体制下，从中央到乡镇，形成金字塔结构的层级制财政关系。我国于20世纪实行分税制改革以来，建立中央和地方税收体系，按照中央税、地方税、共享税进行"分管"，中央获得了与事权相匹配的税收和财力支配权（侯一麟，2009），随后为调动地方积极性，建立并完善了政府间转移支付等制度（郭庆旺，吕冰洋等，2014）。但对地方政府而言，分税制体制下仍然出现地方财力难以保障地方事业发展的情况，产生"中央点菜，地方买单"的现象（马海涛，2014）。由此导致下级政府财权少、事责重，财权无法承担事责（侯一麟，2009）。

地方执行绩效工资政策过程中，省市级政府强调绩效工资的发放是县级政府的事权范围，由此强化了县级政府在绩效工资改革中的事责和财力保障要求。虽然中央和省级政府对薄弱地区学校进行转移支付以调整纵向财政投入的不平衡，但是上级政府转移支付力度的不足和中间层级的"截流"（侯一麟，2009），仍使县级政府难以保经费、尽事责。概言之，在绩效工资的财政保障问题上，因中央、省市级政府未作出明确的比例承诺，且上级政府转移支付不明确，各级政府"规避"转移支付经费投入的责任，由此增加了绩效工资政策执行的难度。

（三）政府部门间政策工作的"孤立执行"

相较于上述两类执行偏差，已有的研究成果缺乏对政策执行中"孤立"执行现象的研究。实际上，政策执行中除了要求不同层级的政府贯彻落实政策精神外，还要求政府相关的部门及其直属机构进行配合和指导。当政府机构之间的资源、信息、利益和职能等因素没有充分地整合、沟通和协调（贺东航，孔繁斌，2011），就会产生"孤立式执行"现象，其本质也是偏离政策内容，因此，下文将探讨政策执行的行为偏差。

1. 表现

绩效工资配套措施缺乏推进力。绩效工资改革是一项需要有序推进，且涉及范围广的多属性政策，承载了教师工资增长、教师地位提高、教师队伍建设（王建学，2016）、事业单位改革、教育均衡发展（吕星宇，2012）、教育事业发展等多项任务。总体而言，绩效工资在义务教育学校的实施，涉及地方政府部门间、学校内部关系等多重利益的重新组合。

我国义务教育绩效工资包含的项目复杂需谨慎核定。从绩效工资的所处范围——教师工资看，教师工资的差异主要来自于个人特征（person）和岗位特征（job）两个方面。其中，劳动经济学认为：基于个人特征工资的经济意义是对个人受教育水平、潜在经验、流动与迁徙等因素的表征；而岗位特征包括不同区域、行业中成员享有的经济成果（马红梅，2012）。不同于国外分项目的绩效工资政策，我国教师绩效工资将工资差异的个人特征因素和岗位特征因素进行统整和分类，其构成内容丰富且复杂。此外，绩效工资的核定和发放涉及津补贴规范、参照公务员工资水平、绩效考核、地区内部教师工资的平衡与倾斜等过程，绩效工资工作与公务员津补贴管理、义务教育经费保障机制、农村教师工资经费保障机制、学校财务管理、中小学人事制度改革等多项教育改革任务相关，这些工作牵涉多元组织主体的利益。

绩效工资工作需要跨部门协作。《意见》表明，绩效工资改革的第一阶段是核定地方绩效工资总量和水平，由人事、财政部门按照上年度12月份的基本工资额度和规范后的津补贴水平进行核定，学校主管部门核定具体学校的绩效工资总量，要求实现"一平衡""一倾斜"。在绩效工资分配阶段，人事、财政和教育部门确定基础性绩效工资的具体项目和标准，教育部门制定绩效考核办法、指导学校内部的考核工作，学校确定奖励性绩效工资的分配方式、办法及内部考核制度，各部门在各阶段的工作内容。

在政策实施阶段，部分省市成立义务教育绩效工资工作实施的领导小组统筹协调、督促检查，但在政策落实过程中，人事、财政部门在津补贴规范及总量核定的程序公开性不足①、滞后现象严重。在参照公务员平均工资水平的问题上，相关部门在核定中并未将公务员的隐形福利进行规范。此外，由于绩效工资核定工作滞后，导致教育部门的考核"孤立"执行。2008年12月31日，《教育部关于做好义务教育学校教师绩效考核工作的指导意见》（以下简称《指导意见》）正式发布，各地和学校着手制定绩效考核办法，但是因绩效工资总量核定缓慢、经费保障缺乏等原因，绩效工资没有及时兑现，多地出现教师讨薪现象，影响政府公信力，给政策达至理想效果增添了阻力。

2. 归因

部门利益导向下的执行"孤岛"。部门间的合作失灵是"孤立式执行"的另一描述，在绩效工资政策执行中，部门间合作失灵主要表现为两个方面。一方面，公共部门间的利益协调失范。绩效工资总量的核定与公务员工资相挂钩，要求教师平均工资水平不低于学校所属行政区公务员的平均工资水平。相关部门行政人员作为执行公务者，掌握公共权力，存在核定教师绩效工资时维护本团体利益的倾向；同时因其具有利用自身行政权力和资源控制的优势（石亚军，施正文，2011），易于采取相关措施，具有谋取本部门利益的职责便利，因而导致学校在落实绩效工资时因信息不对称而成为"孤岛"。另一方面，教育改革项目间缺乏整合。绩效工资在义务教育学校的落实需与义务教育经费保障、人事制度改革相协调，涉及地方财政部门、人事部门及教育部门内部的财务审计、人事、基教等处室的工作，同级政府各部门的协调水平、教育部门内部各处室的协同工作水平同样影响到行政人员开展绩效工资的能力。其中的任何一个部门不履行或延迟履行相应责任，都将使得绩效工资工作失去支撑。

"政策在中观政府层面存在执行行为偏差"，绩效工资政策在中观政府层面的行为偏差主要表现为以下几个方面：其一，层级政府间政策的"照搬式执行"，研究者从省市级政府的政策文本"雷同"角度，补充了已有研究中执行

---

① 未找到公开的政策文本证明人事和财政部门在规范津补贴工作中的公开性。

主体的照搬行为（叶怀凡，2016）；其二，层级政府在经费保障上的"规避式执行"，并从县级政府"事权与财权不匹配"的角度，在一定程度上回应了部分地方绩效工资经费难以保障的原因（付卫东，范先佐，2013）；其三，由于绩效工资政策属于牵涉多部门的多属性绩效政策，因部门利益分割等原因造成了"孤立式执行"。

实际上，政策从中央发布后到地方的实施，在政策链上少则耗时半年，多则耗时一年以上，产生政策的"滞后执行"，印证了已有文献中呈现的绩效工资政策"推行困难、落实迟滞"的问题（庞丽娟，韩小雨，谢云丽等，2010），为已有文献中关于"政策迟滞"的原因——利益博弈提供了质性数据（鲜红，陈恩伦，2010），政策迟滞在一定程度上削减了绩效工资政策的公众认同度。

上述关于绩效工资政策执行的行为偏差现象，反映了我国教育政策执行过程中的层级政府间以及不同政府部门间的利益博弈，也表明相关行动者政策精神领悟不足、政策执行乏力、政策执行监测缺位等缺陷（陈学军，邬志辉，2004），暴露了我国义务教育财政经费体制机制的未健全、公共部门合作困境等深层次问题。基于此，为避免政策在层级政府间和政府部门间的"损耗"，需要以"整合"的治理方式，减少政府层级和部门利益分割带来的消极影响。

二、基层场域绩效工资政策执行偏差

（一）绩效工资政策的"残缺式执行"

政策的"残缺式执行"，即政策缺损，主要是指政策内容在执行过程中没有全面、完整地展开，使得部分内容没有执行，政策目标的落实受到减损（褚宏启，2011），也可称为"选择式执行"，主要特征是政策执行人员舍弃有损自身利益的部分。部分研究者将政策下达不及时，缺乏时效性作为残缺式政策执行的具体表现（宁骚，2011）。残缺的政策执行包含政策内容、政策目标落实得不全面，其产生的原因既有执行机构和执行人员的因素，也有来自政策本身和资源保障的影响。笔者在调研中发现，教师工资与公务员工资的差距是教师关切的问题，也是政策执行后愈加引起关注的问题。

1. 教师与公务员的工资差距

为贯彻《中华人民共和国义务教育法》和《中华人民共和国教师法》的精神，《关于义务教育学校实施绩效工资的指导意见》在核定规范后的义务教育教师津补贴平均水平时，要求按照教师平均工资水平"不低于当地公务员平均工资水平"的原则确定，绩效工资总量与县域内公务员规范后的津补贴进行联动调整，以此确保义务教育教师工资的稳定，依法保障教师待遇。按照政策原则，同等条件下，教师工资应不低于公务员工资水平。但这一条政策精神却鲜少得到真正的落实。

（1）教师与公务员平均工资的差距。笔者在向三省市校长、教师的调研中了解到，将所获得的工资福利加总后，这些地区普遍存在着教师年平均工资待遇低于公务员的现象，校长和教师们所了解的典型性信息如表 8-1。从调研中的情况看，教师和校长普遍感知到教师与公务员队伍的平均工资水平差距较大。

（2）教师与公务员的差距来源。从校长和教师们的反映看，被调研者所在地区教师与公务员工资存在的差距来自的项目各不相同；但是主要原因仍是公务员在"阳光工资"外，还设有多种额外的奖项、津补贴。分析访谈数据可以发现，绩效工资实施后，"工资"差距的缩小与校长和一线教师的政策期待并不一致。

表 8-1 观点广泛存在于研究者收集的数据中，这一现象表明，校长和教师在生活和工作中关注本群体与参照群体的差距。虽然在一般性的工资上，教师与公务员的差距不明显，甚至部分地区教师工资还高于公务员工资（范先佐，付卫东，2011），但是在调研中，笔者了解到二者之间的实际待遇差距很大，政策仅在公开的工资部分得到实施。此举不仅让一线教师表示无奈，也降低了教师行业吸引优秀人才的可能性以及从业者的工作积极性，阻碍绩效工资政策目标的实现。

表 8-1 教师与公务员工资水平差距来源数据

数　　据	开放性编码
1. 据我所知，从表面的工资上应该没有多少差距，但实际差距还是比较大，公务员有年度考核奖，人均每年 12 000 元至 18 000 元，另外还有其他，如文明奖等。	差距来源（校长）
2. 公务员的是目标考核奖，分三个等级，最低等级也超过教师最高绩效工资。教师绩效实际上是教师的奖励性部分，可公务员绩效是全额且发放后还有目标考核奖。	差距来源（校长）
3. 差距在车补、年度目标考核、免费午餐、年休费、文明县城奖，高出教师的一半以上。	差距来源（校长）
4. 具体不太清楚，但肯定比公务员少。公务员最近发了什么"菜篮子"补贴，每月 1500 元，一年共 19 500 元。以为我们属于事业单位也会有，所以有老师代表提出诉求，结果现在人家说没有"菜篮子"的说法，发的是应急值班补助，跟咱没关系，别闹了。	差距来源（教师）
5. 公务员有阳光工资，并且按月发放，有车补，教师虽有绩效工资，但我们这里它是每年发一次（有的地方是半年发一次），绩效工资部分就没有住房公积金的补贴了，这相当于又减少了一份收入，而且教师没有车补，其实老师也要家访呀，为什么不能有车补呢？	差距来源（教师）

资料来源：笔者根据访谈资料整理。

2. 政策模糊带来的执行缺损

在前文中，研究者已指出，教师绩效工资的改革涉及公务员群体的利益，政策潜在地降低公务员队伍工资待遇的"优越性"，使得绩效工资核算时易产生对教师群体的"孤立"。除以上原因外，教师工资与公务员工资的实际差距还源自政策本身的模糊。

（1）政策模糊带来的潜在执行威胁。模糊性的政策在现实中是普遍存在的现象。一方面，政策制定是不同利益群体的博弈过程，为确保政策能够通过，政策文本的呈现通常具有含糊的特征；另一方面，由于国家幅员辽阔，各地实际情况不一，因此制定具体的、量化的政策会增加较多的人力物力成本，也存在不适应各地实际的风险，从这个角度看，模糊政策同样无法避免。一般而言，在模糊性政策制定中，政策制定者在文本中将部分意图巧妙地嵌入，形成关于政策目标和政策执行手段的普遍的一般性表达；而在中间层级的执行者和政策对象解读时，却要理解上级的政策意图，将"去脉络化"的政策文本"再脉络化"（林小英，2010），这一过程中给政策执行者带来了"自由裁量"的空间。

政策终究需要通过执行机构方能产出与政策精神一致的结果，并最终达至政策目标；然而，在政府机构尚未形成服务、治理的现代公共部门理念时，作为政策执行机构的组织依然具有鲜明的科层制特征。在精确目标指导下依照规程办事是科层组织的基本特征，于是模糊的政策与科层组织要求的非模糊执行路径间形成了"执行悖论"（胡业飞，崔杨杨，2015）。在这一执行悖论下，按照执行机构把握政策目标和采取行动能力的强弱，相应地会产生两种情况：一方面政策执行机构在基本了解政策目标情况下，根据本地情况试验性地采取行动策略；另一方面，由于政策执行机构无法把握或认同政策目标，便依据组织便利、利益一致群体有条件地执行政策，如"重新定义政策适用范围""利用政策空白点'变通执行'""利用不同政策的矛盾"（林小英，2010）、象征性执行等。

（2）政策规定不明产生的执行残缺。回到绩效工资政策中公务员与教师工资的问题上，政策中指出，按照教师平均工资不低于公务员"平均工资"以确定教师的津补贴水平；然而，平均工资可以理解为公务员公开的工资（或"阳光工资"），也可理解为总工资。但在实践中，显然公共部门执行者将其作为一般性工资进行理解。此外，在核定教师绩效工资过程中，大多数地方直接将教师年终一次性奖金归并到绩效工资总量，在绩效工资中不作分设[①]；而公务员并没有取消年终奖金，且因公务员职务也存在一定特殊性，在教师绩效工资改革的同时，公务员队伍产生新的补助类型作为部门利益的各类"隐性"福利。但在实践中，相关部门并不将这类补助作为教师队伍应当享有的待遇。因为两个部门间的利益关系微妙，绩效工资实施后，教师工资连续4年（2010—2013年）未涨，使得一线教师群体中弥漫着绩效工资是"拿自己的工资奖励自己""割教师工资"的气氛。

[①] 北京市的教师绩效工资项目中，参照当地公务员当年水平建立学年奖项目，研究者认为此举可一定程度上消解教师的消极心态。

（二）绩效工资政策的"替代式执行"

"替代式执行"，意指实施者没有按照上级政策规定进行执行，而对符合自身利益的政策加以利用，对不符合自身利益的内容则曲解甚至变形（宁骚，2011）。绩效工资进入学校领域后，由校长等为代表的学校领导作为"中间人"进行政策的进一步落实，这一阶段涉及绩效工资的宣传、考核和分配等工作，关系到政策目标群体对政策的理解和政策过程是否切实改善了目标群体的状态和行为。在调研中，笔者发现，在学校场域，作为绩效工资分配重要依据的绩效考核存在较为严重的替代现象，偏离中央政策的精神。

1. 学校绩效考核的异化现象

《意见》中要求教育部门制定绩效考核办法，学校制定完善的内部考核制度，采取分类考核，并依据考核结果作出奖励性绩效工资的分配。随后，在《指导意见》中进一步明确提出，作为绩效工资的配套政策指导义务教育学校建立"符合教育教学规律和教师职业特点"的科学的绩效考核制度，以加强教师队伍建设，内容包括法定职责、完成学校岗位职责和任务的实绩（师德、教育教学、班主任工作等）。比如，要求学校绩效考核不得将升学率作为考核指标，引导教师关爱每个学生等。而且，考核结果除了与绩效工资分配相挂钩外，还应作为"教师资格认证定、岗位聘任、职务晋升、培养培训、表彰奖励"等工作的依据。可见，与绩效工资政策相配套的教师绩效考核方案与教师队伍建设和学校管理具有密切联系。在笔者向一线教师和校长了解所在学校实施绩效考核的情况时，发现教师的绩效考核主要存在以下偏差。

（1）考核组织的简单化操作。从绩效工资政策的实施来看，教师绩效考核是绩效工资的配套政策；但从绩效考核本身来看，其功能不只在于作为绩效工资的分配依据。而部分学校在工作中，将绩效考核简单地与绩效工资挂钩，具体表现在学校将绩效考核内容简单杂糅，纳入学校绩效工资实施方案中，或将其停滞在绩效工资发放的工具层面（洪志忠，2014），系列做法并没有实现基层行动者的政策创新，反而偏离了《意见》中所要求的"完善学校内部考核制度""实行分类考核"等内容。而在绩效考核的组织过程中，部分地方的学校在考核中没有按照上级政府意见中要求的"考核小组考核、学科组考核、所教班级学生评教相结合的方式",简单地由"上级领导评价"取代。

(2)绩效考核功能和指标替换。考核指标设置的合理性既关系到绩效考核对学校和教育改革发展的实质性作用,也关系到绩效工资分配的公平公正以及能否对教师起到激励功能。笔者发现,学校在绩效考核指标的设计中,普遍存在这种情况:将"学生成绩"作为教师绩效考核的指标,以"平衡"教师绩效考核《指导意见》中"考核学生达到基本教育质量要求"和"不得把升学率作为考核指标"的两项规定。有的教师表示,学校考核中,学生成绩占30%;也有教师表示,该校校长要"将学生成绩提高到50%—60%"。此外,部分学校以"工作量"指标"一统"奖励性绩效工资分配,虽然基层行动者可能希望合理变通上级政策,但此举实质上是将政策要求的分类考核进行简化处理,是传统计件工资思路的延续,不符合教师工作的特点。访谈的部分内容如表8-2所示。

表8-2 学校绩效考核项目数据

数　　据	开放性编码
1. 每个学校的绩效考核方案不同,我们学校主要有师德、考勤、学生成绩,还有临时性任务,比如(区县检查)搞卫生、公开课等占比大,学生成绩占到30%。	绩效考核项目
2. 我们学校校长说学生成绩占比要加到50%—60%。	绩效考核项目
3. 绩效考核按照工作量、职位、是否兼任行政岗位,把行政岗位算3节课,班主任算7节课,没有单列的班主任津贴。	绩效考核项目

资料来源:笔者根据访谈资料整理。

2. 教育评价体系的尚未健全

上述关于教师绩效考核的组织和评价工作简化、异化现象,表明基层执行者在绩效考核工作中存在以工作便利为原则的程序简化、指标替代等现象,究其原因,研究者认为我国教育评价体系尚未健全可解释这一替代式执行现象。

(1)符合教师的考核评价体系尚待健全。为确保教师的社会地位,国际上普遍将教师定义为专业人员,我国亦是如此。教师以独特的专业性质与其他群体相区别（I. F. Goodson, A. Hargreaves, 1996），教师的专业特性基本可以分为两种取向，一是以外部标准进行规定的，可称为企业家（entrepreneurial）式的专业性；二是从内部生发的工作动力，可称为积极整合式（activist）。前者顺从外部政策干预，将指标作为工作的测量标准，具有个体主义、竞争性、控制和管制等特征，后者则是以学生为中心激发学生学习兴趣和创造学生学习条件（J. Sachs, 2000）。与之相应，标准化的教师工作易于操作和问责，而内生性的教师工作热情却因主观性过强等原因，而常常被学校忽略。

在绩效工资政策实施以前，国家建立的教师评价体系来源于教育的外部考核制度，"德、能、勤、绩"的评价框架主要借鉴公务员评价体系，学校在实际操作中，倾向于选择与教学直接相关的指标，重"教学结果"而轻"教学过程"（姜雪平，2011）。此外，虽然有的学校想要突破这一状况，通过记录教师工作过程进行考核，但是往往因管理环节工作量大、投入成本高而不了了之（陈秋苹，2011）。在考核过程中，受到行政化的影响，绩效考核主体的权力化和官本位色彩浓厚（容中逵，2012）。

（2）符合学生发展的评价体系尚待建立。学生是教师教育教学的对象，学生的成长和发展是教育质量监测的落脚点，也应成为教师考核评价的考察点。随之而来的问题便是教师绩效考核中应以何指标作为学生发展是否达到教育质量的依据。

在我国的教育领域存在着考试的传统。自近代以来，随着教育测验的兴起，标准化测验在一段时期内成为各国普遍推崇的监测教育质量的方式，该方式也在我国引进并全面推广。以"客观试题"为主要内容的标准化测试虽利于进行不同学生、班级、学校等范围的比较，但由于题型设置等原因，标准化测试方式难以考查学生的能力、情感、态度、兴趣等方面（王斌华，2012）。从国际学生学业成就评价的发展趋势看，综合考查学生的背景、学科知识和能力、学科素养以及教师对学生的形成性评价等学生学业成就评价方式成为各国的发展趋势（康叶钦，李曼丽，李越，2013）。虽然在国家层面已意识到传统的基于学科知识的标准化测试的弊端，但学生评价方式在义务教育学校尚未发生根本性变革。

教师绩效考核《指导意见》要求学校不得以升学率作为考核指标，于是学校以学生的考试成绩作为教师的评价指标（洪志忠，2014），其本质上仍是应试教育的影子。调研中有的教师坦言，教师考核中"学生成绩是最为直观的"的衡量标准。在学生评价未发生根本性变革的前提下，以统考成绩等分数作为教师教学成果的考核指标，将反推唯分数取向、升学率导向的传统学生评价思想，不利于教育改革的推进。

符合教师专业特点的评价体系的缺位，传统学生评价观的根深蒂固，使得绩效工资政策执行没有可参照的科学程序和依据。对于学校而言，其缺乏组织和建立合理的教师考核标准的激励和指导，以简单的方式加以替换，由此带来的后果是，极易引起教师的机会主义心理，片面追求学生学习成绩，妨碍素质教育的推进，使得绩效工资没有产生正确的激励导向，最终偏离"促进教育改革和发展"的长远目标。

（三）绩效工资政策的"象征式执行"

象征性执行是政策执行偏差中另一种较为常见的形式。在公共政策的执行过程中，执行者或"中间人"只做表面文章，而忽视政策深层次问题的解决（宁骚，2011），是一种仪式化的策略（田先红，罗兴佐，2016）。也有学者将其作为"政策空转"的一种，象征式执行的产生通常与政府层级间的冲突、政策目标缺乏量化性以及多元主体合作不力有关（李瑞昌，2012）。象征性执行的固存，在一定程度上反映了政策行动目标的不明晰，基层执行者预期收益低，且缺乏实质性执行的外部激励和问责（杨宏山，2014）。在调研中发现，绩效工资进入学校微观场域后，学校象征性地进行考核、分配，学校内教师间的工资差距不大，导致的结果是绩效工资缺乏有效的激励作用，未能实现政策目标。

1. 绩效工资激励目标的空转

绩效工资政策的实施，给教育系统，尤其是一线教师带来重要的政策信号是教师工资的"铁饭碗"打破了。但是在实施若干年后，不少校长和教师表示，绩效工资实际上是"新一轮的大锅饭"，绩效工资的激励导向在执行过程中受到质疑。

(1) 政府要求与学校的执行选择。《意见》要求充分发挥绩效工资分配的激励导向作用，坚持"多劳多得"，以此激发学校教师工作的热情和积极性。不少地方政府在实施办法中指出，绩效工资分配要"适当拉开差距"。调研中，多位校长和教师表示，区县教育局都要求"拉开差距""绩效工资不能平均，要按照教师的能力、态度来发放"。但在学校层面正式开展后，校长却发现实际执行起来难度较大。从校长的调研中了解到，不少学校每年奖励性绩效工资的差距低于500元，大部分集中在500—1000元之间，最高的差距在2000元左右，但是属于稀有现象。

(2) 学校绩效激励"表面化"的举措。从调研获得的信息来看，教师普遍表示所在学校绩效工资的差距是不大的，学校通过这种方式以"减少教师摩擦"。学校采取的"表面化"措施主要包括：一是在绩效工资实施方案制定中，以缩小差距为总体原则；二是平衡教师工作量，使绩效工资的工作量部分得到均衡；三是减少常规工作外奖励项目的金额。由此可见，涉及学校绩效工资的工作，包括绩效考核、绩效工资分配等政策内容相当于表面上的"走过场"，并没有有机地与学校教育教学和教师发展相整合，更遑论绩效工资的激励导向以及对教师、学校、教育事业的改革作用。以上的执行行为偏差，使得绩效工资的激励目标受到影响。虽然不能"一刀切"地认为学校缩小绩效工资差距均是表面执行，但由于当前政府缺乏监管、学校缺乏改进动力，绩效工资政策仍然面临进一步偏差的威胁。表8-3呈现了部分教师对所在学校奖励性绩效工资实施情况的总体评价。

表8-3 绩效工资差距的调研数据

数　据	开放性编码
1. 学校绩效工资一年大概相差1000元，按照奖励项目来计算：工作量；学生成绩，统考成绩和抽检，如果没有抽检，就没有排名，没有排名就没有这个奖；还有论文奖，但是金额不多，也有人拿。原则是尽量缩小差距。	绩效工资差距
2. 除去班主任津贴，其他的（奖励性绩效工资）每学期相差200元左右，差距不大。相差的地方，比如考勤，如果不出满勤会扣点。工作量上，基本上让老师们的工作量平衡，语数外教师工作量大，其他的课安排少一点，常识老师安排的教学班级多一些。常识老师一般是	绩效工资差距

续　表

数　据	开放性编码
老教师，他们不在乎多点课时还是少点课时，只要舒服就好。绩效工资的初衷是奖励工作好的老师，多劳多得，但是教育工作很复杂，实际执行的时候相差不大，避免教师之间的矛盾。	
3. 刚开始的时候，区县认为，绩效工资要按照能力、态度来发放。但是后来发现搞不下去，县实验小学，都是官员家属，年龄大，实施绩效工资后，他们拿的比年轻人少，最后凭借后台，把校长赶走。学校里（奖励性）绩效工资一年81000元，其中抽3000元给班主任，其他的再分给各个老师，老师之间相差不大。	绩效工资差距

资料来源：研究者根据访谈资料整理。

2. 群体及组织结构的复杂性

调研中的信息提供了可解释学校采取"缩小差距"措施象征性地执行绩效考核、进行绩效工资分配的原因，例如避免教师之间的矛盾、教师工作复杂性以及学校教师年龄结构问题等，涉及政策"中间人"与政策直接的目标群体及其所处环境的互动，并最终作出减少工资差距的"自由裁量"决定。受执行研究经验的启发，研究者尝试从目标群体特征、基层环境和政策激励三个方面，分析具有激励特征的绩效工资在分配中出现象征性执行的原因。

（1）目标群体特征的复杂性。从自然系统视角分析，组织的目标与其参与者的"真实"目标经常存在差距，即使组织所宣称的目标得到了贯彻，也并不代表这一目标是指导参与者行为的唯一目标（斯科特，戴维斯，2011）。在这一观点下，学校组织在追求教育目标的同时，也包含了其主要的参与者——教师群体的复杂目标。

教师从事教育行业的动机是具有差别的，教师从教之前对教师职业的憧憬夹杂着理想主义或进步、自由的教育理念（赵昌木，2004），有的持有情怀投入教育事业，而有的仅将教育工作作为任务加以应对。虽然教师从教的真实动机千差万别，但是由于信息不对称等原因，在现实生活中教师真实的从教动机常会被掩盖。绩效工资实行后，部分教师认为，教师"是靠良心工作"的，绩效考核不适用于教师群体。该论断得到学校组织内外部不少教师的认可，其背后蕴含了对教师工作的公益性和复杂性等特征的强调。目标群体的这一呼声给政策执行的"中间人"带来压力，代表"公共利益"的校长及其背后的地方政府，在处理其与代表个别或私人利益的教师之间的冲突时，选择缩小工资差距，以此应对来自上级政府和学校组织参与者不同诉求的压力。

（2）学校组织结构的复杂性。除教师个体动机的复杂性外，学校组织用来实现组织和个体目标的结构同样具有复杂的特征。组织结构除了具有正式的规章外，还因行动者所携带的信念和期待而形成非正式规范和行为模式。受学校组织本身复杂特征的影响，绩效工资的引入给学校组织的管理带来不确定因素。

学校中基于个体利益而产生的非正式结构能影响到学校组织的变革。在我国，"熟人化"的社会空间是社会中常见的结构形态，教育系统也概莫能外。改革开放以来，随着社会流动增强，由朴素情感维系的人情社会被基于利益的人情社会替代（冯必扬，2011），嵌入学校组织的非正式结构中，并影响组织的运行。"关系主导"的非正式执行结构阻碍"有限分权"的正式执行结构的正常运转，使政策在执行过程中偏离既定的政策目标（龚虹波，2008）。不同类型的学校组织的非正式结构具有复杂性，规模、组织结构、权力结构等差异影响着绩效工资政策的执行形态（李孔珍，2013）。绩效工资作为一项变革，调整了既有的利益结构和学校内部制度，很可能损害既得利益者的利益，潜在的利益受损者通常是资历长、教学经验丰富而进入职业倦怠期的教师，但是由于"即将在新秩序中获益的人群能提供的支持是有限的"（马基雅维利，2009），因此政策的支持力度不足以抵消政策的反对力度。从访谈中了解到，校长表示，教师的年龄结构对学校内绩效工资差异影响比较大，教师队伍结构年轻化的学校更易扩大绩效工资差距，而平均年龄较大、年龄结构不合理的学校则不易扩大绩效工资差距。

（3）绩效工资总量效价偏低。深入分析学校组织中的教师群体后发现，绩效工资对不同参与者的目标效价是有差异的。在调研中，校长和教师表示当前绩效工资的体量小，对教师的激励作用不大。在期望理论下，当教师相信能通过努力提高工作绩效，并且因绩效而得到奖励，同时认为奖励是有价值时，教师的动力是最为强烈的（赵德成，2010）。但是，由于学校绩效奖励项目金额数量对于教师而言价值并不高，即目标效价过低，由此削弱了教师争取该奖励的动力。此外，教师的总收入并不高，绩效工资实施后，工资收入差异依然较少，因此从总体上而言，当前的绩效工资对教师的激励意义不大。

研究者从"自下而上"基层行动者的视角审视绩效工资政策在基层场域存在的执行行为偏差。首先，通过访谈和开放式问卷填答，研究者获取义务教育阶段校长、教师有关绩效工资在区县、学校执行的质性文本数据。其次，进行信息预处理。将文本信息整理、导入 Nvivo 11.0，并根据教师与公务员工资差距、绩效考核、学校教师绩效工资差距等内容进行开放式编码。随后，研究者结合绩效工资政策执行中的问题，比照政策执行偏差的表现形式，分析调研信息中所呈现的偏差行为，并根据相关文献和理论探究不同偏差行为产生的原因。

研究发现，绩效工资在县域和学校内落实过程中，产生的执行行为偏差主要表现为以下三个方面。其一，教师工资与公务员工资"部分"挂钩形成的"残缺式执行"使得教师工资与公务员的整体工资差距依然存在。其产生的主要原因是政策关于津补贴规范较为模糊，执行者具有较大的自由裁量空间。虽然部分研究中指出部分地区的县域内教师与公务员工资已大体持平（付卫东，范先佐，2013），但本研究表明地区内二者的差异依然存在。其二，绩效考核过程的"替代式执行"，包括学校绩效考核组织简单化，绩效考核功能和考核项目异化等现象，应试取向的绩效考核未得到纠正，其产生的原因主要是教师考核评价体系和学生评价体系的不健全。这进一步补充了已有研究，教师进行绩效考核后，应试观念并未改变的现状（魏红梅，2014）。政策执行在绩效考核中的执行行为偏差表明，绩效工资改革过程中的执行质量以及其与教育改革方向的一致性，需要进一步统筹其他的教育改革工作，以此使得教师绩效考核有科学、合理的依据。其三，教师绩效工资激励仍处于"象征式执行"阶段。由于教师工作特征、学校组织环境的复杂性以及绩效工资总量低等原因，学校在绩效工资改革中没有将绩效工资工作与学校战略相整合，教师间绩效工资差距小，在调研学校和教师群体中的激励作用不大。但经验表明，不能脱离校情过于强调数量上的绩效工资差距，学校的关键目标仍在于真正地激励教师（胡永新，2013）。如何在教师可接受的范围内形成一定的绩效工资差距，使绩效工资改革起到一定物质激励和提升教师质量的作用，又不引致教师群体的矛盾，是学校和研究者需要关注的课题。

以上基层层面政策执行的行为偏差，反映了绩效工资政策本身和配套政策的"质"与"量"的缺陷，政策进入学校时，并未充分整合学校发展目标与绩效工资改革目标，导致二者的兼容性不足，由是产生了偏离政策内容和目标的执行行为。其本质来源于政策质量和执行过程中部门间的协调、监管不到位等问题。基于以上分析，笔者认为绩效工资政策在基层的"修正"需要在"整合"治理框架中，扩大政策参与群体，完善绩效工资政策及其配套政策，提高部门间的协同性，并加强外部监管和问责。

三、绩效工资政策执行结果偏差

（一）学校绩效工资政策实施情况

1. 绩效考核方案特征

建立完善的学校绩效考核制度，在学校教职工中实行分类考核、优绩优酬、向一线教师和骨干教师倾斜的制度，是绩效工资政策的基本要求。在教育部发布的与绩效工资分配密切相关的《指导意见》中，明确指出"不得将升学率作为考核指标"，但在实践中，学校将学生成绩作为考核的情况较多，印证了上文的信息。

调查中，样本教师所在学校的绩效方案情况如表8-4所示。数据显示，大多数教师基本认可学校具有完善的绩效考核方案（78.10%），学校基本根据不同教职工进行分类考核。而在"学生成绩影响绩效工资"的选项中，超过半数教师表示，学校绩效考核中仍将学生成绩作为考核指标，但是整体上看，教师认为学校目前的绩效方案中的指标是基本合理的。

表8-4 绩效考核方案特征（%）

题项	不符合	基本不符合	基本符合	符合
方案	10.00	11.90	53.81	24.29
分类考核	15.71	14.76	51.90	17.63

续　表

题项	不符合	基本不符合	基本符合	符合
绩效指标合理	15.24	21.43	52.86	10.47
考核学生成绩	19.05	16.19	35.71	29.05

资料来源：研究者自行整理。

2. 绩效方案形成过程

已有研究者指出，学校绩效考核方案的制定存在过程不公开、指标不合理等现象。在本研究中，64.76%的教师表示学校教师熟悉或基本熟悉学校绩效考核方案，但是教师的调研数据也表明，有超过40%的教师认为当前学校在制定绩效考核方案时在征求教师意见的工作上的重视度仍需提高。

3. 绩效考核方案实施

本调查中，教师对学校绩效考核方案实施的公开性、结果的客观性上均有较高的认可，数据也显示，工作表现好的教师获得的绩效奖励高，在多数学校能做到优绩优酬（见表8-5）。但认可绩效工资向一线和骨干教师倾斜的比例不高，表明绩效工资在实施过程中并没有切实落实向作出较多贡献的教师倾斜的政策要求。而在考核结果向教师反馈环节，教师认可度仍较低，表明学校绩效考核工作中忽视了绩效考核结果的反馈。整体上，教师认为绩效考核的实施仍以外部管制为主，"为了满足上级的要求"，而没有将其与学校发展战略相结合。

表8-5　绩效考核方案实施（%）

题项	不符合	基本不符合	基本符合	符合
考核过程公开	16.67	15.71	40.00	27.62
给予教师反馈	24.29	18.57	44.76	12.38
考核结果客观	17.14	13.33	52.86	16.67
坚持优绩优酬	17.14	20.00	38.10	24.76
向一线教师倾斜	20.95	22.86	38.57	17.62

续表

题项	不符合	基本不符合	基本符合	符合
绩效好奖励高	16.67	18.57	45.24	19.52
考核仅为上级	18.10	23.33	45.24	13.33

4. 绩效工资政策的外部支持

在本次调研中,77.62%教师表示绩效工资得到了按时、足额的发放,表明该地方绩效工资的财政保障性较高,但是调研中仍有逾二成的教师表示绩效工资并未按时足额发放,因此绩效工资的财政保障仍需地方和中央政府加强重视。同时,上级政府和督导仍需提高对学校绩效考核工作的指导。

(二)教师绩效工资政策执行结果的统计分析

1. 政策执行结果的描述性统计

按照初步的一级维度对政策执行结果进行描述性分析,输出结果如表8-6所示。调查数据显示,相较于其他指标,教师认为绩效工资政策的实施对其学校规范的遵守、工作任务的完成及师德规范的遵守上的积极作用较大(高于或接近2),而在学校发展、科研能力、同事合作等方面的积极作用较小(低于1.5)。

表8-6 政策执行结果描述性统计

变量	样本量 N	均值 $Mean$	标准差 SD
工资增长			
G10	210	1.68	1.05
教师激励			
G1	210	1.59	1.08
G2	210	1.35	0.96
G5	210	1.64	1.04
G7	210	1.47	1.07

续 表

变量	样本量 N	均值 Mean	标准差 SD
G8	210	1.48	1.03
G9	210	1.75	1.03
G3	210	2.09	1.01
G4	210	1.98	1.01
G6	210	2.02	1.04
G11	210	1.66	0.96
G12	210	1.77	1.06
G13	210	1.70	1.07
G15	210	1.59	1.06
教师吸引保留			
G14	210	1.55	1.05
教师地位			
G17	210	1.64	1.00
G18	210	1.60	1.04
学校发展			
G16	210	1.78	1.01
G19	210	1.37	0.99
G20	210	1.54	0.97
G21	210	1.56	1.00

2. 政策执行结果的因子分析

为深入探究绩效工资政策执行结果在不同群体间的差异性，特进行因子分析，将众多执行结果指标综合成较少的公共指标，即因子。在巴特利特球形检验中，关键指标整体 KMO 值为 0.9390，高于 0.9。较高的 KMO 值表明该组数据适合做因子分析，因子分析受到样本量的影响，一般而言项目数与受试样本数的比例需达到 1∶10（刘胜男，2016），在本研究中，样本数可进行因子分析。

本研究中采用极大似然法对绩效工资政策结果的 21 个变量进行因子分析，根据特征根（大于 1）和累积方差贡献率（82.30%）保留前五个因子。随后，采用方差极大值旋转方法对提取的五个因子进行分析，去除低载荷后形成载荷分析矩阵，如表 8-7 所示。

表 8-7 因子载荷矩阵

变量	Factor1	Factor2	Factor3	Factor4	Factor5
G11	0.7206				
G12	0.8105				
G13	0.6208				
G16	0.5354				
G7		0.6013			
G8		0.5752			
G9		0.6160			
G18		0.5570			
G19		0.6387			
G21		0.5542			
G3			0.9251		
G4			0.6089		
G6			0.6513		
G1				0.6422	
G2				0.6084	
G5				0.6470	
G14					0.6558
G15					0.5687
G10					
G17					
G20					

从旋转后的载荷矩阵表中可知，极大似然法保留的 5 个因子，与预期政策结果的指标基本一致，较高的载荷分布于关键指标上。

第一个因子载荷较高的指标为 G11、G12、G13、G16，对应教师工作激励中的"工作满意度""工作积极性""从事教师工作的信心"和教师工作效果"学生学习成绩的提升"，因此将第一个因子命名为"F1：教师工作激励效果"。

第二个因子载荷较高的指标为 G7、G8、G9、G18、G19、G21，分别对应教师激励（教师专业发展）中的"培训进修""与同事合作意愿""班级管理水平"教师地位中的"家长和社会人员对教师的认可"和学校发展中的"对学校战略目标的认识""学校的整体发展"。综合而言，该成分涉及学校社群建设与社会的关系，因此将该因子命名为"F2：学校社群发展"。

第三个因子载荷较高的指标为 G3、G4、G6，分别对应教师规范中的"出满勤，不迟到早退""遵守师德规范"和"完成工作量"，因此将该因子命名为"F3：师德规范"。

第四个因子对应的载荷高的指标为 G1、G2、G5，分别对应教师专业能力"教学能力""科研能力"和"学生评价能力"；因此将该因子命名为教师"F4：专业能力"。

第五个因子中载荷较高的指标为 G14、G15，对应教师保留中的"减少离职的可能性""职业晋升的可能性"，因此将该因子命名为"F5：教师保留"。

在此因子载荷矩阵表中，有三个变量在五个因子中的载荷并不高，分别为 G10、G17、G20，对应教师"工资增长""校长和同事认可"和"承担学校管理工作"，在下面的推断中不作重点分析。

3. 绩效工资政策执行结果的方差分析

在进行方差分析时，运用因子所包含指标的平均值作为该因子的得分（见表 8-8），以此根据教师性别、年龄段进行分类别的单因方差分析，检验因变量的平均数是否在性别、年龄段的多个类别上都相等。

表8-8 各因子包含因素和均值

变　量	均值 Mean	标准差 SD
F1：教师工作激励		
G11	1.66	0.96
G12	1.77	1.06
G13	1.70	1.07
G16	1.78	1.01
Total	**1.73**	**0.93**
F2：学校社群发展		
G7	1.47	1.07
G8	1.48	1.03
G9	1.75	1.03
G18	1.60	1.04
G19	1.37	0.99
G21	1.56	1.00
Total	**1.54**	**0.88**
F3：师德规范		
G3	2.09	1.01
G4	1.98	1.01
G6	2.02	1.04
Total	**2.03**	**0.91**
F4：专业能力		
G1	1.59	1.08
G2	1.35	0.96
G5	1.64	1.04
Total	1.53	0.93
F5：教师保留		
G14	1.55	1.05
G15	1.59	1.06
Total	**1.57**	**0.98**

本研究运用 Stata 14.0 的"oneway"命令，使用巴特利特的卡方值来正规检验等方差假设，该值如果较低则意味着方差分析的同方差假定不大可能成立，不应相信方差分析的 F 值检验结果（劳伦斯，2018），本部分中选取巴特利特的 P 值均大于 0.4。在此前提下，学校社群发展因子在性别变量上未通过同方差假定（巴特利特的 P 值为 0.036）。下面就通过同方差检验的方差结果进行分析。

在教师工作激励上（见表 8-9），研究样本中的男教师在工作满意度、工作积极性、从事教师工作信心和学生成绩提升方面的综合得分偏低，表明绩效工资政策的实施对抽样群体中男性教师的工作激励（1.60）的积极影响低于样本中的女教师（1.85）。从方差分析结果看，由于 P<0.05（P=0.047），因此在 0.05 的水平上可拒绝平均数相等的虚无假设。换言之，绩效工资实施后，总体中男女教师在工作激励上存在显著差异。

表 8-9 教师性别与教师工作激励

性别	平均值	方差	来源	MS	F 值	Prob>F
男	1.60	0.94	组间	3.43	3.99	0.05
女	1.85	0.92	组内	0.86		
总计	1.73	0.94	总计	0.87		

Bartlett's test for equal variances: $Prob>chi2=0.810$

在学校社群发展的感知上，绩效工资对教师的积极作用整体在降低（见表 8-10），其中男性教师的感知低于 1.5，表明在样本中的男教师看来，绩效工资的实施对学校教师的合作意向、参与学校管理、专业学习社群的发展等方面的积极作用不大。但从方差分析结果看，$P>0.05$（$P=0.099$），因此接受平均数相等的虚无假设。由于样本误差等原因，在总体中，男女教师对学校社群发展的感知没有显著差异。

表 8-10 教师性别与学校社群发展

性别	平均值	方差	来源	MS	F 值	Prob>F
男	1.44	0.90	组间	2.10	2.73	0.10

续　表

性别	平均值	方差	来源	MS	F 值	$Prob>F$
女	1.64	0.85	组内	0.77		
总计	1.54	0.88	总计	0.78		

Bartlett's test for equal variances：$Prob>chi2=0.573$

在本样本中，教师对师德规范方面的积极感知是各项结果中最高的一项，抽样群体中女教师在师德规范上的积极作用更高（见表 8-11）。而方差分析的结果显示，在 0.05 的水平上，不同性别的教师在师德规范上的积极影响并不存在显著差异（$P=0.108$）。

表 8-11　教师性别与师德规范

性别	平均值	方差	来源	MS	F 值	$Prob>F$
男	1.93	0.90	组间	2.10	2.61	0.11
女	2.13	0.91	组内	0.77		
总计	2.03	0.91	总计	0.78		

Bartlett's test for equal variances：$Prob>chi2=0.933$

在本次抽样样本中，女教师对绩效工资实施后在其专业能力上的积极感知（1.64）同样高于男教师（1.41）。但由于 P 值大于 0.05（$P=0.069$），因此，虽然在本样本中存在一定差异，但是在总体中绩效工资对不同性别教师专业能力提升上的积极作用差别不显著（表 8-12）。

表 8-12　教师性别与教师专业能力

性别	平均值	方差	来源	MS	F 值	$Prob>F$
男	1.41	0.98	组间	2.87	3.35	0.07
女	1.64	0.88	组内	0.86		
总计	1.53	0.93	总计	0.87		

Bartlett's test for equal variances：$Prob>chi2=0.933$

同样，虽然在本次抽样样本中，女教师对教师职业保留上的积极感知（1.64）高于男教师（1.50），但由于 P 值远大于 0.05（$P=0.286$），可以认为绩效工资的实施对男女教师的职业保留不存在显著差异（表 8-13）。

表 8-13 教师性别与教师保留

性别	平均值	方差	来源	MS	F 值	Prob>F
男	1.50	0.99	组间	1.10	1.14	0.29
女	1.64	0.98	组内	0.96		
总计	1.53	0.98	总计	0.97		

Bartlett's test for equal variances：Prob>chi2=0.891

在教师年龄段差异上，绩效工资政策执行后对不同年龄教师产生显著差异的因子为"教师工作激励""教师专业能力"两项，下文仅呈现这两项方差分析的结果。

从表 8-14 可以看到，在不同年龄段中，绩效工资政策对年轻教师的工作积极性、工作满意度等方面提高的积极作用更为明显。然而，在 40—50 岁年龄段的教师中，绩效工资的工作激励作用呈现出"凹陷"的现象。结合调研的信息，笔者认为，这一年龄段的教师通常处于家庭的支柱地位，因此其工作精力不如其他年龄段教师。这一部分的数据呈现了绩效工资政策对这一年龄段教师的工作热情和积极性等方面存在"激励不足"。同时，方差分析结果中，P 值小于 0.05（$P=0.014$），表明在 0.05 的水平上，绩效工资的实施对不同年龄段教师的工作激励存在显著差异。

表 8-14 教师年龄段与教师工作激励

年龄段	平均值	方差	来源	MS	F 值	Prob>F
30 岁以下	2.00	0.95	组间	3.04	3.62	0.01
30—40 岁	1.74	0.83				
40—50 岁	1.41	0.98	组内	0.84		
50 岁以上	1.69	1.07				
总计	1.73	0.93	总计	0.87		

Bartlett's test for equal variances：Prob>chi2=0.444

在教师专业能力因子上，本样本中，随着教师年龄段的增长，同样呈现了

"中部凹陷"现象,表明绩效工资政策执行后,其中设置的奖励项目,对年轻教师教学能力、科研能力、评价学生能力的提升具有较大的积极作用。相比较而言,中年教师则因职业、生活等原因在专业发展上处于"瓶颈"状态,绩效工资实施对其专业能力提升的积极作用较小。表8-15方差分析的结果显示,P值小于0.05($P=0.046$),因此,可以认为:绩效工资实施后,不同年龄段教师的专业能力提升存在显著差异。

表8-15 教师年龄段与教师专业能力

年龄段	平均值	方差	来源	MS	F值	$Prob>F$
30岁以下	1.79	0.95	组间	2.29		
30—40岁	1.50	0.86			2.71	0.046*
40—50岁	1.29	0.98	组内	0.85		
50岁以上	1.50	1.01				
总计	1.53	0.93	总计	0.87		

Bartlett's test for equal variances:$Prob>chi2=0.659$

需要指出的是,虽然方差分析结果显示在总体中,不同绩效工资执行结果在性别、年龄段类别的教师中呈现显著差异的较少,但也给予绩效工资政策执行研究者和实践者启示,绩效工资的实施有必要关注教师的个体特征。

(三)影响绩效工资政策执行结果的回归分析

在运用自变量进行统计分析前,首先将部分反向设置的题项进行反向赋值。随后将绩效工资政策方案、方案形成、方案实施、外部资源和学校特征等关键自变量进行多元共线性检验,统计分析显示方案实施变量方差独立性较其他预测变量低,因此,剔除该预测变量。最后,本研究采用在95%的置信区间使用逐步回归的方式,依次剔除最高t概率的自变量后重新拟合模型(劳伦斯,2008),下面呈现影响政策执行结果各因子的因素。

1. 政策执行对教师工作激励的影响

在学校绩效方案特征、方案形成过程、外部资源、学校特征、教师年龄等

变量与教师工作激励的回归分析中,逐步回归首先剔除方案形成过程($P>|t|$为0.91),随后依次剔除50岁—60岁、30岁—40岁的教师年龄虚拟变量(P值分别为0.88,0.09)、学校位置(P值分别为0.45、0.14)、外部资源(P值为0.08),经过七步回归后,保留的因子及其系数如表8-16所示。其中需要说明的是,$R2$和调整后的$R2$不高的原因主要是由于最终进入回归模型的变量并不多,与教师激励相关的工作特征、教师内在特征的变量未进入回归模型中,其他变量未在模型中得到体现,回归分析中保留的三个变量解释了26.00%的教师工作激励,在本研究问题下,仍然可以使用这一回归分析结果,呈现影响执行结果的因素(下同)。

表8-16 教师工作激励影响因素回归分析

Source	SS	df	MS			
Model	47.22	3.00	15.74	\multicolumn{3}{l}{Number of obs=210}
Residual	134.99	206	0.66	\multicolumn{3}{l}{F(3,201)=24.02 $Prob>F$=0.00 R-squared=0.26}
Total	182.21	209	0.87	\multicolumn{3}{l}{Adj R-squared=0.25 Root MSE=0.81}
教师激励	Coef.	Std. Err.	t	$P>\|t\|$	[95% Conf. Interval]	
方案特征	0.27	0.09	3.01	0.00	0.093	0.44
年龄段3	−0.37	0.13	−2.81	0.01	−0.63	−0.11
学校文化	0.35	0.08	4.43	0.00	0.19	0.50
_cons	0.78	0.15	5.16	0.00	0.48	1.08

从回归分析结果来看,学校绩效方案的完善度、绩效指标的合理度每增加一个单位,教师在工作积极性、满意度、从事教师的信心等工作激励上能提高0.27个单位。同时,在绩效工资政策的实施中,教师工作激励的结果受到学校特征中的文化因素的影响,参与、共享、合作、具有一致价值观的学校文化会有助于政策产生教师工作激励的效果。教师年龄作为控制变量,也被纳入回归结果,且与激励效果呈现负相关。这一统计数据表明,对于年龄段在40岁—50岁的教师而言,这一群体的"工作激励效果"在任意给定的绩效方案特征和学校文化特征下都降低0.37,这一结果与之前的性别类别分析结果一致,进一

步说明该年龄段教师在工作满意度和积极性上普遍不高。这一回归统计结果一定程度上支持了 H1、H3。

2. 政策执行对学校社群发展的影响

在本次逐步回归中，依次剔除教师年龄、政策方案形成、教师性别、学校位置变量，保留的变量如表 8-17 所示。在拟合度方面，R^2 有所提高，主要原因在于保留的预测变量中较多的是学校管理相关的变量。

表 8-17 学校社群发展影响因素回归分析

Source	SS	df	MS		
Model	55.38	3	18.46	Number of obs=210 $F(3, 201)=35.60$ $Prob>F=0.00$	
Residual	106.83	206	0.52	R-squared=0.34 Adj R-squared=0.33	
Total	162.21	209	0.78	Root MSE=0.72	
社群发展	Coef.	Std. Err.	t	$P>\|t\|$	[95% Conf. Interval]
方案特征	0.30	0.08	3.57	0.00	0.13　0.46
学校文化	0.29	0.07	3.96	0.00	0.15　0.43
外部资源	0.18	0.08	2.44	0.02	0.04　0.33
_cons	0.22	0.14	1.60	0.11	-0.05　0.50

在本次回归分析中，对学校社群发展具有显著影响的因素包括绩效工资的方案特征、学校文化、外部资源，均呈现正相关。该回归分析表明，具有共享合作文化的学校中，完善的绩效方案、合理的指标设计，加之外部的财政资源和上级指导，对教师的合作、专业发展和参与学校管理等意识上能产生积极作用。H1、H3、H4 得到一定程度的支持。

3. 政策执行对师德规范的影响

在本次逐步回归中，依次剔除两项教师年龄的虚拟变量、方案制定、外部资源、学校位置和性别，保留的变量为方案内容、40 岁—50 岁年龄段的虚拟变量、学校文化特征（见表 8-18）。

表 8-18 教师师德规范影响因素回归分析

Source	SS	df	MS	Number of obs=210		
Model	50.83	3	16.94	$F(3, 201)=28.59$		
Residual	122.07	206	0.59	$Prob>F=0.00$ R-squared=0.29		
Total	172.90	209	0.83	Adj R-squared=0.28 RootMSE=0.77		
师德规范	Coef.	Std. Err.	t	$P>\|t\|$	[95% Conf. Interval]	
方案特征	0.50	0.08	5.88	0.00	0.33	0.66
年龄段3	−0.29	0.13	−2.28	0.02	−0.53	−0.04
学校文化	0.17	0.074	2.31	0.02	0.025	0.32
_cons	0.95	0.14	6.60	0.00	0.67	1.24

在该回归分析中，与教师工作激励纳入的解释变量和发挥的作用具有一致性，但不同的是，学校绩效工资方案对师德规范的提高具有更大的作用，即方案内容的完善度和合理度提高 1 个单位，教师师德规范将提升近 0.50 个单位。结合整体的描述统计和上文访谈进行分析发现，当前学校的绩效工资考核对教师师德和工作规范的提升具有较大的积极作用。该回归结果一定程度上支持了 H1、H3。

4. 政策执行对教师专业能力的影响

在本次逐步回归中，依次剔除两项教师年龄的虚拟变量、学校位置、方案制定和教师性别，保留的变量为方案特征、40 岁—50 岁年龄段的虚拟变量、外部资源和学校文化（见表 8-19）。

表 8-19 教师专业能力影响因素回归分析

Source	SS	df	MS	Number of obs=210		
Model	46.03	4	11.51	$F(3, 201)=17.45$ $Prob>F=0.00$		
Residual	135.20	205	0.66	R-squared=0.25		
Total	181.23	209	0.87	Adj R-squared=0.24 Root MSE=0.81		
专业能力	Coef.	Std. Err.	t	$P>\|t\|$	[95% Conf. Interval]	
方案特征	0.19	0.09	2.03	0.04	0.01	0.38

续表

专业能力	Coef.	Std. Err.	t	$P>\|t\|$	[95% Conf. Interval]	
年龄段 3	−0.26	0.13	−1.97	0.05	−0.52	−0.00
外部资源	0.23	0.09	2.73	0.01	0.06	0.40
学校文化	0.25	0.08	3.04	0.00	0.09	0.41
_cons	0.44	0.16	2.69	0.01	0.12	0.76

在该项回归分析中，绩效方案、外部资源支持和学校文化对教师专业能力的提升具有显著的积极作用，而在同等情况下，年龄段在 40 岁—50 岁的教师在教学、科研、学生评价能力提升的感知上低 0.26 个点。上述分析表明，绩效工资政策在具有充足的外部支持、合作共享的学校文化及完善合理的方案设计时，能在一定程度上促进教师专业能力，总体上看，绩效工资政策（考虑政策方案和外部资源）对教师专业能力的促进作用一般。回归结果使得 H1、H3、H4 得到一定程度的支持。

5. 政策执行对教师保留的影响

在本次逐步回归中，仅保留了学校文化一项预测变量，表 8-20 列出了学校文化的统计变量与教师保留因子的关系。

表 8-20 教师保留影响因素回归分析

Source	SS	df	MS	Number of obs=210	
Model	26.93	1	26.93	$F(3, 201)=32.04$	
				$Prob>F=0.00$	
Residual	174.82	208	0.84	R-squared=0.13	
				Adj R-squared=0.13	
Total	201.75	209	0.97	Root MSE=0.92	
教师保留	Coef.	Std. Err.	t	$P>\|t\|$	[95% Conf. Interval]
学校文化	0.42	0.07	5.66	0.00	0.27	0.56
_cons	0.89	0.14	6.50	0.00	0.62	1.15

与前几项具有较大差异的是，教师保留项目的逐步回归仅保留了"学校文化"因素，仅解释了教师保留的 13.40% 的方差，这也就意味着在进入回归分析的变量中，仅良好的学校文化特征对教师保留这一结果具有显著的积极影

响,而与绩效工资政策相关工作没有显著相关关系。这一统计结果支持了假设H3,同时也表明,本研究没有提供直接证据,支持绩效工资政策的实施对教师的吸引和保留这一政策执行结果产生显著的积极影响(考虑绩效工资政策相关的变量未进入最终的回归结果)。

通过实证研究,检验微观层面的政策执行结果及影响执行结果的因素。首先根据政策文本,明确绩效工资政策的目标,并选取教师和学校相关的维度作为因变量的一级指标,进而明确测量题项。本研究关于政策执行结果的测量结果表明,绩效工资政策的实施对教师工资增长、教师激励、教师吸引和保留、教师地位提升、学校发展具有一定的积极作用,但政策的积极作用并没有得到样本教师的广泛认同,政策仅产生了"弱激励"效果(宁本涛,2014)。经过因子分析后进行进一步分析,探索政策执行结果的影响因素,关于政策执行结果和研究假设得到的结论如下。

(1)绩效工资政策在教师师德规范上的积极作用更为明显,包括教师日常出勤和完成工作量。究其原因,一是学校绩效考核的积极引导,绩效考核指导意见中强调"以德为先"和遵守法定职责、完成工作量的情况,地方和学校在绩效考核方案制定过程中,重视对职业道德和工作量的考核;二是工作量在奖励性绩效工资中占较大比例,由于科学、公认的教师绩效考核评价体系尚未建立,绩效考核技术的不成熟,绩效考核方案的制定和实施容易产生挫伤教师工作积极性、教师关系紧张等原因,因此在实际运行过程中,学校通常采用能进行量化的工作量的考核(赵宏斌,惠祥凤,傅乘波,2011),如教学课时、考勤等。在调研中也发现,该项目在学校绩效工资方案中的比例较大,部分占到一半以上,以此"挤压"基于工作成果的奖励。也正是因为工作量考核在绩效工资中权重大,使得教师在认识上更重视学校的常规规范,在这方面的积极作用随之提高,也在一定程度上意味着教师对工作量考核的"认同"(吕银芳,何兆华,2011)。但这一现象实质上属于"平均导向",教学、科研成果考核所占比例低,奖励额度少,在这方面具有突出表现的教师缺乏相应的"认可机制"。于是,在学校内部产生了"弱排名激励"(练宏,2016)的现象,形式上满足了外在的科层要求,在内部实施时避免了同级和上下级之间的紧张关系,进一步印证了上一章节中的激励"象征性执行"的偏差。

（2）在教师特征差异上，女教师的积极性感知更强，中年教师的工作和生活需要引起重视。方差分析结果表明，绩效工资实施后，男女教师在工作激励上存在显著差异，不同年龄段教师在工作激励和专业能力发展的积极性感知上同样存在显著差异。不同于关于政策满意度的已有研究（周兴平，2013），本研究样本的各结果项中，女教师在绩效工资作用的积极感知上明显高于男教师，其中工作激励在男女教师中存在显著差异。产生这一研究结果差异的原因既包括测量问题的不同，也源自样本的差异。本研究的样本教师中，来自乡镇和农村的教师占比高（逾80%），在这些学校女教师担任领导岗位的比例较低，存在"性别歧视"（武晓伟，郑新蓉，2015），在绩效工资实施后，女教师较低的家庭经济压力和负担，使得以工作表现作为工资给付的绩效工资更易于提高其"满足感"。此外，青年教师在各项结果的感知上均高于中年教师，教师工作激励和专业能力发展在各年龄段中呈"中部凹陷"。一方面，表明年轻教师具有较高的政策接受度，绩效工资改变了以往的依据资历发放的单一工资制格局，给年轻教师带来积极工作的动力；另一方面，从侧面反映，教师的社会角色和职业角色的矛盾在中年时期最为突出。调研中，一位小学校长表示，在教师平均年龄偏大的学校，中年教师的家庭责任在这一阶段凸显，需要同时赡养老人与照顾子女，生活重心转向家庭，在学校的工作只达到"标准水平"。这一部分的数据与访谈得到的资料互相佐证。

（3）在绩效工资管理方面，绩效工资分配和绩效考核工作存在不规范现象。大多数学校均建立了绩效考核方案，在实施过程中进行分类考核，但是在绩效工资分配的多劳多得、优绩优酬，特别是向一线教师、骨干教师倾斜方面需要得到进一步重视。在方案制定过程中，学校领导班子需扩大一线教师的参与面，合理制定方案中的标准。此外，调研中发现，绩效考核后，给教师提供反馈的学校并不多。一项研究表明，当工作表现与工资相联系时，提供考核的反馈能提高员工的工作水平（G. Azmat，N. Iriberri，2016）。因此，作为完整的绩效工资政策周期，学校应重视对教师的绩效反馈。此外，虽然政策文件要求"不能以升学率作为考核指标"，但是在多数学校的考核中，学生成绩仍是影响教师绩效考核结果和绩效奖励的一大因素。整体而言，教师认为学校实施绩效考核主要是为了满足上级的要求，缺乏基于学校发展的"内部导向"。

（4）在影响政策执行的因素探索方面，本研究发现完善、合理的学校绩效方案特征对教师激励、社群发展、师德规范、教师专业能力四个政策结果项有积极影响，合作共享的学校文化对政策执行结果均呈现显著的积极效应，外部资源对学校社群发展和教师专业能力提升具有显著积极作用，而绩效方案形成的公开性和广泛性在本研究中并未表现出显著作用。即研究假设3中的学校文化特征得到证实，假设1和假设4得到部分证实，研究假设2未得到证实。结合统计数据，笔者认为，为提高政策在基层的执行效力，应关注以下问题：一方面，将绩效工资政策与学校发展战略相结合，学校不仅要将绩效方案设计和操作与组织战略目标融合（孟卫青，2016），而且应以绩效工资的实行为契机，重塑学校文化；另一方面，为使政策的执行切实达成政策目标，除需探究政策以外的因素，还需反思绩效工资政策本身的合理性、科学性。此外，在本研究中，教师保留仅与学校文化特征呈显著正相关，政策本身的因素，包括绩效工资水平和方案形成对教师保留的影响并不显著。深入分析后，笔者认为，产生这一现象的原因主要为：样本教师主要来自小规模学校，具有明显的社会系统特征（李孔珍，2013）；教师间联系紧密，追求良好的人际关系。因此学校特征给教师保留的积极影响较大，而绩效工资方案对教师保留的积极效应未显现。这表明政策制定者在教师的吸引和保留问题上，除了需要考虑因教师的工作特征、工作匹配度、社会资本及其他劳动力市场特征和教师人口特征（赵忠平，秦玉友，2016）而产生的流动外，还需认识到，当前教师的总体工资水平较低，使得教师在行业内或行业间流动的机会成本较低。因此，在一定范围内提高绩效工资总额和占比，能通过预期收入的增加提高教师职业的吸引和保留能力。

第三节 绩效工资制度执行偏差的原因

义务教育教师绩效工资政策的推行取得了巨大成就，但由于多方面的原因，改革过程中也遭遇了阻力，制约着新制度发挥更大的作用。

一、来自公共财政投入的阻力

近年来,随着我国政府对公共服务的投入力度增大,服务的覆盖面快速加大,服务品质也得到了显著提高。在教育领域,教育人为之痴缠多年的"4%"梦想也终于实现(如图8-1所示)。

图8-1 2003—2013年我国财政性教育经费占GDP的比例(%)

然而,要实现教育的良性发展,相较于发达国家,我国公共财政对义务教育的投入仍然不足。2009年,我国义务教育阶段学校教师总数约为1200万人,中央财政转移支付用于支持各地落实绩效工资的资金总额仅为120亿元,每个教师平均只有1000元。全国人大代表、云南省常务副省长罗正富曾经测算,若教师绩效工资要参照当地公务员水平,按照每人每年1万元的最低标准,地方财政要给每人至少补9000元。云南当时有55万名中小学教师,这意味着地方财政要增加约50亿元的投入(张晓震,2010)。这一数额相当可观,其带来的财政负担也不容小觑。不仅是云南省,经学者调研,各省普遍反映实现绩效工资需40亿—70亿元,有的中西部大省如湖南需高达91.80亿元,安徽高达84.30亿元,除去中央支持外,缺口达数十亿元(庞丽娟、韩小雨、谢云丽等,

2010)。再如图 8-2 所示,笔者做了一个 2008 年至 2012 年国家事业性经费支出与工资福利支出的增速比较,可以看到随着事业性经费支出的逐年增长,其中用于教职工的工资福利支出也在逐年递增。然而,其增长速度远小于事业性经费支出的增速。

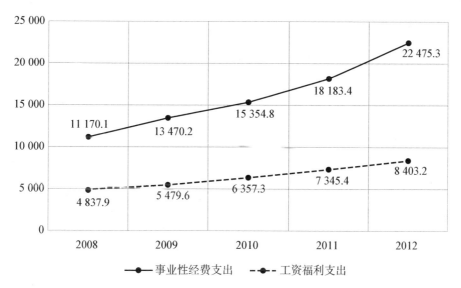

图 8-2　事业性经费支出与工资福利支出的增速比较

绩效工资实施后,虽然中央和省级政府加大了对义务教育的投入,但和实际需要相比,公共财政对义务教育投入依然不足。各省的财政状况及对教育的重视程度不尽相同,仅凭中央加大转移支付的力度并非长久之计。如 2007 年,财政收入排名第一的南部某发达省份,在对全省 65 万名教师的绩效工资改革中,省级财政仅投入 6.69 亿元,仅占其全省 2007 年财政收入的 0.24%;2007 年财政收入全国排名第七的东部某发达省份,为落实绩效工资省级财政投入 4.65 亿元,仅占全省 2007 年财政收入的 0.43%;而西部的广西壮族自治区和重庆市为落实绩效工资区/直辖市级财政投入分别为 20.25 亿元、19.20 亿元,投入数额均数倍于前述两个发达省份(庞丽娟,韩小雨,谢云丽等,2010)。如何把省级财政应该承担的资金落实到位、强化"省级统筹"的责任,也还是个有待解决的问题。

二、来自"以县为主"体制的阻力

由于绩效工资改革没有明确划分中央、省、市、县四级政府的财政责任，也没有具体规定各级政府应承担的比例，加上中央政府对省级统筹和省级投入缺乏有力的监管督导措施，最终造成绩效工资财政保障的责任层层下移，最终仍落到了县级财政上。当前，义务教育教师绩效工资发放仍沿袭"以县为主"的体制。

表8-21所示，三省义务教育教师绩效工资大约只有四分之一是由中央和省级财政负担的，约四分之三的经费需由各县财政自行承担。一方面，由于分税制改革之后，财政收入重心上移，县乡财政收入所占的比重只有20%左右。多数县级政府，特别是中西部地区的县级政府财力薄弱，很难拿出一大笔资金来投入到教师绩效工资的实施上。另一方面，在监督问责机制尚不完善的情况下，中央和省级财政资金划拨到县级财政之后，能否做到教育经费专款专用是充分发挥绩效工资作用的一大阻碍。国家审计署于2008年7月4日在其官方网站发布公告称，通过对全国16个省（区、市）的54个县（市、旗）2006年1月至2007年6月农村义务教育经费的审计调查发现：有6个省份的财政、教育部门共滞留中央"两免一补"专项经费1.89亿元；54个县中，有超过半数的县的财政和教育部门共滞留了45.32%的资金；有13个县资金滞留平均超过6个月，最长的超过1年，金额为3301万元，占滞拨资金总额的30%（中华人民共和国审计署办公厅，2008）。

表8-21 2009年鄂、湘、赣绩效工资新增经费来源比例（%）

省份	财 政 级 别		
	中央财政	省级财政	县级财政
湖北	8	21	71
湖南	7	26	67
江西	8	17	75

除了以上两大阻碍以外，教师绩效工资政策实施过程中还存在着绩效考核评价方式不合理，基础性绩效工资分配体现绩效不够，奖励性绩效工资的考核缺乏经验；划清绩效工资政策的执行边界存在较大困难；缺乏完善的配套制度和有效实施的策略设计等问题。

第九章　义务教育教师绩效工资政策执行改进

第一节　绩效工资政策目标再造

一、绩效工资实施目标再造

从政府各层级实施绩效工资指导意见中可知,实施绩效工资是为了深化事业单位收入分配改革,形成合理的收入决定机制,完善分配的激励机制和宏观调控机制,从而吸引和鼓励各类优秀人才长期从教、终身从教,促进教育事业发展。

西蒙认为,组织中的每一项决策分成"事实"要素和"价值"要素,就决策导向最终目标的选取而言,我们把决策称为"价值要素";就决策包含最终目标的实现而言,我们把它称作"事实要素"(西蒙,1988)。对于管理来说,两者的区分具有根本性意义。

绩效工资政策的价值要素体现在对教育分权理念的延续和拓展(胡耀宗,童宏宝,2010)。绩效工资构建了政府各层级之间以区县为主,省市统筹,中央适当支持的管理模式。各地方政府根据经济水平设置绩效工资总量控制线,进行收入的宏观调控。在控制线的范围内,把工资制定权下放给学校,由学校依据自身办学情况,自主制定实施方案的,形成政府宏观管理并监督。教工充分参与并决策,学校科学制定并实施的运行机制,提升了基层的活力,顺应公共教育治理模式的改革趋势，促进教育事业健康发展。

事实要素体现在规范学校资金管理，政府性收入全额上缴国库，实行收支两条线，杜绝了学校靠创收发放奖金的乱象，规范收入分配。同时保障教师待遇，加大了财政总供给，为教师平均工资不低于当地公务员水平提供有力保障。再有引导学校进行绩效管理，建立工资激励机制，完善考核体系，在保持教师队伍稳定的同时，最大限度地调动其工作积极性。

基于此，学校实施绩效工资目的分为以下几个方面：（1）提升学校办学绩效。组织绩效是以个体绩效为基础而形成的，组织目标通过层解转化为教工绩效任务。建立引导高绩效的收入分配机制，将学校发展目标同个人发展紧密结合，可以调动教职工工作积极性，改善他们的工作绩效，进而有助于提升学校的整体绩效。（2）促进教师专业成长。通过实施绩效工资建立绩效考核机制，使教师明晰自己的绩效目标，提高工作效能感，激发自我成就感和发展内驱力。根据不同层次教师的发展需求，在工作机会均享的环境中，实施政策倾斜，搭建发展平台，促进教师成长。（3）构建高绩效学校文化。绩效工资是一把双刃剑，既有积极的激励作用又有引导教师斤斤计较、弱化团队协作等弊端。实施绩效工资，借鉴绩效管理技术建立良性的竞争机制，促进个人绩效、团队绩效、组织绩效的持续提高，形成高绩效导向的学校组织文化，创造良好的组织氛围。

二、绩效考核方案再造

绩效考核是绩效工资实施的基础。长久以来，事业单位对职工的考核方案或缺位或粗犷，职工的工作业绩得不到客观评价，考核变成走过场，激励效果弱化。绩效工资的实施要求单位必须制定一个科学公正、简便易行的绩效考核方案。针对J学校状况，从考核对象、考核指标、考核方法与标准、考核指标权重的确定、考核主体、考核结果的应用等逐一展开分析。

（一）绩效考核对象

考核对象是一个综合的概念，既不是只对人的考核，也不是单对工作表现的考核，是组织对个体面向组织目标可观测的品质及行为的考核，依据岗位类型进行归类。目前 J 学校设有专技、管理及工勤三种岗位类型，其中专技又分为教师及旁系列人员。依据《上海市其他事业单位实施绩效工资的指导意见》中区分专技人员、管理、工勤等不同岗位的精神，J 学校考核对象按照教师岗位与内部支持岗位进行归类。

1. 教师岗位

J 学校教师由教研员（教师）、德研员（教师）、师训员（教师）、干训员（教师）、科研员（教师）、区域教育研究教师、信息中心教师组成，他们在各自的工作中共同承担了浦东新区基础教育的研究、服务与推进。表现出一些共有的特质：（1）服务对象相同。J 学校教师岗位面向全区幼儿园、中小学校及教师展开工作。（2）身份属性相同。J 学校教师具有三重身份，既是教师，还是科研人员，又是政府教育业务执行、管理、评价人员。既承担学院的各项工作，同时接受教育局、市教研室、市教科室等诸多条线的专项任务。（3）工作要求相同。承担 J 学校教师工作，需要扎实的理论功底、丰富的实践经验及敏锐的工作洞察力。对教育新理论、教学新动态、科研新发现要及时把握。服务全区中小学及教师，提升区域教育质量、促进区域教育均衡发展。（4）工作能动性强。J 学校教师自我发展、尊重及成就的需求强烈。故而工作能动性较强。

2. 内部支持岗位

J 学校除了教师岗位之外，还有旁系列专业技术岗位，主要涉及财务、图书、档案、实验等教辅人员；管理人员简称为职员，担任不同层级的管理工作。J 学校中层及以上干部属于双肩挑人员，既有职员等级又有教师专业技术职称，这部分人员按教师岗位考核；工勤人员主要负责学校的后勤保障。上述三类人员是 J 学校各项业务职能顺利履行的重要支持力量，依托对内管理与服务，对组织目标的实现产生间接贡献。岗位表现出一些共有的特质：（1）服务对象相同。面向 J 学校及全体教职工展开保障性工作，维持机构及各项业务的正常运行。（2）工作要求相同。内部支持人员岗位技能性强，同时工作任务杂碎繁琐，需要有良好的耐心、吃苦耐劳的精神及积极的服务意识。（3）人员少，职责重。J学校目前一院六址，管理难度较大，管理人员少且分布不均。由于学校后勤社会化人员编制限制，目前关键岗位只退不进，造成财务、档案、图书、教务等工作负荷不断增大。

（二）绩效考核指标

J学校绩效考核指标分两部分内容展开，第一部分，按照《浦东新区教育局其他事业单位工作人员实施绩效考核指导意见》中"德、能、勤、绩、廉"考核内容，结合相关文件，运用因素分解法进行"院本化"细化设计。第二部分，运用层次分析法确定细化的考核指标权重。

1. 绩效考核指标细化设计

需遵循的设计原则有：（1）目标导向原则。体现组织目标，引导教职工将个体工作目标同组织目标结合，提高学校整体绩效水平。（2）科学性原则。考核指标选择科学，涵盖岗位工作的特点，符合教职工工作实际情况。（3）公平性原则。考核指标应克服因工作环境、工作资源及工作机会不同造成的工作业绩差异。（4）民主化原则。考核指标的设计前应充分吸纳教职工意见，设计完成后应组织教职工进行讨论并修改，最终由教代会审议决定。（5）简便性原则。考核指标数量适中、内涵清晰无歧义。结果便于统计及处理，有效保证准确性。（6）发展性原则。建立绩效考核是一个逐步完善的过程，需要实践的不断检验和修正。应根据具体情况，做相应的变化或完善处理。

主要的设计方法有因素分解法，又称因素分析法，是分析事物构成因素，找出背后潜在的结构或者子结构，以此对事物进行衡量的方法。一般有以下三种形式："其一，从内容入手，分析事物的本质属性，将这一属性的现象性外观表现确定为指标；其二，从事物的相互联系入手，分析事物变化后产生的效应，把事物变化所产生的效应确定为指标；其三，分析事物的全部属性或相关属性，把与被评价事物有关的因素群确定为指标"（肖远军，2013）。根据因素分解法，将"德、能、勤、绩、廉"五个考核内容作为目标，从其内容入手，确定构成的因素并转化为具有外在表现且可评价的指标，作为初拟的绩效考核指标。

2. 关键绩效考核指标的确定

绩效考核指标在初拟设计时，一般力争对考核内容的全面反映，难免在指标结构及操作方面存在瑕疵。故而需在此基础上去粗取精，去伪存真地筛选，提炼出最能反映本质及需要的条目。

选用经验筛选法中集体经验法进行绩效考核指标的确定。经验筛选法是依据经验对指标进行判断的方法，分为集体经验法和个人经验法。

首先，选取 J 学校院级领导 2 人（分管人事副书记、工会主席），部门领导及主管 9 人（教师中心 3 位、学校中心 1 位、信息中心 2 位、区域中心 1 位、办公室 2 位），各部门教职工 9 人，总计 20 人组成绩效考核指标专家组。其次，设计绩效指标筛选调查表，设计"是否选用"选项，由筛选者决定舍留。设计开放性问答，针对绩效指标筛减、新增、合并等提出建议。汇总筛选意见，对否选项超过 2/3 的绩效考核指标予以删除，再根据建议较集中的绩效考核指标进行合并和新增。最终，确定 J 学校绩效考核指标体系。

(三) 绩效考核方法与标准

1. 绩效考核方法

绩效考核方法有三种分类：（1）基于员工特征的绩效考核方法，排序法、对比法、强制分配法。（2）基于员工行为的绩效考核方法，清单发、关键事件法、评价量表法、行为锚定评价量表法、混合标准量表法、行为观测量表法。（3）基于工作结果的绩效方法，指数考核法、目标管理法（滕玉成，于萍，2003）。根据 J 学校实际情况，选择评价量表法结合目标管理法进行教职工绩效考核。可以在表格中罗列绩效考核指标，对每项指标再设立评分标准，划分几个等级，每项评分结果进行加权相加后就是员工个人绩效评分。此方法操作简便。而目标管理法，则是将组织目标进行层解，最终转化为员工个人的工作目标，以此作为员工绩效考核的标准。

2. 考核标准

考核标准有两种：(1)"德"的考核标准。"德"的底线不容商榷，尤其是为人师者，更应是"德"表率。结合相关文件"以德为先"的操作精神，J 学校"德"的各项考核只设合格与不合格，对于不合格者，实行一票否定。(2)"能、勤、绩、廉"的考核标准。由于教师岗位与内部支持岗位在工作性质与内容上有较大区别，在对"能、绩"内容考核时按考核对象进行设计，针对岗位特点进行考核。

(四) 绩效考核指标权重的确定

1. 层次分析法及其实施步骤

层次分析法是将决策问题分解出目标、准则、方案等若干层次。在此基础上进行定性定量分析的决策方法。层次分析法一般有以下几个实施步骤：建立递阶层次结构模型、构造判断矩阵并赋值、层次单排序及一致性验证、层次总排序及一致性验证。

(1) 建立递阶层次结构模型

首先，确定解决问题的目标是什么，将目标元素作为目标层（最高层），一般一个问题只设一个目标层，目标唯一。其次，根据目标，分析实现目标的影响因素有哪些，厘清条目，构成准则层（中间层）。最后，根据准则，分析实现目标的方案（措施）有哪些，构成方案层（最低层）。

本研究中，层次结构模型的目标层为 J 学校教职工绩效考核体系，准则层为德、能、勤、绩、廉，方案层为依据德、能、勤、廉、绩各项内容确定的绩效考核指标。

(2) 构造判断矩阵并赋值

对同一层次各因素间重要性判断是层次分析法的信息来源，这些判断用表示特定重要性标度数字赋值（见表 9-1），构成的层级结构模型就是判断矩阵。

表 9-1 绩效考核指标体系

一级指标 B	二级指标 C	指 标 含 义
德 B1（适用全体教职工）	政治态度 C1	拥护中国共产党领导，坚持党的基本路线，自觉贯彻党的方针、政策，与党始终保持一致。不参与反动组织，不发表反动言论。
德 B1（适用全体教职工）	思想品质 C2	坚持真理，崇尚科学。为人正直，心胸宽广。有大局意识，有奉献精神。不搞宗派和小团体。无违反诚信及造假的行为。
德 B1（适用全体教职工）	职业道德 C3	崇尚教育，爱岗敬业，为人师表，治学严谨。恪守《中小学职业道德规范》《J 学校教师职业道德规范》。不做违背师德和师风的事。
德 B1（适用全体教职工）	工作作风 C4	服从领导，团结协作，勤奋务实，求真立本。作风正派，不滥用职权，不徇私舞弊。
勤 B2（适用全体教职工）	出勤 C5	遵守单位考勤制度、请假制度。准时上班，工作到位，按时填写行事历。按时参加 J 学校或部分各类会议或活动。无旷工行为，无无理由迟到早退行为。
勤 B2（适用全体教职工）	工作态度 C6	有个人工作计划，并按计划主动履行岗位职责。按时完成各项任务，并对完成情况及工作心得做总结。对分派的临时任务及协助项目能主动完成。
勤 B2（适用全体教职工）	服务意识 C7	主动自觉地为服务对象提供认真、周到、耐心的服务。无人情服务、经济服务等不良现象。
廉 B3（适用全体教职工）	廉洁自律 C8	有法制是非观，正确的义利观。遵守廉洁自律各项规定，遵守财务规章制度。不利用职权或职务便利谋私利，不利用会议、学习考察等名义变相旅游。
廉 B3（适用全体教职工）	遵纪守法 C9	自觉遵守国家法律法规。学校各项规章制度，无各类违法乱纪行为及违反公共道德的行为。
廉 B3（适用全体教职工）	作风正派 C10	生活作风优良，兴趣爱好健康。不出入营业性娱乐场所。
能 B4（适用教师岗位）	理论水平与学习能力 C11	理论知识完备，有一定实践经验。熟悉专业学科的课程标准与教材，经常与基层学校或教师进行沟通，基本了解工作对象的现状和基本情况。能关注教育热点问题。校本研修手册规范完成。院或部门组织的学习基本参加。
能 B4（适用教师岗位）	专业引领能力 C12	在本学科教育教学领域中基本形成或初步形成特色。
能 B4（适用教师岗位）	履行岗位职责能力 C13	对照岗位职责，按时完成岗位任务，工作资料符合要求。

（J 学校教职工绩效考核指标 A）

续 表

		工作创新能力 C14	具有创新工作思维。对工作思路、工作方法等提出创新,且行之有效。
	绩 B5（适用教师岗位）	工作效益 C15	在履职过程中,形成工作资料,且符合规范。中小学及教师对业务工作评价较好。
		社会荣誉表彰 C16	各项社会评定的荣誉,如上海市文明单位、上海市劳动模范、浦东新区优秀园丁奖等。
		专业发展 C17	学术成绩及各类教学竞赛奖项。
		突出贡献 C18	对学院发展有影响的贡献。
	能 B6（适用内部支持岗位）	业务水平与学习能力 C19	业务技能完备,岗位工作知晓。能按照岗位要求参加各类培训。按时参加院或部门组织的学习。
		履行岗位职责能力 C20	胜任岗位工作,完成所有岗位任务。
		工作创新能力 C21	在规范操作的前提下,对于工作问题能及时改正。
		应急处理能力 C22	能按规定进行安全检查。突发事件发生后处理及时,流程规范。
		事务执行能力 C23	有责任心;对于领导指令能尽心尽力完成。完成效果基本满意。
	绩 B7（适用内部支持岗位）	服务效能 C24	工作偶有小失误,处理事务正确,办事开支不浪费。
		社会荣誉 C25	各项社会评定的荣誉,如上海市文明单位、上海市劳动模范、浦东新区优秀园丁奖等。
		专业发展 C26	学术成绩及各类教学竞赛奖项。
		突出贡献 C27	对学院发展有影响的贡献。

判断矩阵是根据层次结构模型,每一个具有向下隶属关系的元素（被称作准则）作为判断矩阵的第一个元素（位于左上角）,隶属于它的各个元素依次排列在其后的第一行和第一列,对元素进行两两比较。

（3）层次单排序及一致性检验

首先,进行层次单排序,指确定本层与上一层某因素有联系的各因素之间重要性次序的权重。通过计算判断矩阵的权向量 W 获得。常用的计算方法有:

和法、根法、幂法等,其中幂法精确度相对较高,和法、根法比较简便,这里选用和法进行权向量的计算。

① 将判断矩正每项按列归一化:

$$\bar{b}_{ij} = b_{ij} / \sum_{k=1}^{n} b_{kj}, \quad i, \ j = 1, \ 2, \ \cdots, \ n$$

② 每项归一化后按行求和:

$$\bar{W}_i = \sum_{j=1}^{n} \bar{b}_{ij}, \quad j = 1, \ 2, \ \cdots, \ n$$

③ 对向量 $\bar{W} = [\bar{W}_1, \ \bar{W}_2, \ \cdots, \ \bar{W}_n]^T$ 进行归一化:

$$W = \frac{\bar{W}_i}{\sum_{i=1}^{n} \bar{W}_j}, \quad j = 1, \ 2, \ \cdots, \ n$$

④ 得到 $W = [W_1, \ W_2, \ \cdots, \ W_n]^T$ 即为所求的特征向量。

表9-2 重要性标度含义表

重要性标度	含义
1	两个因素相比,具有同等重要性
3	两个因素相比,前一个比后一个稍重要
5	两个因素相比,前一个比后一个明显重要
7	两个因素相比,前一个比后一个强烈重要
9	两个因素相比,前一个比后一个极端重要
2,4,6,8	两个因素相比,重要程度介于上述判断的中间值
倒数	若元素 i 与元素 j 的重要性之比为 a_{ij},则元素 j 与元素 i 的重要性之比为 $a_{ji} = 1/a_{ij}$

其次,进行一致性验证。对于每层各要素重要性次序的判断应该有逻辑性,比如:a 比 b 重要,b 又比 c 重要,按此推理 a 比 c 重要。但是由于人的评判具有主观性,很难出现一致的情形,对此我们要对矩阵判断一致性加以检验。一致性检验的关键是计算判断矩阵的最大特征根,由计算一致性指标 CI,

计算一致性比率指标 CR，具体公式如下。

① 最大特征根：$\lambda_{\max} = \sum_{i=1}^{n} \frac{(AW)_i}{nW_i}$

② 一致性指标：$CI = \frac{\lambda\max - n}{nW_{i_j}}$

③ 一致性比率指标 $CR = \frac{CI}{RI}$，其中 RI 可通过查表确定（见表9-3）

当 CR<0.1，即可判断矩阵一致性满意。

表9-3 1—9阶矩阵的平均随机一致性指标

阶数	1	2	3	4	5	6	7	8	9
RI	0	0	0.58	0.90	1.12	1.24	1.32	1.41	1.45

（4）进行层次总排序及一致性验证

层次总排序就是运用层次单排序结果，计算每个各层因素对于目标的权重。权重的计算由最高层到最低层逐层合成。

2. 运用层次分析法确定绩效考核指标权重

我们向上文进行绩效考核指标调查的20位专家发放绩效考核指标权重调查表，得到相关数据：根据层次单排序结果，可得绩效考核体系指标总排序；根据绩效指标层次总排序结果，确定J学校绩效考核评价表。

表9-4 "勤"判断矩阵

B2	C5	C6	C7	Wi
C5	1.00	0.50	3.00	0.33
C6	2.00	1.00	3.00	0.53
C7	0.33	0.33	1.00	0.14

$\lambda\max = 3.06$　$CI = 0.03 < 0.1$　$CR = 0.05 < 0.1$

表9-5 "廉"判断矩阵

B3	C8	C6	C10	Wi
C8	1.00	0.33	3.00	0.27
C9	3.00	1.00	4.00	0.61
C10	0.33	0.25	1.00	0.12

$\lambda max = 3.08$ $CI = 0.04 < 0.1$ $CR = 0.06 < 0.1$

表9-6 "能"(适用教师岗位)判断矩阵

B4	C11	C12	C13	C14	Wi
C11	1.00	0.50	0.33	2.00	0.15
C12	2.00	1.00	0.50	3.00	0.28
C13	4.00	2.00	1.00	4.00	0.47
C14	0.50	0.33	0.25	1.00	0.10

$\lambda max = 4.06$ $CI = 0.02 < 0.1$ $CR = 0.02 < 0.1$

表9-7 "绩"(适用教师岗位)判断矩阵

B5	C15	C16	C17	C18	Wi
C15	1.00	3.00	0.50	0.25	0.16
C16	0.33	1.00	0.33	0.20	0.08
C17	2.00	3.00	1.00	0.33	0.23
C18	4.00	5.00	3.00	1.00	0.54

$\lambda max = 4.11$ $CI = 0.04 < 0.1$ $CR = 0.04 < 0.1$

表9-8 "能"(适用内部支持岗位)判断矩阵

B6	C19	C20	C21	C22	C23	Wi
C19	1.00	0.25	2.00	0.50	0.33	0.10
C20	4.00	1.00	5.00	3.00	2.00	0.42
C21	0.50	0.20	1.00	0.33	0.25	0.06
C22	2.00	0.33	3.00	1.00	0.50	0.16
C23	3.00	0.50	4.00	2.00	1.00	0.26

$\lambda max = 5.07$ $CI = 0.02 < 0.1$ $CR = 0.02 < 0.1$

表 9-9 "绩"（适用内部支持岗位）判断矩阵

B7	C24	C25	C26	C27	Wi
C15	1.00	3.00	0.50	0.25	0.16
C16	0.33	1.00	0.33	0.20	0.08
C17	2.00	3.00	1.00	0.33	0.23
C18	4.00	5.00	3.00	1.00	0.54

$\lambda max=4.11$ CI=0.04<0.1 CR=0.04<0.1

表 9-10 "绩效考核内容'勤、廉、能、绩'"判断矩阵

A	B2	B3	B4（B6）	B5（B7）	Wi
B2	1.00	3.00	0.33	0.25	0.14
B3	0.33	1.00	0.25	0.20	0.07
B4（B6）	3.00	4.00	1.00	0.25	0.26
B5（B7）	4.00	5.00	3.00	1.00	0.52

$\lambda max=4.15$ CI=0.05<0.1 CR=0.06<0.1

备注："德 B1"考核内容只有"合格"与"不合格"两种考核结果，故而不设权重。

表 9-11 绩效指标层次总排序

考核指标 C	德 B1（适用全体教职工）	勤 B2（适用全体教职工）	廉 B3（适用全体教职工）	能 B4（适用教师岗位）	绩 B5（适用教师岗位）	能 B6（适用内部支持岗位）	绩 B7（适用内部支持岗位）	权值
	—	0.14	0.07	0.26	0.523	0.26	0.523	—
政治态度 C1	—							
思想品质 C2	—							
职业道德 C3	—							
工作作风 C4	—							
出勤 C5		0.33						0.05
工作态度 C6		0.53						0.08
服务意识 C7		0.14						0.02
廉洁自律 C8			0.27					0.02
遵纪守法 C9			0.61					0.04

续 表

考核指标 C	德 B1（适用全体教职工）	勤 B2（适用全体教职工）	廉 B3（适用全体教职工）	能 B4（适用教师岗位）	绩 B5（适用教师岗位）	能 B6（适用内部支持岗位）	绩 B7（适用内部支持岗位）	权值
	—	0.14	0.07	0.26	0.523	0.26	0.523	—
作风正派 C10			0.12					0.01
理论水平与学习能力 C11				0.15				0.04
专业引领能力 C12				0.28				0.07
履行岗位职责能力 C13				0.47				0.12
工作创新能力 C14				0.10				0.03
工作效益 C15					0.16			0.08
社会荣誉表彰 C16					0.08			0.04
专业发展奖励 C17					0.23			0.12
突出贡献 C18					0.54			0.28
业务水平与学习能力 C19						0.10		0.03
履行岗位职责能力 C20						0.42		0.11
工作创新能力 C21						0.06		0.02
应急处理能力 C22						0.16		0.04
事务执行能力 C23						0.26		0.07
服务效能 C24							0.16	0.08
社会荣誉 C25							0.08	0.04
专业发展 C26							0.23	0.12
突出贡献 C27							0.54	0.28

表 9-12　J 学校绩效考核评价表

绩效考核指标 A	一级指标 B	二级指标 C	权重	优秀（100—80分）	合格（79—50分）	基本合格（49—10分）	不合格（0分）
J学校教职工绩效考核指标	德 B1（适用全体教职工）	政治态度 C1	—	—	—	—	—
		思想品质 C2	—	—	—	—	—
		职业道德 C3	—	—	—	—	—
		工作作风 C4	—	—	—	—	—
	勤 B2（适用全体教职工）	出勤 C5	0.05				
		工作态度 C6	0.08				
		服务意识 C7	0.02				
	廉 B3（适用全体教职工）	廉洁自律 C8	0.02				
		遵纪守法 C9	0.04				
		作风正派 C10	0.01				
	能 B4（适用教师岗位）	理论水平与学习能力 C11	0.04				
		专业引领能力 C12	0.07				
		履行岗位职责能力 C13	0.12				
		工作创新能力 C14	0.03				
	绩 B5（适用教师岗位）	工作效益 C15	0.08				
		社会荣誉表彰 C16	0.04				
		专业发展奖励 C17	0.12				
		突出贡献 C18	0.28				
	能 B6（适用内部支持岗位）	业务水平与学习能力 C19	0.03				
		履行岗位职责能力 C20	0.11				
		工作创新能力 C21	0.02				

续 表

绩效考核指标 A	一级指标 B	二级指标 C	权重	优秀(100—80分)	合格(79—50分)	基本合格(49—10分)	不合格(0分)
	绩 B6（适用内部支持岗位）	应急处理能力 C22	0.04				
		事务执行能力 C23	0.07				
		服务效能 C24	0.08				
		社会荣誉 C25	0.04				
		专业发展 C26	0.12				
		突出贡献 C27	0.28				

（五）绩效考核主体

依据相关文件，绩效考核程序为："员工自评、部门评议、组织考核"（上海市浦东新区教育局，2013）。结合 J 学校实际情况，采用本人、部门、院部三级考核主体。结合 J 学校实际情况，部门对于教职工工作的量、质、效，以及在工作中所表现出来的个人特质等情况掌握较多，且各部门工作内容及性质存在一定的差别；所以"能、勤、绩"三项内容的考核指标由部门考核小组进行评议，评议结果递交院考核小组复核。"德、廉"两项考核指标由院考核小组进行评议，形成教职工最终的绩效考核意见。

（六）绩效考核结果的应用

绩效结果的应用包含以下几个方面：（1）绩效反馈及改进。绩效考核的作用在于对过去业绩的反馈及对未来绩效的改进借鉴，其根本目的是促进教师的发展和提高，有助于学校教育人才的培养和发展。学院应该以部门为单位组建绩效考核反馈小组，对于绩效考核结果不理想的教职工进行绩效辅导。逐一进行面谈，了解教职工的工作困惑及工作行为，帮助教职工寻出工作的障碍，并通过带教、培训、转岗等提高工作绩效。（2）作为奖励性绩效工资发放的依据。奖励性绩效工资依据绩效考核结果发放，对于考核结果优秀者应给予适当的奖励。(3) 教职工职业发展虽然绩效考核结果不是职务晋升和调整的唯一依据，但较全面地提供了教职工工作信息。对于持续考核优秀者，证明其工作业务能力较强，应作为学院人才梯队建设的后备力量。而持续考核较差者，证明自身素质与业务能力并不匹配，应予以工作调整，以发挥其长处。

三、绩效工资分配方案再造

(一) 分配原则

1. 规范性原则

清理和规范原工资体系中国家规定之外的各类津贴、劳务费等，取消不合规项目，使教职工收入项目规范、结构合理。

2. 激励性原则

通过设计合理的绩效工资分配项目，结合向重点岗位、关键人才倾斜政策，在收入分配中体现对教职工劳动付出的肯定及对未来行为的激励。

3. 约束性原则

通过绩效考核结合绩效工资，对教职工工作行为进行引导和约束。对不良的工作行为进行处罚。

4. 公平性原则

所谓公平性原则，是指：(1) 对内公平。绩效工资应体现教职工工作业绩和贡献，同一岗位、业绩及能力相当的教职工之间收入水平相当。(2) 对外公平。教职工收入水平应与同地区同行业水平相当。

(二) 绩效工资发放项目设计

奖励性绩效工资主要体现实际贡献等因素，根据考核结果发放，可采用灵活多样的分配方式和办法。具体分配办法由单位自行确定。结合J学校实际情况，拟设计绩效奖金、节日费及超工作量津贴。

1. 绩效奖金

绩效奖金是奖励性绩效工资的主要部分，是通过绩效考核对工作实绩的奖励。设置数额占奖励性绩效工资总量的65%，将总量去除以每位教职工绩效考核分值的加总得到每一分的绩效奖金数额，再根据每位教职工的分值计算各自的绩效奖励。

2. 考勤（季度）奖金

考勤奖金是依据《J学校考勤制度》，根据教职工出勤情况在每季度末发放的奖金，每年发放四次。设置数额占奖励性绩效工资总量的20%。根据教职工人数，算出每位教职工满勤的季度考勤奖金，再根据满勤的天数折算每位教职工每天的考勤奖金数额。以教职工实际出勤天数折算奖金数额。对于旷工（事先未请假、事后不补假或请假未批准）一天，扣除一个月的考勤奖金，旷工两天，扣除季度考勤奖金。连续旷工超过10天或者1年内累计旷工超过20天的解除聘用合同。

3. 超工作量津贴

超工作量津贴主要是指在完成岗位基本工作量的同时，存在工作超时、数量超标、低岗高聘现象。设置数额原则上不超过奖励性绩效工资总量的10%。主要设置如下项目：（1）超时补贴。公假及双休日工作超时补贴，由于工作时间的限定，对必须在公假日或双休日进行工作的人员按国家规定，给予工作超时补贴。公假日按照教职工日平均工资的三倍支付，双休日按照日平均工资两倍支付。（2）超量补贴。同岗位类型中工作数量明显多者，应给予适当的补贴，以鼓励工作积极性。具体可由部门进行申报，院部审核。（3）岗位差额补贴。由于财务、档案等后勤人员编制限制，目前关键岗位人员紧缺。通过后勤部门内部调剂，部分工勤岗人员经过培训后，开始承担专业技术岗位工作，但岗位身份未变，出现"低岗高聘"现象。但工作量津贴仍享受工勤岗位待遇，造成同工不同酬的现象。为体现公平性原则，应在奖励性绩效工资中对应享有的专技岗位工作量津贴差额,以岗位差额补贴的形式适当予以补偿。同时,关键岗位须经院部审核确定,从业人员须有相关上岗资格证书。

4. 预留款

预留款占奖励性绩效工资总额的5%,主要用于不可估量的特殊情况。

四、实施绩效工资保障机制构建

(一)建立绩效工资组织机构

建立绩效考核小组、绩效工资执行小组、绩效工资监督小组和考核结果反馈小组。

1. 绩效考核小组

上文在"绩效考核主体"的内容中已经阐明,绩效考核中"能"与"绩"以部门考核为主,院部复核。"德""廉""勤"以院部考核为主。由此应建立学校绩效考核小组和部门绩效考核小组。学校绩效考核小组应由校外专家、党政领导、中层干部、人事干部、教代会代表等构成。部门绩效考核小组由分管领导、部门领导组成。

2. 绩效工资执行小组

以人事、财务部门人员为主,主要职责为根据教职工绩效考核结果,进行绩效工资发放及管理。

3. 绩效工资监督小组

由工会及教代会代表组成,主要职责为监督绩效考核及工资执行的过程规范及接受教职工对考核结果异议的申诉。

4. 考核结果反馈小组

绩效考核结果反馈以部门为单位开展,由部门领导、部门卓越教师及校外专家等组成绩效考核反馈小组。针对考核结果不理想的教职工展开绩效改进辅导，帮助克服工作障碍，改进工作方法，以促进业务能力的进步，从而提高工作绩效。

（二）建立教职工培训机制

教职工整体业务能力和素质的提升，是学院实现绩效组织目标的有力保障。一方面，通过各种形式的内部培训及讲座，使教职工熟悉并掌握业务技能及拓宽工作视野。另一方面，及时对教职工培训需求作了解，对培训需求进行分析：对于普遍性的需求通过教职工大会等形式开展；对于体现不同业务特点的培训需求，应通过分层分批开展文化沙龙、业务交流论坛、部门业务学习等形式展开，以增强内部培训的适切性和有效性。同时鼓励教职工参加学历进修、学术研讨、业务培训等活动，以促进教师专业发展，提高工作效能。

（三）完善招聘流程

员工招聘关乎学院未来人才的发展，也直接影响学院及团队的绩效实现。应该认识到招聘工作对于学院极度重要。必须严把招聘关，并制定完善的招聘流程，聘请校外专家参与整个招聘流程。

第二节 地方政府绩效工资政策执行改进

针对绩效工资政策执行过程中暴露出的问题，考虑到义务教育管理体制的实际情况，地方政府是绩效工资政策的责任主体。

一、明确各级政府经费保障责任

《义务教育学校实施绩效工资的指导意见》对绩效工资经费保障有明确的规定："义务教育学校实施绩效工资所需经费，纳入财政预算，按照管理以县为主、经费省级统筹、中央适当支持的原则,确保义务教育学校实施绩效工资所需资金落实到位。县级财政要优先保障义务教育学校实施绩效工资所需经费,省级财政要强化责任,加强经费统筹力度,中央财政要进一步加大转移支付力度,对中西部及东部部分财力薄弱地区农村义务教育学校实施绩效工资给予适当支持"(人力资源社会保障部,财政部,教育部,2008)。

可以看出,《义务教育学校实施绩效工资的指导意见》并没有明确各级政府相关部门在实施义务教育教师绩效工资兑现中所应承担的财政责任和承担绩效工资经费的比例。这就造成了中央财政对各个地方的支持力度不足,省级财政对全省的统筹责任不清,保障绩效工资经费的财政责任就自上而下地逐级落到了力量较小的县级财政上;而该县是中部地区的国家级贫困县,本身财政资金就不充足,这导致虽然大部分教职工的工资都有上涨,但涨幅较小,近70%的教职工对工资变化不满。

若要更有效地继续推行教师绩效工资政策,必须彻底改变绩效工资的保障经费主要由财力最弱的县级财政承担的现状,划分清楚各级政府相应的财政责任,加大中央财政和省级财政承担的比例。首先,省级财政主要负责奖励性绩效工资,中央财政和地方财政主要负责基础性绩效工资;而且,中央财政对中西部不发达省份的财政支持力度必须加大。其次,确定中央财政和地方财政对基础性绩效工资各自应负的责任,可以根据经济发展状况、地区人口数量与教师数量等标准,将全国各个地区划分为发达、中等和贫困三类地区,发达地区的基础性绩效工资主要由地方财政负担,中等地区中央财政和地方财政各自承担一半,贫困地区以中央财政承担80%,地方财政承担20%;而且,对于特别贫困的县级地区,中央财政和省级财政还要加大支持力度,甚至全额支持。最后,省级财政必须对绩效工资加大投入力度。一是因为省级财政比县级财政更有实力;二是因为省级财政紧靠中央财政,统筹各个县级财政,回旋余地较大。为确保这些做法落实到位,各级政府相关部门必须协同建立一个督查问责系统。加强督查中央财政、省级财政和县级财政各自承担的绩效工资保障经费的落实情况,并重点对省级财政所承担的绩效工资保障经费的总额、比例与统筹情况等进行督查。中央相关部门还要对绩效工资政策在执行过程中需要注意的细节作出详细的规定,并将其作为督查各地实施情况的依据。

二、加强对绩效工资政策的宣传

要想使政策得到众人的认同和支持,就必须让众人对政策有深入的了解,这就离不开相关部门对政策的有效宣传、解释。作为政策实施对象,教师理应对义务教育教师绩效工资政策具有知情权,此外,由于政策涉及方方面面、各方对其都十分敏感,且涉及广大教师的切身利益,所以,更应加大宣传力度,消除政策认识不清导致的误解和冲突。

在政府层面,义务教育教师绩效工资政策的执行必须靠各级政府的教育管理部门、财政部门、人事部门协作完成。同样,该政策的宣传解释工作也应由这些部门来承担,只有这样,政策宣传才能更有效。各级政府教育管理部门是政策执行的综合部门,所做的宣传工作应该是总体性的,一般包括制定宣传纲要、解读重点内容以及培训宣传人员、督导宣传工作等;各级政府财政部门负责绩效工资资金的落实,指导学校对奖励性绩效工资的发放,也包括发放时间、工资水平、计算方法等方面;各级政府人事部门需要做的工作相对来说较为具体,主要包括教师编制的制定、教师职称的评定、绩效考核和经费管理,这些都是绩效工资发放前必须做的工作。

当前,义务教育教师绩效工资政策的宣传解释主要是通过逐级召开各种宣传会议来进行的,从中央到地方,再到义务教育学校,最后使教师对政策有一定了解。虽然这种宣传方式有及时、可靠的优点,但其滞后性也十分突出。因此,随着政策执行的深入,应该考虑更好、更多的宣传方式,比如,各级政府相关部门可以设专人或专门组织跟进绩效工资政策的深入执行,对政策执行过程中出现的一些新问题,通过报纸、杂志、网络等媒体做好答疑解难,通过这一方式进行宣传解释时一定要坚持实事求是的原则,倾听广大教师心声。各级政府相关部门首先要对义务教育教师绩效工资政策的意义进行宣传,让广大教职工认识到该政策旨在切实提高义务教育教师的工资待遇,提高教师地位,保障教学质量,促进义务教育发展。其次要让广大教师意识到义务教育教师绩效工资政策的执行并不仅仅意味"涨工资",这项政策是一种新的激励机制和工资调整机制,是与学校的绩效考核机制、津贴补贴相结合。除此之外,各级政府相关部门还要详细解释绩效工资总量的核定、各部分工资的构成比例等,着重强调在绩效工资的分配上坚持多劳多得、优绩优酬,重点向一线教师、班主任、骨干教师和做出突出成绩的其他工作人员倾斜的原则,从而使广大教职工对这项政策有根本的理解。

三、建立健全强有力的监督问责制度

导致教育政策执行失真的原因有很多,例如政策执行者带着主观情感来理解,并向目标群体宣传政策;教育政策的执行触碰了政策执行者的既得利益,或激化了其与目标群体之间的利益冲突等。落实义务教育教师绩效工资政策需要各级政府切实承担责任,需要各级财政予以大力保障,为此,必须建立起有力的监督问责机制,保障各级政府与财政责任落实到位。在监督问责的内部内容方面,加强对中央财政拨付经费和地方配套经费落实情况的督查,并重点督查地方配套经费中省级财政承担经费的总额、比例与统筹情况等。在监督问责的外部标准方面,重点与公务员的平均工资水平进行动态比照,并建立起与之同步增长的机制。在监督问责的对象方面,建议国家将义务教育教师绩效工资的落实情况作为对各级政府、人事、财政、教育等相关部门和主要领导人每年政绩考核的重要内容,纳入其工作考核评估体系,并明确奖惩机制。只有切实将监督机制建立起来,义务教育绩效工资政策的执行才能更顺利、更彻底,政府的执行力度和职责落实到位才能得到保证。

第三节 学校绩效工资政策执行改进

义务教育绩效工资政策的绩效实现,最终要体现在学生的成长和教师的发展上,学校是绩效工资政策实施的主阵地。

一、制定政策执行细则过程中加强教师的民主参与

在调研中发现,近一半的教职工反映绩效工资的分配方案和考核方案在校内是不公开的。很明显,基层学校在制定政策执行细则过程中,缺少教师的民主参与。要解决这一问题,最先考虑的应该是绩效考核小组的构成。坚持自主自愿、学期轮流的原则,一线普通教师在绩效考核小组构成中所占比例至少保持在50%,给予每位一线普通教师参与教师绩效工资考核的机会,从而充分调动广大一线普通教师的参与积极性,广开言路。

关于绩效工资分配方案和考核方案的制定,各中小学应该在校长的领导下,全校教职工都参与其中。首先,校长在全校教职工大会上动员大家积极参与本校实施细则的制定,告知制定实施细则的一些基本要求;随后成立以校长为中心的临时小组来制定实施细则的初稿。与此同时,允许每一位教职工在一个月内向临时小组表达自己的想法。在征集了广大教职工的建议后,临时小组要以教职工的建议为参考,完善绩效工资分配方案和考核方案;然后,进行二次公开征集教师意见。在统筹各方利益后确定政策实施细则,并进行公示,而后准备实施。

制定政策执行细则过程中强调教师民主参与,加强教师对绩效工资政策的关注。教师是教育事业的承担者,是教育工作的组织者、领导者,对我国教育事业的发展有着举足轻重的作用。义务教育教师绩效工资政策不仅仅关系到教师的工资待遇,更与教师的未来发展、工作方向有着紧密的联系。作为此项政策的目标群体,义务教育教师应该通过充分利用各种宣传会议、网络等渠道加强对绩效工资政策的了解来切实维护自己的合法权益。让广大教职工认识到该政策旨在切实提高义务教育教师的工资待遇,提高教师地位,保障教学质量,促进义务教育发展。

二、加强校内绩效工资政策的透明度

加强校内绩效工资政策的透明度,包括学校层面深入细致宣传促进绩效工

资政策的透明度和本校具体实施的绩效工资的分配方案和考核方案的公开透明。

首先,学校层面绩效工资政策的宣传须落实,促进校内绩效工资政策的透明度的提高。由于教师的工作、生活大半部分是与学校息息相关的,因此学校与教师的接触最直接,对教师的影响也最深刻。学校可通过多式多样宣传方法提高国家绩效工资政策透明度。如针对大多数教师共有的疑问,可以召开全体教师会议进行答疑;若个别教师有意见,可以单独谈话。又如在寒暑假期间,就对绩效工资政策的看法走访教师;组织关于绩效工资政策的知识竞赛,激发广大教师对政策内容的兴趣。除此之外,还可以利用问卷调查、咨询电话、网络、报栏、黑板报等各种方式进行广泛的宣传,以加强校内绩效工资政策的透明度。

其次,绩效工资的分配方案和考核方案应在校内公开。学校绩效工资的分配方案和考核方案,绩效工资总量的核定、各部分工资的构成比例、具体考核指标等的公开,更容易让广大教师意识到义务教育教师绩效工资政策的执行并不仅仅意味"涨工资",这项政策是一种新的激励机制和工资调整机制,是与学校的绩效考核机制、津贴补贴相结合的。从而促进教师进行理性的自我评价,对每一个教师而言,理性的自我评价不但能够在为人处世方面反省自我,使教师在为人师表方面更为沉稳,而且能让教师认识到自己教育教学工作中的得与失,使教师改进自我,促进其专业发展。因此应做到以下两点:第一,学校绩效工资的分配方案和考核方案详细内容及时公开,让教师个人在政策实施初期对相关内容有所了解,使得绩效工资政策对教师的工作有指导意义,从而促进教师专业性发展,业务能力的提升,最终实现工资的增长。第二,在学校绩效考核小组对教师的工作成效进行评估的过程中,教师不仅要参考考核结果来提升自己,还要倾听同事、学生、学生家长及关注绩效工资的社会人士对自己的评价,争取得到全面的考核结果;同时学校也应要求教师在日常的教育教学工作中经常比照绩效考核指标对自己的各个方面进行考评,以促进绩效工资政策落实到每一位教师身上。

三、建立科学的绩效考核制度

首先，建立合格的绩效考核小组。一个合格的考核小组应该联合学校各个机构，对整个学校的绩效考核工作进行规划和组织，组织制定绩效考核计划，向教师宣传绩效考核内容、原则、目标等；应该通过交流与沟通，了解每个教师的工作情况，对他们的绩效考核工作提出有效的建议；应该及时了解绩效考核的最新信息，熟悉考核技巧和方法，为教师绩效考核工作提供咨询，向学校决策机构推荐绩效考核工具、专家等；在考核结果出来之后，应该对其进行评估，并关注教师们的反馈，兑现绩效工资金额，做好后续工作。

其次，构建科学的绩效考核指标体系。要解决教师绩效考核难的问题，就必须构建一套具有激励导向功能且符合教师行业特色的绩效考核指标体系。绩效考核指标体系的构建应该从以下几点入手：第一，定量与定性相结合，不宜细化。教师工作的特殊性、复杂性决定了其难以被量化，因此，指标体系应尽量强化教师工作中隐性部分的可操作性，例如师德、对学生人格养成的影响、教学态度等方面应赋予一定系数。但是，对教师工作的考核不宜过度量化，这是由教师工作的特殊性决定的，有时对教师的工作成果进行模糊考核，更为科学合理。第二，重视绩效考核指标体系对教师成长的导向功能。一个既定的绩效考核指标体系会在很大程度上引导教师工作的方向、教师未来发展的方向，因此，在制定绩效考核指标体系时，不能仅仅参考教师过去、现在的教学工作，更要适当、合理地预测教师未来的发展走向，从而引导教师合理规划自己专业的未来发展，促进教师健康成长。第三，绩效考核指标体系的设计要有针对性。如果所在的工作岗位不同，那么其工作内容、工作成果的体现方法也必然各有差异；而且，教龄的长短，对教师工作的影响也很大。因此，在设计绩效考核指标体系时，要全面考虑岗位、学科、教龄等方面因素。

最后，建立双向绩效考核反馈机制。要调动教师的积极性，必须引导教师对新的考核制度有充分的理解。第一，学校绩效考核小组要及时将考核结果反馈给教师，使教师客观、全面地看待自己，发扬优点，查找问题并及时解决，从而促进教师的发展；如果教师对考核结果有异议，也可以反馈给学校绩效考核小组，从而推动考核小组优化绩效考核指标体系、民主化考核进程。第二，要让广大教师意识到义务教育教师绩效工资政策的执行并不仅仅意味"涨工资"，这项政策是一种新的激励机制和工资调整机制，是与学校的绩效考核机制、津贴补贴相结合的。第三，各级政府相关部门还要详细解释绩效工资总量的核定、各部分工资的构成比例等，着重强调在绩效工资的分配上坚持"多劳多得、优绩优酬，重点向一线教师、班主任、骨干教师和做出突出成绩的其他工作人员倾斜"的原则，从而使广大教职工对这项政策有根本理解。

第十章　乡村教师队伍建设财政保障机制

高素质的教师队伍是教育质量提升、学生综合发展的重要保障，乡村教师作为我国教师队伍的重要组成部分，是提升乡村教育质量和传承乡村文明的重要力量。乡村教师的绩效工资是整个绩效工资政策的短板和薄弱环节，在目前"以县为主"的义务教育管理体制下，乡村教师绩效工资的财政保障机制不健全，必须重构新的财政保障机制。

第一节　乡村教师队伍建设的举措

乡村教师队伍的建设既是我国教育发展的重点，也是一个难点。近 20 年来，我国乡村教师队伍建设方面采取了一系列有成效的措施，乡村教师队伍建设的保障性政策和发展性政策不断出台，乡村教师队伍建设取得很大成就。然而，乡村教师队伍建设方面仍然存在问题和困难。新时期，只有立足于现实问题，才能造就一支素质优良、甘于奉献、扎根农村的教师队伍，为义务教育均衡发展和教育公平提供坚强有力的师资保障。在乡村教师队伍建设方面，我国主要采取了以下三种举措：第一，出台法律保障乡村教师队伍建设。第二，开展专项计划，一方面，引导支持优秀大学生到乡村地区任教，为乡村教师队伍注入"新鲜血液"，如"特岗教师计划"和"免费师范生计划"；另一方面，为中小学教师提供专业发展的机会，促进乡村教师专业成长，如"中小学教师国家培训计划"。第三,开展各种形式的协同互助,加强教师之间的沟通和交流,促进教师队伍的专业成长。

一、法律引领

党和国家历来重视乡村教师队伍的建设,在教育法律法规中得到明显的体现。首先,在对乡村教师队伍建设的整体把握方面,《中华人民共和国义务教育法》(2015修正)、《国家中长期教育改革和发展规划纲要(2010—2020年)》等法律文件中都特别关注了乡村教师队伍建设的内容。尤其是《国务院关于加强教师队伍建设的意见》中,明确指出"中小学教师队伍建设要以农村教师为重点,采取倾斜政策,切实增强农村教师职业吸引力,激励更多优秀人才到农村从教",力争从乡村教师队伍建设的各个方面进行整体把握(国务院,2012)。其次,提升乡村教师福利待遇。2006年出台的《中华人民共和国义务教育法》明确规定要改善教师工作和生活条件,保障教师工资福利和社会保险待遇是各级人民政府的重要责任,教师的平均工资水平应当不低于当地公务员的平均工资水平。要提高民族地区和贫困地区教师的补助津贴(中华人民共和国第十届全国人民代表大会常务委员会,2006)。《关于义务教育学校实施绩效工资的指导意见》也提到,要"完善农村教师工资经费保障机制……要及时研究和妥善处理实施中出现的问题,确保绩效工资平稳实施"(人力资源社会保障部,财政部,教育部,2008)。教师工资水平的提高和保障是乡村教师队伍发展的重要保障,除了采取明确责任主体等措施保障乡村教师工资的及时发放以外,国家还不断完善乡村教师的社会保障制度。2015年以来,地方政府根据国家对乡村教师队伍建设的整体部署出台了一系列地方性法律法规,以优厚的政策使乡村教师社会福利得到保障。加紧支持乡村艰苦偏远地区教师周转宿舍的建设,提高乡村教师的住房条件,同时还要按规定为教师缴纳社会保险和住房公积金。根据乡村教师所在地区的偏远程度对乡村教师进行生活补贴,切实提高乡村教师的生活水平和福利待遇。再者,在提升教师专业水平方面,不断出台政策保障乡村教师培训的数量和质量。《国家中长期教育改革和发展规划纲要(2010—2020年)》指出,"以农村教师为重点,提高中小学教师队伍整体素质……完善教师培训制度,将教师培训经费列入政府预算,对教师实行每五年一周期的全员培训。"(国家中长期教育改革和发展规划纲要工作小组办公室,2010)。《国家教育事业发展第十二个五年规划》指出,要为乡村教师的专业发展提供支持和保障,创新农村义务教育阶段乡村教师全员培训模式。最终,确立了乡村教师每五年一周期的全员教师培训制度,推行教师培训学分制度(中华人民共和国教育部,2012)。2012年9月颁布的《国务院关于深入推进义务教育均衡发展的意见》提出要合理配置教师资源,要求逐步实现城乡统一的中小学编制标准,并对村小学和教学点予以倾斜(国发〔2012〕48号)。

二、专项支持

在教育政策出台和落实的过程中,21世纪以来我国组织实施了促进农村教育发展和乡村教师队伍建设的专项计划,涉及乡村教师队伍建设的各个方面。

(一)特岗教师计划

2006年,教育部、财政部、人事部、中央编办制定的《农村义务教育阶段学校教师特设岗位计划实施方案》规定,"特岗计划"的具体做法是中央财政设立专项资金,在事权不变的前提下,在国家西部地区"两基"攻坚县(含新疆生产建设兵团的部分团场),以及纳入国家西部开发计划的部分中部省份的少数民族自治州、西部地区一些有特殊困难的边境县、少数民族自治县和少数民族县招聘教师,所招教师称为特岗教师。政策规定特岗教师必须到农村中小学校任教,招聘对象以应届本科毕业生为主,少量招收应届专科毕业生,师范类和非师范类毕业生均可报考;取得教师资格,具有一定教育教学实践经验,年龄在30岁以下的全日制普通高校往届本科毕业生。特岗教师3年聘期视同"农村学校教育硕士师资培养计划"要求的3年基层教学实践(教育部,财政部,人事部等,2006)。2009年,"特岗计划"的实施范围由2006年规定的湖北、广西、海南、重庆、四川、贵州、云南、陕西、甘肃、宁夏、新疆、青海、新疆生产建设兵团13个省区增加到河北、山西、内蒙古、吉林、黑龙江、安徽、江西、河南、湖北、湖南、广西、海南、重庆、四川、贵州、云南、陕西、甘肃、宁夏、青海、新疆、新疆生产建设兵团 22 个省区。"特岗计划"所需资金由中央财政和地方财政共同承担,以中央财政为主。中央财政设立专项资金用于"特岗计划"教师的工资性支出。2012 年起,中央财政特岗教师工资性补助标准提高为西部地区人均 2.7 万元,中部地区为 2.4 万元。设岗县财政负责落实用于地方性津贴补贴、必要的交通补助、体检费和按规定纳入当地社会保障体系,享受相应的社会保障待遇。

(二)免费师范生计划

2007 年 3 月 5 日全国人大五次会议的政府工作报告中指出,教育部直属师范大学实行免费师范生教育,以促进教育发展和教育公平。从 2007 年秋季入"免费师范生计划"开始实施,由教育部直属的北京师范大学、华东师范大学、东北师范大学、华中师范大学、陕西师范大学和西南大学六所部属师范大学为乡村地区培养免费师范生。从 2013 年秋季开始,江西师范大学加入免费师范生培养行列;2015 年,福建师范大学、闽南师范大学推行免费师范生教育(只招收福建省生源且只招男生);2012 年起,北京师范大学、华东师范大学、东北师范大学、华中师范大学、陕西师范大学和西南大学从到小学任教的免费师范生中招收教育硕士专业学位研究生,支持师范毕业生结合中小学教学工作实际继续深造和专业发展。教育硕士研究生的培养,旨在使免费师范毕业生具备先进的教育理念、良好的职业道德和创新意识、扎实的专业知识基础、较强的教育教学实践反思能力,为将来成长为优秀教师和教育家奠定坚实基础。

(三)中小学教师国家培训计划

根据党的十七大关于"加强教师队伍建设,重点提高农村教师素质"的要求和《国家中长期教育改革和发展规划纲要(2010—2020 年)》精神,全面提高教师队伍素质,教育部、财政部决定从 2010 年起实施"中小学教师国家级培训计划"(以下简称"国培计划")。它包括"中小学教师示范性培训项目"和"中西部农村骨干教师培训项目"两项内容;2012 年起增加"幼师培训项目",目的在于促进中小学教师尤其是农村中小学教师队伍的整体素质。2010年至 2016 年期间,国培项目的开展对乡村教师的专业发展起到了很大的促进作用。

"国培计划"具有很强的示范效应,为广大乡村教师提供优质培训服务的同时,也促进了地方培训的开展和完善,逐渐形成了中央政府、地方政府和学校共同承担的乡村教师培训体系。

三、协同互助

乡村教师专业成长既是乡村教育发展和学生成长成才的保障,也是乡村教师的内在需求。19 世纪 80 年代以来,我国更加重视教师专业发展的一体化,实现职前培养、岗前培训和职后研修助推乡村教师专业成长。乡村教师专业成长越来越走向协同与互助。第一,乡村教师专业成长参与主体更加多元,既有大学、教师教育中心、教育服务公司,也有国内外的非营利组织。第二,在乡村教师专业成长过程中,乡村教师的主体性得以彰显。乡村教师要在特定教育情境中,在主动性得到充分发挥的过程中实现专业成长。第三,乡村教师专业成长实践模式更加多样化,既有传统的讲座,也有参观访学、工作坊、专家对话与反思。第四,乡村教师专业成长越来越趋向于"走出去"和"引进来"的结合。城市化进程中适龄儿童的减少,意味着乡村学校规模的缩小,小规模学校之间的紧密联系需要教师与其他学校或中心校教师进行研修和学习,同时将教育理念和教学技巧运用到教学实践之中。

第二节 乡村教师队伍建设的挑战

乡村教师队伍建设存在的问题主要体现在以下五个方面:第一,乡村教师数量不足,结构不优;第二,乡村教师社会地位较低,专业认同较差;第三,乡村教师队伍稳定性不强;第四,乡村教师队伍专业成长乏力;第五,乡村教师队伍管理有待改善。

一、数量不足，结构不优

在新型城镇化背景下，我国农村教师问题逐渐凸显放大：教师数量相对不足与绝对过剩问题并存；农村偏远地区学校教师岗位对年轻教师的吸引力不足；农村教师队伍结构不合理及素质有待提升等（刘善槐，邬志辉，2014）。一项针对全国十九个省、自治区、直辖市农村教师队伍素质、待遇及其他一些相关问题的调查研究显示，我国农村教师队伍建设方面存在以下一些问题：第一，农村教师队伍数量相对不足，许多地区师生比较高，普遍存在大班额现象；第二，农村教师队伍地域分布不够合理，地区间和城乡间差异较大；第三，农村教师队伍结构不合理，主要体现在学科结构、学历结构、知识结构、年龄结构和性别结构不合理；第四，农村教师队伍思想素质有待提高；第五，农村教师队伍业务素质偏于一般；第六，农村教师队伍社会地位和待遇较低、自我认同感不高、不稳定（廖其发，2005）。朱旭东认为我国农村教师队伍建设中存在的问题主要有以下几个方面：第一，农村教师工作生活条件艰苦，负担较重，待遇普遍低；第二，农村优秀教师流失严重，教师队伍稳定性差，年龄结构老化；第三，农村教师数量短缺，特别是结构性学科教师短缺等问题较为突出；第四，农村教师整体素质不容乐观，且培养保障机制缺乏；第五，农村教师工作状态不佳，积极性不高，职业倦怠严重（杨东平，黄胜利，2013）。

二、社会地位低，专业认同差

"优秀人才不愿去、一般人才进不去、不合格教师出不来"成为当前乡村教师队伍建设困境的写照。教师身份的构建是在他的个人志趣、理想与所处社会历史环境、家庭环境及社会他人的互动中进行的（胡艳，2015）。中国社会经济发生的巨大变化导致农村教师对教职理解的差异才是职业转换的根本原因；而基于职业价值观和职业兴趣的农村教师选拔制度才是农村教师补充机制的关键，只有这样才有助于缓解社会环境变化造成的教师流失问题（王双龙，2016）。乡村教师流失严重影响了乡村教育的发展，通过生活史的视角对特岗教师进行全景式的考察发现：社会资本的缺失是"特岗教师"入职选择的主要动力；实践中遭遇的四种冲突（"铁饭碗"与低收益的冲突；初期的专业热情和后期专业发展制度缺失的冲突；乡村社会重教传统与学生学习现状的冲突；精神生活需求和现实条件制约的冲突）是特岗教师流失的主要动力机制，也是乡村教师流失的普遍动力。解决乡村教育师资问题的关键，在于培育具有乡土情怀的教师，不仅要提高教师的物质待遇和丰富教师的精神生活，而且要打通农村教师向上流动的通道（横向和纵向流动机制的建立）（刘敏，石亚兵，2016）。虽然当前我国乡村教师发展过程中存在诸如质量、待遇、职责等多重问题，但更为深层次的原因却是日益增长的乡村教师身份认同危机。在他者规训异化与自我统整迷失的双重交构下，乡村教师的文化符号象征意义几近丧失、内在根本素质遭致否定、社会身份角色日益游移不定。为确保乡村学校教育教学活动的有序开展，有必要从外塑和内砺两个方面增强乡村教师的身份角色认同感，保证其在地域、身份、价值取向上都获得归属感（容中逵，2009）。

三、队伍稳定性不强

农村教师不仅是农村教育的承载者和农村知识分子主体，而且是农村公共舆论和社会文化的重要传播者。因此，农村教师的思想状况、工作水平及其成效，直接关系着广大农民子女的健康成长，直接影响着农村的发展与稳定。西部农村教师队伍建设存在的最大问题是"隐性流动"，而真正吸引农村教师向外流动的是城镇教师的工作生活环境（于海波，2012）。《中国农村教育发展报告2013—2014》统计数字显示，农村教师队伍中有51.2%的人被初次配置到乡村学校，但在二次配置中有56.9%的教师调进了县城，有36.7%的农村教师"想要离开"现在的岗位。在县域教师流动中，有67.3%为"向上流动"，28.2%为"平行流动"，4.5%为"向下流动"，而且流动者多为年轻教师、高职教师和优秀教师（邬志辉，秦玉友，2015）。更有学者认为乡村教师"不是在逃离，就是在逃离的路上"是当前农村教育的一大困境（谢丽丽，2016）。

四、专业成长乏力

农村教师专业成长面临的困境主要体现在以下三个方面：第一，教师专业发展标准取向使农村教师面临专业身份认同危机；第二，教师专业发展的城市取向使农村教师丧失了应有的话语权；第三，教师专业发展的外生性模式使农村教师失去了积极主动性（李介，2016）。乡村教师认为他们越来越成为知识上的"矮子"，多数教师说他们上班之后很少主动学习，已有的教学理念、教学方法都是学校上学时学到的，知识陈旧并未得到及时更新（谢丽丽，2016）。为促进乡村教师队伍建设，为乡村教师提供专业成长支持，应该建立高等学校定向支持农村教师培养的机制。一方面要加强培养，另一方面高校还要充分发挥自己的理论优势，用先进的理论技术支撑中小学校发展（孙德芳，林正范，2014）。一项对农村教师工作生活质量（Quality of work life）的研究显示，农村教师生活缺少文化氛围，应该满足乡村教师的精神生活需求，促进乡村教师身心健康的良性发展（孙钰华，2007）。

五、教师管理有待改善

有学者对我国西部农村地区教师集体性维权行动进行了分析，发现"以县为主"体制确立以后农村教师的集体性上访活动源于两方面的因素：一是地方行政部门和教育体系内部的利益分配所产生的冲突更为复杂；二是维权教师集体行动的能力逐步增强。2007年以后，由于全国不同地区的教师集体请愿行动的加剧，中央加快了教师绩效工资制度的改革，提高了公办教师的工资待遇。然而，研究表明单纯依靠增加财政投入，并不能够保证教师队伍的稳定（肖唐镖，2011）。同时，乡村教师编制管理也存在问题。对我国12个省份的农村教师调查显示，农村教师编制存在分布结构、供给结构和功能结构等多重矛盾（刘善槐，2016）。随着教育行政部门的考核与问责的增多，学校日常管理也越来越精细化，有学校甚至出现上班签到和下班签到的现象。

第三节 财政保障面临的困境

由于历史原因,农村教师队伍建设财政保障没有得到足够的重视,农村与城市教育发展差距越来越大。有专家呼吁,要以公共财政保障农村教师工资水平和社会经济地位(雷万鹏,2007)。也有专家指出,改善农村教师经济地位,提高职业吸引力是乡村教师队伍建设的关键(邓泽军,2013)。因此,乡村教师福利待遇问题是乡村教师队伍建设的关键,也是财政保障机制面临的主要困境。具体体现在乡村教师工资水平低、工资外其他收入不足以及生活补贴规模较小三个方面。

一、乡村教师工资水平低

根据对浙江、河北、四川三省(市、区)的调查,当前农村教师工资存在薪酬额相对偏低、差异依然较大、构成不够科学、分配不够合理等问题,没有充分体现农村教师任教的农村性和均衡性,缺乏足够激发农村教师任教的积极性和长期性,导致农村教师产生离农脱教、消极无为的思想和行为(容中逵,2014)。一方面,从城乡教职工工资总额上看,农村小学仅为城镇小学的56.03%(东部)、81.65%(中部)和86.50%(西部),农村初中仅为城镇初中的69.08%(东部)、85.45%(中部)和78.36%(西部);农村教师基本工资和工资总额占城镇教师的比例,小学相差55.49(东部)、17.61(中部)和12.98(西部)个百分点,初中相差34.60(东部)、5.83(中部)和17.92(西部)个百分点(根据《义务教育均衡发展报告2010》中相关数据整理而来——原注)(邬志辉,李涛,周兆海,2012)。另一方面,从乡村教师工资增长的绝对性和相对性来看。北京师范大学杜育红教授指出,过去20年间,名义工资方面,小学教师增长了16.30倍,中学教师增长了16.90倍;实际工资方面,小学教师增长了5.99倍,中学教师增长了6.26倍(杜育红,2001)。

但是中小学教师行业工资在国民经济行业中的位次偏低，小学教师工资位于第10—16位之间，中学教师工资位于第9—14位之间（薛二勇，杨小敏，2014）。一项在湖南省进行的乡村教师队伍建设调查显示，乡村教师工资偏低的原因主要有三个方面：第一，乡村教师收入没有完全随经济社会发展而相应增长，收入水平往往是一次性整体上浮，在一定时间内变化不大。第二，农村义务教育经费分担以县为主，重心偏低。随着新政策的陆续推行，农村地区的教育附加费、教育集资和学校学杂费收入均已切断，虽然有部分财政转移支付，但是由于缺乏相应的配套政策和措施来补充和保障农村教师的津补贴来源，进一步拉大了农村贫困地区教师地方性补贴的缺口（赵雄辉，吴停风，2012）。面对人才市场的激烈竞争，提高乡村教师的工资水平是促进教师队伍稳定的重要举措。一方面要控制教师行业与其他行业工资水平之间的差异；另一方面又要控制同一级教师工资的水平差异（薛二勇，杨小敏，2014）。

二、工资外的其他收入不足

城乡教师工资的差距主要体现辅助性工资的差距上。第一，发放标准远低于当地公务员；第二，津贴补助类别不明晰且档次偏少，没有体现"条件越艰苦津补贴越高"的积极差别对待原则；第三，津贴补助多从绩效工资中支出；第四，经费承担县级政府是主体。从对各地政策文本的分析看，主要有四种经费承担方式：一是县级政府独立承担，占54.13%；二是市级政府独立承担，占5.50%；三是省级政府独立承担，占12.84%；四是地方各级政府按比例分担，占10.09%（邬志辉，李涛，周兆海，2012）。为保证农村所需的教师愿意来、留得住，应提高农村教师的综合待遇水平，增强农村教师的获得感。调查显示，工资福利待遇与职称晋升机会是影响教师是否选择在农村任教的最重要的因素，分别有76.89%和50.06%的教师认为其重要，而认为提供交通补助、改善住房条件、子女教育保障和更新学校设施重要的教师分别占33.67%和24.80%、19.04%和11.31%。因此，在制定农村教师待遇标准时应把这些因素作为主要因素考量（刘善槐，2016）。在市场经济条件下，特别是城乡生活条件存在巨大差距的情况下，泛道德化的精神激励是无法为农村学校吸引优秀教师的。因此，在完善乡村教师绩效工资，保证乡村教师工资不低于同地区公务员的工资水平，建立乡村教师工资增长机制，实现乡村教师工资实质性增长的基础上，我国应实施全面薪酬激励政策，即在给农村教师一定的津贴、福利、奖金、津贴、住房、体检等物质性激励的同时，还要加强学校文化、教研氛围、外出学习、荣誉称号等精神激励建设（邬志辉，李涛，周兆海，2012）。具体来说可根据从教年限、任教地区偏远程度和经济发展水平建立乡村教师日常生活保障机制。

三、生活补贴规模较小

根据《中共中央、国务院关于加快发展现代农业进一步增强农村发展活力的若干意见》，要求要落实对在连片特困地区乡、村学校和教学点工作的教师给予一定的生活补助。教育部办公厅通报了 2015 年连片特困地区乡村教师生活补助实施情况（如表 10-1 所示）。

表 10-1　2015 年全国连片特困地区乡村教师生活补助实施情况表

序号	省份	连片特困地区县情况			实施县情况				
		县总数（个）	实施县数（个）	所占比例（%）	乡村教师			支出资金	
					教师总数（万人）	覆盖教师数（万人）	所占比例（%）	平均补助标准（元/月/人）	资金总额（万元）
	总计	699	573	82	113.12	104.36	92	262.44	343 912.10
1	四川	60	60	100	8.99	8.78	98	441.89	46 565.28
2	湖南	37	37	100	9.96	9.64	97	403.66	46 696.15
3	兵团	19	19	100	0.35	0.35	100	377.21	1 602.82
4	湖北	26	26	100	6.16	5.70	93	362.04	24 784.62
5	吉林	3	3	100	0.80	0.80	100	358.03	6 970.71
6	江西	17	17	100	5.86	5.36	91	312.93	31 849.77
7	重庆	12	12	100	4.54	4.54	100	294.90	16 064.42
8	河北	22	22	100	4.13	4.11	99	293.91	14 484.57

续 表

序号	省份	连片特困地区县情况			实施县情况				
					乡村教师			支出资金	
		县总数（个）	实施县数（个）	所占比例（％）	教师总数（万人）	覆盖教师数（万人）	所占比例（％）	平均补助标准（元/月/人）	资金总额（万元）
9	山西	21	21	100	2.62	2.60	99	290.36	9 059.99
10	广西	29	29	100	4.88	4.83	99	257.07	14 886.98
11	西藏	74	74	100	1.65	1.65	100	242.02	4 798.68
12	河南	26	26	100	12.40	12.38	99	238.37	35 413.44
13	宁夏	7	7	100	1.16	1.16	100	236.45	3 277.42
14	黑龙江	11	11	100	1.71	1.67	98	224.99	4 519.39
15	内蒙古	8	8	100	98	0.98	100	198.14	2 341.32
16	新疆	24	24	100	7.84	7.84	100	196.78	18 510.41
17	安徽	12	12	100	6.23	4.77	77	194.95	11 168.34
18	甘肃	58	58	100	15.30	13.00	85	135.14	21 083.27
19	陕西	43	41	95	5.66	4.67	83	148.91	8 345.01
20	贵州	65	35	54	7.23	7.23	100	213.56	18 528.45
21	青海	40	10	25	0.40	0.37	93	113.41	502.43
22	云南	85	21	25	4.27	1.93	45	106.18	2 458.64

注：江西资金总数含补发2014年资金11 731万元。吉林资金总数含补发2014年资金3 527万元。
资料来源：教育部办公厅．教育部办公厅关于2015年连片特困地区乡村教师生活补助实施情况的通报［EB/OL］．

从补助覆盖范围来看，有连片特困地区县的21个省（区、市）及新疆生产建设兵团（以下统称22个省份）共有699个连片特困区县。2015年，这22个省份的573个县已实施乡村教师生活补助，覆盖率为82％。573个实施县中有乡村学校约7万多所，乡村教师约113.12万人，其中享受补助学校约7万所，乡村教师104.36万人，覆盖率分别达到96％和92％。从补助标准与资金投入看，2015年，各实施县共投入补助资金超34亿元，人均月补助标准为262.44元。573个实施县中，人均月补助标准在400元以上的占14％，200元以下的占 30%，其余的占 56%。从各省实施情况来看，四川、湖南、兵团、湖北、吉林等省份人均月补助标准较高。例如，四川要求月补助标准不低于400元，并鼓励有条件的地方提高补助标准；湖南按学校所在地情况，分为700元、500元、300元三个档次；新疆兵团从300余元到400余元主要分为三个档次；湖北按照乡村义务教育学校类别等情况，从300元到600元主要分为三个档次；吉林按学校所在地情况，分为500元、300元两个档次。从乡村教师生活补助存在的问题来看，一方面，推进乡村教师生活补助工作进展不平衡，个别省份进展缓慢；另一方面，补助标准有待完善，部分地区补助标准过低，近30%实施县的人均补助标准在200元以下，难以起到稳定和吸引优秀人才在乡村学校任教的作用。

第四节 财政保障机制的完善

乡村教师队伍建设受到越来越多的重视，应该在制度上做出保障，建立乡村教师队伍建设的财政保障机制，确保乡村教师能够"下得去、留得住和教得好"。《乡村教师支持计划（2015—2020）》指出，中央财政通过相关政策和资金渠道，重点支持中西部乡村教师队伍建设。地方各级政府也积极调整财政支出结构和支持力度，大力支持乡村教师队伍建设，要把资金和投入用在乡村教师队伍建设最薄弱、最迫切需要的领域。为了提高乡村教师的工资水平，要建立合理的中央财政和地方财政分担机制，建立乡村教师工资动态增长机制，依据经济发展水平和物价水平及时调整乡村教师工资。

一、建立乡村教师工资合理的财政分担机制

1985年中共中央召开改革开放以来第一次全国教育工作会议，颁布的《中共中央关于教育体制改革的决定》确立了"地方负责、分级管理"的教育行政管理体制。1994年分税制改革后，中央政府的财政能力得到加强，县级政府的

财政能力普遍削弱；然而县级政府承担的公共服务并没有减少，事权与财权不对等状况突出。在基础教育实际发展过程中，出现了"以县为主的教育管理体制"直接等同于"以县为主的教育经费保障机制"的现象。要实现义务教育均衡发展的"财政中立"原则，也即生均公共教育经费支出与本地区经济发展水平或地方财力零相关。实现县级政府的"财政中立"，需要进一步规范政府间财政转移支付制度，通过上级政府进行差异性财政拨款，以补偿贫困地区本级财力的不足（周洪宇，雷万鹏，2013）。

在教育经费投入过程中应该明确以下两个问题。第一，改变乡村地区以县为主的教育经费投入体制，强化中央政府和地方政府的投入比例。多数学者认为应该确立以中央政府和省级政府为主的教育经费投入机制，保障贫困地区乡村教师队伍建设经费投入的充足性。第二，确定合适的投入比例，既要保障权责一致，又要能够促进乡村教师队伍的可持续发展。按照财权和事权相对称的原则，明确中央政府和省级政府作为义务教育投资主体的责任和义务。乡村教师工资在划定贫苦区域标准的基础上由中央和省级财政按比例分摊，乡村教师的基本工资要由中央财政和省级财政全额支付，保证乡村教师能够按时足额地领取基本工资，并逐步提高乡村教师的工资水平。应该根据东、中、西部的经济发展水平确定乡村教师工资的财政分担机制。具体可以考虑以下几点：第一，中、西部地区由中央财政承担，东部地区由省级财政承担；第二，西部地区由中央财政承担，中部地区由中央和省级财政按5∶5分担，东部地区由省级财政承担；第三，参照农村义务教育经费保障机制改革中央和地方分担免除杂费资金的办法，西部地区为8∶2，中部地区为6∶4，东部地区除直辖市外，按照财力状况分省确定（邬志辉，李涛，周兆海，2012）。

二、建立乡村教师工资动态增长机制

乡村教师队伍的建设需要建立教师工资的动态增长机制。应该依据国家经济发展水平和地区经济发展水平动态调整乡村教师的工资水平，政府应加大对师资队伍建设的财政投入力度，并建立相关专项补助基金，努力提高教师的工资和福利待遇，设定农村教师工资稳定增长机制，健全农村教师成长的长效激励机制。义务教育以省级财政负担为主，省级政府承担均衡省内县际财政能力的责任，中央政府承担均衡省际财政能力的责任。在此基础上，建立农村教师工资福利的长效机制，这样做一是可以确保农村教师工薪收入的发放能够得到有效保障，消除其后顾之忧；二是可以确保农村教师工薪收入能在全国范围内得到有效保障，消除地域差异；三是可以确保全国农村教师工薪收入及其分配有一个可供参照的明确操作标准，减少因无统一规范带来的混乱性；四是可以有效体现广大农村教师的国家主人翁地位和社会地位，增强其工作积极性和责任心（肖正德，2014）。

三、完善乡村教师工薪构成

合理的工薪构成是乡村教师队伍财政投入机制建立的重点，既是各级政府之间财权和事权划分合理的一个表现，又是缩小城乡教师福利待遇的一个重要举措。完善乡村教师工薪构成，要以国家名义设立艰苦边远地区农村教师津贴补贴制度，使同等条件的艰苦边远学校教师同贴；科学区分农村学校及所在市县的艰苦边远程度，大幅度提高津贴补贴标准；农村教师津贴负担由各级政府按比例进行分担。应确立以中央和地方财政为主的农村教师管理体制；核定农村教师工资基数标准及其发放保障承载主体；单独列支农村教师任教津贴，增加并有效规范任教津贴、班主任津贴、交通补贴。乡村教师工薪主要由基本工资和各类津贴构成，而津贴的种类和分担主体应该进一步细化和明确。乡村教师工薪收入包括基本工薪收入和各类津贴收入，前者占教师工薪收入的60%，后者占乡村教师工薪收入的40%。乡村教师基本工薪由中央财政统一发放，其中生活工薪依据全国人均收入和消费水平统一发放。乡村教师各类津贴主要包括专项津贴，由省级财政统一统筹发放；县级财政负责乡村教师的工作津贴（包括班主任津贴、课时津贴、教龄津贴、交通津贴、误餐津贴和通讯津贴）和考核津贴（包括日常考勤、班主任考核、教育教学考核、特殊贡献考核和科研考核）。

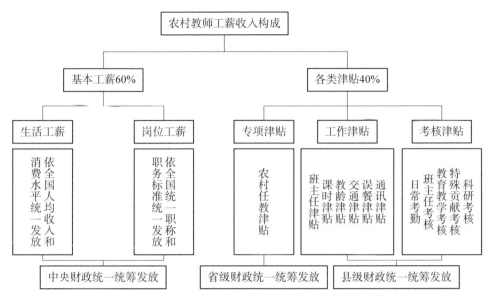

图 10-1 农村教师工薪收入构成图

资料来源：容中逵，农村教师薪酬问题研究：来自浙江、河北、四川三省的调研报告[J]．教育研究，2014.3：144—150．

四、保障乡村教师生活水平

乡村教师队伍建设的财政保障需要兼顾货币性投入和非货币性投入。

首先，科学分档，依据艰苦和偏远程度对乡村教师生活补助进行分档。针对乡村教师队伍建设中存在的问题，应该对乡村教师任教学校所在地的贫困程度进行科学分档，依照艰苦边远程度采用农村教师津贴浮动标准（以岗位定补贴金额），保障越偏远福利待遇越好。根据乡村教师队伍实际情况和经济发展水平的差异，各省市制定了符合本地实际的乡村教师生活补助政策。甘肃省采取了以下五种举措保障乡村教师生活补助的落实：第一，加强领导，落实责任；第二，强力保障，落实补助；第三，精心组织，全力推进；第四，加大投入，规范管理；第五，强化监督，大力宣传（教育部，2017）。

其次，地方政府要支持和落实乡村教师周转房建设，依法为教师缴纳住房公积金，保障乡村教师和城市教师享有相同的住房补贴。政府要制定政策并拿出资金，采取集资建房、政府资助建房、廉租房等多种方式，并综合考虑丰富教师的精神生活因素，高标准建设教师专用住宅小区，解决农村教师生活用房问题。《乡村教师支持计划（2010—2020）》颁布后，各省陆续对本省乡村教师住房问题做出规划，下面简要展示了河南省、山东省和甘肃省的政策。

河南省人民政府办公厅　河南省将首先启动实施贫困地区乡村教师周转宿舍建设工程，2016—2020年计划投入资金19亿元，重点在贫困地区建设义务教育学校教师周转宿舍3万套。同时，河南省明确要求，各地要为教师缴纳住房公积金和各项社会保险费，按规定将符合条件的乡村教师住房纳入当地住房保障范围。

山东省人民政府办公厅　妥善解决乡村教师住房问题。各地要落实无房职工住房补贴政策。逐步提高乡村教师住房公积金缴存比例，有条件的地方可提高至规定上限。适当放宽乡村教师购房贷款条件，利用各地消化库存商品房的有利时机，支持乡村教师使用公积金贷款、低息贷款购买住房。县级教育行政部门根据乡村教师居住或工作地点，统筹就近就便妥善解决其子女入园、入学问题。启动乡村教师周转宿舍建设工程。各地要结合实际建设乡村教师周转宿舍，纳入当地保障性住房建设范围，妥善解决乡村教师特别是新教师、交流轮岗教师及实习支教师范生等的居住问题，2018年年底前基本完成。政府可通过在学校或乡镇驻地购买、租赁等方式筹集周转宿舍，也可利用清理腾退的党政机关办公用房和现有校舍改建；需要新建的，按照每套建筑面积不超过35平方米，具备基本生活功能（一室一厅一厨一卫）和水电暖齐全的标准，在乡镇学区驻地建设，山区、湖区及偏远学校也可在校内建设。

甘肃省人民政府办公厅　为乡村教师修建集办公、住宿为一体的周转宿舍。从2016年开始，将解决村一级小学和幼儿园教师住宿问题列入为民办实事项目，建设周转房予以解决；把乡一级中小学和幼儿园教师住房纳入保障性住房范围，由县市区政府统一解决。足额保障乡村学校取暖费，百人以下乡村学校公用经费按照百人核定。

最后，要建立乡村教师重大疾病保障机制和身体健康检查机制。健全农村教师医疗保险、养老保险等社会保障政策，建立农村教师定期免费健康体检机制（薛二勇，杨小敏，2014），鼓励地方政府创新形式，通过多渠道筹集资金建立乡村教师重大疾病救助资金。

五、完善专项支持计划

消除我国教育贫困问题的特殊性在于，作为一个幅员辽阔的大国，不但城乡差别明显，而且各地还存在基于不同资源、环境、历史、文化的发展差距。在差异性极大的现实中，仅靠同等对待的平均推进策略，企图通过社会发展自然地缩小和弥补差距的设想是不现实的。因此，政府从以下方面着力，方能有所成效。第一，必须有对弱势家庭和弱势地区的补偿的倾斜政策，或者说，在我国这样发展差距极大的人口大国，必须同时使用"发展性"和"补偿性"两种准则，才能有效地促进普及教育，增进教育公平。第二，在加强中央和地方经费分担机制设计的同时，要强化省级政府的经费统筹力度，并在省域内建立县区教育财政能力评估制度，依据各县的财政能力状况实施省级专项财政转移支付制度，以解决县级政府的经费缺乏问题。第三，继续实行并完善西部及民族地区教育财政转移支付制度，采取城乡有别、年度递增、经费直达、强化监管的措施予以落实。

六、全教育财政监督机制

乡村教师队伍建设财政监督机制是财政资金使用和发挥作用的保障，应建立从财政资金投入到财政资金成效评估的监督机制。

第一，从教育财政投入上来看，首先要明确财政投入的主体，明确各个主体投入比例和投入重点，明确中央政府、地方政府和学校之间要做到权责一致；同时，还要考虑地方实际情况，避免财政投入"一刀切"现象的产生，保障乡村地区教师队伍建设的基本需求。从财政资金的使用上来看，要建立财政资金使用项目和标准，确保专项经费和转移支付经费使用的科学性和合理性。

从财政资金使用效率上来看，要提高乡村教师队伍建设财政资金使用效率，建立科学的经费管理和经费使用机制，让所有的乡村教师都能够享受公平的待遇。

第二，要建立乡村教师财政使用公开制度，定期向社会公开乡村教师队伍建设资金的使用情况。

第三，不仅要明确经费使用责任人，建立追责制度，而且要实施教育经费单列制度，确保各级政府履行财政责任。

下篇　义务教育学校绩效管理

第十一章 义务教育学校绩效管理运动的全球性浪潮

自20世纪70年代起,新公共管理运动中的效率、绩效、市场化和权力分配等理念,影响了全球各地公共部门的改革与发展,政府管理体制及运行方式被迫调整,教育系统也遭遇了极大的冲击。公众对于更为均衡及优质的教育的追求,以及对于教育发展的质量及效益的批判,促使绩效主义在教育改革中广泛使用。其中公共教育机构权力过度集中、学校生产力低下、教育人力资本活力不足以及教育效益标准缺乏,成为传统公共教育改革的困境。各国政府通过政校关系调整、学校绩效改进项目、绩效工资制度、绩效评价等一系列绩效管理运动,对传统的公共教育体制进行改造,试图从根本上改变公共教育体制的固有弊病,提高教育生产力。

第一节 绩效时代的义务教育学校管理思潮

绩效管理理论源于新公共管理改革和实践,其理论体系和学科范式横跨众多学科并不断发展,很难用简略笔墨概其全貌,但其核心要义是解决人们对公共需求的不断增加与政府提供的公共服务公共性不足之间的矛盾。在义务教育领域,随着教育机会的全面覆盖,市场化、绩效评估、绩效考核、学校标准化等风潮席卷全球,极大地影响了政府和学校的关系以及学校内部的教学关系。

一、义务教育学校绩效管理的理论渊薮

追根溯源,义务教育学校绩效管理的理论渊薮是新公共管理理论的兴起。第二次世界大战之后,随着凯恩斯主义在西方国家的盛行,政府对经济部门和企业界实行了全面控制,政府垄断公共服务的供给,大大弱化了市场的作用,公共管理干预模式由此出现。20世纪70年代之后,凯恩斯主义的破产催化了新自由主义的诞生。新自由主义者对凯恩斯主义所推崇的"全能政府"进行了猛烈批判,主张利用市场因素和操作方式来改善政府的公共服务;而新保守主义则强调秩序等级和国家权威。凯恩斯主义和新自由主义这两大主义的巧妙结合催化了"新公共管理"理念的诞生。虽然新公共管理的实践出现于20世纪70年代,但"新公共管理"这一概念则是由克里斯托夫·胡德在20多年之后才正式提出。随着新公共管理理论的发展与完善,各国在实践中采用不同的方式,呈现出初期侧重对公有企业的私有化改造,后期侧重政府绩效评估的特征(常文磊,王报平,2010)。这两大特点持续影响着公共部门的管理范式,也对义务教育学校管理产生了广泛而深远的影响。

二、作为教育质量保障工具的义务教育学校绩效管理

各国在实行义务教育之初,就成立了教育视导监督教育经费的使用,检查教育目标的达成,故早期的教育质量保障以外部监控为主(沈伟,2014)。到20世纪中叶,义务教育质量问题逐渐超越了学校的边界,演变为涉及各方利益者的社会及政治问题。各国、各地区政府先后建立教育质量保障体系,以此回应众多利益群体对于高质量义务教育的期待。

随着义务教育的普及以及多元主体对教育质量的关切,教育管理工作日趋精细化。义务教育学校引入"分权化""市场化""管理主义"和"表现性"等新公共管理运动中经常采用的政策技术(S. J. Ball,2003),以此改变集权化、低效率及质量下降的状况。"教育质量"以"教育绩效"的形式呈现,加速向可测量的方向演变,绩效指标等技术性工具被引入教育质量保障的框架,用以

测量教育和资源的投入与产出。教育质量的量化使得教育问责的导向日渐明晰，绩效管理由此成为教育质量保障的工具。政府通过在义务教育学校各层级质量保障体系内部引入问责和新管理主义理念，将义务教育学校的质量保障从"应付指标"演变为"面向公众"的认识理念及技术手段。绩效管理通过多方参与及对话的方式，平衡着政府、社会、市场、学生等利益相关者相互联系并有冲突的价值诉求，帮助学校应对不确定的教育环境。学校绩效管理某种程度上作为一种意识形态，表达了政府对义务教育的目的预设即实用主义理念，同时也体现了市场对学校有效利用资源的效率至上和功利主义价值观。

第二节 重构政府与学校的关系

随着义务教育学校绩效管理运动的兴起，全球领域内的义务教育学校实践中，有关国家、社会与家庭的教育权责以及公共教育与私立教育的关系等问题出现新的变化。这种变化包括各国政府努力改变政府垄断公立学校的局面、实施教育问责以及教育市场化的出现。我们可以把这种变化理解为绩效管理带来的义务教育学校新图景。

一、政府教育管理职能的重新定位

19世纪末期至20世纪中叶，西方国家的政府权力快速扩张。随着马克思·韦伯科层制理论的横空出世，官僚主义成为指导政府职能的主要意识形态。到20世纪中期，西方政府基本形成了典型的官僚制结构。伴随着权力扩张与职能膨胀，政府效率低下、缺乏灵活性等问题也日益凸显，同时也抑制了社会力量的积极性和自主性。人们开始重新审视传统的大政府模式，要求理性地调整政府职能，改变政府的工作方式。

在教育领域，教育质量低下以及缺乏效率，是传统公共教育体制最大的沉疴。新公共管理理论作为学校绩效管理的理论来源，对公共教育体制改革起了重大的指导作用，其目的在于形塑新型的管理关系。其中"有限政府"理论，主张赋予地方教育部门和学校更大的自主权，采用市场竞争机制重构政府、市场和学校三方的关系，政府从直接办学转为间接调控。新的政校权力关系改变了原先外显的控制与被控制状态，政府不再过多地直接干预学校内部的日常管理，而是通过"技术规训"，即制定绩效指标及进行绩效评估来实现对学校教育质量的监管。

绩效管理执行及绩效评估是新公共管理指导下政校关系改革的主要表现形式。在绩效管理执行层面，首先表现出分权化趋势，管理主体从一元走向多元。一方面，行政管理体制调整为中央政府宏观指导，省级政府统筹管理的形态；另一方面，政校权责日渐明晰，办学自主权回归学校。其次表现为管理以"绩效"为明确导向。在传统的管理体制下，学校管理只注重教育资源的投入，忽视教育产出及教育效能。新公共管理理论强调成本效益，主张按业绩管理，通过有序竞争，促使学校教育质量提高，满足顾客需求。在绩效评估与监管层面，一方面，评估主体从政府转为学校。学校办学绩效由政府单方评估难以避免形式化与集权化的弊端。教育管理领域引入竞争机制之后，学校成为绩效评价的主体，并直接对教育质量负责。另一方面，注重质量改进。传统的教育质量评价更为关注对教育资格的判定；而绩效管理则指向教育质量状态的认定，强调绩效责任，借此推进教育质量的改进。

二、绩效问责的改革思路

自 20 世纪 70 年代末以来，西方发达资本主义国家在经济领域开展新自由主义改革，打破了原有公私部门的分界，将经济、效率有效引入公共部门，通过合约缔结、准市场与顾客选择等方式，强调高竞争的重要性（王丽佳，卢乃桂，2013）。公共部门的改革推动了教育问责的发展，与之相关的"质量""绩效"等术语成为基础教育改革政策和文献的高频词汇，问责成为 30 多年来教育改革的重点。

义务教育主要由国家举办或资助，在新公共管理理论下，教育体系中的权利和责任被重新划分，政府缺少了过程规则的追溯机制，不得不将注意力转移到对产出与结果的控制上。目标的明确化以及责任的清晰化是有效问责的前提,因而20世纪80年代,欧美教育问责的重点发生转移,政府发起了新问责运动。它以"绩效"为明确标准,更为关注教育的产出,绩效责任成为教育问责历史中的关键词。可以说,绩效问责是在保证学校自主权的前提下,促进公共教育体制提高效率和质量的重要思路。

在美国,沿袭地方分权的教育管理体制,虽然联邦政府和州政府不对教育质量负直接责任,但教育的外溢效应影响联邦国家和各州的社会经济发展,所以联邦和州两级政府都会长期关注教育质量。绩效问责改革是美国联邦政府调控教育的具体举措。1994年通过的《提升美国学校法案》以及2001年出台的《不让一个孩子掉队》法案,都表明联邦政府在促成基于考试的高风险问责在美国教育系统中的主导地位。在澳大利亚,根据宪法规定,联邦政府通过财政控制的方式参与教育事务,各州保留教育管理权。20世纪70年代,澳大利亚集权化学校管理模式开始分化,"校本管理""地方管理学校""自我管理学校"成为这一时期改革的重点。学校自治的强化,催生了"绩效责任"制度,1992年澳大利亚发起的学校"新自我管理角色"改革运动,对学校的专业责任及教师的绩效责任做了引导性规定(谌启标,2003)。新西兰政府为推动学校绩效管理改革,建立了"紧—松—紧"的学校管理结构,其目的在于调整学校自主与绩效责任的关系,提高学校绩效(蒲蕊,2010)。

若干国家教育改革表明,绩效问责作为教育权责重新划分背景下,各国提高教育资源利用效率,保障教育质量的重要手段。力图通过多方参与和对话的方式,强化学校的绩效意识,帮助学校应对当今不确定的教育环境,是世界各国的普遍做法,这形成了政府、学校和市场的共振。

三、公共教育市场化改革

自20世纪70年代末以来,新公共管理运动在各国广泛开展,主张将私营企业的管理理念与方式引入公共部门。在教育领域,新公共管理理论对于公共教育的批评,使得公立学校的办学体制、运行机制等具有浓重政治色彩的话题受到前所未有的关注。在这一背景下,人们试图通过市场化与分权化的形式，打破国家对教育供给的过度垄断，从而改善公共教育绩效，提高教育质量。

市场化作为国家管理公共教育的工具，是重塑政校关系，提高教育质量的重要思路。改革过程中原有的政校关系被解构，市场要素介入，形成政府、市场和学校三种互相牵制力量的新架构。各国公共教育部门按照市场逻辑对义务教育体系进行结构性的变革，私人机构的介入以及政府机构企业化是打破政府垄断的基本手段。在英国，撒切尔政府出台的《1988年教育改革法案》是教育市场化运动的开端。该法案主张把市场经济理论引入教育领域，实行公共教育市场化，增强公共教育的自主性和竞争性（贺武华，2009）。撒切尔的公共教育改革将标准、自由和选择作为基本导向，强调社会责任和家长选择，引进市场化的力量，引导学校竞争，推行了包括"辅助学额计划""地方管理学校""自由入学政策""公助学额计划""教育行动区计划"以及"直接拨款公立学校"等一系列市场化改革在内的教育行动，英国公共教育得以迅猛发展。在美国，将市场机制引入教育领域同样也是改变传统公共教育体制效率低下、质量低劣等问题的主要手段。推行择校、教育分权以及公共教育私有化等实践，促使教育体制的市场化重组以及教育资源的优化配置大范围展开。实施教育券计划、特许学校等项目，充分保障教育消费者的自主选择权，建立教育供给方与教育消费方直接对话的经济关系。同时在公共教育单位内部采取企业化的组织模式和管理方式，引入自由竞争机制，促进资源配置的最优化。

从各国的改革实践来看，市场化已成为教育改革的核心内容。传统的教育体制虽然有效解决了公共教育普及化的问题，但其科层体制也同样导致结构臃肿、效率低下等弊端。市场化的资源配置方式和组织管理机制，被证明是有效的学校管理工具。

第三节 中国义务教育学校绩效管理的实践形态

我国的现代学校改革虽然比欧美国家晚了一百年，但其发展也经历了与西方国家相似的路径（劳凯声，2009）。近30多年来，绩效管理思想在我国义务教育学校改革中如影相随，发挥了重要作用。从计划集权走向自主分权，从优质项目走向新优质项目，绩效工资制度全面推开以及绩效评价成为获取资本的依据，都可以理解为绩效管理运动的中国实践。

一、从计划集权到自主分权

现代公立学校的产生是与社会的现代化进程交织促进的，公立学校系统于19世纪随着欧美国家的国家主义、民主政治的思潮而奠定。两百多年来，公立学校由政府垄断控制，政府在教育中占据绝对主导的地位。到20世纪80年代，政府垄断教育的弊端推动了公共教育体制的改革进程，人们寄希望于市场力量的介入，摆脱政府的过度控制。分享教育权力，重塑国家与教育的关系，从而改善公立学校的办学绩效，是全球化的趋势。

我国政府在1949年以后，建立了与计划经济体制相匹配的公共教育系统，通过集权化和等级化的行政管理结构，掌握了全部的教育管理权限。随着经济体制改革和全球化竞争的推进，这一教育管理体制受到了极大的冲击。1985年《中共中央关于教育体制改革的决定》将"简政放权"作为教育改革的重要内容。1993年《中国教育改革和发展纲要》则是我国公共教育自主分权改革的开端。《纲要》中有关教育新体制的规定使传统的政校关系发生了根本性的转变，市场要素的介入使原有的二维利益格局变成了三维的利益博弈。

与西方的完全市场化及政府行为的基本价值改变不同，我国公共教育市场化改革是将市场化策略作为一种可利用的工具性资源。政府向市场的权利让渡，其目的在于提高教育管理的效率，同时减轻政府的财政压力。义务教育学校的分权化改革可追溯到1985年的《中共中央关于教育体制改革的决定》，之后校本管理则将自主分权的理念深化到学校组织内部。择校、私立学校、后勤社会化、教育集团等教育市场化运动，对计划集权的办学体制产生了巨大的冲击。

二、从优质项目到新优质项目

随着义务教育的全面普及,普通民众对于义务教育的诉求发生变化,他们不再满足和停留于"有学上",而是呼吁国家为适龄儿童公平地提供优质的教育资源,这促使传统的追求"量"的义务教育扩张模式开始注重向"质"的内涵提升模式转变。现实中的学校面临两难困境:一方面,受教育资源限制,需要充当国家选择人才和个体成才的工具;另一方面,又需要超越工具性的定位,回归教育伦理性观照,实现教育机会均等(谢翌,马云鹏,2008)。为适应新的形势,以"有效学校""学校改进"和"学校重建"为代表的全球优质学校改革运动开始在我国出现。教育改革的纲领性文献《国家中长期教育改革和发展规划纲要(2010—2020年)》将加强对优质教育资源的开发与应用,扩大优质教育资源总量和覆盖面,促进优质教育资源的普及与共享,满足社会对高质量教育的需求,确定为义务教育改革发展的基本目标。

优质学校突出了高质量、高绩效的办学理念,采纳绩效理论的"顾客导向"理念,追求个体的个性发展。学校利用绩效管理这一技术工具,发挥办学自主权,以明确目标为发展标准,提高优质建设能力,最终实现学校的整体优化。在这一过程中,学校摆脱了教育行政执行机构的身份,突出学校的专业自主性。作为拥有新的教育动力及问责、评价机制的学校管理模式,优质学校的概念内涵不只是结果的静态规定性,更是不断增能的动态成长过程。

优质学校经过近十年的建设,其追求质量、崇尚绩效的价值目标不断扩展,区域之间、学校之间为提高竞争力不断丰富和扩充优质学校的内涵。2011年初,上海市将"优质学校项目"推进到"新优质学校项目",确定43所义务教育阶段公办学校成为新优质学校建设目标,其共性标准在于要求学校在短时间内必须产生增值。与原来的优质学校相比,"教育关怀惠及全体学生"以及"关注学生差异,满足多样化需求"成为新的言说目标。主要做法包括以下四点:一是依法全纳,不挑生源;二是回归本原,适应学生差异;三是积极探索,形成内外联动机制;四是百姓满意,提升学校效能(胡兴宏,2015)。新优质学校通过组织改进和教育变革的手段,整合教育资源,实现服务绩效,服务导向使服务质量成为教育质量的一部分。服务对象选择及社会评价成为人们判断学校教育质量高低的重要标准。同时人们也担心,新优质项目在着眼于质量提升的价值追求时,其建设是否会落入目标功利化、内容同质化、评价行政化的窠臼。

三、教师绩效工资制度全面推行

义务教育学校教师是一个数量庞大的职业群体,根据所能获得的最新资料,2021 年我国共有义务教育阶段学校 20.72 万所,专任教师 1 057.19 万人(中华人民共和国教育部发展规划司,2022)。如何设计义务教育学校教师的工资制度,直接关系到教师队伍的收入水平和经济地位,关系到教师的职业选择、工作态度和满意度。2009 年起全面实施的义务教育学校教师绩效工资制度,将绩效管理这一新公共管理领域普遍使用的政策工具引入教师收入分配的关键领域,在教育理论界广受争议,对义务教育学校的教育实践产生了深刻影响。理性地看,教师绩效工资制度是我国在义务教育全面普及以后,中国政府回应国家和社会各个群体对提高义务教育质量、应对社会需求变化作出的积极作为。其显性价值在于改善教师经济状况,提高教师社会地位并进而提高义务教育教学质量;潜在价值还蕴含了当时推动教育分权的设想。

绩效工资政策的教育分权首先是在政府层级之间的分权,政策中"按照管理以县为主、经费省级统筹、中央适当支持的原则"的财政保障规定,将中央的财政责任和权力在省级和地方进行划分。分权同时还存在着政府与学校之间教育权力的划分,学校可按照规范的程序和办法,根据工作量和实际贡献等因素自主分配奖励性工资,调动基层管理的积极性(胡耀宗,童宏保,2010)。

"绩效"是效率和质量的统一概念,是产品的价值载体。通过绩效进行收入分配是激励教师提高工作效能的制度工具。注重实绩、激励先进,促进发展在教育部颁布的《关于做好义务教育学校教师绩效考核工作的指导意见》中被多次强调,目的在于通过不同教学绩效教师间的收入差距,加强义务教育学校教师之间的竞争,从而提高教育产出的效率和质量。目标导向的制度将绩效评价这一技术工具引入教师管理,绩效考核的结果成为工资分配、职务晋升以及表彰奖励的重要依据，教师绩效工资政策由此成为高利害的评价。

四、学校依据绩效评价获取办学资源

自20世纪末以来，针对教育效益的绩效评价成为我国衡量教育质量的主要标准，具体表现为教育督导评估活动的全面开展。1991年我国教育部颁布了教育督导政策体系中具有关键作用的《教育督导暂行规定》，之后相继出台了《普通中小学校督导评估工作指导纲要》《关于加强教育督导队伍建设的几点意见》《督导行为准则》《关于加强教育督导与评估工作的意见》《教育督导条例》等五份指导性文件。虽然我国的教育督导评估并不是完全意义上的教育绩效评价，但从内容上看，督导评估指标已部分涵盖教育绩效标准。从督导指标的核心构成组成来看，其指标涵盖了内容标准、评价标准和保障标准三个维度，从课程建设、学生的知识掌握程度、师资水平、办学条件、经费投入以及管理质量等方面，对义务教育学校的办学质量展开评价。

2011年上海市教委颁布实施《上海市中小学生学业质量绿色指标（试行）》，据此对上海市义务教育教学质量进行监测，并将其结果作为指导学校改进和项目经费拨款的重要依据。这是我国义务教育阶段重点学校政策取消后，不同学校之间依据绩效评价的等级获取竞争性办学资本的新尝试。在我国有限的教育经费投入中，部分义务教育学校通过政府主导的绩效评价结果，获取竞争性教育经费以获得不同于其他学校的资本优势。高绩效学校凭借表现更突出的升学率、师资水平、课题成果和教学环境，在绩效评价中占据绝对优势，评价过程中评价主体的成员部分来自高绩效学校，有利于这类学校获得更高的绩效评级，使得他们最终能够获得更多的事业性财政经费之外的项目拨款。经济资本的优势又可强化高绩效学校的社会资本和文化资本的优势，形成均衡发展语境下的综合竞争优势。值得注意的是，高绩效学校在义务教育场域中基于绩效评级的学校声誉，类同于私营部门的品牌形象，可帮助学校增加潜在的资本争夺能力。

概言之，全球范围内的义务教育学校绩效管理运动导致了公共教育领域中的教育理念、教育制度以及学校管理机制的全面改革，公共教育体制发生巨大改变。过去教育作为一种完全意义上的公共产品，被赋予国家的权利与责任。政府对教育的高度垄断，使得公立学校之间缺乏竞争，教育长期处于低效状态。伴随着政府权力下放，市场化的资源配置方式和管理方式对传统教育体制提出新的挑战，学校自主权和学生选择权成为教育的中心，各方教育主体对教育资源展开激烈的争夺。学校效能与改进运动、绩效工资改革、优质学校建设等以竞争为导向的学校绩效管理实践，高度强调教育产出和学生发展。同时，市场、竞争、分权机制推动了绩效评价标准的成形，也使得教育质量更为量化。中国政府和社会已经清晰地感受到普及义务教育对长期经济增长和国民个体幸福的显著价值，但我们仍然需要持续不断地应对学校质量提升和学生认知技能提高的复杂性。

第四节 义务教育学校绩效管理中的价值冲突及平衡

我国从 1986 年颁布《中华人民共和国义务教育法》，2000 年实现总体上"普九"，2005 年建立农村义务教育经费保障新机制，到 2008 年免除城市义务教育阶段学生学杂费，经历了近 30 年的不懈努力，义务教育已经全面普及，免费接受义务教育变成现实，其发展进入了巩固普及成果、着力提高质量、促进内涵发展的新阶段。从国际经验看，义务教育免费后的发展方向是促进教育公平，提高教育质量（胡耀宗，童宏保，2010）。国家及各地方出台相关规划，将提高教育质量作为教育改革发展的战略目标之一，这标志着我国教育从规模扩张向内涵发展的战略转型（中国教科院教育质量标准研究课题组，2013）。中共十八大再次提出我国 2020 年基本实现教育现代化的目标，该目标的核心即为提升教育质量，优化教育效率。然而长期以来，我国学校管理工作对教育教学的产出关注极少，对学生学业成绩的过分关注也一直为社会所诟病。随着公共部门的私有化改造以及政府绩效评估持续影响着公共部门的管理范式，绩效管理也成为改进学校组织的管理手段。公共教育市场化改革和教育绩效问责的兴起，在一定程度上打破了政府对教育的过度垄断，平衡着教育利益相关者多方的价值诉求；同时新公共管理将绩效指标等技术性工具引入教育质量保障的框架,用以测量教育和资源的投入与产出。管理的量化使得教育问责的导向日渐明晰,绩效管理由此成为教育质量保障的工具。

近 20 年来,绩效管理的思路在我国义务教育学校的改革中起着重要作用,从计划集权走向自主分权,从优质项目走向新优质项目,教师绩效工资改革以及绩效评价成为获取资本的依据是我国学校绩效管理变革的主要表现。新公共管理理论主导下的义务教育学校绩效管理改革,在一定程度上刺激了学校绩效的优化,提高了学校效能。然而,教育不同于以追求利润为目标的私营部门,基于市场和绩效的体系,不能成为教育质量提高的完全动力。教育质量的提升,是内外因素作用的结果,教师素质、课程与教学等内部因素是学校发展的原动力;而绩效管理强调的是学校的外部变革,过度强调市场也忽视了真正意义上的学校改革和绩效改进(贺武华,2009)。在我国义务教育学校绩效管理实践中,市场哲学与教育属性的不兼容、绩效主义与教育本质的不兼容、集权与自治的不兼容,已成为推进绩效管理的价值桎梏。

一、市场哲学与教育属性的不兼容

义务教育自其举办之初即承担着国家的不同预设目标,其中最基本的价值诉求即为社会民主和公平。义务教育阶段的教育改革,必须坚守教育公平的底线。而新公共管理理论的基本价值取向是市场作用最大化和政府干预最小化。受其主导的公共教育改革,无疑要按照市场的原理对公立学校进行体制和结构性的改革(贺武华,2009)。当前新公共管理运动带来的义务教育市场化改革正出现一系列的价值悖论,市场哲学关照下的义务教育学校改革,正使其丧失应有之义,教育公共性正被效率主义所侵蚀。衡量义务教育学校的办学绩效,必须重视公平与效率的关系。

当新公共管理运动进入教育领域,教育的公益性受到资本寻租性的蚕食,市场哲学对于教育的冲击表现为"私"与"公"的不兼容(杨小芳,贺武华,2013)。义务教育的内在价值决定了义务教育学校提供的是非排他性的公共物品,强调社会责任和公共利益;而新公共管理运动则是要将私营部门的价值观和管理技术运用到学校组织中,通过市场竞争机制提高教育供给的效率。其强调市场的工具理性以及顾客导向的理念，追求个人利益的满足以及利润最大化，教育系统在一定程度上成为类企业的营利机构。

基于新公共管理理论的教育改革倡导者认为，当前公共教育的主要症结在于公立学校的垄断低效，呼吁引入市场竞争从而提高公共教育效率。然而新公共管理理论的市场化改革策略很大程度上与社会公平的价值观相背离，并引发了公平与效率之间的冲突，引入市场机制后的教育公正性缺失已成为各国教育改革所面临的首要问题。全球化的竞争带来了教育管理领域的范式转变，契约、市场、竞争正逐渐成为教育管理领域的主要话语。各国通过调整甚至是重建教育，以使教育更为有效率。建立在竞争基础上的教育市场，成为教育重建的最有效策略（H. Daun，2002）。市场哲学中追求效率的逻辑已经成为学校质量管理和绩效管理的价值理念。

对于义务教育学校来说，其对于外部资源的高度依赖特性，决定了以效率的价值理念管理和衡量学校管理的有效性及教育质量，具有现实可行性。然而，义务教育学校不等同于私营部门，如果将效率作为判定其质量的唯一指标，只能导致教育公平性的丧失。第一，从整个义务教育系统来看，以绩效为内核的教育质量是学校争夺和分配教育资源的主要依据。这会产生"马太效应"，最终将会加剧各学校之间的分层。第二，从学科职业来看，市场竞争使得任教不同学科的教师、具有不同职称的教师，难以获得公平的教学环境，也无法享有公平的待遇。第三，课题、项目等效率导向的词语，已经在学校中获得强势的地位，产生了学术不平等。第四，学校引入市场或准市场机制，减少政府在资源配置中的作用，导致学校办学资源的不合理、不正当的使用，扩大公平、促进均衡以及推进内涵式发展和可持续发展的办学行为难以得到重视。对于效率的崇拜使得以公平为宗旨进行真理探索的教育共同体演化为一个理性化的"牢笼"，从而引发了公平与效率之间的冲突，而冲突的结果是，"市场驱动强劲，公平、求真等价值式微"（李琳琳，卢乃桂，黎万红，2012）。

二、绩效主义与教育本质的不兼容

教育是一门有其自身学科发展规律的科学，而新公共管理理论指导下的教育改革则是将义务教育学校看作是类私营部门，故而其内涵建设存在严重的偏差。

一方面，绩效主义促使学校功能发生极大的转换，教育活动开始具有一种商品的性质。时代的功利性语境对教育构成了巨大的解构力和吞噬力，新的教育消费观所承载的商业性、产业性、复制性和平面性等特性，冷落了教育原本应有的价值，给教育带来了严重困境（劳凯声，2005）。具体来看，绩效评价的短期性和强制性会使得学校教育过度关注考试成绩，以结果为导向、以绩效为标准，将会导致教育的僵化。"如今很多国家都骄傲地把他们在最近国际学业成绩测试中的排名当作一个荣誉徽章高高举起，就像学校会引证他们的考试分数和大学升学率以作为他们工作质量的证据一样"（本杰明，2004）。在对于教师的工作中，管理者将绩效当作是教学工作的最终目的，强化市场竞争逻辑。将绩效工资误读为"以货币为标尺度量教师工作绩效的工资分配方式"（吴全华，2010），这与"以人为本"的教育本质要求产生了价值上的背离，经济利益最大化的价值观在学校蔓延，公共教育改革正在迷失自身的立场，放弃自己的思想理论武器（贺武华，2009）。

另一方面，基础教育的本质内涵是满足每个学习者的需求，多样化是判断教育质量的理论依据。然而，由于公共财政资源的紧缺、分配方式的改变，以及新公共管理运动的影响，教育系统已日渐向外部各方利益群体妥协，学校办学的话语权逐渐被外部利益相关者共享（苏永建，2013）。政府拥有主导教育资源配置的强势地位，往往通过考核评价比较各个学校的质量，从而进行绩效分配。质量考评的前提是学校的标准化建设，研发制定统一的评估标准已成为世界各国提高教育质量的共同选择。试图通过市场取向的改革提高教育质量的实践，与教育的多样性内涵产生了价值悖论。过度强调奖励与惩罚导致了学校之间模仿力的强化，模仿成为许多学校的管理哲学，千校一面的现象由此出现。这一悖论出现的原因在于，教育问责往往采用标准化的指标判定学校的教育质量，并将其与教育资源分配相关联。由于义务教育学校高度依赖于政府财政，将绩效指标作为其办学目标成为其理性的，甚至是唯一的选择。

如何协调价值理念多样化与考评工具标准化的冲突，是目前学校绩效管理中亟须解决的难题。在当前的教育质量保障中，由于市场竞争以及教育问责的压力使得标准化成为一种霸权，学校被迫迎合一系列精确细致的标准化指标，教育质量保障蜕化为一种规训学校日常实践的技术工具，而难以促使不同学校成为各具特色的创新性组织（苏永建，2013）。

三、集权与自治的不兼容

任何改革最终要落脚到权力的分配，推动利益格局的变革（杨小芳，贺武华，2013）。义务教育由政府出资举办，是政府承担的基本公共事务之一，增加对公共教育财政投入，提供丰富优质的公共教育资源，是基本公共服务均等化的应有之义。绩效管理理论主张以分权为主要指导思想改革公共教育体制，在这一涉及拥有相互冲突价值观的利益群体博弈的过程中，对效率和经济利益的过分关注导致了社会效益概念的模糊化，政府的公共教育责任在公共教育改革中受到冲击与弱化。具体来看，鉴于高绩效的基础教育对于国家竞争力的重要性以及义务教育学校对外部资源的高度依赖，政府作为义务教育资源的绝对掌控者，会依据绩效指标作为评判学校教育绩效的重要依据，从而分配财政资源。同时，绩效管理在义务教育学校的实践，也使学校与社会、市场之间的权利关系进行了自发性重建，即有关质量标准和以何种方式来进行质量保障的话语权正在被市场和社会所分享甚至剥夺（张应强，苏永建，2014）。而学校的公益属性要求能对其权利作出必要的限制，政府也不能因为市场的介入而弱化（劳凯声，2003）。

在推进教育分权、加大办学自主权的过程中，校长权力的过度膨胀以及官僚集权的滋生，也同样使得绩效管理的实践与理论出现背离。义务教育学校校长权力的合理性、规制性正受到前所未有的挑战，出现了内外失衡的现象。内部失衡表现为职位权力强大，非正式权力势头萎缩；外部失衡表现为多元利益主体和价值主体对于学校的话语权隐匿，无法合法切入校长权力的监督系统中（张东娇，2005）。绩效管理将学校引上了类似于企业的办学模式，"市场价值""绩效指标""绩效问责"等已经成为教育领域频繁出现的术语，并形成了教育管理中心的话语体系。尤其在现代学校制度以及教育治理的政策背景下，分权的呼声日益高涨，教育行政部门以市场理念管理学校，赋予学校办学自主权。

然而在学校获得外部给予的权利的同时，在学校内部出现了重新集权的现象。如此，绩效管理并没有改变官僚科层制中专权垄断、效率低下的弊病。教育行政部门对义务教育学校采用私营部门的管理手段的同时，如果泛泛而谈权力下放，遵循线性的分权逻辑，必然会阻碍教育发展（杨小芳，贺武华，2013）。

绩效管理赋予分权过多的理想色彩，使教育改革者认为分权必然能够改变集权体制的低效状态，提高教育质量。然而实践证明，权力下放也带来了组织的无序以及部分管理者个人权力膨胀的现象（贺武华，2009）。同时，权力的下放也导致责任的下移，政府和学校责任的失衡成为教育发展的桎梏。

四、平衡义务教育学校绩效管理中的价值张力

市场哲学与教育属性、绩效主义与教育本质、集权与自治之间的冲突，是义务教育学校绩效管理运动中三组主要的价值冲突。其结果是异化了义务教育学校的本质诉求，也从根本上制约了教育质量的提高。唯有教育改革的起点回到教育的内在价值，实现不同价值理念的平衡，才是提高义务教育质量的根本途径。

（一）寻求市场哲学与教育公益性之间的平衡

公共教育产生之初，就承载着实现社会价值的任务，社会公平诉求是衡量义务教育学校绩效水平的基本维度。随着新公共管理运动对公共部门效能、效率以及经济性的强调，私有化和市场化被引入公共部门的运行中（Walsh & Kieron，1995），成为改革教育体制的重要手段。伴随着中国教育市场化步伐的政策环境的建立，教育市场化的政策陆续出台，多样的教育投资渠道、市场化的课程与教育项目，成为教育市场化进程中的具体表现形式。然而义务教育学校的公共性决定了它和市场哲学的理念存在内在的矛盾，市场化改革未必能够保证学生的"消费者地位"，却会损害义务教育学校的公益性。佐藤学指出："如果要实现教育的公共性和民主性，必须批判政府和财政机构极力推行的新自由主义的教育改革政策和与之相应的意识形态，大力推进以社会主义民主为基础、基于公共哲学理念的学校教育改革"（佐藤学，2006）。

教育的内在价值决定了学校的教育教学活动与市场哲学是相冲突的，公共教育改革必须立足于公立学校的性质，只有合乎正义价值的教育制度才是合法和可取的。教育正义是教育制度行动的底线伦理，改革必须以正义规定的方向发展。就我们国家而言，教育改革的重要方向就是重建我们的教育制度，使其承担起实现教育正义的责任（金生鈜，2006）。我国新修订的《中华人民共和国义务教育法》明确指出，"县级以上人民政府及其教育行政部门不得以任何名义改变或者变相改变公办学校的性质"（全国人民代表大会常务委员会，2015）。在推进义务教育学校绩效管理的实践中，必须坚持教育公共性的价值取向。政府作为义务教育的主要举办者，维护教育的公共性，推进教育公平和教育均衡是其提供公共服务均等化的主要职责之一。但同时，教育领域也存在一定程度的政府行政性垄断而导致的办学效率低下和教育质量下降等问题。适当地利用市场哲学调整学校运行中的负面性，利用绩效目标刺激学校发展，是解决义务教育先天性缺陷的技术性工具。

（二）推动绩效主义与教育规律的价值整合

新公共管理理论指导下的教育改革运动，目的在于追求学校办学和管理绩效，绩效管理成为教育改革的重要手段。在大多数国家，通过公开学校的绩效状况来刺激教育中的市场化力量已经成为重要的部分。新公共管理运动将学校看作私营部门，以市场哲学解释改革的外在表现，关键在于强调管理过程中的绩效评价和绩效责任。对于新公共管理理论倡导者来说，效率和效能是占据绝对主导权的标准，绩效主义成为提高教育质量的内在动力。随着"教育绩效"促成了新型的教育管理范式，教育失去了本身所具有的内在价值。当前的教育改革正使得学校专注于学业成绩、升学率等具有明确导向的绩效目标，忽视了教育本身的育人规律。面对绩效主义和教育规律之间的冲突，政府作为义务教育改革的"掌舵者"，应更多地从教育的初衷以及学校的内部规律，思考教育变革的诉求。义务教育学校也必须重新审视自身的功能价值和管理方式，对新公共管理运动所倡导的绩效取向作出正确的取舍，信守教育本质，遵从教育人道主义的立场，推动绩效主义与教育规律的价值整合。

(三) 维护政府教育责任、保障不同主体的话语权

举办义务教育是政府所要承担的基本公共事务之一，提供优质、均等化的公共教育资源，是政府的基本教育职能。义务教育学校绩效管理改革实践，在一定程度上对政校权力进行了重新调整。分权的实质是各利益群体协商下利益机制的重新调整。绩效管理的推行者认为，分权能够破除效率低下的科层制，提高学校组织的运行效率。然而，权力下放与教育体制民主化的推进，并不具有必然的因果关系，也不一定能够提高学校的效率。权力的下放过程反而伴随着教育责任的下移，容易出现责任的失衡与推诿。学校绩效管理的实施是一项涉及多方价值判断的政策，权力体制是相互博弈的价值观的直接表现。集权与分权的冲突既是学校绩效管理持续发展的动力，也在一定程度上制约了绩效管理目标的实现。当新公共管理理念指导下的义务教育改革面临权力分配的冲突时，必须把握教育改革权力分配的复杂关系，维持政府、市场、社会与学校四者之间的权力张力，从而形成权力冲突时进行调和的基本路径。

第十二章 基础教育学校国际主要绩效指标比较

20世纪70年代以来,伴随基础教育的全面普及和高等教育大众化的实现,世界主要国家普遍将教育发展的重点由扩大规模、提高入学率转向提高教育教学质量,绩效管理成为教育质量保障和教育问责的重要手段。主要发达国家依据对学校开展的绩效评估结果制定教育政策、分配教育经费和评价学校小学效益。学校绩效是学校的实际表现与成果,但从实施层面讲,评估学校绩效必须依据具有可执行力的绩效标准和基于标准的绩效指标。鉴于我国目前正在广泛推进基础教育质量提升,学校绩效管理实践业已展开,有必要对基础教育学校绩效管理指标进行讨论构建。本研究筛选英国、美国、经合组织国家所采用及认可的五套基础教育学校绩效指标体系,并对照我国正在实施的学校督导指标,提炼学校绩效管理的核心指标,以期为我国未来构建完善的学校绩效管理指标体系提供思路。

第一节 国际绩效指标体系的选取

自20世纪80年代以来,绩效指标广泛应用于企业及政府公共部门。经合组织将绩效指标定义为一种用来测量那些难以数量化之物的数量价值。一般意义上,绩效指标是指在绩效考核过程中用以测量工作绩效各要素的指标。在教育领域,虽然绩效指标已经引起管理者和研究者的广泛关注,但至今没有适用于教育领域的权威定义，因此教育实践者一般从学校绩效指标的分类上对学校绩效指标进行解读。从某种程度而言，学校绩效指标即学校绩效结果，既包括学校为学生、教育工作者和其他成员提供服务的数量，也包括产出质量（K.霍伊，G.米斯克尔，2017）。依循对绩效指标的这一理解，本章选取英国的《学校督导评价指标——英国学校督导指南和等级分类说明》（*The evaluation schedule for schools-Guidance and Grade Descriptors for Inspecting Schools in England*），美国的《美国教育统计摘要》（*USA Digest of Educational Statistics*）、《教育领导者教育绩效期望及指标》（*Performance Expectations and Indicators for Education Leaders*）、芝加哥大学全国鉴定研究中心《学校效能评估指标体系》（陈树清，1999），经合组织的《学校效能评价指标体系》（OECD，1997），以及我国1997颁布的《普通中小学校督导评估工作指导纲要（修订稿）》六套指标体系，对其绩效评估框架及具体指标进行比较分析。六套指标的选取依据主要是国家和地区的基础教育发展水平、国际影响力及指标体系对本国教育的现实指导作用。

英国自撒切尔政府起，公共部门领域受到公共管理运动的效率、绩效等理念的猛烈冲击，教育系统开始引入绩效导向的督导制度，教育质量保障体系、教育质量国家标准、教育督导评价指标成为教育改革的主旋律。2010年英国教育标准署（OFSTED）颁布《学校督导评价指标——英国学校督导指南和等级分类说明》，成为督导评价的最新标准。该指标对"普通中小学校"的督导评价有3项一级指标（学生的成果、学校教育效能、学校领导与管理的效能）、19项二级指标及39项三级指标。

与英国具有全国统一的教育督导评价指标不同，地方分权教育管理体制决定了美国的绩效评价框架具有地方性。联邦颁布的《提升美国学校法案》《不让一个孩子掉队》《每一个学生成功法》等法案，从宏观层面为建立强有力的绩效责任以保障教育质量提供了法理依据。虽然从全国角度看美国的学校绩效评价体系缺乏集权式的统一指标，但各州和专业组织形成了独立且各具特色的绩效指标体系。美国联邦政府、各民间教育组织及大学研究院均在中小学绩效指标研究上进行了富有成效的探索。本研究选取《美国教育统计摘要》《教育领导者教育绩效期望及指标》以及芝加哥大学全国鉴定研究中心《学校效能评估指标体系》三套指标体系,作为美国教育绩效评价指标体系的代表性文本,分析其主要框架与指标特点。

经合组织的《学校效能评价指标体系》,是监控教育发展的重要依据,其指标分类维度的多元性,符合教育系统的复杂特征。经合组织于1996年对经合组织成员国的教育效能评价指标进行梳理和总结,提取高频指标,构建普遍适用的学校效能指标框架,具有高度的政策指导性。

中国教育部于1991年颁布《普通中小学校督导评估工作指导纲要》,首次对普通中小学的督导评估作具体指导,并于1997年进行修订。我国地方的学校督导指标体系一级指标,均以1997年修订的《普通中小学校督导评估工作指导纲要》规定的七大领域进行设置。虽然我国的教育督导评估并不是完全意义上的学校绩效评价,但在内容上,督导评估指标已部分涵盖学校绩效标准。从督导指标的核心构成要素来看,其指标涵盖了内容、评价和保障三个维度,从课程建设、学生的知识掌握程度、师资水平、办学条件、经费投入,以及管理质量等方面,对基础教育学校的办学质量展开评价,故而具有高度的统领性和典型性。

第二节 指标体系的核心要素及内容主体

六套指标体系的框架主要采用特定类别的方式描述学校的绩效,这些特定类别是构成指标体系的核心要素及内容主体(孙阳,杨小微,徐冬青,2013)。其中,学校管理、教师教学、学生发展及公共关系是广泛提及的四个核心要素。教师教学维度在六套指标体系中全部包含,学校管理维度和学生发展维度在五套指标体系出现,四套指标涉及公共关系核心要素。如图12-1,笔者基于所选取的六套学校绩效指标体系,对核心要素的主要观测点即依循选取的指标体系的四个维度(学校管理维度、教师教学维度、学生发展维度、公共关系维度)的内容主体,进行频次统计。其中,"学生成绩或成就""学生的道德修养""学校安全与校园文化氛围""教学课程的实施""学校的领导与管理""家

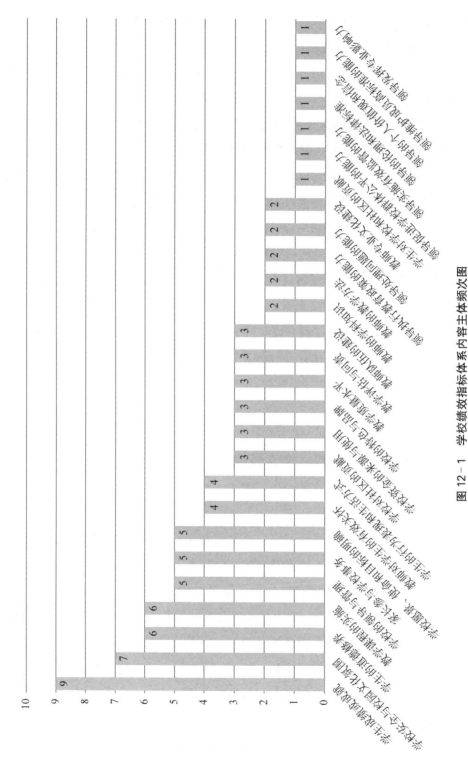

图 12-1 学校绩效指标体系内容主体频次图

长参与学校事务""学校愿景、使命和目标的明确"这七项指标共出现43次，占总频次的50%。

为了观测主要国家对学校管理的思考，进一步将六套指标的逻辑梳理成下表12-1。即六套指标体系包括学校管理、教师教学、学生发展、公共关系四个核心要素，每个要素又包含若干内容主体。这些核心要素和内容主体的设定，反映了每个国家对其基础教育学校绩效发展的目标设定。

表12-1 主要绩效指标体系的核心要素及内容主体

学校督导评价指标——英国学校督导指南和等级分类说明（英国）	学校管理	1. 领导与管理的效能，包括对改进的志向与推动力、对教与学的领导与管理；2. 校董事会支持学校攻克难关、履行职责的效能；3. 让家长和监护人积极参与学校改进的效能；4. 促进学生学习和其福祉的合作效能；5. 促进公平的效能；6. 实施监管的效能；7. 促进社区和谐的效能；8. 获取、使用资源的效能
	教师教学	1. 教学的质量；2. 通过合作课程满足学生需求的程度；3. 有效的关爱、指导和支持
	学生发展	1. 学生成就及乐学程度；2. 学生的安全感程度；3. 学生的行为表现程度；4. 学生生活方式健康程度；5. 学生对学校和社区的贡献程度；6. 学生的出勤；7. 学生掌握适应未来工作的能力和保障经济无忧的技能程度；8. 学生的精神、道德、社交和文化发展的程度
美国教育统计摘要（NCES）	教师教学	1. 公立中小学就学人数；2. 私立学校就学人数；3. 学生身份流失率；4. 各州公立中学毕业率；5. 中学生升学率；6. 教育达成度；7. 大学学科领域与学位
	学生发展	1. 公立中小学就学人数；2. 私立学校就学人数；3. 公立学校学生人口种族分布；4. 大学就学人数；5. 国际教育评价成绩；6. 四年级、八年级学生阅读成绩；7. 四年级、八年级学生数学成绩；8. 四年级、八年级、十二年级学生科学成绩
	公共关系	1. 父母择校状况；2. 学校暴力与安全；3. 公立中小学开支；4. 本科生的联邦资助与贷款
教育领导者教育绩效期望及指标（CCSSO）	学校管理	1. 对学校成员均有高期望；2. 对愿景、使命、目标的执行与改进；3. 有效的操作系统；4. 匹配的财政、人力资源；5. 保护成员的福利和安全；6. 伦理和法律标准；7. 个人价值观和信念；8. 维护个体的高标准；9. 发挥校长的专业影响力；10. 促进教育政策环境；11. 政策投入
	教师教学	1. 强势的专业文化；2. 严格的课程与教学；3. 评估和问责

	公共关系	1. 与家庭和社区成员合作；2. 满足社区利益与需求；3. 参与社区资源建设
学校效能评估指标体系（芝加哥大学）	学校管理	学校的管理人员和教师了解每一个学生
	教师教学	1. 学业标准高，鼓励所有学生选修引向成功的课程；2. 基础课程使毕业生达到大学入学要求；3. 教师具备学科知识，根据学生需要调整教学方式；4. 向新教师提供有力帮助，避免因负担过重而离职
	学生发展	高出勤率
	公共关系	家长与学校之间的密切合作
学校效能评价指标体系（经合组织）	学校管理	1. 领导班子团结、坚强；全职分工明确；业务能力强；2. 学校办学目的一贯性，学校实践的连贯性或一致性，学校权利的分享与合作；3. 井然有序的氛围；有吸引力的工作、学习环境；4. 以学校为本的教职员工发展；5. 校长用于管理活动的时间；校长用于教学的时间
	教师教学	1. 增加学习时间，以学术为重点，学业成绩中心；2. 有效教学组织，明确教学目的，上课条理清楚、适应学生差异；3. 对学生高期望，挑战智力；4. 清楚、公正的纪律，反馈；5. 测评学生、学校的表现；6. 在职教师和校长在校五年以上的百分比；7. 非正式会议、教学人员会议频次，教师教学合作；8. 检测学生进步，评价的频次、方法种类；9. 教学适应学生的需要，以能力为本的小组学习，多年级的班级教学，分组学习，增加班级教学人员；10. 注重成绩、对学生高期望，成绩记录的使用，有无明确成绩标准，对优异表现的奖励
	学生发展	1. 增强学生的自尊心；2. 让学生担任责任重大的职位；3. 学生支配自己的学习
	公共关系	1. 家长参与其孩子的学习；2. 学校鼓励家长参与学校事务的积极措施，家长积极参与各种不同学校活动的百分比
普通中小学校督导评估工作指导纲要（中国）	学校管理	1. 办学理念；2. 发展愿景；3. 办学声誉；4. 物质文化；5. 制度文化；6. 精神文化；7. 特色定位；8. 特色建设；9. 特色成果
	教师教学	1. 队伍结构；2. 队伍建设；3. 队伍发展；4. 课程规划；5. 课程执行；6. 课程资源；7. 课程研发
	学生发展	1. 思想品德；2. 文化素养；3. 身心健康；4. 艺术素养；5. 劳动实践；6. 个性发展

一、学校管理

在"学校管理"维度,英国的学校督导评价指标更侧重于以效能观指导学校领导与管理工作。美国有关学校管理的一级指标设置的重点在于,通过学校管理营造有利于教育的学校环境,从而增值学校管理绩效。经合组织的学校效能评价指标体系则是从组织学的角度,对学校管理中的组织目标、组织环境、组织成员等作了范畴的划定。相比而言,我国的督导评价指标,更偏向预设学校的发展目标,而非真正意义上的事后评价。

每套指标体系在"学校管理"维度的二级指标上各有侧重。英国将推进学校改进的领导与管理列为首要评估要素,并纳入促进教育公平能力的指标。同时将学校公共关系维度的指标列入学校管理指标框架中。美国《教育领导者教育绩效期望及指标》是关于学校领导者管理绩效的独立文本,有关学校管理绩效的指标设置更为详尽具体,且其指标的设置依循组织学的相关原理。该体系涉及了学校政策环境要素,强调管理者对于教育政策的实践,突出了政校关系系统的构建。经合组织对于学校管理绩效的测量同样基于组织学视角,相比管理过程更为强调组织成员的表现以及组织氛围的形成。我国的督导指标将办学理念列于首位,并将学校文化和学校特色纳入学校管理绩效的评价要素中。相比国际的指标体系,我国的指标要素更偏向于从组织环境和组织目标方面对学校的管理绩效进行评估。根据绩效评估的"输入—过程—产出"模型,我国的指标要素更强调产出的环节,忽视了管理过程要素。

二、教师教学

六套指标体系均涉及"教师教学",表明各国对学校教学工作的重视。经合组织在明确教学工作中心地位的基础之上,强调从学生的角度评判教学工作的成效,将教师视为学生进步的责任主体,并关注教师队伍的稳定性及专业性,对教师的要求具有立体性和前瞻性特征;英国直接以"效能"作为教师教学的目标及评判标准,强调教师教学的最终产出;美国提及"教育体系""基础课程""学业标准"和"教学水平",反映出对教育输入和教育过程的关注,而"学校教育发展"和"教师专业发展"则是从学校和教师的角度考察教育教学工作的未来结果;我国则从教学过程的关键要素,设置"师资队伍"和"课程实施"考评框架,更为关注教育教学的输入与过程环节。

将"教师教学"的二级指标进行汇总。经合组织将教学质量或学业成绩作为教师教学的核心:以设置标准的方式,从教学过程、师资队伍等方面对教师教学绩效进行考评。英国的绩效指标表现出"满足学生需求"和"提供关爱"等具有明显人本性的价值取向。而美国更多地从教师专业能力及课程开设的角度,考察教师教学维度的绩效水平,即以教学资源投入作为教学绩效的替代性指标。相比而言,我国的督导指标仅涉及教师结构和课程建设两方面,其范围囿于狭隘,且指导性不够明确。相比西方国家在教师教学绩效评价上对教师专业知识与能力、对学生发展的支持与检测而言,我国的一级指标未能涉及与之相对应的明显指标,更未能将学生的进步程度作为评价教师教学绩效的要素。指标体系的差异取决于不同国家的社会发展背景。由于欧美国家工业化的不断推进,绩效主义盛行,社会的分工化程度更深,对教育领域产生持续性影响,教师职责更为明确具体,指标体系关注的要素也更为详细。但不可否认,我国的督导指标体系,在师资力量的培养以及课程资源建设上更具统领性,教育资源投入是我国评价学校绩效状况的重要标尺。

三、学生发展

"学生发展"同样是各套指标体系的关注点。经合组织并未对学生发展的结果做具体的规定,倾向于关注学生的权利与义务,这一指标设置直接取决于经合组织的工作性质和目标取向。英国在这一范畴上表现出明显的结果导向,且以"成果"这一定义较为广泛且模糊的概念测量学生发展;美国倾向于以可测的数量化指标——就学状况、出勤率及学生成绩——来考查学生发展维度的表现,其一级指标设计较为传统、常规,是对学生基本表现的要求,未能涉及诸如多元发展等方面的测量,这也与当时美国成绩导向的教育政策及社会期望紧密相关。相比较而言,我国在这一维度上的表述较为概括,但过于学术性的框架设计会削弱评价的可操作性。

从"学生发展"的二级指标看,学生学业、态度、能力及社会责任感是各国评价学生发展绩效的关键要素。美国更为关注学生的学业成绩和出勤率等可量化的要素,其指标内容的设计主要取决于美国社会对标准化考试的重视。而经合组织倾向于从学生的个性、能力及责任感等角度评价学生的发展。我国将学生的思想品德作为评价学生的第一要素,涵盖德、智、体、美、劳等多方面评价指标;但事实证明,经过近20年的实践,这一指标体系在实际应用中存在测量上的难度,最终评价结果的随意性决定了学校教学目标设置的主观性。相对而言,英国的督导评价指标指导性更强,涵盖学生态度、身心状态、行为与成就、能力与技能、道德与社会贡献度等多方面内容,反映出英国对学生评估的级段化倾向,以及对学生自身发展的适切性。

四、公共关系

经合组织将家长参与学校事务纳入考量学校绩效的框架之中;在"公共关系"维度上,美国对此也很重视,三套体系均有涉及,可见学校与社会的关系是考察美国中小学绩效状况的重要指标。英国并未将公共关系单列,而将公共关系的具体指标纳入学校管理框架下;我国的督导指标并未明确指出这一重要的指标维度。这说明我国有关学校绩效的指标设置较多地关注学校内部的表现;而欧美国家由于其教育管理中市场化理念的盛行,学校的开放程度更高,学校的公共关系成为衡量学校办学绩效的关键要素。

从选取的六套指标体系看,有关公共关系的指标数量远少于学校管理、教师教学和学生发展的指标数量,英国将其列入学校的管理绩效指标要素中,而我国未明确单列这一维度的具体指标。经合组织有关公共关系的具体评估要素,并不是完全意义上的学校公共关系指标,仅涉及家长单向参与学校事务的相关内容。相比而言,美国在这一维度上的设计较为完善,构建了学校—社会双向互动的指标体系,不仅包括社会与家长参与学校事务,而且涉及学校的社会服务功能实现程度。除此之外,学校安全和财务状况也被纳入美国教育绩效指标的公共关系维度中。这与其绩效责任制度的广泛实施紧密相关,将公共关系指标加以详尽的论述,说明美国教育界已将社会资源作为学校发展的重要教育资源之一,以求改变长期以来学校与社会脱节的状态。

五、基本评价

虽然每套指标体系出台的目的、政策主体、管理的机构、适用的范围都有差异,但是其共同的特点都在于提升基础教育质量、培养国家年轻一代适应未来经济社会发展,开发其潜在人力资本、培养学生谋划幸福人生的能力。

(一)国际指标更为具体,量化与描述相结合

从二级指标分析,国际评价体系中既包括量化指标,又包括描述性指标,两者结合起来准确评价学校的绩效水平,且其指标要素更贴近各国的教育实际。例如"有效的操作系统""匹配的财政和人力资源""就学人数""会议频次""阅读、数学、科学成绩""国际教育评价成绩""学生支配自己的学习"等,能够深刻表征各国教育需求及国际形势需要。相比而言,我国的督导指标体系更注重国家教育方针的贯彻,因此大部分指标尚未量化,其设计视野宏大,具体指标较为模糊,很少体现学校管理手段、组织培育、课堂教学等具体要求。

(二)国际指标逻辑清晰,体系完整

国际学校绩效指标体系,无论是一级指标或二级指标,已完整覆盖教育过程各个层面,学校管理、教师教学、学生发展及公共关系四个维度均被纳入评价体系之中,设计逻辑严密,且其指标体系的逻辑起点在于通过提高学校的绩效以提升教育质量。诸如"促进学生学习和其福祉的合作效能""学生掌握适应未来工作的能力和保障经济无忧的技能程度""增强学生的自尊心""满足社区利益与需求"等指标均能体现人本主义的教育目的,以满足学生发展的真正需求。相比而言,我国教育督导指标的设置更多地表现出学校标准化的特征,且内容分类不明确,如"课程资源"和"课程研发"在实施过程中会出现交叉。

(三)国际指标依循教育发展导向

国际教育绩效指标,有不少直接指向学生学业成绩,如"学业标准高,鼓励所有学生都选修那些把他们引向成功之路的课程"等。其主要原因在于欧美各国标准化考试的教育导向,学业成绩是评价学生发展和学校效能的重要指标。在我国,由于社会对学业成绩的扭曲式批判,学业成绩这一要素在我国评价体系中处于极为尴尬的地位。同时,由于我国尚未形成明确的学校绩效指向,因此学校评价指标设计无法满足社会对教育提出的时代性需求,指标体系具有主观性和随意性。

第三节 对我国制定学校绩效指标的启示

我国对于基础教育质量的评价目前主要是在教育督导的范畴,把对学校的绩效评价纳入督政、督学的整体统筹实施,缺乏对学校层面的绩效评价专门督导指标。为满足培养未来一代更好适应全球化竞争、提升个体未来生活幸福感,结合英国、美国及经合组织有关学校绩效评价指标体系的分析,对我国制定基础教育学校绩效指标提出如下建议。

(一)确定世界范围内的基础教育学校发展坐标

联合国教科文组织发布的《教育2030行动框架》是引领未来十五年世界教育发展的新议程。关于基础教育的三个目标,指向于建立改善教育设施条件,消除性别差异,保证弱势群体获得公平、优质、有效的学习效果(徐莉,王默,程换弟,2015)。中国基础教育学校未来绩效指标的设计应根据中共十九大关于经济社会发展和对教育工作的总体谋划,面向2035年愿景规划,对接中国从中等偏上收入国家迈向高收入国家的发展进程,以及互联网、信息社会和科技进步对人类未来的影响,从战略上进行整体设计谋划。

(二)学校管理指标的设计应突出领导力和组织环境

五套国际指标体系中,管理效能、能力提升、共同愿景、校长领导力等指标被多次提及。未来我国学校管理维度的设计应依循高绩效学校发展指导理念,强化指标设计的逻辑性和层次性,突出在学校领导力和学校组织环境两方面的指标比重。具体可包括团队领导能力、领导班子的文化领导意识、校园文化建设、学校组织结构、学校规划、人事管理、资源管理等。

(三)突出教师核心素养和工作投入标准的教学指标

2017年4月,教育部发布《县域义务教育优质均衡发展督导评估办法》(教督〔2017〕6号),其教师教学维度包括教师数量、教师工资与编制、教师培训与流动、教学手段与课程开展、生均设备与用房、教学规模、学生学业水平等指标。相较于五套国际绩效评价指标,《办法》在教师内涵发展、课堂教学的学生本位、明确的高质量学业达成标准等方面仍有欠缺。未来教师教学指标应以优质均衡为目标,提出教师核心素养及教师工作投入的评价标准,可包括生师比、班级规模、教师教学时间及教师受教育程度。

(四)学生发展指标明确学业标准,对接社会需求

五套国际评价指标,既包含"考试成绩"这种符合本国标准化考试导向的指标,又包括"适应未来工作的能力和保障经济无忧的技能程度""满足社区利益与需求"等对接社会需求的指标,还包括"增强学生的自尊心"培养学生自我认同意识的指标。在确定"学生发展"绩效指标时应当更加注重教育的人本性,摒弃标准化理念,定量和定性指标相结合,满足学生个体发展的真正需求,包括学习成绩、能力素质、自我认知等。

(五)突出家长参与和学校服务社区的学校公共关系指标

我国传统评价体系中少有提及学校公共关系维度,早期的《普通中小学校督导评估工作指导纲要》未将公共关系相关指标纳入评价体系,2017年发布的《县域义务教育优质均衡发展督导评估办法》(教督〔2017〕6号)仅在最后涉

及社会认可度这一项指标。未来学校绩效指标设计，应完善学校与外部社会双向的互动合作指标，建议增加家长积极参与或协助学校事务的开展、学校能获得来自家长或社会的经费及资助、学校能为社区提供服务、家长和社会对学校的办学水平有积极的评价等四个方面。

第十三章　教育投入与薄弱学校绩效管理的四维结构

学校绩效管理是指基于学校的绩效目标，通过管理手段对学校各要素进行的有效管理活动。学校绩效管理的核心在于从关注投入转向关注过程与产出，引导教育主体更好地完成教育教学目标，更为关注学校未来的绩效。教育分权化、教师绩效工资改革、新优质项目及绩效评价等绩效管理的手段已逐渐成为教育管理的趋势。

义务教育学校绩效管理涉及学校管理（学校安全防护、学校境教功能、学校软硬件设施、校园文化和品牌、领导有效性）、教师教学（教师能力、教师培训主动性、教师科研、教师解决教学问题、班级管理有效性、促进学生多元发展）、学生发展（学生学习态度和学业进步、学生多元发展、学生安全意识、学生身心发展、学生道德行为）及公共关系（家长参与学校事务、学校获得社会经费资助、学校辐射力、学校办学声望）四个维度（见图13-1）。

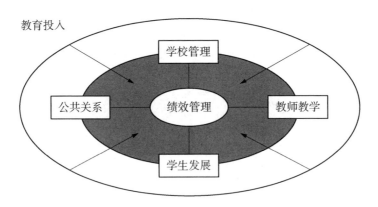

图 13-1　教育投入与学校绩效管理四维结构关联图

第一节　教育投入对学校管理绩效的影响

学校是一种组织，由一系列具有管理职能的机构组成，具有自身的科层制度，正是这些组织机构和科层制度导致了学校间的差异（张亮，赵承福，2012），衡量学校管理绩效的指标应包括校园安全、学校环境、学校设施、学校文化与品牌、学校领导等。

从四个维度对义务教育学校的学校管理绩效进行测量，调查采用"李克特五点量表"[①]，将学校管理绩效分为四个等级，且分别赋值为 0、1、2、3。具体结果见表 13-1。

表 13-1　学校管理绩效情况

变量名		频数	平均值	百分比
C1 学校安全防护情况	完全符合	94	1.77	21.51
	大致符合	177		40.50
	基本符合	137		31.35
	不符合	29		6.64
C2 学校境教功能情况	完全符合	94	1.66	21.51
	大致符合	143		32.72
	基本符合	158		36.16
	不符合	42		9.61
C3 学校软硬件情况	完全符合	83	1.49	18.99
	大致符合	119		27.23
	基本符合	164		37.53
	不符合	71		16.25

[①] 美国社会心理学家李克特在原有的总加量表基础上改进而成的。量表由一组陈述组成，每组陈述分别有类似"非常不同意""不同意""不一定""同意""非常同意"的回答。

续 表

变量名		频数	平均值	百分比
C4 学校文化和品牌	完全符合	61	1.31	13.96
	大致符合	111		25.40
	基本符合	136		31.12
	不符合	129		29.52
C5 领导有效性	完全符合	142	1.99	32.49
	大致符合	160		36.61
	基本符合	114		26.09
	不符合	21		4.81

注：样本量 N=437。

当前在"学校安全防护情况"的总体均值为 1.77，40%以上的教师认为学校在这一方面表现"大致符合"，不足 7%的教师认为学校的表现"不符合"。这一结果说明，大部分受访教师所在学校，在学校空间与设备使用的安全防护措施方面，表现相对良好。

"学校境教功能情况"的均值为 1.66，21.51%的教师认为所在学校的境教功能非常好，"大致符合"和"基本符合"的比例分别为 32.72%、36.16%，9.61%的教师认为学校的境教功能表现非常差。

"学校软硬件情况"的均值为 1.49，"完全符合"和"不符合"的比例均低于 19%，"大致符合"和"基本符合"的比例分别为 27.23%、37.53%。这说明，受访教师所在学校在基础设施方面经费投入相对不足，有待改善。

"学校文化和品牌"的均值仅为 1.31，为学校管理绩效表现最差的部分。接近 30%的教师认为所在学校的学校文化和品牌建设方面表现很差，"完全符合"的比例不足 14%。可见，目前受访教师所在学校仍未给予学校文化建设以足够的重视，学校品牌的打造并未成为义务教育薄弱学校的工作重点。

"领导有效性"的均值为 1.99，为学校管理绩效表现最好的部分。只有4.81%的教师认为所在学校的领导不能对危机和冲突进行有效的处理。32.49%和 36.61%的教师认为学校领导在这一方面表现属于"完全符合"或"大致符合"范畴。据此可知，相较于学校的软硬件管理和文化品牌管理，义务教育薄弱学校的领导有效处理冲突和危机的行为表现更为良好。这从另一方面体现了其精力分配受制于学生与教师的基本素养状况。

从这一组数据可以看出，当前义务教育薄弱学校的总体学校管理绩效处于中等水平，大部分的受访教师都认为所在学校的学校管理绩效状况一般，尤其在学校的文化建设和品牌创建方面亟须改进。

一、学校安全防护

学校安全管理作为学校管理的常规性工作，已成为社会高度关注的热点问题。早在1999年的全国人大会议上，便有代表向大会议案组提交了制定《校园安全法》的议案，许多地方人民代表大会先后出台地方性法规，教育部也出台了相应的部门规章（劳凯声，2013）。在实施教育教学过程中，不可避免地存在人身伤害事故的可能性；因此，为学生提供安全保护措施，是学校办学的基本义务。消除校舍和设备的安全隐患，建立良好的校园安全文化，是减少安全事故可能性的重要举措。

建立教育投入与学校安全防护之间的回归，回归模型中的 R 方为 0.212，调整 R 方为 0.184[①]，总体通过 F 检验（P=0.000），模型总体是统计显著的，模型较好。从表 13-2 中 15 个因变量对自变量的显著性结果来看，"图书资料室配备"（P=0.027）、"心理咨询室开设"（P=0.001）在 95% 的显著水平下通过检验，而"体育设施状况""教师参与教研活动的比例"的 P 值为 0.000，说明这两者与学校的安全防护显著相关。同时"图书资料室配备""心理咨询室开设""体育设施状况""教师参与教研活动的比例"的参数分别为－0.251、－0.275、0.272、0.613；因此前两者对学校的安全防护是负影响，后两者是正影响。

统计结果表明：教师参与教研活动对学校安全防护影响最大；其次是心理

[①] R 方取值为 0—1，越接近 1，说明拟合度越好。由于本研究选取的指标仅仅是影响学校绩效管理的部分指标，并未涵盖所有指标；且由于受访教师在回答问卷中存在一定的保留和偏差，导致 R 方偏低。但本研究的所有数据来源于真实调研；因此可通过 F 检验判断回归模型是否总体显著。

咨询室开设状况；再次是体育设施状况；最后是图书资料室配备情况。这说明，学校领导和教师对学校安全的重视程度比硬件设施情况更高。

表13-2 教育投入与学校安全防护的回归分析

Source	SS	df	MS
Model	68.483	15	4.566
Residual	255.174	421	0.606
Total	323.657	436	0.742
观测量	F (14, 422)	Prob>F	R方	调整的R方	Root MSE
437	7.530	0.000	0.212	0.184	0.779
安全防护情况	Coef.	Std. Err.	t	P>|t|	[95% Conf. Interval]	
教师工资	0.000	0.000	-0.440	0.661	0.000	0.000
平均班额	0.009	0.007	1.220	0.223	-0.005	0.023
最大班额	-0.007	0.006	-1.200	0.230	-0.019	0.005
多媒体设施配备	-0.049	0.106	-0.460	0.642	-0.258	0.159
功能教室配备	-0.140	0.088	-1.600	0.111	-0.313	0.032
图书资料室配备	-0.251	0.113	-2.220	0.027	-0.473	-0.028
心理咨询室开设	-0.275	0.086	-3.210	0.001	-0.443	-0.106
体育设施状况	0.272	0.074	3.690	0	0.127	0.418
生师比	0.001	0.005	0.190	0.850	-0.009	0.011
教师教龄	-0.003	0.038	-0.090	0.931	-0.077	0.071
教师培训	0.020	0.026	0.780	0.437	-0.031	0.072
教学时间占工作时间的比例	-0.126	0.216	-0.590	0.559	-0.551	0.298
教研活动次数	0.021	0.023	0.910	0.362	-0.024	0.065
教师参与教研活动的比例	0.613	0.151	4.070	0	0.317	0.909
教师受教育程度	0.101	0.084	1.210	0.227	-0.063	0.266
_cons	1.484	0.408	3.640	0	0.683	2.286

注：样本量N=437。

二、学校环境教育功能

学校是儿童和青少年生活、学习的主要场所,对儿童青少年创造力发展及潜能开发具有重要意义(董奇,1993)。对学校环境的理解,甘普(Gump)曾将学校环境分为自然环境、人文因素和规章制度三类(P. V. Gump, 1980)。王萍认为学校环境主要包括物质环境和精神环境(王萍,2001);赵千秋将学校环境定义为:通过学校的建筑物和自然条件、教学和课外活动、老师和同伴的影响,在学校的教育过程中营造一种有利于学生身心健康发展的校园环境(赵千秋,2012)。

基于对"校园环境"的理解,笔者建立各项教育投入与学校境教功能之间的回归,回归模型中的 R 方为 0.251,调整 R 方为 0.225,P=0.000 总体通过 F 检验,说明这一回归模型在统计上显著。从各因变量对自变量的显著性结果来看,"功能教室配备""心理咨询室开设""体育设施状况""教师参与教研活动的比例"的 P 值分别为 0.004、0.001、0.000、0.000,具体统计结果见表 13-3。

表 13-3 教育投入对学校环境教育功能的回归分析

Source	SS	df	MS		
Model	92.932	15	6.195		
Residual	276.944	421	0.658		
Total	369.876	436	0.848		
观测量	F (14, 422)	Prob>F	R 方	调整的 R 方	Root MSE
437	9.420	0.000	0.251	0.225	0.811
学校境教功能	Coef.	Std. Err.	t	P>|t|	[95% Conf. Interval]
教师工资	0.000	0.000	0.490	0.627	0.000	0.000
平均班额	0.012	0.008	1.600	0.110	−0.003	0.027
最大班额	−0.011	0.006	−1.740	0.082	−0.023	0.001
多媒体设施配备	0.013	0.111	0.120	0.907	−0.205	0.230

续表

学校境教功能	Coef.	Std. Err.	t	P>|t|	[95% Conf. Interval]	
功能教室配备	−0.267	0.092	−2.920	0.004	−0.447	−0.087
图书资料室配备	−0.228	0.118	−1.930	0.054	−0.460	0.004
心理咨询室开设	−0.303	0.089	−3.400	0.001	−0.478	−0.128
体育设施状况	0.353	0.077	4.580	0.000	0.201	0.504
生师比	0.001	0.006	0.130	0.896	−0.010	0.012
教师教龄	0.024	0.039	0.610	0.542	−0.053	0.101
教师培训	0.025	0.027	0.910	0.366	−0.029	0.078
教学时间占工作时间的比例	0.262	0.225	1.170	0.245	−0.180	0.704
教研活动次数	0.029	0.023	1.230	0.218	−0.017	0.075
教师参与教研活动的比例	0.583	0.157	3.720	0.000	0.275	0.891
教师受教育程度	0.026	0.087	0.300	0.764	−0.145	0.198
_cons	1.097	0.425	2.580	0.010	0.262	1.931

注：样本量N=437。

这一统计结果说明，"功能教室配备""心理咨询室开设"对学校的境教功能水平在95%的显著水平下通过检验，而"体育设施状况""教师参与教研活动的比例"则对学校境教功能完全显著。从参数上来看，分别是−0.267、−0.303、0.353、0.583，这说明："功能教室配备""心理咨询室开设"对学校的境教功能水平是负相关影响；而"体育设施状况""教师参与教研活动的比例"对学校的境教功能水平则是正相关影响。

总体而言，四者对学校环境功能影响为：教师参与教研活动比例＞体育设施状况＞心理咨询室开设＞功能教室配备。

三、软硬件设施

日本文部省在阐述学校设施和学校教育的关系时指出，学校设施并不单纯是教育的场所,它同学生的成长发育有着密切的关系;同时作为育人的环境具有十分重要的作用(李旭光,2003)。信息化和国际化对学校教育提出了更高的要求,这不仅需要对教育内容进行改革,同时需要教育方法的多样性。然而,目前的学校设施在极大程度上影响了教育方法的改善和教学效果的最大化。

就目前我国义务教育学校设施情况而言,虽然教育资源和教育政策逐渐向农村薄弱地区的倾斜,农村义务教育得到了极大的改善与发展;然而义务教育薄弱学校与其他义务教育学校仍然存在巨大差距,其中以学校软硬件设施的差距最为直观明显。

对教育投入与学校软硬件设施做回归分析,模型中的R方为0.382,调整R方为0.360,P=0.000,通过F检验,方程总体显著。由表13-4可知,对各指标的显著性进行分析,"多媒体设施配备""功能教室配备""图书资料室配备""心理咨询室开设""体育设施状况""生师比"六个因素与学校的软硬件设施显著相关,其P值分别为0.001、0.000、0.031、0.000、0.000、0.008。其中"多媒体设施配备"和"生师比"在99%的显著水平下通过检验,"图书资料室配备"在95%的水平下通过检验,"功能教室配备""心理咨询室开设"及"体育设施状况"则对学校软硬件设施完全显著。同时"体育设施状况"与学校软硬件设施为正相关,参数值为0.463,其余五者则是负相关,参数值分别为-0.368、-0.407、-0.246、-0.305、-0.014。

表13-4 教育投入与学校软硬件设施的回归分析

Source	SS	df	MS		
Model	159.446	15	10.630		
Residual	257.758	421	0.612		
Total	417.204	436	0.957		
观测量	F (14, 422)	Prob>F	R方	调整的R方	Root MSE
437	17.360	0.000	0.382	0.360	0.782
软硬件设施	Coef.	Std. Err.	t	P>|t|	[95% Conf. Interval]
教师工资	0.000	0.000	-0.090	0.926	0.000　　0.00
平均班额	0.006	0.007	0.800	0.423	-0.008　　0.020

续表

软硬件设施	Coef.	Std. Err.	t	P>|t|	[95% Conf. Interval]	
最大班额	−0.007	0.006	−1.130	0.260	−0.019	0.005
多媒体设施配备	−0.368	0.107	−3.440	0.001	−0.578	−0.158
功能教室配备	−0.407	0.088	−4.610	0.000	−0.580	−0.233
图书资料室配备	−0.246	0.114	−2.160	0.031	−0.469	−0.022
心理咨询室开设	−0.305	0.086	−3.550	0.000	−0.474	−0.136
体育设施状况	0.463	0.074	6.240	0.000	0.317	0.609
生师比	−0.014	0.005	−2.650	0.008	−0.025	−0.004
教师教龄	−0.005	0.038	−0.120	0.905	−0.079	0.070
教师培训	−0.008	0.026	−0.290	0.772	−0.059	0.044
教学时间占工作时间的比例	0.088	0.217	0.410	0.685	−0.338	0.515
教研活动次数	0.013	0.023	0.580	0.562	−0.031	0.058
教师参与教研活动的比例	0.571	0.151	3.780	0.000	0.274	0.869
教师受教育程度	0.006	0.084	0.080	0.939	−0.159	0.172
_cons	2.077	0.410	5.070	0.000	1.272	2.882

注：样本量N=437。

统计数据显示，体育设施状况对学校软硬件设施的影响最大，生师比状况对其影响最小。表明目前我国义务教育薄弱学校的体育设施情况，远不能满足农村学生的需求，严重制约了义务教育薄弱学校学生的发展。

四、学校文化和品牌

学校文化是影响学校教育教学工作的重要变量，指导着学校组织人员的价值观念。"学校文化"这一概念由美国学者沃勒（Waller）在《教育社会学》中提出（魏会超，2013），此后在学校管理领域以及教育研究领域获得了广泛的关注。对学校文化的正确把握，不仅有助于学校推进改革，也有利于学校品牌的建设、教师专业成长和学生的多元发展。现今的学校浸润在文化的影响中，"文化"成为制约和决定学校发展的重要元素（袁丹，2014）。符合学校整体发展规划和学校传统价值观的学校文化有利于创建学校的特色品牌。

学校品牌是指经过精心培育和市场选择形成的、为教育消费者所偏好、给办学组织带来较大的经济和社会效益并引导教育消费的特色学校、特色校长和教师、特色学科、特色学校教学等的总称（田汉族，2005）。学校品牌的价值取向内化为学校成员和外部环境沟通交互的纽带的同时，也成为区别于其他学校的特性之一，是其个性化的表现形式。塑造并经营学校品牌，形成并维护学校特色，已成为学校领导者日常管理工作的基本内容。

建立教育投入与学校文化和品牌建设的回归模型，R方为0.318，调整R方为0.293，P=0.000，总体通过F检验，说明该模型在统计上显著，模型较好，参见表13-5。

表13-5 教育投入对学校文化和品牌的回归分析

Source	SS	df	MS
Model	145.865	15	9.724
Residual	313.385	421	0.744
Total	459.249	436	1.053

观测量	$F_{(14, 422)}$	Prob>F	R方	调整的R方	Root MSE	
437	13.060	0.000	0.318	0.293	0.863	
学校文化和品牌	Coef.	Std. Err.	t	P>|t|	[95% Conf. Interval]	
教师工资	0.000	0.000	−0.430	0.667	0.000	0.000
平均班额	0.030	0.008	3.780	0.000	0.015	0.046
最大班额	−0.017	0.007	−2.580	0.010	−0.031	−0.004
多媒体设施配备	−0.045	0.118	−0.380	0.706	−0.276	0.187
功能教室配备	−0.329	0.097	−3.380	0.001	−0.520	−0.137

续 表

学校文化和品牌	Coef.	Std. Err.	t	P>|t|	[95% Conf. Interval]	
图书资料室配备	−0.146	0.125	−1.170	0.245	−0.393	0.100
心理咨询室开设	−0.417	0.095	−4.390	0.000	−0.603	−0.230
体育设施状况	0.317	0.082	3.870	0.000	0.156	0.478
生师比	−0.016	0.006	−2.690	0.007	−0.027	−0.004
教师教龄	0.020	0.042	0.470	0.637	−0.062	0.101
教师培训	0.001	0.029	0.040	0.969	−0.056	0.058
教学时间占工作时间的比例	0.429	0.239	1.790	0.074	−0.042	0.899
教研活动次数	0.011	0.025	0.440	0.658	−0.038	0.060
教师参与教研活动的比例	0.739	0.167	4.430	0.000	0.411	1.067
教师受教育程度	0.053	0.093	0.570	0.570	−0.130	0.235
_cons	0.799	0.452	1.770	0.078	−0.089	1.686

注：样本量N=437。

从各教育投入维度对学校文化和品牌的显著性结果来看，"平均班额""心理咨询室开设""体育设施状况"以及"教师参与教研活动的比例"的P值均为0.000，完全显著；"功能教室配备"以及"生师比"两者的P值分别为0.001和0.007，在99%的显著水平下通过检验；"最大班额"的P值为0.010，在95%的水平下通过检验。从参数来看，"平均班额""体育设施状况""教师参与教研活动的比例"的参数值分别为0.030、0.317、0.739，与学校文化和品牌建设呈正相关。"最大班额""功能教室配备""心理咨询室开设""生师比"则为负相关，参数值分别为−0.017、−0.329、−0.417、−0.016。

由此可见，以上因素对学校文化和品牌建设的影响为：教师参与教研活动的比例＞功能教室配备＞心理咨询室开设＞平均班额＞体育设施状况＞最大班额＞生师比。

五、领导有效性

学校领导是影响学校组织行为以及实现学校绩效目标的关键因素,于学校而言,来自学校外部环境以及学校组织内部的各种要求和冲突,都由校长进行权衡处理,校长的领导行为决定了学校的办学行为。在学校办学活动中,组织合作与成员冲突是教育教学工作中基本矛盾,校长处理冲突与危机的有效性是学校维持正常教学活动的保证,也是实现学校办学绩效的前提。

对教育投入和领导有效处理冲突与危机之间的回归加以分析,模型的R方为0.139,调整后的R方为0.108,P值总体通过F检验(P=0.000),模型在统计上总体显著。如表13-6所示,从15个教育投入因素对学校领导有效性的显著数据来看,"心理咨询室开设"的P值为0.020,在95%的水平上通过检验,"教师参与教研活动的比例"的P值为0.006,在99%的水平上通过检验,"体育设施状况"的P值为0.000,完全显著。从参数来看,"心理咨询室开设"的参数值为-0.214,对学校领导有效性为负影响,"体育设施状况""教师参与教研活动的比例"的参数值分别为0.331、0.444,对学校领导有效性为正影响。

表13-6 教育投入对领导有效性的回归分析

Source	SS	df	MS		
Model	47.012	15	3.134		
Residual	292.539	421	0.695		
Total	339.551	436	0.779		
观测量	$F_{(14, 422)}$	Prob>F	R方	调整的R方	Root MSE
437	4.510	0.000	0.136	0.108	0.834
领导有效性	Coef.	Std. Err.	t	P>|t|	[95% Conf. Interval]
教师工资	0.000	0.000	-1.020	0.307	0.000　　0.000
平均班额	-0.001	0.008	-0.160	0.875	-0.016　　0.014
领导有效性	Coef.	Std. Err.	t	P>|t|	[95% Conf. Interval]

续 表

最大班额	0.001	0.006	0.190	0.852	−0.012	0.014
多媒体设施配备	0.042	0.114	0.370	0.715	−0.182	0.265
功能教室配备	−0.153	0.094	−1.630	0.104	−0.338	0.032
图书资料室配备	−0.146	0.121	−1.200	0.229	−0.384	0.092
心理咨询室开设	−0.214	0.092	−2.330	0.020	−0.394	−0.034
体育设施状况	0.331	0.079	4.190	0.000	0.176	0.487
生师比	0.000	0.006	−0.010	0.988	−0.011	0.011
教师教龄	0.045	0.040	1.110	0.268	−0.034	0.124
教师培训	−0.009	0.028	−0.320	0.752	−0.064	0.046
教学时间占工作时间的比例	−0.072	0.231	−0.310	0.756	−0.526	0.382
教研活动次数	0.021	0.024	0.860	0.391	−0.027	0.068
教师参与教研活动的比例	0.444	0.161	2.750	0.006	0.127	0.761
教师受教育程度	0.139	0.090	1.550	0.123	−0.037	0.315
_cons	1.250	0.436	2.870	0.004	0.393	2.108

注：样本量 N=437。

统计结果表明，总体而言，教师参与教研活动的比例对学校领导的有效性影响最大，其次是体育设施状况，最后是心理咨询室开设的情况。

第二节 教育投入对教师教学绩效的影响

对于教师教学情况的调查，如表 13-7 显示，仅从调查结果来看，"教学能力"方面的总体均值为 1.94，其中近一半的教师认为学校的教师大致通晓学科知识和教学方法，不足3%的教师认为所在学校的教师未能掌握所教学科知识和基本的教学方法。在"教师参与培训"方面的总体均值得分为这一维度的最高值，达2.03。有近四成的教师认为所在学校的教师大致都能够主动参与教师培训，仅3.43%的教师认为所在学校的教师在参与教师培训方面的情况非常差。"教师科研"方面的总体均值为1.79，这一得分相对较差。有8.94%的教师认为所在学校的教师在科研方面的表现非常差，仅有25%的教师认为学校的科研状况良好。"教师解决教学问题"方面，总体均分为1.81，21.51%的受访教师认为所在学校的大部分教师都能够有效解决工作中的实际问题，仅有23名受访教师认为学校教师不能有效解决教育教学的实际问题，所占比例仅为5.26%。"班级管理有效性"方面的总体均值为1.97，仅有2.06%的教师认为本校教师不能进行有效的班级管理和班级活动开展，认为本校教师在班级管理有效性方面都表现良好的有29.52%，大致良好有39.82%。调查数据显示，"教师促进学生多元发展"方面的情况较差，总体均值为1.61，且仅有13.73%的受访教师本校教师能够有效促进学生的多元发展和身心健康，有高达9.15%的比例认为本校教师对学生的多元发展和身心健康没有发挥应有的作用。

表13-7 教师教学绩效情况

变量名		频数	平均值	百分比
C6 教学能力	完全符合	104	1.94	23.80
	大致符合	215		49.20
	基本符合	105		24.03
	不符合	13		2.97
C7 教师参与培训	完全符合	145	2.03	33.18
	大致符合	174		39.82
	基本符合	103		23.57
	不符合	15		3.43
C8 教师科研	完全符合	109	1.79	25.00
	大致符合	165		37.85

续 表

变量名		频数	平均值	百分比
	基本符合	123		28.21
	不符合	39		8.94
C9 教师解决教学问题	完全符合	94	1.81	21.51
	大致符合	189		43.25
	基本符合	131		29.98
	不符合	23		5.26
C10 班级管理有效性	完全符合	129	1.97	29.52
	大致符合	174		39.82
	基本符合	125		28.60
	不符合	9		2.06
C11 教师促进学生多元发展	完全符合	60	1.61	13.73
	大致符合	177		40.50
	基本符合	160		36.62
	不符合	40		9.15

注：样本量 N=437。

从这一组数据来看，当前义务教育薄弱学校的教师教学绩效管理状况的总体水平较高，处于中上水平。大部分教师都认为所在学校的教师在"教学能力""参与培训""科研""解决教学问题""班级管理有效性"和"促进学生多元发展"等方面的绩效水平良好。

一、教师教学能力

作为教师专业能力的主体部分，教学能力集中体现了教师的素质能力，在很大程度上影响了教学质量的高低。一般是指为胜任教学，有效达成教学目标，教师在教学各个领域所需要的各种单项能力的总和（徐洁，2015）。本节所指"教学能力"为教师的学科知识掌握程度以及教师的教学方法。建立教育投入与教师教学能力之间的回归模型，如表 13-8 所示模型的 R 方为 0.093，调整 R 方为 0.061，P=0.000，通过 F 检验，回归方程总体显著，说明自变量和因变量之间存在回归关系。从教育投入各维度对教师教学能力的显著性结果来看，"教师工资"的 P 值为 0.017，在 95% 的水平下通过检验，"教师参与教研活动的比例"的 P 值为 0.000，在 99% 的水平下通过检验。这两个维度的参数分别为 0.000、0.510。

表 13-8 教育投入与教学能力的回归分析

Source	SS	df	MS
Model	24.186	15	1.612
Residual	235.145	421	0.559
Total	259.332	436	0.595

观测量	F (14, 422)	Prob>F	R 方	调整的 R 方	Root MSE	
437	2.890	0.000	0.093	0.061	0.747	
教师教学能力	Coef.	Std. Err.	t	P>|t|	[95% Conf. Interval]	
教师工资	0.000	0.000	−2.400	0.017	0.000	0.000
平均班额	−0.007	0.007	−1.060	0.290	−0.021	0.006
最大班额	0.002	0.006	0.410	0.680	−0.009	0.014
多媒体设施配备	0.014	0.102	0.140	0.892	−0.187	0.214
功能教室配备	−0.082	0.084	−0.970	0.331	−0.248	0.084
图书资料室配备	−0.120	0.109	−1.110	0.269	−0.334	0.093
心理咨询室开设	−0.137	0.082	−1.670	0.095	−0.299	0.024
体育设施状况	0.089	0.071	1.250	0.212	−0.051	0.228
生师比	−0.001	0.005	−0.220	0.824	−0.011	0.009
教师教龄	0.035	0.036	0.970	0.333	−0.036	0.106
教师培训	0.024	0.025	0.970	0.335	−0.025	0.073
教学时间占工作时间的比例	−0.171	0.207	−0.820	0.411	−0.578	0.237

续 表

教师教学能力	Coef.	Std. Err.	t	P>|t|	[95% Conf. Interval]	
教研活动次数	0.021	0.022	0.960	0.339	−0.022	0.063
教师参与教研活动的比例	0.510	0.145	3.530	0.000	0.225	0.794
教师受教育程度	0.125	0.080	1.550	0.122	−0.033	0.283
_cons	1.950	0.391	4.980	0.000	1.181	2.719

注：样本量N=437。

结果表明："教师参与教研活动的比例"比"教师工资"在更大的程度上对"教师教学能力"产生影响。

二、教师参与培训

在我国义务教育薄弱学校的教师队伍整体素质已成为教育发展最为薄弱的环节，严重阻碍了义务教育的均衡发展。薄弱学校教师的教育教学水平和素质能力直接影响农村地区甚至是全国教育事业的发展。加强义务教育薄弱学校教师培训是加快薄弱学校教师队伍建设、提高薄弱学校教师整体素质的重要途径。随着中央出台对义务教育薄弱学校的倾斜政策，把薄弱学校教师队伍建设放在重要的位置，加大财政性经费投入等一系列举措，提高薄弱学校教师素质、实施薄弱学校教师培训已成为社会关注的焦点，是提高教育质量的必然要求。在教育培训成为提高教师队伍素质的主要手段，上升为教育工作重要位置的大背景下，教师参与培训的主动性，直接关系着培训的质量以及教师队伍建设的有效性。

对教育投入与教师培训之间进行回归，模型R方为0.145，调整R方为0.115，P值通过F检验（P=0.000），模型在统计上总体显著，说明自变量和因变量存在回归关系。具体来看，"图书资料室配备"的P值为0.001，在99%的水平上显著，"教研活动次数"的P值为0.016，在95%的水平上统计显著，"教师工资"和"教师参与教研活动的比例"的P值为0.000，完全显著。从四者的参数值来看,"教师工资"和"图书资料室配备"的参数分别为0.000、−0.375,对教师主动参与培训起负相关的作用;"教研活动次数"和"教师参与教研活动的比例"参数值分别为0.055、0.561,和因变量呈正相关。详见表13-9。

表13-9 教育投入与教师参与培训的回归分析

Source	SS	Df	MS		
Model	44.591	15	2.973		
Residual	263.080	421	0.625		
Total	307.670	436	0.706		
观测量	$F(14, 422)$	Prob>F	R方	调整的R方	Root MSE
437	4.760	0.000	0.145	0.115	0.791
教师参与培训	Coef.	Std. Err.	T	P>|t|	[95% Conf. Interval]
教师工资	0.000	0.000	−3.590	0.000	0.000	0.000
平均班额	−0.002	0.007	−0.250	0.802	−0.016	0.013
最大班额	−0.002	0.006	−0.300	0.767	−0.014	0.010
多媒体设施配备	0.079	0.108	0.730	0.464	−0.133	0.291
功能教室配备	−0.046	0.089	−0.510	0.608	−0.221	0.130
图书资料室配备	−0.375	0.115	−3.260	0.001	−0.601	−0.149
心理咨询室开设	−0.147	0.087	−1.690	0.092	−0.318	0.024
体育设施状况	0.054	0.075	0.720	0.471	−0.093	0.202
生师比	−0.004	0.005	−0.730	0.467	−0.015	0.007
教师教龄	0.035	0.038	0.910	0.361	−0.040	0.110
教师培训	0.027	0.026	1.000	0.317	−0.025	0.079
教学时间占工作时间的比例	0.116	0.219	0.530	0.598	−0.315	0.547
教研活动次数	0.055	0.023	2.430	0.016	0.011	0.100
教师参与教研活动的比例	0.561	0.153	3.670	0.000	0.260	0.861

续 表

教师参与培训	Coef.	Std. Err.	T	P>|t|	[95% Conf. Interval]	
教师受教育程度	0.127	0.085	1.500	0.135	−0.040	0.294
_cons	2.290	0.414	5.530	0.000	1.477	3.103

注：样本量N=437。

这一统计数据表明，"教师参与教研活动的比例"对因变量的影响最大，其次是"图书资料室配备"的情况，再次是"教研活动次数"，最后是"教师工资"。

三、教师科研

自20世纪70年代英国课程专家斯滕豪斯（Stenhouse）与埃略特（Elliott）美国柯克伦-史密斯（Cochran-Smith）和莱特尔（Lytle）以及澳大利亚的卡尔（Carr）和吉米斯（Kemmis）等学者提出教师科研以来，教师科研被视为促进教师专业发展、提升教师专业地位、推动学校改进、落实教育改革的有效方式（王晓芳，黄丽锷，2015）。教育部发布的《小学教师专业标准（试行）》《中学教师专业标准（试行）》等文件规定，"针对教育教学工作中的现实需要与问题，进行探索和研究"是教师必备的专业能力。

本研究对教育投入与教师科研能力的回归模型进行分析，模型R方为0.159，调整R方为0.129，P值为0.000，通过F检验，说明回归方程在统计意义上显著，因变量和自变量存在回归关系。从各自变量和因变量的显著结果来看，"教师工资""心理咨询室开设""教师受教育程度"的P值分别为0.033、0.045、0.028，在95%的水平上通过显著性检验；"图书资料室配备""教研活动次数"的P值为0.002、0.004，在99%的水平上通过检验；"教师参与教研活动的比例"的P值为0.000，完全显著。对其参数值进行分析，"教师工资""图书资料室配备""心理咨询室开设"的参数值分别为0.000、−0.399、−0.190，与教师科研能力呈负相关；"教研活动次数""教师参与教研活动的比例""教师受教育程度"分别为0.071、0.607、0.204，与教师科研能力呈正相关。

总体而言,"教师参与教研活动的比例""图书资料室配备"以及"教师受教育程度"对教师科研表现的影响最大,参见表13-10。

表 13-10　教育投入对教师科研的回归分析

Source	SS	df	MS		
Model	58.612	15	3.907		
Residual	309.976	420	0.738		
Total	368.587	435	0.847		
观测量	$F_{(14, 422)}$	Prob>F	R方	调整的R方	Root MSE
437	5.290	0.000	0.159	0.129	0.859
教师科研能力	Coef.	Std. Err.	t	P>|t|	[95% Conf. Interval]	
教师工资	0.000	0.000	−2.140	0.033	0.000	0.000
平均班额	0.008	0.008	1.050	0.293	−0.007	0.024
最大班额	−0.009	0.007	−1.370	0.173	−0.022	0.004
多媒体设施配备	0.187	0.117	1.600	0.111	−0.043	0.418
功能教室配备	−0.150	0.097	−1.550	0.123	−0.340	0.041
图书资料室配备	−0.399	0.125	−3.190	0.002	−0.644	−0.153
心理咨询室开设	−0.190	0.095	−2.020	0.045	−0.376	−0.005
体育设施状况	0.013	0.082	0.150	0.877	−0.148	0.173
生师比	−0.003	0.006	−0.550	0.580	−0.015	0.008
教师教龄	0.000	0.041	−0.010	0.991	−0.082	0.081
教师培训	0.029	0.029	0.990	0.320	−0.028	0.085
教学时间占工作时间的比例	−0.071	0.238	−0.300	0.766	−0.539	0.397
教研活动次数	0.071	0.025	2.870	0.004	0.022	0.120
教师参与教研活动的比例	0.607	0.166	3.660	0.000	0.281	0.934

续 表

教师科研能力	Coef.	Std. Err.	t	P>|t|	[95% Conf. Interval]	
教师受教育程度	0.204	0.092	2.210	0.028	0.022	0.385
_cons	1.928	0.450	4.290	0.000	1.044	2.811

注：样本量 N=437。

四、教师解决教学问题

教师的专业准备和发展的直接目的在于解决教育教学工作中遇到的问题，从而提高教师工作的绩效水平。对教育投入和教师有效解决教学难题之间进行回归，模型的 R 方为 0.132，调整后的 R 方为 0.101，P 值总体通过 F 检验（P=0.000），模型在统计上总体显著。据表 13-11，从各个自变量对教师有效解决教学难题的显著性结果来看，"功能教室配备""心理咨询室开设"以及"教师参与教研活动的比例"三者的 P 值分别是 0.013、0.013、0.011，在 95%的水平下通过显著性检验；"教研活动次数"的 P 值是 0.007，在 99%的水平下通过显著性检验。其中"功能教室配备"和"心理咨询室开设"的参数值为-0.221、-0.217，对因变量是负向影响；"教研活动次数""教师参与教研活动的比例"的参数值为 0.062、0.389，对因变量是正向影响。

表 13-11 教育投入对教师解决教学问题的回归分析

Source	SS	df	MS			
Model	39.670	15	2.645			
Residual	261.565	421	0.621			
Total	301.236	436	0.691			
观测量	F (14, 422)	Prob>F	R 方	调整的 R 方	Root MSE	
437	4.260	0.000	0.132	0.101	0.788	
解决教学问题	Coef.	Std. Err.	t	P>|t|	[95% Conf. Interval]	
教师工资	0.000	0.000	-1.870	0.062	0.000	0.000
平均班额	-0.001	0.007	-0.130	0.897	-0.015	0.013

续 表

解决教学问题	Coef.	Std. Err.	t	P>|t|	[95% Conf. Interval]	
最大班额	−0.005	0.006	−0.800	0.424	−0.017	0.007
多媒体设施配备	0.013	0.108	0.120	0.901	−0.198	0.225
功能教室配备	−0.221	0.089	−2.480	0.013	−0.396	−0.046
图书资料室配备	−0.168	0.115	−1.460	0.144	−0.393	0.057
心理咨询室开设	−0.217	0.087	−2.500	0.013	−0.387	−0.046
体育设施状况	0.027	0.075	0.360	0.717	−0.120	0.174
生师比	0.006	0.005	1.040	0.299	−0.005	0.016
教师教龄	−0.011	0.038	−0.290	0.775	−0.086	0.064
教师培训	0.018	0.026	0.670	0.506	−0.034	0.069
教学时间占工作时间的比例	−0.263	0.219	−1.200	0.229	−0.693	0.166
教研活动次数	0.062	0.023	2.730	0.007	0.017	0.107
教师参与教研活动的比例	0.389	0.152	2.550	0.011	0.089	0.688
教师受教育程度	0.069	0.085	0.810	0.417	−0.098	0.235
_cons	2.614	0.413	6.340	0.000	1.803	3.425

注：样本量 N=437。

总体而言，"教师参与教研活动的比例"对教师解决教学问题的影响最大。

五、班级管理有效性

班级是组成学校的基本单位，是师生教育教学活动的重要场所。班级管理是学校管理的关键环节，也是教育活动的基本组成部分。合理的班级管理，有利于形成班级凝聚力，营造良好的学习环境，有助于学生提高学业成绩、发展多种能力。班级管理质量在一定程度上影响学校办学绩效和教学质量。

建立自变量和因变量的回归模型，对班级管理有效性进行回归分析，如表 13-12，模型 R 方为 0.142，调整 R 方为 0.112，P 值为 0.000，通过 F 检验，统计意义上总体显著，说明自变量和因变量存在回归关系。从表 13-12 中的教育投入因素对班级管理有效性的显著数据来看，"功能教室配备""心理咨询室开设"及"教师参与教研活动的比例"的 P 值分别是 0.003、0.003 以及 0.005，在 99% 的水平下通过检验，"教研活动次数"的 P 值为 0.035，在 95% 的水平下通过显著性检验。分析其参数值，"功能教室配备"和"心理咨询室开设"分别为 -0.256、-0.257，为负相关；"教研活动次数"和"教师参与教研活动的比例"分别为 0.047、0.418，为正相关影响。

表 13-12 教育投入对班级管理有效性的回归分析

Source	SS	df	MS		
Model	41.128	15	2.742		
Residual	248.424	421	0.590		
Total	289.551	436	0.664		
观测量	F (14, 422)	Prob>F	R 方	调整的 R 方	Root MSE
437	4.650	0.000	0.142	0.112	0.768
班级管理有效性	Coef.	Std. Err.	t	P>|t|	[95% Conf. Interval]
教师工资	0.000	0.000	-1.180	0.237	0.000	0.000
平均班额	-0.001	0.007	-0.160	0.873	-0.015	0.013
最大班额	-0.003	0.006	-0.480	0.629	-0.015	0.009
多媒体设施配备	0.025	0.105	0.240	0.809	-0.181	0.231
功能教室配备	-0.256	0.087	-2.950	0.003	-0.426	-0.085
图书资料室配备	-0.139	0.112	-1.250	0.213	-0.359	0.080
心理咨询室开设	-0.257	0.084	-3.040	0.003	-0.423	-0.091
体育设施状况	0.084	0.073	1.150	0.250	-0.059	0.227
生师比	0.001	0.005	0.110	0.911	-0.010	0.011

续 表

班级管理有效性	Coef.	Std. Err.	t	P>|t|	[95% Conf. Interval]	
教师教龄	0.024	0.037	0.650	0.518	−0.049	0.097
教师培训	0.012	0.026	0.450	0.653	−0.039	0.062
教学时间占工作时间的比例	−0.231	0.213	−1.090	0.278	−0.650	0.187
教研活动次数	0.047	0.022	2.110	0.035	0.003	0.091
教师参与教研活动的比例	0.418	0.149	2.810	0.005	0.126	0.710
教师受教育程度	0.065	0.083	0.790	0.430	−0.097	0.228
_cons	2.440	0.402	6.070	0.000	1.650	3.231

注：样本量N=437。

六、学生多元发展

20世纪80年代，经济全球化以及文化多元化引发了各国政府变革教育的决心。1983年美国发布《国家处在危险之中——教育改革势在必行》，1985年英国政府颁布《把学校办得更好》白皮书，掀起一场教育领域的改革，世界性的教育改革浪潮由此到来。高度强调教育的人文化和多元化，重视学生创新能力的培养。在我国，国务院和教育部相继出台一系列推进素质教育的文件，要求改变教育观念、教育体制、教育结构、人才培养方式、教育内容和教学方法，以适应国民素质发展需要，发展学生的多元能力。

对教育投入与教师促进学生多元发展的回归模型进行分析，如表13-13所示，R方为0.136，调整R方为0.105，P值为0.000，通过F检验，说明回归方程在统计意义上显著，因变量和自变量存在回归关系。据表13-13，从各个自变量和因变量的显著数据来看，"功能教室配备"和"教师参与教研活动的比例"在95%的水平上通过检验，其P值分别为0.021、0.020；"心理咨询室开设"在99%的水平上通过检验，P值为0.004。分析其参数值，"功能教室配备"和"心理咨询室开设"分别为－0.206、－0.253，与教师促进学生多元发展呈负相关，"教师参与教研活动的比例"为0.359，与教师促进学生多元发展呈正相关。

表13－13 教育投入与教师促进学生多元发展的回归分析

Source	SS	df	MS		
Model	41.624	15	2.775		
Residual	264.235	421	0.628		
Total	305.858	436	0.702		
观测量	F (14, 422)	Prob>F	R方	调整的R方	Root MSE
437	4.420	0.000	0.136	0.105	0.792
促进学生多元发展	Coef.	Std. Err.	t	P>|t|	[95% Conf. Interval]
教师工资	0.000	0.000	－1.120	0.264	0.000	0.000
平均班额	0.004	0.007	0.550	0.580	－0.010	0.019
最大班额	－0.008	0.006	－1.320	0.189	－0.020	0.004
多媒体设施配备	－0.019	0.108	－0.170	0.861	－0.231	0.194
功能教室配备	－0.206	0.089	－2.310	0.021	－0.382	－0.031
图书资料室配备	－0.163	0.115	－1.420	0.157	－0.390	0.063
心理咨询室开设	－0.253	0.087	－2.900	0.004	－0.424	－0.082
体育设施状况	0.073	0.075	0.970	0.331	－0.075	0.221
生师比	0.003	0.005	0.540	0.588	－0.008	0.014
教师教龄	－0.026	0.038	－0.690	0.489	－0.102	0.049
教师培训	0.030	0.027	1.120	0.262	－0.022	0.082
教学时间占工作时间的比例	0.102	0.220	0.470	0.641	－0.329	0.534
教研活动次数	0.043	0.023	1.870	0.062	－0.002	0.088
教师参与教研活动的比例	0.359	0.153	2.340	0.020	0.057	0.660

续表

促进学生多元发展	Coef.	Std. Err.	t	P>|t|	[95% Conf. Interval]	
教师受教育程度	0.120	0.085	1.410	0.160	−0.048	0.287
_cons	2.070	0.415	4.990	0.000	1.255	2.886

注：样本量N=437。
资料来源：研究者自行整理。

第三节 教育投入对学生发展绩效的影响

在学生学习态度和学业进步方面，调查结果显示：在437份有效问卷中，其总体均值为1.73。仅有16.02%的教师认为，所在学校的学生普遍学习态度端正并能获得学业进步；有5.72%的受访教师认为，本校学生的学习态度差，几乎很难获得学业进步。在"学生多元发展"这一维度上，情况最差，总体均分仅为1.41。有高达15.56%的教师认为学生未能获得多元发展；仅有一成多点（10.30%）的教师认为本校学生能够获得多元发展，在各项活动中表现良好。根据调查数据显示，义务教育薄弱学校的学生在安全意识方面表现最为良好，总体均值为1.89，22.88%的教师认为学生具有充分的安全意识，仅有3.89%的教师认为学生安全意识薄弱。在"学生身心健康"方面，总体均值为1.73，认为学生生活方式健康、身心发展良好的教师不到两成（19.22%），"大致符合"和"基本符合"的比例分别为40.51%、34.78%。在"学生道德行为"这一维度上，总体均值为1.84。认为学生道德行为表现完全符合常规的教师占比22.20%，觉得"大致符合"和"基本符合"的比例分别为42.33%、32.95%，还有2.52%的教师认为学生道德行为表现非常差，参见表13-14。

表 13-14　学生发展绩效情况

变量名		频数	平均值	百分比
C12 学生学习态度和学业进步	完全符合	70	1.73	16.02
	大致符合	172		39.36
	基本符合	170		38.90
	不符合	25		5.72
C13 学生多元发展	完全符合	45	1.41	10.30
	大致符合	156		35.70
	基本符合	168		38.44
	不符合	68		15.56
C14 学生安全意识	完全符合	100	1.89	22.88
	大致符合	177		40.51
	基本符合	143		32.72
	不符合	17		3.89
C15 学生身心发展	完全符合	84	1.73	19.22
	大致符合	177		40.51
	基本符合	152		34.78
	不符合	24		5.49
C16 学生道德行为	完全符合	97	1.84	22.20
	大致符合	185		42.33
	基本符合	144		32.95
	不符合	11		2.52

注：样本量 N=437。

模型结果显示，目前义务教育薄弱学校学生发展绩效的总体水平一般，"学生安全意识"和"学生道德行为"的评级相对较高；"学生学习态度和学业进步"这一问题与"学生身心发展"的评级均分一致，表现一般；而"学生多元发展"水平则较低。

一、学习态度和学业进步

学生学业成绩是学业成绩测试的结果,是学生经过一段时间的学习或训练后所获得知识和技能的重要成果表现(王云华,2002),是评价学生学业成就和学习质量的重要指标之一。在已有关于学生学业成绩影响因素的研究中,家庭和学校是影响学生学业成绩的重要场所,家庭资本和学校资本对学业成绩具有重要影响(杨宝琰,万明钢,2015)。

就教育投入对学业成绩的影响建立回归模型,R 方为 0.092,调整 R 方 0.060,P 值通过 F 检验,为 0.000,在统计学意义上总体显著,说明自变量和因变量存在回归关系。从表 13-15 中各个自变量对学生学习态度及学业进步的回归数据来看,"最大班额""功能教室配备""心理咨询室开设""教师教龄"及"教师参与教研活动的比例"的 P 值分别为 0.026、0.036、0.035、0.017、0.039,在 95% 的水平下通过检验。其参数值分别是 -0.014、-0.188、-0.184、0.091、0.316,说明前三者对学生学习态度和学业进步为负相关,而"教师教龄"及"教师参与教研活动的比例"对因变量为正相关的影响。

表 13-15　教育投入对学业进步的回归分析

Source	SS	df	MS		
Model	26.579 509 7	15	1.771 967 32		
Residual	261.933 076	421	0.622 168 827		
Total	288.512 586	436	0.661 726 114		
观测量	$F_{(14, 422)}$	Prob>F	R 方	调整的 R 方	Root MSE
437	2.850	0.000	0.092	0.060	0.789
学生学业进步	Coef.	Std. Err.	t	P>|t|	[95% Conf. Interval]	
教师工资	0.000	0.000	0.160	0.872	0.000	0.000
平均班额	0.011	0.007	1.560	0.120	-0.003	0.026
最大班额	-0.014	0.006	-2.240	0.026	-0.026	-0.002

续 表

学生学业进步	Coef.	Std. Err.	t	P>|t|	[95% Conf. Interval]	
多媒体设施配备	0.003	0.108	0.030	0.979	−0.209	0.214
功能教室配备	−0.188	0.089	−2.110	0.036	−0.363	−0.013
图书资料室配备	0.057	0.115	0.500	0.621	−0.169	0.282
心理咨询室开设	−0.184	0.087	−2.120	0.035	−0.354	−0.013
体育设施状况	0.042	0.075	0.560	0.575	−0.105	0.189
生师比	0.007	0.005	1.250	0.211	−0.004	0.017
教师教龄	0.091	0.038	2.400	0.017	0.016	0.166
教师培训	0.042	0.026	1.610	0.109	−0.009	0.094
教学时间占工作时间的比例	0.247	0.219	1.130	0.260	−0.183	0.677
教研活动次数	0.006	0.023	0.280	0.783	−0.039	0.051
教师参与教研活动的比例	0.316	0.153	2.070	0.039	0.016	0.616
教师受教育程度	−0.020	0.085	−0.240	0.814	−0.187	0.147
_cons	1.356	0.413	3.280	0.001	0.544	2.167

注：样本量 N=437。

二、学生多元发展

学生是学校组织存在的前提，所有的教育改革和新课程的实施，其目的都在于追求学生的发展。学生的智能差异要求学校提供个性化的教育，学校的管理改革以及课程教学等一系列教育工作，必须以学生为中心，发现和培养学生的多元潜能，从而面向学生的未来发展，培养具有个性化和创造力的多元人才。

对教育投入与学生多元发展情况进行回归分析，模型 R 方为 0.145，调整后 R 方为 0.114，P＝0.000，通过 F 检验，总体显著，即教育投入与学生多元发展存在回归关系。具体从表 13-16 来看，"心理咨询室开设"的 P 值为 0.031，在 95％的水平上通过检验；"功能教室配备""教师培训""教师参与教研活动的比例"的 P 值为 0.001、0.005、0.005，在 99％的水平下通过显著性检验。就其参数值而言，"功能教室配备"和"心理咨询室开设"分别为 －0.298、－0.195，为负相关；"教师培训"和"教师参与教研活动的比例"的参数值为 0.077、0.452，为正相关。

表 13-16　教育投入对学生多元发展的回归分析

Source	SS	df	MS
Model	48.028	15	3.202
Residual	283.468	421	0.673
Total	331.497	436	0.760

观测量	$F_{(14, 422)}$	Prob>F	R 方	调整的 R 方	Root MSE
437	4.760	0.000	0.145	0.114	0.821

学生多元发展	Coef.	Std. Err.	t	P>|t|	[95% Conf. Interval]	
教师工资	0.000	0.000	0.060	0.954	0.000	0.000
平均班额	0.010	0.008	1.340	0.182	－0.005	0.025
最大班额	－0.010	0.006	－1.590	0.113	－0.023	0.002
多媒体设施配备	0.059	0.112	0.520	0.600	－0.161	0.279
功能教室配备	－0.298	0.093	－3.220	0.001	－0.480	－0.116
图书资料室配备	－0.126	0.119	－1.060	0.291	－0.361	0.108
心理咨询室开设	－0.195	0.090	－2.160	0.031	－0.372	－0.018
体育设施状况	0.148	0.078	1.910	0.057	－0.005	0.302
生师比	0.002	0.006	0.450	0.656	－0.009	0.014
教师教龄	0.030	0.040	0.760	0.446	－0.048	0.108

续 表

学生多元发展	Coef.	Std. Err.	t	P>|t|	[95% Conf. Interval]	
教师培训	0.077	0.027	2.820	0.005	0.023	0.131
教学时间占工作时间的比例	0.152	0.227	0.670	0.505	−0.295	0.599
教研活动次数	−0.001	0.024	−0.040	0.967	−0.048	0.046
教师参与教研活动的比例	0.452	0.159	2.850	0.005	0.140	0.764
教师受教育程度	−0.037	0.088	−0.420	0.674	−0.211	0.136
_cons	1.305	0.430	3.040	0.003	0.461	2.149

注：样本量 N=437。

三、学生安全意识

学生的安全意识源于学校的安全教育，安全意识的缺乏是导致学校安全事故频发的主要原因之一。有学者指出，就目前我国学校的安全教育而言，安全教育方式不足，普及率低、不系统，学校忽视安全课程，缺乏安全教材（刘文韬，2008）。作为学校教育体系的重要内容，安全教育有利于提高学生的安全意识和安全技能。

对教育投入与学生安全意识的回归模型进行分析，R方为0.100，调整R方为0.068，P值为0.000，通过F检验，说明回归模型在统计意义上显著，教育投入和学生安全意识总体上存在回归关系，见表13-17。就各个自变量与因变量的显著结果而言，"功能教室配备"情况的P值为0.002，在99%的水平上通过显著性检验；"心理咨询室开设"和"教师参与教研活动的比例"的P值为0.020、0.014，在95%的水平上通过显著性检验。其中"教师参与教研活动的比例"的参数值为0.379，对学生安全意识存在正相关影响，说明教师对学生的安全意识形成具有最为重要的影响。

表 13-17 教育投入对学生安全意识的回归分析

Source	SS	df	MS		
Model	29.724	15	1.982		
Residual	267.709	421	0.636		
Total	297.432	436	0.682		
观测量	$F_{(14, 422)}$	Prob>F	R方	调整的R方	Root MSE
437	3.120	0.000	0.100	0.068	0.797
学生安全意识	Coef.	Std. Err.	t	P>|t|	[95% Conf. Interval]	
教师工资	0.000	0.000	−0.590	0.558	0.000	0.000
平均班额	−0.008	0.007	−1.090	0.275	−0.023	0.006
最大班额	0.000	0.006	0.030	0.977	−0.012	0.012
多媒体设施配备	0.064	0.109	0.590	0.555	−0.150	0.278
功能教室配备	−0.275	0.090	−3.050	0.002	−0.452	−0.098
图书资料室配备	−0.039	0.116	−0.340	0.734	−0.267	0.188
心理咨询室开设	−0.204	0.088	−2.330	0.020	−0.377	−0.032
体育设施状况	0.128	0.076	1.690	0.091	−0.020	0.277
生师比	0.009	0.005	1.680	0.094	−0.002	0.020
教师教龄	0.055	0.038	1.430	0.153	−0.021	0.131
教师培训	0.007	0.027	0.260	0.795	−0.046	0.059
教学时间占工作时间的比例	−0.171	0.221	−0.770	0.440	−0.605	0.264
教研活动次数	−0.003	0.023	−0.130	0.895	−0.048	0.042
教师参与教研活动的比例	0.379	0.154	2.460	0.014	0.076	0.682
教师受教育程度	0.083	0.086	0.970	0.333	−0.085	0.252
_cons	1.874	0.417	4.490	0.000	1.054	2.695

注：样本量N=437。

四、学生身心发展

学生身心健康是指学生在遗传性与获得性的基础上表现出来的身体形态结构、生理功能和心理因素的综合的、相对稳定的特征。其范畴包括学生的形态结构、生理功能、运动素质与能力、心理、适应能力即对内外环境的适应、应激能力和对疾病的抵抗力之综合的发育或发展水平（张伟，陈华卫，2011）。维持学生的身心健康，是推行素质教育的需要，也是提高教育绩效的诉求。《关于改善各级学校学生健康状况的决定》《1996—2000年中国发展健康促进学校活动规划》《儿童生存、保护和发展世界宣言》及《执行九十年代儿童生存、保护和发展世界宣言行动计划》等相继发布和签署的具体指导性文件，将儿童青少年的身心健康水平作为教育规划和行动计划的重要内容。

建立教育投入和学生身心发展之间的回归模型，R方为0.137，调整R方为0.106，P值通过F检验（P=0.000），总体上统计显著，说明教育投入和学生身心发展之间总体回归。具体到各维度的教育投入对学生身心发展的回归数据而言，如表13-18所示，"生师比"的P值为0.014，在95%的水平上通过显著性检验；"最大班额"和"功能教室配备"的P值分别为0.005、0.001，在99%的水平上通过显著性检验；"教师参与教研活动的比例"的P值为0.000，对学生身心健康发展完全显著。就其参数值而言，"生师比"和"教师参与教研活动的比例"分别为0.013、0.544，对因变量为正相关，其余两者为负相关影响。

表13-18 教育投入对学生身心发展的回归分析

Source	SS	df	MS
Model	41.130	15	2.742
Residual	260.078	421	0.618
Total	301.208	436	0.691
观测量	F (14, 422)	Prob>F	R方	调整的R方	Root MSE
437	4.440	0.000	0.137	0.106	0.786
学生身心健康	Coef.	Std. Err.	t	P>|t|	[95% Conf. Interval]
教师工资	0.000	0.000	−1.290	0.198	0.000	0.000

续 表

学生身心健康	Coef.	Std. Err.	t	P>|t|	[95% Conf. Interval]	
平均班额	0.009	0.007	1.270	0.203	−0.005	0.024
最大班额	−0.017	0.006	−2.820	0.005	−0.029	−0.005
多媒体设施配备	−0.087	0.107	−0.810	0.418	−0.298	0.124
功能教室配备	−0.285	0.089	−3.210	0.001	−0.459	−0.111
图书资料室配备	0.020	0.114	0.180	0.860	−0.204	0.245
心理咨询室开设	−0.109	0.086	−1.260	0.209	−0.279	0.061
体育设施状况	0.082	0.075	1.100	0.274	−0.065	0.228
生师比	0.013	0.005	2.470	0.014	0.003	0.024
教师教龄	0.072	0.038	1.900	0.058	−0.002	0.147
教师培训	0.024	0.026	0.920	0.357	−0.027	0.076
教学时间占工作时间的比例	0.232	0.218	1.070	0.287	−0.196	0.661
教研活动次数	0.010	0.023	0.440	0.661	−0.035	0.055
教师参与教研活动的比例	0.544	0.152	3.580	0.000	0.246	0.843
教师受教育程度	0.029	0.085	0.350	0.730	−0.137	0.195
_cons	1.765	0.411	4.290	0.000	0.956	2.574

注：样本量 N=437。

五、学生道德行为

基础教育对于学生的未来发展的基础日渐关注，学生的道德行为越来越成为评价学生综合素质的重要指标，德育已成为学校教育的重要内容。德育的重要功能是要培养受教育者的道德信仰，德育过程就是使社会道德成为个体信仰并见诸道德行动的过程（赵志毅，2012）。

随着社会环境和社会风气的复杂化，德育实效性问题日益凸显。建立教育投入和学生道德行为习惯之间的回归模型，模型 R 方为 0.127，调整后的 R 方为 0.096，P=0.000，通过 F 检验，统计显著，即教育投入总体上与学生道德行为存在回归。从表 13-19 中 15 个具体维度的自变量对因变量的显著性来看，"教师教龄"的 P 值为 0.011，在 95% 的水平下通过显著检验，参数值为 0.093，对因变量为正影响。"功能教室配备"的 P 值为 0.001，在 99% 的水平下通过检验，参数值为 -0.277，对因变量为负影响。"教师参与教研活动的比例"的 P 值为 0.000，对因变量完全显著，且对其影响值为 0.535，为正向影响。

表 13-19 教育投入对学生道德行为的回归分析

Source	SS	df	MS		
Model	34.836	15	2.322		
Residual	239.269	421	0.568		
Total	274.105	436	0.629		
观测量	F (14, 422)	Prob>F	R 方	调整的 R 方	Root MSE
437	4.090	0.000	0.127	0.096	0.754
学生道德行为	Coef.	Std. Err.	t	P>|t|	[95% Conf. Interval]
教师工资	0.000	0.000	-1.370	0.172	0.000	0.00
平均班额	0.001	0.007	0.150	0.879	-0.013	0.015
最大班额	-0.008	0.006	-1.410	0.158	-0.020	0.003
多媒体设施配备	0.024	0.103	0.230	0.817	-0.178	0.226
功能教室配备	-0.277	0.085	-3.250	0.001	-0.444	-0.109
图书资料室配备	-0.201	0.110	-1.830	0.068	-0.416	0.015
心理咨询室开设	-0.115	0.083	-1.380	0.168	-0.277	0.048
体育设施状况	0.033	0.072	0.460	0.643	-0.107	0.174
生师比	0.007	0.005	1.340	0.182	-0.003	0.017
教师教龄	0.093	0.036	2.550	0.011	0.021	0.164
教师培训	-0.015	0.025	-0.610	0.540	-0.065	0.034

续 表

学生道德行为	Coef.	Std. Err.	t	P>|t|	[95% Conf. Interval]	
教学时间占工作时间的比例	0.051	0.209	0.240	0.808	−0.360	0.462
教研活动次数	0.010	0.022	0.460	0.646	−0.033	0.053
教师参与教研活动的比例	0.535	0.146	3.670	0.000	0.248	0.821
教师受教育程度	0.104	0.081	1.280	0.201	−0.056	0.263
_cons	1.989	0.395	5.040	0.000	1.213	2.764

注：样本量 N=437。

第四节 教育投入对公共关系绩效的影响

对学校与外部公共关系的绩效调查结果如表13-20所示，在"家长参与学校事务"方面，总体均分为1.16，有近三成（28.15%）的受访教师认为本校学生的家长未能参与学校事务的管理，而认为家长参与学校事务的比例仅为8.70%。在"学校获得社会经费资助"方面的总体均值为问卷所有考评指标的最低分，为0.38，有高达72.88%的教师指出学校从未获得过社会经费资助，这说明绝大部分的义务教育薄弱学校经费来源仍然是财政资金，无法通过多渠道筹集办学经费。

在"学校辐射力"方面，总体评级均分为0.96，状况较差。仅有20人（4.58%）认为所在学校能够发挥良好的服务社会的功能，而有33.18%的教师认为学校不能够发挥为社区提供服务的功能。在"学校办学声望"方面，总体均值为1.63，是学校公共关系维度的最高分。相比于学校公共关系绩效维度下的其他指标，学校的办学声望状况更佳，15.56%的教师认为所在学校能够获得学生家长及社会的积极评价，"大致符合"和"基本符合"的比例分别为41.65%、33.18%，不足一成（9.61%）的教师认为学校的办学声望不佳。

总体来看，学校公共关系绩效相比于其他三个维度，评级最低，尤其在学校获得社会经费资助以及学校服务社会这两方面，状况堪忧。这一组调查数据反映出义务教育薄弱学校的社会关系表现较差。在教育愈加强调环境整体，纳入社会和家庭力量参与办学的趋势下，义务教育薄弱学校在这方面的表现明显落后。

表 13-20　公共关系绩效情况

变量名		频数	平均值	百分比
C17 家长参与学校事务	完全符合	38	1.16	8.70
	大致符合	118		27.00
	基本符合	158		36.15
	不符合	123		28.15
C18 学校获得社会经费资助	完全符合	10	0.38	2.29
	大致符合	26		5.95
	基本符合	83		18.99
	不符合	318		72.77
C19 学校辐射力	完全符合	20	0.96	4.58
	大致符合	86		19.68
	基本符合	186		42.56
	不符合	145		33.18
C20 学校办学声望	完全符合	68	1.63	15.56
	大致符合	182		41.65
	基本符合	145		33.18
	不符合	42		9.61

注：样本量 N=437。

一、家长参与学校事务

关于家长参与的研究伊始于 20 世纪 60 年代的《科尔曼报告》，报告指出，家庭是导致学生取得不同成绩的主要原因。科尔曼（James S. Coleman）将家庭背景分解成三个成分：经济资本（家庭收入或财富）、人力资本（如父母的教育）和社会资本（参与者之间的互动关系，可由家长参与来测量）。英国学者珍妮·古道儿（Janet Goodall）和乔恩·沃豪斯（Jonh Vorhaus）认为家长参与是一个养育、培养的过程，同时也是家长在学生学习过程及相关学校活动中的常规性交流活动（周文叶，2015）。美国《不让一个孩子掉队》法案，英国的"儿童计划"，都体现了政府对于家长参与的支持。作为被广泛认可的影响教育水平的关键外部因素，家长参与的程度日益提高，逐渐融入学校的决策层面，在学校管理中拥有发言权，家长参与的组织化程度已影响到学校办学绩效和学生学业成绩。

对教育投入与家长参与学校事务的回归模型进行具体分析，挖掘影响家长参与绩效的相关因素。模型中 R 方为 0.111，调整后的 R 方为 0.079，P 值为 0.000，通过 F 检验，总体统计显著，说明教育投入对家长参与学校事务具有回归关系。结合表 13-21，具体到各维度的回归结果，"心理咨询室开设"情况及"教师培训"在 95% 的水平下通过检验，其 P 值分别为 0.047，0.021；"教师参与教研活动的比例"的 P 值 0.001，在 99% 的水平下通过检验。就参数情况而言，"心理咨询室开设"情况为 -0.197，为负相关；"教师培训"和"教师参与教研活动的比例"为 0.069、0.604，为正向影响。

表 13-21　教育投入与家长参与学校事务的回归分析

Source	SS	df	MS
Model	42.235	15	2.816
Residual	339.229	421	0.806
Total	381.465	436	0.875
观测量	F (14, 422)	Prob>F	R 方	调整的 R 方	Root MSE
437	3.490	0.000	0.111	0.079	0.898
家长参与学校事务	Coef.	Std. Err.	t	P>|t|	[95% Conf. Interval]
教师工资	0.000	0.000	-0.450	0.651	0.000	0.000
平均班额	0.015	0.008	1.740	0.082	-0.002	0.031

续表

家长参与学校事务	Coef.	Std. Err.	t	P>|t|	[95% Conf. Interval]	
最大班额	−0.012	0.007	−1.760	0.079	−0.026	0.001
多媒体设施配备	−0.025	0.123	−0.200	0.841	−0.265	0.216
功能教室配备	−0.037	0.101	−0.360	0.716	−0.236	0.162
图书资料室配备	−0.149	0.130	−1.140	0.254	−0.405	0.107
心理咨询室开设	−0.197	0.099	−1.990	0.047	−0.391	−0.003
体育设施状况	0.125	0.085	1.470	0.142	−0.042	0.293
生师比	0.001	0.006	0.090	0.929	−0.012	0.013
教师教龄	0.013	0.043	0.290	0.772	−0.073	0.098
教师培训	0.069	0.030	2.310	0.021	0.010	0.129
教学时间占工作时间的比例	0.096	0.249	0.390	0.699	−0.393	0.585
教研活动次数	0.007	0.026	0.270	0.784	−0.044	0.058
教师参与教研活动的比例	0.604	0.174	3.480	0.001	0.263	0.945
教师受教育程度	0.146	0.097	1.520	0.130	−0.043	0.336
_cons	0.504	0.470	1.070	0.284	−0.419	1.428

注：样本量 N=437。

二、学校获得社会经费资助

教育经费投入体制是影响教育均衡发展、实现教育公平目标、提升教育质量的前提和保障，直接关系到受教育者的切身利益。2000年以来，中央财政逐渐向农村和中西部义务教育薄弱学校倾斜，《国家中长期教育改革和发展规划纲要（2010—2020年）》要求"到2020年，基本实现区域内均衡发展，确保适龄儿童少年接受良好义务教育"（国家中长期教育改革和发展规划纲要工作小组，2010）。党的十八大报告也指出"合理配置教育资源，重点向农村、边远、贫困、民族地区倾斜"。就义务教育学校而言，其经费来源：中央和省级政府是主要的途径，各级政府分担提供经费投入的不同项目，多元渠道的经费是其有效补充。其中非政府渠道的经费来源，具体包括学校提供社会服务、社会捐赠和企业投资等。虽然这一来源的经费在经费总投入中所占比例较小，但能够有效弥补学校办学经费不足，调动社会力量参与办学，提高义务教育的社会关注度。目前，它已成为西方发达国家以及我国发达地区义务教育学校获取经费的重要模式。就本研究调查的学校而言，这一表现明显落后。

建立教育投入与学校获得社会经费资助之间的回归模型，R方为0.052，调整后的R方为0.018，P值通过F检验（P=0.000），总体上统计显著，说明教育投入和学校获得社会经费资助之间总体回归。结合表13-22，具体到各维度的教育投入对学校获得社会经费资助的回归数据而言，"教师教龄"的P值为0.017，在95%的水平上通过检验，其参数值为-0.081，对因变量呈负相关。

表13-22　教育投入与学校获得社会经费的回归分析

Source	SS	df	MS		
Model	11.174	15	0.745		
Residual	203.526	421	0.483		
Total	214.700	436	0.492		
观测量	$F_{(14, 422)}$	Prob>F	R方	调整的R方	Root MSE
437	1.540	0.000	0.052	0.018	0.695
学校获得社会经费	Coef.	Std. Err.	t	P>|t|	[95% Conf. Interval]
教师工资	0.000	0.000	-0.030	0.979	0.000	0.000
平均班额	0.005	0.006	0.740	0.459	-0.008	0.018
最大班额	-0.004	0.005	-0.650	0.513	-0.014	0.007
多媒体设施配备	0.154	0.095	1.620	0.105	-0.032	0.341
功能教室配备	0.013	0.078	0.160	0.873	-0.142	0.167

续 表

学校获得社会经费	Coef.	Std. Err.	t	P>|t|	[95% Conf. Interval]	
图书资料室配备	−0.132	0.101	−1.300	0.193	−0.330	0.067
心理咨询室开设	−0.047	0.076	−0.610	0.541	−0.197	0.103
体育设施状况	0.101	0.066	1.540	0.125	−0.028	0.231
生师比	−0.004	0.005	−0.880	0.382	−0.014	0.005
教师教龄	−0.081	0.034	−2.400	0.017	−0.146	−0.015
教师培训	−0.005	0.023	−0.210	0.837	−0.051	0.041
教学时间占工作时间的比例	0.254	0.193	1.320	0.188	−0.125	0.633
教研活动次数	0.000	0.020	0.010	0.991	−0.039	0.040
教师参与教研活动的比例	0.211	0.134	1.570	0.117	−0.053	0.476
教师受教育程度	−0.048	0.075	−0.640	0.523	−0.195	0.099
_cons	0.400	0.364	1.100	0.273	−0.316	1.115

注：样本量 N=437。

三、学校辐射力

学校不仅是学生活动的主要场所，也是必不可少的社会机构。有学者指出，从组织与职能来看，"小学就是深入村落的国家机构……小学还是村落中唯一的国家机构，它在乡村背景与乡村气氛中就更显出一种不可替代的身份，它与乡村的互动就具有了深长的意味"（李书磊，1999）。本研究调研的数据显示，教学点和乡镇学校占总样本量的77.34%，与城市义务教育学校具有更为强烈的精神特性。这些乡村学校之于乡村不仅仅承担着教书育人的职责，也拥有不可忽视的文化与社会功能（奚兵，2013）。考察影响学校辐射力绩效水平的因素尤为重要。

通过建立回归模型对教育投入和学校辐射力之间进行回归分析，模型 R 方为 0.122，调整后的 R 方为 0.091，P＝0.000，通过 F 检验，总体上为统计显著，即教育投入与学校辐射力存在回归。结合表 13-23，从 15 个具体维度的自变量对因变量的显著性来看，"最大班额""图书资料室配备""教学时间占工作时间的比例"的 P 值分别为 0.012、0.029、0.030，在 95% 的水平下通过检验；"体育设施状况"的 P 值为 0.006，在 99% 的水平下通过检验；"教师参与教研活动的比例"的 P 值为 0.000，对因变量完全显著。就其参数而言，"最大班额"及"图书资料室配备"的参数值为 -0.016、-0.256，为负影响；"体育设施状况""教学时间占工作时间的比例""教师参与教研活动的比例"参数值为 0.212、0.486、0.582，为正影响。

表 13-23 教育投入与学校辐射力的回归分析

Source	SS	df	MS		
Model	37.938	15	2.529		
Residual	272.236	421	0.647		
Total	310.174	436	0.711		
观测量	F (14, 422)	Prob>F	R 方	调整的 R 方	Root MSE
437	3.910	0.000	0.122	0.091	0.804
学校辐射力	Coef.	Std. Err.	t	P>|t|	[95% Conf. Interval]
教师工资	0.000	0.000	-1.290	0.197	0.000	0.000
平均班额	0.013	0.007	1.770	0.078	-0.001	0.028
最大班额	-0.016	0.006	-2.530	0.012	-0.028	-0.004
多媒体设施配备	0.067	0.110	0.610	0.539	-0.148	0.283
功能教室配备	-0.050	0.091	-0.550	0.585	-0.228	0.129
图书资料室配备	-0.256	0.117	-2.190	0.029	-0.486	-0.027
心理咨询室开设	-0.054	0.088	-0.610	0.539	-0.228	0.119

续表

学校辐射力	Coef.	Std. Err.	t	P>|t|	[95% Conf. Interval]	
体育设施状况	0.212	0.076	2.780	0.006	0.062	0.362
生师比	0.000	0.005	−0.070	0.946	−0.011	0.010
教师教龄	0.057	0.039	1.480	0.140	−0.019	0.134
教师培训	0.042	0.027	1.550	0.122	−0.011	0.095
教学时间占工作时间的比例	0.486	0.223	2.180	0.030	0.048	0.925
教研活动次数	−0.007	0.023	−0.300	0.766	−0.053	0.039
教师参与教研活动的比例	0.582	0.156	3.740	0.000	0.277	0.888
教师受教育程度	−0.019	0.086	−0.220	0.827	−0.189	0.151
_cons	0.441	0.421	1.050	0.295	−0.386	1.268

注：样本量N=437。

四、学校办学声望

随着教育资源的多元化，学校改革越来越依赖于社会各界对它的评价，集中体现为学校的声誉水平，并日益成为学校评价的重要组成部分。学校声誉代表社会对学校的普遍看法，其中教育质量是学校声誉的核心价值要素，在某种程度上体现了学校的办学绩效。

通过建立回归模型对教育投入和学校办学声望之间进行回归分析，模型R方为0.109，调整后的R方为0.077，P=0.000，通过F检验，统计显著，即教育投入总体上与学校办学声望存在回归。由表13-24，从15个具体维度的自变量对因变量的显著性来看，"功能教室配备情况""体育设施状况"的P值分别为0.035、0.037，在95%的水平下通过显著性检验；"教师参与教研活动的比例"的P值为0.000，对因变量完全显著。就其参数而言，"教师参与教研活动的比例"的参数值为0.570，对学校办学声望的影响最大。

表 13-24 教育投入对学校办学声望的回归分析

Source	SS	df	MS			
Model	35.019	15	2.335			
Residual	286.665	421	0.681			
Total	321.684	436	0.738			
观测量	$F_{(14, 422)}$	Prob>F	R方	调整的R方	Root MSE	
437	3.430	0.000	0.109	0.077	0.825	
学校办学声望	Coef.	Std. Err.	t	P>|t|	[95% Conf. Interval]	
教师工资	0.000	0.000	−0.320	0.752	0.000	0.000
平均班额	0.009	0.008	1.230	0.218	−0.006	0.025
最大班额	−0.008	0.006	−1.200	0.229	−0.020	0.005
多媒体设施配备	0.220	0.113	1.950	0.052	−0.002	0.441
功能教室配备	−0.197	0.093	−2.120	0.035	−0.380	−0.014
图书资料室配备	−0.115	0.120	−0.960	0.340	−0.350	0.121
心理咨询室开设	−0.151	0.091	−1.660	0.097	−0.329	0.027
体育设施状况	0.164	0.078	2.090	0.037	0.010	0.318
生师比	0.005	0.006	0.850	0.395	−0.006	0.016
教师教龄	0.020	0.040	0.510	0.607	−0.058	0.099
教师培训	0.035	0.028	1.270	0.204	−0.019	0.090
教学时间占工作时间的比例	0.012	0.229	0.050	0.959	−0.438	0.461
教研活动次数	0.011	0.024	0.460	0.642	−0.036	0.058
教师参与教研活动的比例	0.570	0.160	3.570	0.000	0.256	0.884
教师受教育程度	0.009	0.089	0.100	0.919	−0.165	0.183
_cons	0.979	0.432	2.270	0.024	0.130	1.828

注：样本量 N=437。

第十四章　义务教育学校财务管理制度框架

义务教育学校作为国家全额拨款的事业单位，属于公共部门的重要组成部分。财务受托责任是公共部门最主要的受托责任，加强财务管理则是强化财务受托责任的重要手段。中小学承担着国家的育人期待，受社会公众委托，依法提供教育服务的职能。随着经济体制和教育体制改革的不断深化，对中小学财务管理提出了新的要求。厘清中小学财务管理理论对科学管理中小学财务，寻求合适可行的中小学财务管理模式有重要意义。

第一节　学校财务管理的基本问题

20世纪90年代以来，基础教育领域的办学投资体制改革和各种形式的社会力量办学的兴起，打破了公立中小学一统天下的局面。现代中小学教育分为公立中小学教育和民办中小学教育。根据《中华人民共和国教育法》对学校的社会属性界定，公立中小学教育作为公共产品，具有典型的正外部性。由于中小学教育这一特性，绝大部分投入依赖政府；因而我国公立中小学教育经费绝大部分来源于财政预算，其中义务教育阶段经费全部来源于财政预算。民办中小学属于社会公益性机构，但民办教育并不完全属于公共产品，兼具私人产品的属性。从现阶段民办中小学的办学条件和服务对象来看，不能否认其主要是为了满足部分社会阶层需要和利益这一基本事实。民办中小学所提供的产品和服务具有明显的个人收益性，学校运行与发展所需要的资金来源不同于普通公立中小学。

鉴于中小学教育经费来源的公益性，中小学财务管理须符合公共产品的要求，财务管理存在一系列严格的限定性要求，如中小学校不得对外提供担保，严格限制对外投资，严禁设立小金库、账外账等。下文所研究的中小学，是指由财政全额拨款的公办中小学。中小学财务制度是根据有关法律、法规和政策对中小学有关资金的筹集、分配、使用等业务进行计划、组织、执行和控制等工作所规定的基本行为准则或行为规范，是中小学进行财务管理活动的依据。

中小学作为事业单位，其财务管理要适应事业单位财务管理改革，遵循《事业单位财务规则》（以下简称《规则》）。《规则》是我国事业单位财务制度体系中最基本的规范，体现了财政改革的相关成果，突出了事业单位的公益属性和科学化、精细化管理要求；而事业单位作为国家财政制度重要组成部分，需要适应财政的改革要求，从而规范财务管理活动。因此，中小学财务管理受公共财政管理体制改革的影响，必须适应国家财政管理，中小学财务制度是中小学进行财务管理活动的依据。现行《中小学校财务制度》是自2022年9月1日开始实行的新制度，是在原（财教〔2012〕489号）的基础上对其修订的结果。中小学校的财务制度需要符合财政管理体制、教育管理体制的改革需要，它规定了中小学财务管理的基本问题。

一、中小学财务管理主体

"中小学校财务管理实行校长负责制。学校财务活动在校长领导下由学校财务部门统一管理。""中小学校以校为单位进行会计核算。实行'集中记账，分校核算'的，不改变学校财务管理权。"无论中小学采用怎样的核算模式，其财务管理主体是学校。学校是独立法人，校长负责制赋予了校长财务管理的权利。原有制度中"集中管理，分校核算"的说法，加之会计核算中心的设立，现实操作中很多学校认为财务管理是会计核算中心的事情，由此弱化了学校内部财务管理权。新制度对财务管理主体的明确让各个学校的财务管理工作重新得到应有的重视。

二、中小学财务管理原则

财务管理原则是财务管理工作必须遵循的准则。中小学财务管理的原则是从实践中抽象出来，并在实践中得到证明的行为规范，反映着财务活动的内在要求。中小学财务管理的基本原则是："贯彻执行国家有关法律、法规和财务规章制度；坚持勤俭办学的方针；正确处理事业发展需要和资金供给的关系，社会效益和经济效益的关系，国家、学校和个人三者利益的关系。"

这种原则其一体现为均等性原则，主要是指教育机会均等，在资金分配的时候需要考虑地区与人群间的均等，对于边远和贫穷地区要适度倾斜，努力实现教育大众化和民主化。比如"贫穷地区义务教育工程"便是基于这样的考虑。对各个阶段的教育也要均等，考虑可持续发展。如 20 世纪 80 年代以来，我国实现"低重心"教育发展战略，将"普及九年制义务教育"作为教育事业的重中之重，加大义务教育经费投入就是对以往过分关注高等教育的一种矫正。

其二体现为效益性原则。中小学的发展不仅要满足人民群众对基础教育的需求，有利于国家和社会利益，也要尽可能利用较少的资金取得较大的成果。社会效益要以经济效益为基础，经济效益是中小学提供教育这一公共服务的必要保障，但当两者发生冲突的时候，经济效益要服从社会效益。

其三体现为利益相关者关系协调原则。中小学不仅要协调好与政府的关系，也要协调好与单位教职工的关系。社会大众委托国家提供教育这一服务，而国家通过委托政府、政府委托财政局、财政局委托教育局、教育局委托中小学，层层委托，最终由中小学来提供教育这一服务。而具体从事教育工作的是学校的教职工，学校在通过向教职工支付劳动报酬的过程中形成学校与个人的财务关系。

三、中小学财务管理任务和目标

学校财务管理是学校管理工作的一部分，是按照国家有关方针、政策和财务制度的规定，对学校资金筹集、分配、使用、监督、绩效考核等工作的总称，对学校日常教学工作产生直接影响。中小学校财务管理的主要任务是："合理编制学校预算，严格预算执行，完整、准确编制学校决算，真实反映学校财务状况；依法筹集教育经费，努力节约支出；建立健全财务制度，加强经济核算，实施绩效评价，提高资金使用效益；加强资产管理，合理配置和有效利用资产，防止资产流失；加强对学校经济活动的财务控制和监督，防范财务风险"（财政部，教育部，2012）。财务管理目标是财务管理行为的导向。财务管理作为单位管理的一部分，其目标必然要服从于单位的总目标，从资金方面保证单位总目标的实现。中小学校是公益性事业单位，其所有的经济活动都是为教育服务的，为学校办好教育提供保障。中小学的财务管理目标与学校提供教育的社会使命是一致的。

第二节 学校财务管理模式

财务管理在行政事业单位非常重要。为进一步规范中小学校的财务行为，加强对中小学财务的管理与监督，2022年财政部会同教育部对《中小学校财务制度》进行了修订，并于2022年9月1日起执行。新制度最突出的变化是以"集中记账，分校核算"替代原制度中"集中管理，分校核算"的管理模式。即在一定区域内，由县级财政和教育部门确定的会计核算机构，统一办理区域内中小学校的会计核算，学校设置报账员，在校长领导下，管理学校的财务活动，统一在会计核算机构报账。这一核算形式保证了学校经费管理的自主以及中小学校长的财务自主权，而弱化了主管部门及财政部门对中小学财务的管理权。

中小学财务管理模式应与我国的财政管理体制、教育管理体制相协调。自中华人民共和国成立以来，中小学财务管理模式共经历了三个阶段（见表14-1）。可以看到第一阶段所处的时期是我国计划经济时代，经济高度集中，全国统一财政收支，实行中央、省、县三级管理体制（杨会良，2006）。传统的教育管理体制秉承"统收统支,三级管理"的原则,与之对应的财务管理模式带有明显的计划经济特点,中央集权、标准统一、分级管理。和大多数的集权型管理一样,弊端是缺乏灵活性,管理成本较高,教育资金的使用效益较低。第二阶段,处于改革开放初期,财务管理模式开始体现"分级管理"的特点,较之前集权型管理有了较大的灵活性,随着中小学教育财政"分级管理、以乡为主"体制的逐渐形成,中小学财务管理模式也进一步在"分级管理"上有所体现。第三阶段是新时期随着具有中国特色的公共教育财政体制的构建,"以县为主、校财局管"的财务管理模式沿用至今。自1993年后,构建公共教育财政体系目标的明确,"以县为主"的中小学教育财政体制首次被确认,同时要求建立义务教育财政转移支付制度以及"以县为主"的财务管理模式。

表14-1 中小学财务管理体制三个阶段

时期(年份)	教育财政管理体制	财务管理模式
1949—1984	统收统支,三级管理	中央集权,标准统一,分级管理
1985—2001	"分级管理、以乡为主"	体现了"分级管理"的特点
2002—至今	以县为主	以县为主,校财局管

"以县为主、校财局管"的管理模式,即中小学内部不单独设置财务机构,全部账务交由教育会计核算中心处理。这种模式改变了原先传统独立的财务管理模式导致的问题,如财务核算不规范,预算管理不严,信息反馈迟钝,国有资产流失,监督力度不够,资金使用效益不高等。"校财局管"的模式克服了这些弊端,明确了教育局是监管主体,学校是资金使用主体,强化了外部监督、规范了财务收支行为、健全了内部控制制度、提高了资金使用效益,促进中小学健康持续的发展。在现有财务管理模式下,成立会计核算中心,有效保证了各项义务教育经费落实到位,规范了会计核算工作,加强了财务管理监督,实现了对学校经费进行统一预算、统一收支的一体化管理。

采取"校财局管"的财务管理模式不利于有效调配资源,不利于激励学校和教师为更好地提升教育质量而努力。实施中出现的问题:一是核算中心会计人员对于业务的真实性没有监督权;二是管审分离,效率低;三是出现人情账、关系账;四是固定资产账务管理与实物管理脱节。要克服这些缺点,需要实行财务轮岗制、正确处理好学校资金管理权与使用权的关系、教育主管部门加大对学校财务的监督力度。"会计集中核算"模式在一定程度上削弱了中小学内部的财务管理能力，撤销了财务会计岗，只设报账员一职，排除专业能力的因素，其在参与财务管理工作的完成度上是受到限制的。

任何一种模式的实施都有优势也难免有弊端，需要在实施过程中不断地完善与改进。2012年财政部会同教育部对《中小学校财务制度》进行了修订，并于2013年1月1日起施行。其中一条，新制度将原制度中"集中管理，分校核算"改为"集中记账，分校核算"。从"管理"到"记账"，虽然只是两个字的变动，但是却从法规的角度巩固了学校对教育经费自主管理的职能，弱化了教育会计核算中心以往在经费管理中的管理地位。有人认为这是还权于校，把管理权还给了学校；但事实上，管理权一直是学校的，只是由于认识上的误区，造成长期以来学校与会计核算中心之间权责不清。此次对字面的更正，明确了彼此之间的权利与职责。学校拥有教育经费的使用权、管理权，而会计核算中心行使的是"记账"的服务功能，服务于学校。这一改动对规范中小学财务管理的行为起到了进一步的作用。

第三节 学校财务预算管理

中小学预算是由中小学校根据教育发展目标和计划编制，经财政部门审核报，经同级人大审议批准后执行的预算，反映中小学在预算年度内所有收入与支出，是具有法律效力的。实行预算的根本要求是：健全公平、透明的财政收支管理，加强财政资金使用事前、事中、事后的全部过程。

预算管理目前已成为政府治理的主要环节，随着一系列文本条例的出台，中小学预算管理的改革目标日渐清晰，具体分为收入预算管理与支出预算管理。中小学作为财政全额拨款的事业单位，其收入主要来源于财政部门；因此在收入预算管理上，需要学校重点预估的收入是预算外收入。对于中小学来说，支出预算是其预算管理的主要内容。

中小学支出分为事业性支出（或称为基本支出）和项目支出（或称为专款支出），见表14-2。

表14-2 收入预算管理与支出预算管理项目表

预算管理项目	一级项目	具体项目	补充说明
收入预算管理	预算内收入	—	政府全额拨款
	预算外收入		利息收入等
支出预算管理	事业性支出	人员支出	工资及福利支出、对个人和家庭补助支出
		商品及服务支出（即学校公用经费）	办公费、水电费、办公通讯费、物业管理费、绿化养护费等
	项目支出	—	该预算表内容包括：项目名称、项目用途、项目明细、项目金额、项目目的、执行时间等

预算管理对资金的使用效益有着积极作用，预算管理制度随着财政制度的改革而改变。为了建立与市场经济体制相适应的、科学规范的预算管理制度及预算会计模式，近几年，预算管理制度也发生了几个方面的改革：一是预算编制改革，以部门预算为主要内容；二是国库管理制度改革，以国库单一账户为核心内容；三是财政支出管理改革，以政府采购为主要内容。这些改革对规范中小学教育经费的管理起了一定作用，但也带来不少负面影响。

学校要提高预算编审的准确性、科学性、严肃性，就需要在预算编制时有全局性和计划性，这样编制出来的预算收支项目才会更细化、全面和完整，便于预算的执行和操作。我们目前编制的部门预算是和实际需求存在一定的差异性的，这主要是因为缺乏一个科学的支出标准和预算定额。我们在编制专项预算的时候，因为没有科学的申报及评审机制，导致编制的专项预算随意性比较强，这也造成了日后预算执行与操作的困难性。在预算编制的工作中，科学合理的支出标准一直是预算编制中的一个难点，支出标准和预算定额标准需要与市场接轨、与时俱进。对于中小学的管理人员来说，没有能力和时间去核定支出标准和预算定额标准；而上级部门能否及时下达符合市场的支出标准对编制预算非常重要。

预算编制须经同级人民代表大会批准后执行，具有法律效力。一般情况下，批准后期不予调整；但由于预算是对未来各种未知条件，加以估计、汇总的数字计划，因此不可能完全精确。遇到情况变更，修改是不可避免的。管理阶层不可完全拘泥于预算，墨守不合时宜的目标和方法（杨磊，2011）。因此，预算是采用科学的方法，通过一定的手段将发展计划用数字的形式表现出来，是单位未来发展计划的另一种表现形式，不仅仅是纯粹的没有根据的数字而已。在编制预算的时候需要慎之又慎，后期的修改，也仅限于小范围、小幅度的微调，这体现了预算的严肃性、权威性、严谨性。正因如此，在编制预算的时候需要全体员工积极参与，充分考虑到各个环节、各项因素，以此来降低后期执行的风险，提高预算的质量。预算执行的时候要加大监控和分析力度，完善考核与激励机制，让预算管理不流于形式，而是能落到实处。

一、预算编制

支出预算编制分为基本支出预算编制和项目支出预算编制。根据《中小学校财务制度》的规定，我国中小学预算编制遵循零基预算的原则，编制程序采用"两上两下"的操作规则。在编制时需纳入教职工人数、教龄、职称，学校的占地面积、绿化面积、房屋面积等数据。

预算的内容分为收入预算和支出预算。由于中小学是财政全额拨款事业单位，又属于义务教育，它的收入主要源于财政部门，因此需要预估的收入主要是预算外收入——利息收入，部分有招收外籍学生资质的学校会涉及学费。所以，对于中小学而言，预算的主要内容就是支出预算。

支出预算分为基本支出和项目支出。其中基本支出包括人员支出、商品和服务支出。人员支出包含了教职工的工资福利支出、对个人和家庭补助；商品和服务支出就是学校的公用经费，用于维持学校正常的教学活动所必需的开支。

项目支出，也叫专项支出，是中小学根据自己学校的教学需要和发展规划，按照区财政部门规定的项目支出经费安排的标准申请的预算。项目支出预算内容包括：项目名称、项目用途、项目明细、项目金额、项目目的、执行时间等。

(一) 基本支出预算编制

中小学预算编制采用的是零基预算原则，即不考虑上年的预算水平，以零为基点编制基本支出预算。编制程序采用的是"两上两下"。基本支出"一上一下"预算，是指各个基层学校，由校长牵头，组织学校各条线、各部门负责人，根据财政局下发的编制部门预算指导意见等相关文件要求，确定预算基础数据和相关资料，报送教育财务会计核算中心。教育财务会计核算中心对各预算单位上报的基本支出预算信息进行审核后，将基本支出预算表初稿书面第一次下达，反馈给各中小学。

基本支出"二上二下"预算，各中小学校根据"一下"的预算控制额和核准的预算数据，编制预算基础信息表报送财务会计核算中心。财政部门根据"二上"的预算数据进行汇总，上报区政府和区人大审核批准后，将预算批复书下发到各中小学校。

在编制基本支出的时候需要提供的基础资料数据包括：学生人数、教职工人数，教职工的工作年龄、职称，学校的面积，这些数据都和学校下一年的预算息息相关。

(二) 项目支出预算编制

项目支出预算编制应遵循以下基本原则。

1. 归口管理的原则

学校负责将专项预算申报表根据业务性质的不同分别报送教育局各业务科室和职能部门，由各业务科室和职能部门负责对学校上报的业务专项进行归口整理和初审。普教科负责各学校的业务性项目；信息中心负责信息化建设项目（不含设备）；教育学院负责教师队伍建设和教科研项目；后勤服务中心负责校舍维修和设备购置项目。局办公室应将教育局与学校签订的需要安排经费的相关协议复印件送各业务科室和计财科，各业务科室负责把协议约定需要支付的资金列入预算。

2. 协作配合的原则

预算编制是一项系统工作,是需要各个部门共同协作、共同完成所涉业务项目的论证和评审工作,如校舍维修和设备购置项目,需要由后勤服务管理中心同相关业务科室和信息中心安排;信息化类项目,需要由信息中心同后勤服务管理中心安排;学校特色发展项目,需要相关业务科室同后勤服务管理中心安排。

3. 项目细化的原则

预算编制细化既是财政预算管理的基本要求,也是对项目考虑是否成熟的一种检验,有利于项目的具体落实。因此,专项预算必须落实到具体预算单位,必须明确资金的具体用途和支出对象。

4. 中短期预算结合原则

如教育领域中部门预算安排的基本建设项目和设备购置项目,需编制周期为三年期中期预算,如编制2015年度预算时,同时编制2016年度和2017年度预算。

5. 注重绩效的原则

各学校、各单位应建立健全项目绩效考核制度,将项目纳入学校的综合考核内容,在明确项目完成的任务后,将项目细化到各相关责任部门、责任小组,进一步强化学校内部预算支出绩效管理,提升各单位预算管理水平,提高财政资金使用效益。

项目支出预算编制的工作流程:步骤一,各基层预算单位根据项目性质填写专项预算申报表,并按归口管理的职责分工报送各相关业务科室和职能部门。步骤二,教育局各业务科室和职能部门根据工作分工,分别对基层预算单位所报专项进行归集整理和初审,并与相关部门进行充分的协商沟通并将结果报各分管局长。步骤三,分管计财的局长牵头,召开各分管局长、相关业务科室负责人和职能管理部门负责人参加的专题会议,研究讨论专项预算,审定上报项目。步骤四,教育局各业务科室、职能管理部门根据审定的上报项目,分别组织项目的评审或论证工作,将评审论证通过的项目填制专项预算申报表与项目评审论证材料一并报计财科。步骤五,局计财科对各单位申报的专项预算申报表进行审核汇总,编制下一年度教育预算表和预算数据分析表,报分管局长,提交局办公会议讨论后,正式报区财政局。参见表14-3。

表14-3 项目支出预算编制具体步骤

步骤	操作主体	操作步骤	材料报送部门
步骤一	各基层预算单位	填写专项预算申报表	各相关业务科室和职能部门
步骤二	教育局各业务科室和职能部门	对报送的专项进行归集整理和初审	各分管局长
步骤三	分管计财的局长	组织负责人召开专题会议,审定上报项目	教育局各业务科室、职能管理部门
步骤四	教育局各业务科室、职能管理部门	组织项目的评审及论证工作,整理项目填制专项预算申报表与项目评审论证材料	计财科
步骤五	教育局计财科	审核汇总各单位申报的专项预算,编制下一年度教育上预算表和预算数据分析表	分管局长,经教育局办公室讨论后,上报财政局

(三) 中期预算项目库的建立

2013年上海市第十四届人民代表大会第一次会议上,《上海市政府工作报告》中明确提出"开展中期预算管理体制试点",上海市财政局在上海市财政改革和发展"十二五"规划中明确指出要"着力构建中期预算管理机制",实行中期预算。在区县层面,M区作为试点区,率先对预算编制实施中期预算项目试点库,以进一步贯彻落实科学发展观,全面提高管理水平。中期预算是一个为期通常为3年—5年的具有约束力的财政预算框架,它为政府和各部门提供每个未来财政年度中支出预算务必遵守的预算限额,其核心是对未来几年的总财力预期,及对资源分配的约束。

建立中期预算项目库,可从长远角度确定科学合理的资源分配机制,增进预算的可预见性,强化制度约束。预算管理的一个重要内容是项目管理,中期预算项目库的建立能够加强项目的延续性和政策相关性,充分发挥预算的调控功能,提高资源配置效率,加强预算管理。中期预算操作流程,见图14-1。

以下为流程说明:

(1) 部门审核阶段

第一,"一上"前,各部门应严格按照区政府批准的中长期规划,根据职能领域(行业)发展规划、发展性资金总体安排思路,对达到一定规模、类别的项目填报中期预算申报书,组织筛选论证,包括下年度所有项目在内的三年发展性支出项目,按规定格式编制三年项目预算导入部门项目库。

第二,"一上"时各单位对部门项目库中已通过的项目进行预算申报,报财政。

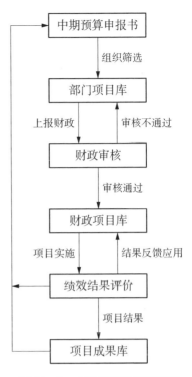

图14-1 中期预算操作流程图

(2) 财政审核阶段

"一下"时区财政局根据国家和市委、市政府、区委、区政府的工作目标和本级财力情况,从立项依据、财力的可能和可行性等方面对已报项目进行审核,组织评审和论证,并结合绩效前评价工作机制对重点项目聘请第三方中介机构和专家进行评审,审定后随同部门预算一同下达中期预算项目修改意见。"二上"时各部门根据区财政局下达的修改意见调整中期预算项目,从项目库中筛选项目,将年度项目和三年发展性支出项目滚动预算按照轻重缓急进行排序,一并报财政。"二下"前区财政局再次对部门报送的中期预算项目进行审核。

第三,审核通过的三年期项目按照优先性排序导入财政项目库,审核不通过项目退回部门项目库。

（3）项目实施阶段

第四，一次性和多年期实施的项目进行全程跟踪，执行的控制，对项目实施情况进度进行财政资金的跟踪管理等，及时发现并纠正偏差。

（4）项目结束阶段

第五，本年度项目实施完成后，进行绩效结果评价，项目实施单位及时提交项目总结并报送项目成果。

第六，还未完成的多年期项目，绩效结果评价建议将应用于该项目下年度项目实施，改进项目管理。

第七，一次性项目和已完成的多年期项目，结果随同项目进入项目成果库，为部门类似或相关项目安排和区财政局审核提供参考。

二、预算执行

预算执行是中小学预算管理体制的重点，在国库集中收付制度的框架下，中小学改变了以往预算编制粗略的状况。国库集中收付下分为直接支付以及授权支付两种支付方式，前者支付的是教职工的工资、政府采购项目，后者支付生均公用经费、定额经费以及自行采购的专项经费。

在授权支付的实际操作中，零余额账户的开设也是国库集中收付制度下的一大改革，该账户取代了单位中的基本账户，财政资金不再直接下拨给学校，而是依据已审核批复的部门预算，向学校的零余额账户下达用款额度。零余额账户不同于以往的基本账户，其账户中没有银行存款，只有资金使用额度，学校的发生款项均先由银行垫付，结算时由财政部门根据各学校的被授权额度进行支付结算。

（一）国库集中支付

在国库集中支付里面分两类业务，一类是直接支付，一类是授权支付。授权支付下的款项主要是生均公用经费、定额经费以及自行采购的专项经费。直接支付的是教职工的工资、政府采购项目。

一般中小学开设3个主要的银行账户：一个收入户，这个账户只能进账，不能支出，它是用来收取学生的代办费，月底账户内的金额自动上划财政，需要核算中心会计向财政申请，才能把钱申请下来，划到第二个账户——财政专用存款户。专用存款户的费用包括少量上年结余资金、项目资金、教职工个人部分代扣代缴的社保、公积金、个人所得税、学生的代办费，以及保险理赔款等往来款。第三个账户是零余额账户，集中了中小学主要的经费，全年的公用经费、部分项目经费。

零余额账户是国库集中支付模式下一个特殊的账户，它取代了单位中的基本户。零余额账户类似于信用卡，它的账户里是没有真金白银的，有的只是一个额度。比如某单位当年的经费是80万，财政会按照季度，平均下拨额度，即每个季度可以申请20万的使用额度，额度用完了，也就无法使用资金。

零余额账户的资金使用，采用的是"先审核后使用"的模式。如果某学校发生了一笔业务，需要支付款项。首先由学校报账员在审核无误之后，在财政一体化平台的授权支付里进行，先选择相对应的额度；然后输入收款人的账号，保存提交。会计核算中心的会计进行审核。接着学校报账员把审核通过的指令在规定时间发送给银行，打印贷记凭证；再在规定时间把贷记凭证拿到银行，超过时间这笔费用就无法支出。会计核算中心的会计在审核的时候，需要看到原始凭证。部分学校会先把凭证送到核算中心，但那些学校和会计核算中心的距离很远的，为了简化，通常把凭证拍成照片传给核算中心。在这样的流程之下，一笔款项的支出需要花费大量时间，极大降低了工作效率。

（二）收付实现制

中小学会计核算采用的是收付实现制，所谓收付实现制，是以资金的收到、支付作为记账依据。例如一项经济业务已经发生，但是由于某种原因尚未支付款项，则不会将这笔已经发生但未支付款项的经济业务记账。在这种情况下，很有可能会造成账面上金额与实际情况不相符合。

（三）精细化平台的使用

财政管理体制的改革，要求财务管理科学化、精细化。精细化管理是2014年1月刚刚开始实行的，尚处于试行阶段，无论是在软件上还是在操作上，都是边试行边改进。所谓的精细化管理就是要求各个学校的报账员将每一笔收入、支出的原始凭证全部扫描进电脑，同时对每一笔业务进行会计开支归类，然后保存送审，归类分为八大类，包括人员开支、教职工发展、学生发展、内涵建设、基建与设备、校园维护、公务支出、个人家庭补助，如表14-4所示。会计核算中心的会计就在这个基础上进行会计分录的编制。精细化的使用，便于电子查账，在查阅某笔业务的时候通过电脑就可以查询，省去了翻阅纸质凭证的麻烦；同时八大类的分类是为了更清楚地指导学校经费支出的方向。精细化的平台的应用在银行有类似的操作，就是将所有的原始凭证全部扫描进电脑。银行是有专门部门进行录入的；而学校则需要报账员进行录入，这无疑加大了工作量。在实际操作中，部分学校的报账员是临近退休年龄的人员，电脑操作不是很熟练，加上整个区用同一个内网，网络速度慢，则延长了工作时间，降低了工作效率。

表14-4　教育支出分析（试行）表

支出代码	名称	支出代码	名称	支出代码	名称	支出代码	名称
1	人员支出	2	教职工发展	3	学生发展	4	内涵建设
101	教师工资	201	校本研修	301	学生身心健康	401	创新创优建设
102	非教师工资	202	学术研讨	302	主题活动支出	402	引进优质资源
103	校长、书记工资	203	名师工作室	303	社会实践活动	403	优质资源培育
104	福利支出	204	教职工培训	304	校本课程建设	404	校园文化建设
105	社会保障缴费	205	校际教师交流	305	职校实训支出	405	承办大型活动
106	其他人员支出	206	其他教师发展	306	成人继续教育	406	其他校园建设
				307	助学金支出		

续 表

支出代码	名称	支出代码	名称	支出代码	名称	支出代码	名称
5	基建与设备	6	校园维护	7	公务支出	8	个人家庭补助
501	教学专用设备	601	设备维护	701	办公费用	801	抚恤金
502	通用办公设备	602	校舍维修	702	能源消费	802	住房公积金
503	后勤保障设备	603	绿化养护	703	三公支出	803	离休人员费用
504	土地和建筑物	604	场地、道路维护	704	租赁费用	804	退休人员费用
505	基础设施建设	605	信息化设备维护	705	安全费用	805	学生意外伤害
506	其他资本性支出	606	其他维护	706	物业管理费	806	其他个人补助
				707	其他公务费用		

(四) 公务卡制度的实行

为了进一步规范教育系统部门预算单位的现金流量,提高公务支出的透明度,有效遏制教育经费使用中的不规范操作,提高资金的使用效益。自2010年7月开始,M区教育系统开始实施公务卡制度。使用公务卡刷卡结算公用经费支出和专项经费支出,包括:办公用品、差旅费、会议费、招待费、培训费和5万元以下的零星购买支出原则一律使用公务卡结算。在实际情况中,不是每一项公务消费都可以刷卡的,因此在综合考虑后,规定除了停车费、过路费、过桥费、出租车费、洗车费、邮电费、配钥匙、刻图章、驾驶员审证、体检费、劳务费等少数确实无法刷卡的消费之外,其他一律选择公务卡支付或者转账支付。

公务卡制度的实行,一定程度上提高了公务支出的透明度,避免了虚开发票、虚假经济业务的发生,让公务消费变得清楚明白。以前有些业务员公出消费,取得的发票金额会大于实际支出的金额,采用公务卡制度避免了这种情况,因为一体化系统里会自动调出刷卡信息,谁在什么时间在哪里消费多少金额,系统里都能调出信息,只要有一项不符合,就无法从系统中调出消费记录,调不出的消费记录视同无公务卡消费,需要填制《未使用公务卡申请表》,进一步解释消费原因,多一步审核程序,不符合的将无法报销。

第四节 学校财务支出管理

中小学支出的具体项目与支出预算管理的项目大致相同,主要包括事业性支出、项目支出以及经营支出、对附属单位补助支出、上缴上级支出、其他支出等。支出是指中小学为开展教育教学及其他活动发生的各项资金耗费和损失。

在学校财务管理中,对费用支出进行管理是一个很重要的环节。在控制费用支出上,可以采用"经费本"的方法。他们在研究中都提到了要充分调动二级单位理财的积极性,实行"经费本"控制管理。"经费本"的方法,其实是一种经费下拨的支出方式,就是根据各个二级单位的发展需求将一定额度的经费下拨到二级单位中,用于保障各部门工作目标得以实现。这种方法在高校中实施的可能性比较大;因为其经费金额相对较大、二级单位比较多,且已有高校是这么实施的。这一方法在现行中小学财务管理模式下很难实行:一是因为人员规模配置上只有一个报账员,其财务管理能力有所限制;二是因为中小学其本身的规模并不是很大,没有必要这么做。但是可以借鉴这一方法:将经费根据教学任务分摊到各个部门,不过,只做经费额度分摊,经费依然由学校统一管理。

在教育经费支出中,存在着过度采购、资源浪费、效益低下的情况。有些设备、器械采购之后,使用率低甚至无人使用,处于闲置状态,这无疑是对资金的一种浪费。造成这一现象原因在于教育计划未能与财务支出联系起来,两者没有融为一体,而是存在各自为政的现象。学校采购设备,要考虑买了之后能发挥出什么样的作用,在教育教学中能有多少使用率,是否有必要,如果在教育教学中用不到这些设备,那么可以不购买或者换一项物品采购,这样就可以有效地避免浪费,提高资金使用率。这是由于缺乏有效的监控机制和没有公示监督的原因。

所谓黑暗滋生腐败,阳光是最好的防腐剂。财务支出要想合法、合理,就需要将其透明化。"公示是财务管理最有效的方法",公示可以节约大量不必要的支出,恰当的公示能提高教职工工作的积极性。资金的安排使用只有在公开的前提下才能得到有效监督,才能发挥出应有的效益。财务公开的透明度越高,资金的使用效益就越好;财务公开的范围越广,监督的力度就越大;财务公开得越彻底,校长、财务人员的威信就越高。虽然《预算法》《会计法》等法律、法规都有对单位公示本单位的财务信息作出要求,各单位有接受人民群众监督的义务;但在实际的操作中,这一点做得是远远不够的。要么不公示,即使公示,也是流于形式,内容笼统而无明细。这主要是对"公示"的意义认识不足。如果在财务这一块没有任何问题,何须担心公示会带来麻烦。有时候,越是不公示,越是会引起猜测,最后以讹传讹,即便没有问题,也引发出不必要的问题。"公示"这一坦荡荡的做法,让支出摆在阳光下,不怕任何质疑。在公示的环境下,教职工自然会对很多事情增添一份了解与理解。事实证明,在某些财务公示做得好的地方,公示财务信息不但不会影响正常工作,反而会有效提高工作效率。

中小学支出内容包括事业支出、经营支出、对附属单位补助支出、上缴上级支出、其他支出。其中经营支出、对附属单位补助支出仅限于非义务教育的学校,对于大多数的中小学而言,主要支出是事业支出。图 14-2 为支出结构图。

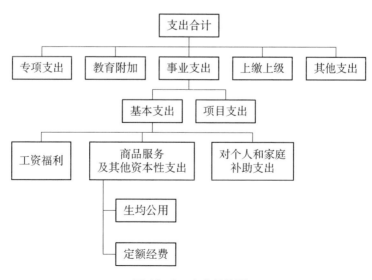

图 14-2 支出结构图

以某校 2012 年的预算数为例，它的总支出分为事业支出①、教育费附加支出、专项支出，其中事业支出占了总支出的 76.57%（见图 14-3），是主要支出；而事业支出的主要支出是基本支出②，占了 84.12%；项目支出③占 15.88%（见图 14-4）。

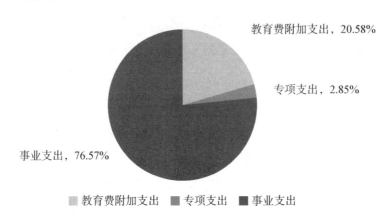

图 14-3　总支出结构图

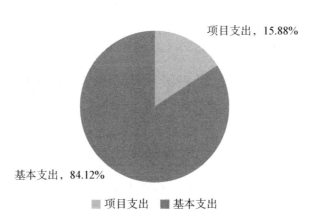

图 14-4　事业支出结构图

基本支出主要是两大类：一类是人员经费（工资福利支出和对个人补助合计）；一类是公用经费（商品和服务及其他资本性支出）。人员经费包括教职工

---

① 事业支出：即中小学开展教育教学及其辅助活动发生的基本支出和项目支出。
② 基本支出：是指中小学校为了保障其正常运转、完成日常工作任务而发生的人员支出和公用支出。
③ 项目支出：是指中小学为了完成特定工作任务和事业发展目标，在基本支出之外所发生的支出，比如大型设备购置、建设性支出等。

的工资、福利、独生子女费、幼托费、退休金等；公用经费是水电费、教师进修费、设备费、图书购置费、公务费。人员支出占了基本支出的74.56%（见图14-5），占事业支出的62.72%、总支出的48.03%（见图14-6）。

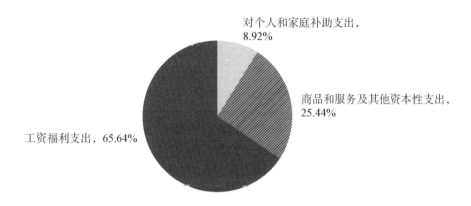

图14-5 基本支出结构

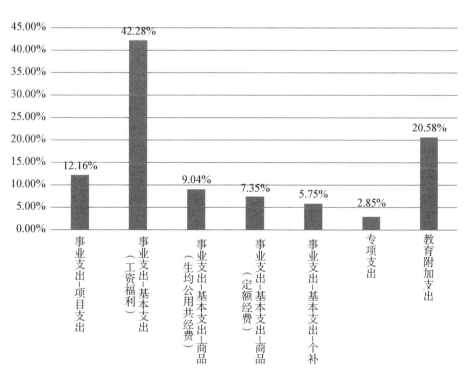

图14-6 各类支出占总支出比例

这说明目前教育事业费的绝大部分是人员经费。近年来，由于教师队伍的扩大、教职工工资的调整、教育经费开支项目如离退休人员队伍的扩大和工资标准的逐年提高，事业支出虽然有很大的增长，但增长的教育经费大部分被教育人员经费所占。

以上海市 A 校为例，其 2013 年度主要经费支出情况如下。

1. 事业性支出主要情况

事业性支出 7317 万元，比上年度 5835 万元增加 1482 万元，增量剔除基建工程支出的 656 万元后，实际增量 826 万元，增幅 14%。收支缺额部分向上级主管部门申请教育费附加予以弥补。

（1）工资及福利支出

工资及福利支出 3740 万元，比上年度 3233 万元增加 507 万元，占事业性支出 51%。主要包括所有在职教职工的基本工资、津贴补贴、奖金、绩效工资及社会保障费用等。基本工资、津贴补贴、奖金、绩效工资支出人均 12.96 万元，由学校承担的社保支出人均 2.86 万元，合计人均支出 15.82 万元，比去年增长 16%。

（2）商品及服务支出、资本性支出

商品及服务支出、资本性支出共计 3161 万元，比上年度 2225 万元增加了 936 万元。增量剔除基建工程支出 656 万元，故实际增量 280 万元，增幅 13%，占事业性支出 43%。经费支出内容如下：

1）"三公经费"支出共计 60 万元，明细如下：

"因公出国（境）费用"支出 21 万元，本年共有 12 名教师因公出国培训。

"公务接待费"支出 16 万元，主要用于期末各学科教研组年级组活动，外请专家教学指导活动，学生社团竞赛活动，校"四节"活动，家长课程，美国比利时等兄弟学校来访时的食品、水果、茶水等接待费用。

"公务用车运行维护费"支出 23 万元，主要用于校车加油、保险、维修费。

2）维持日常教学经费 571 万元，主要用于校车租赁、义务教育阶段教材购置、办公用品购置、报纸杂志订阅、实验室等教学材料购置、教师进修培训等。

3）设备购置支出385万元，主要用于投影仪电脑空调设备的添置及更新、学校IC卡管理、POS终端系统更新，LED电子屏更新、录播教室设备添置等。

4）维修（护）费支出1408万元，其中基建工程支出656万元。维修（护）费主要用于电梯、电脑等设备的日常维护保养、报告厅音响视频灯光系统维保等。

5）图书购置经费支出7万元。

6）工会经费支出35万元，福利费支出97万元。

7）其他各项支出598万元，主要包括公用事业费133万元，物业管理费192万元，校车阿姨管理费16万元，外籍教师费用224万元，其他宣传费、教学行政杂项等33万元。

（3）对个人和家庭补助支出

对个人和家庭补助416万元，较上年度377万元增加39万元，占事业性支出的6%。其中包含：

1）离退休人员经费272万元，主要为离退休人员补贴。

2）学生经费12万元，主要用于高中困难生助学金。

3）住房公积金支出127万元，人均支出0.53万元。

4）生活补助、托费报销支出5万元。

2. 专款支出主要情况

专款支出1320万元，比上年度617万元增加703万元，增长113%。其中基建工程支出1000万元，教育费附加专项支出223万元，历史学科基地、见习教师基地、高端研究生基地、双名工程、区级课题经费、委托管理学校经费等支出97万元。

3. 其他说明事项

A校的校办企业上缴收入104万元（包括上缴本年收入30万元和校办企业审计后补缴74万元），A校剑桥中心租赁费30万元，以上款项按"八项收入"相关规定全额上缴市财政，纳入2014年预算管理。

对该校 2013 年度经费支出情况进行分析，其事业性支出占总支出的 83.4%，人员工资及福利支出占总支出的 42.6%。由此可见，虽然这两大比例较上一年度均有了较大增幅，但是其提升的空间仍然很大。值得注意的是，2013 年度专项支出增幅达 113%，体现了该区对于 A 校学科建设、师资培训以及科研管理方面投入的重视。

第五节　学校财务会计核算

义务教育学校在会计核算方面的改革，突出表现为在会计集中核算的背景下，将"集中管理，分校核算"转变为"集中记账，分校核算"的核算模式。会计集中核算作为一种将会计服务和监督融为一体的新型财务管理模式，是在预算管理体制、单位理财机制以及会计主体均保持不变的前提下，统一银行账户、资金、人员，集中办理资金结算，经费收支核算，会计报表编制和会计档案管理，从而实现统一发放工资、统一会计核算、统一会计档案管理、统一财务公开。会计集中核算制度确定了科学合理的资金定额标准，改进和完善了预算支出的体系，细化了预算管理制度，要求预算单位的各项收支都严格按照标准和相应的科目列入预算，对预算资金实行统一管理；而会计核算中心负责各预算单位的资金结算、经费拨付、往来款项的会计核算等业务，对各预算单位的资金使用情况进行全方位、全过程的监督，实现"事前预算、事中控制、事后监督"的财政管理目标，从而逐步完善"统一收付、统一核算、统一管理"和"国库单一账户"的国库集中收付制度。

为进一步规范事业单位的会计核算，财政部 2012 年底颁布印发《事业单位会计制度》并于 2013 年全面施行。该制度对会计科目名称和编号、会计科目使用说明、会计报表格式、财务报表编制说明等作出详细规定，全面规范了事业单位经济业务事项的确认、计量和报告。新制度与原制度相比，在资产、负债以及专项资金等方面作出了调整。具体表现为：第一，资产部分突出强化了资产的计价和入账管理，包括设置零余额账户用款额度、财政应返还额度等科目，引入固定资产折旧、无形资产摊销、待处置资产损溢等科目，规定基建数据至少按月并入在建工程及其他有关科目以有效纳入事业单位会计"大账"等；而在净资产方面加强了对财政投入资金的会计核算及流向追踪，新设非流动资产基金科目，增设了财政补助结转、财政补助结余科目。第二，突出了对负债的分类管理，分设短期借款、长期借款、应缴国库款、应缴财政专户、应付票据等科目，要求将职工薪酬确认为负债管理，并将其按照"工资""地方（部门）津贴补贴""社会保险费"等进行明细核算。第三，在收入和支出部分进一步细化规范了专项资金的核算，以确保专款专用。第四，对会计报表结构和体系进行了系统的修改，新增财政补助收入支出表，删去事业、经营支出明细表，以真实详细反映事业单位的财务状况。

为细化中小学财务管理工作，建立健全中小学校财务管理体系，财政部会同教育部根据《事业单位会计制度》《事业单位财务规则》等要求，于2012年颁发了新修订的《中小学校财务制度》。修订后，《中小学校财务制度》的"集中记账，分校核算"是指中小学内部不设财务部门，只配备一名报账员，所有账务由教育会计核算中心处理。教育会计核算中心设置若干名记账会计，以学校为会计主体，分开核算。各个学校的资金使用权、管理权由校长负责。改革后，由会计核算中心负责各学校的财务会计和预算管理工作。各学校校长对学校财务行使管理权，包括提供基本支出预算编制的材料、项目支出的申报，教育经费使用，提高资金效益（财政部，教育部，2012）。

第六节　学校固定资产管理

中小学校的资产是指中小学校占有或使用的能以货币计量的经济资源，其中固定资产作为学校开展工作的物质基础，因而固定资产的管理工作是学校管理的重要组成部分。《中小学校财务制度》对中小学固定资产管理作了明确规定：中小学校应当设置固定资产总账、明细账及固定资产卡片，详细记载固定资产的编码、名称、类别、规格、型号、原值、购置日期、使用部门等信息，完整反映固定资产情况。中小学校应当对固定资产进行定期或者不定期的清查盘点。年度终了前应当进行一次全面清查盘点，做到账、卡、物相符。对盘盈、盘亏的固定资产，应当及时查明原因，按照规定处理。

在现有制度的指导下，要求中小学固定资产的管理主体从一元走向多元，严格规范固定资产验收入账程序及使用情况登记。通过建立完善的"固定资产购置—验收入库—登记入账—领取使用—维护保养—报废处置"管理制度，以及权责明确的资产管理体系，提高中小学资产管理的有效性。

中小学校资产包括货币资金、无形资产、固定资产等，其中固定资产是中小学资产中数量最多，购买、处置最频繁的一项。现实中存在中小学固定资产账目不齐、实物管理不严、保管不善、闲置等现象。中小学内部没有建立完整的固定资产账目，从而导致账账、账卡、账物不符；登账的时候没有严格按照固定资产的分类标准进行实物记账；资产的入账、报废没有做到及时办理手续；为了追求设备高性能、高标准，不断配备新设备而提前报废尚未达到规定使用年限的设备，造成部分国有资产损失。

对于资产管理，目前资产管理中出现的问题是源于资产与资金没有紧密结合，资产管理与预算管理脱节的关系。固定资产存在的问题有四点：一是控制活动不够规范；二是固定资产核算不规范；三是信息系统不健全；四是缺乏内部审计监督机制。中小学资产管理控制活动包括购买、验收、日常管理等环节。在中小学资产购置环节，盲目预算、重复购置是造成资金浪费的重要原因；在验收环节，实物标证分离或仅凭票证验收，极容易造成舞弊行为；在日常管理环节，有的单位没有资产清查制度，导致中小学资产流失。资产作为财务管理的重要部分，购置、验收、管理、内部清查等都需要建立起规章制度，由专人管理。笔者认为现行的财务管理模式显然解决不了上述问题，要改变现状，必须对现行的模式进行改进。

中小学资产是指能以货币计量的经济资源，包括货币资金、固定资产、无形资产等。货币资金在中小学内，主要是指银行存款和现金，在一个自然年度（即一个会计期间），它会随着时间的转移而逐渐减少，最终以预算的执行完毕而清零。无形资产在中小学内一般很少涉及；固定资产是其资产中的主要部分，因其数额庞大、持续时间长，而成为中小学资产管理中的重要部分。在学校成立初期，固定资产会逐年增加，并呈上升趋势；等到学校稳定之后，处于缓慢增长的态势，便会出现资产报废、损耗等情况。

中小学对于固定资产的认定是单价超过1 000元（专用设备单价超过1 500元），使用期限在一年以上的且使用过程中基本保持原有物质形态的资产。目前对固定资产的价值认定标准较2013年之前有所提高，由原先的500元提高到1 000元，专用设备价值由800元提高到1 500元。中小学校的固定资产一般分为六大类（见图14-7）。

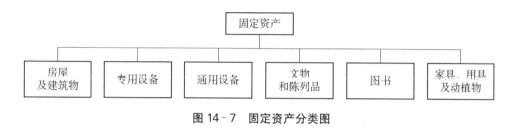

图14-7 固定资产分类图

其中图书馆的图书是比较特殊的一类资产，单价比较小，一般情况下是达不到规定标准的，但是耐用时间超过一年，且是大批量购入。鉴于特殊性，入馆图书也是按照固定资产管理的。图书馆有内部管理软件，在录入图书金额和册数的时候，金额按照图书的定价来录入，这和资产管理软件、财务软件里的金额有出入；因为通常图书购买都是会有折扣的，无论是资产入账时，还是财务记账时，都是按照实际支付的金额来确认资产价值。因此在进行图书资产管理的时候，需要资产、图书、财务三方互相制约，互相监督。资产的金额与财务账面价值相符，资产的数量与图书软件的册数相符，图书软件的金额与入馆图书的定价相符。

目前每个学校配备一名资产管理员，对于资产管理员的任职条件没有明确要求需要具备什么样的资质；因此他们大多不具备专业资格证书，在整个资产管理的工作中，处于边做边学的状态。资产的确认流程通常是：实物到校，采购员拿着到货单或者发票到资产管理员处，资产管理员确认是否符合入固定资产的条件，符合的在ET资产软件里进行数据录入，并开具"固定资产入库单"，这份资产入库单也是会计核算中心会计登账的凭证。每月月底，资产管理员从ET资产软件里生成《固定资产月表》。教育会计核算中心的记账会计进行对账，确保账面上的固定资产金额与学校ET资产软件里的数据一致。

第十四章 义务教育学校财务管理制度框架

第十五章 基于M区义务教育学校财务管理的调查

研究调查了解S市M区义务教育事业发展、教育经费投入、财务管理体制、预算管理、支出管理、资产管理方面的现状和困难,为中国义务教育学校绩效管理的研究提供实践参考。

第一节 M区义务教育投入现状[①]

M区面积372平方公里,现辖9个镇、3个街道和1个市属工业区,常住人口约260万。区内公办义务教育阶段学校86所(小学45所、初中26所、九年一贯制13所、完中2所);在校小学生59 916名、初中生28 474名(其中非S市户籍学生为35 824名,占学生总数的40.53%)。

2013年全区义务教育财政拨款17.92亿元,比上年增长14.1%;初中、小学生均预算内教育事业费分别为24 546元、17 509元,生均公用经费分别为7 494元、5 609元,教职工年人均工资123 213元,均比上年有所增长。全区义务教育学校8项办学基本标准的达标率均为100%,校际均衡度较高。

[①] 资料来源:M区2014年接受国家义务教育均衡发展督导资料。

表15-1　M区义务教育办学标准达成情况表

		生均教学及辅助用房面积（m²）	生均体育运动场馆面积（m²）	生均教学仪器设备值（元）	每百名学生拥有计算机台数	生均图书册数	师生比	生均高于规定学历教师数	生均中级及以上专业技术职务教师数	综合
小学	全县平均值	4.61	6.06	3231	21.33	36.54	0.06	0.05	0.03	—
	差异系数	0.41	0.55	0.33	0.31	0.25	0.14	0.19	0.34	0.32
初中	全县平均值	6.37	8.44	4540	30.09	52.89	0.09	0.08	0.06	—
	差异系数	0.32	0.46	0.48	0.32	0.32	0.17	0.17	0.21	0.31

M区始终把发展教育作为促进区域整体发展"最有价值的准备",在深入推进素质教育过程中,提出了"让每一个孩子健康快乐成长"这一核心目标,并使其成为M区教育工作者的不懈追求,落实到学校具体的办学目标、培养目标和管理目标中,作为衡量学校办学水平、办学成效的基本依据。坚持"保均衡、重内涵、强特色、促转型"的教育发展策略,明确政策导向,完善制度设计,形成了具有M特色的城乡一体化推进义务教育均衡发展体制机制。M区致力于"办好每一所家门口的学校",以教育优质化、教育信息化、教育国际化推进区域教育的转型发展,在"总量满足、保持均衡"的基础上,不断提高教育教学质量,持续提升"有品质的教育内涵",区域内义务教育阶段学校办学质量和办学品质有了明显的提升,呈现自主发展的生机和活力,基本实现义务教育优质均衡发展的目标。

为贯彻国家中长期教育改革,落实区域发展规划纲要,M区加大教育经费投入,保障了M区教育事业快速发展。2013年预算支出总额295020.56万元,其中,基本支出148738.12万元,项目支出146282.44万元。

基本支出年初预算为117453.15万元,调整后基本支出预算148738.12万元,比年初增加31284.97万元,增长26.64%。增加的主要原因:一是由于新开办和扩班学生人数的增加及由于政策性因素进行调整,增加经费25307.15万元;二是离退休人员津补贴增加2060.44万元;三是新进人员及人员变动调整3917.38万元。

项目支出年初安排总计128946.71万元,其中公共预算资金121735.45万元、政府性基金(教育资金:土地出让)支出预算1216.73万元、教育收费收入安排支出预算5994.53万元。调整后项目支出总计146282.44万元,其中公共预算资金137196.94万元,比年初增加15461.49万元,增长12.70%;政府性基金(教育资金:土地出让)支出预算1216.73万元,与年初数一致;教育收费收入安排支出预算7868.77万元,比年初增加1874.24万元,增长31.27%。主要变动原因:一是年中根据实际发生数,将人员与正常经费预留及待分配资金从项目支出调整到基本支出;二是教育费附加资金增长较快。

2014年预算安排总计318663.36万元,其中:公共预算资金288418.53万元(含教育费附加10500万元),教育收费收入安排支出预算5082.16万元,政府性基金（教育资金：土地出让）支出预算1948.67万元，专项资金支出预算23 214万元。

2014年基本支出安排128 555.47万元，同比上年年初数增长9.45%。其中，人员经费99 144.41万元，比上年初增长9.29%；公用经费29 411.06万元，比上年初增长9.99%。基本支出增长的主要原因，一是由于新开办和扩班学校新增师生人数所需经费的刚性增长因素；二是根据政策性因素进行调整。

2014年项目支出安排190 107.89万元，比上年年初增长47.43%。按资金来源分类，其中：公共预算资金159 863.06万元，政府性基金（教育资金：土地出让）支出预算1948.67万元，教育收费收入安排支出预算5082.16万元，专项资金支出预算23 214万元；2014年按支出性质分类，其中安排提供的公共产品和服务99 810.76万元、业务活动6461.19万元、设备购置19 779.37万元、维修和保养779.46万元、基建项目41 482万元、其他21 794.89万元（含待分配和预留资金）。

M区围绕"让每一个孩子健康快乐成长"愿景，以"优质化、信息化、国际化"为发展策略，聚焦完善教育布局规划、优化教育资源配置、引进优质教育资源和深化内涵发展建设，努力提升区域教育内涵品质，加快推进教育现代化进程。

第二节 M区学校财务管理体制

M区中小学校财务管理体制实行校长负责制，由教育会计核算中心集中记账，分校核算。"集中记账，分校核算"是将账务处理权交给第三方机构教育会计核算中心，财务管理权仍然是学校的，资金使用由学校根据发展需要自行安排。中小学校校长在预算管理、支出管理、资产管理、在建工程管理、负债管理、食堂管理、代管款项管理、票据管理等方面具有管理责任，这是法律赋予校长的财经管理权。

在"集中记账，分校核算"的管理模式下，中小学校内部不设置会计核算岗位，只配报账员，报账员必须具备会计从业资格，持有"会计从业资格证"才能上岗。报账员虽然属于财务人员，但是由于撤销了财务部门，在部门划分上属于总务处，归总务主任直接领导。

一、校长负责制的领导体制

1985年，《中共中央关于教育体制改革的决定》指出："学校逐步实行校长负责制，有条件的学校要设立由校长主持的、人数不多的、有威信的校务委员会，作为审议机构"（中华人民共和国国务院办公厅，1985）。实行校长负责制，即让校长对学校工作全面负责，统一指挥，明确学校的党政分工，学校党组织发挥保证监督作用，集中精力抓好党的自身建设和思想政治工作；学校建立健全教职工代表大会，加强民主管理和民主监督。

1993年，中共中央、国务院颁发《中国教育改革和发展纲要》进一步指出："中等及中等以下各类学校实行校长负责制。校长要全面贯彻国家的教育方针和政策，依靠教职工办好学校"（中共中央、国务院，1993）。根据中央的指示精神，到20世纪90年代中期，我国大部分城市的中小学基本实行了校长负责制。

2006年9月颁布的新《中华人民共和国义务教育法》也规定："学校实行校长负责制"（中华人民共和国第十届全国人民代表大会常务委员会，2006），由此确定了校长负责制的法律地位。

校长负责制是我国中小学校普遍实行的领导体制，校长对整个主管部门承担学校管理的全面责任。校长是学校的法人代表，按有关规定行使职权、履行职责，对外代表学校。"权责对等"是组织管理最重要的原则，现行校长负责制赋予校长可以按照自己的办学理念和思路进行教育教学的管理，并对各项工作实行统一领导、全面负责的权利。这些权利之中就包括了学校财经权，校长为了让自己的办学目标得以实现，在合法的前提下，校长有权使用教育经费，并且承担全面职责。目前，中小学校的各项经费支出都必须由校长签字，已经在实际操作中体现了校长负责制。《中小学财务制度》中也明确了学校财经权的校长负责制。M区各中小学校因为各自特色而设立的部门之间会存在细小差异，但是财务管理机构基本上是差不多的，都是在校长的领导下，下设分管后勤的副校长负责总务处，总务领导报账员、资产管理员等。也有些学校不设分管后勤的副校长，校长直接领导总务主任。

二、"集中记账，分校核算"的管理模式

会计"集中记账，分校核算"是一种新型的财务管理模式，它将会计服务和监督融为一体，有助于建立、健全财务制度，对规范、合理使用资金起到了重要的作用，提高了资金使用效益。与传统的核算模式不同，预算单位内部没有会计核算岗位，也不再设立会计账套，整个单位只配备报账员。从资金的结算、会计报表的编制到会计档案的管理，全部交由会计核算中心的会计集中办理，核算中心以校为会计主体，分开核算。一个会计核算中心的会计负责3—4所学校的账务处理。这种新型的财务管理模式，改变了核算方式，但是没有改变预算管理体制，也没有改变会计主体，他通过统一银行账户、资金和人员，实现了工资发放、会计核算、档案管理、财务公开五个方面的统一。

在"集中记账"这一新型模式下，预算单位拥有资金的使用权、管理权，实行校长负责制，教育会计核算中心行使会计监督权，因为是独立的第三方，监督起来会更加地客观公正，预算单位与会计核算中心互相制约，大幅度降低了作假、舞弊的风险，强化了资金监管的力度，一定程度上遏制了违法违纪行为的发生，对预算单位的财务管理起到了积极的作用。

会计核算工作由会计核算中心负责之后，预算单位的主要职能集中在加强资金使用的内部管理和控制上。预算单位内的报账员负责本单位日常资金的收款、付款、按时报账。在工作上与会计核算中心会计进行一对一沟通、联系。在"国库单一账户"制度下，每一笔费用的支出需要经核算中心会计的审核之后方可生效。对于不合理的开支、超指标的费用、用途混淆的经费，核算中心可以不予受理，甚至予以拒付。这样的会计核算方式，不但加强了监督力度，保障了资金安全，让经费使用更合理、效益更高，而且还促进廉政建设，降低舞弊的风险。从财政部门管理的角度，有利于对预算资金进行统一管理；但同时也增加了核算中心会计和预算单位报账员的工作量，降低了工作效率，提高

了工作成本。

会计核算中心的主要职责有两项。一是做好各预算单位的会计核算工作。根据学校报账员上交过来的已经完成收、付工作的原始凭证，进行会计核算，定期编制各项会计报表。对开具完毕的票据进行核销、资产审核、往来款的申请都属于财务会计工作中的一部分。二是做好预算单位的预算管理工作，其中包括根据预算单位提供的基础资料进行预算编制、调整、决算及监督等。

学校的职责是在校长的领导下，行使财务管理权，并为预算编制提供基础资料、申报项目支出，合理使用经费，对经济业务及凭证的合法有效负责等。

1993年，M区成立了教育财务会计核算中心，它是M区教育局计财科的一个下属部门，负责对各个中小学的账务进行集中处理。教育会计核算中心的人员都是从各个学校的财务人员中选拔出来的，虽然归入会计核算中心，但是他们的编制还在各自原来的学校，由学校发放他们的工资和福利。这种情况下，教育会计核算中心的成立没有达到预期目标，因为会计人员并不是独立的第三方人员，很难做到客观、公正。2010年，M区教育会计核算中心正式成为独立法人单位，区教育局计财科负责对其进行业务指导，凡是直属于教育局预算单位的会计核算工作实行集中办公。核算中心的会计人员的编制全部转到会计核算中心，这一改变使中心会计人员完全独立于学校。

教育会计核算中心的成立，使中小学的财务部门随之取消，会计人员从学校中剥离，留下的出纳更名为"报账员"，同时从独立的、直属校长领导的财务部门中划入总务部门，归总务领导；而总务主任随之承担起学校"财务主管"的责任。

《中小学校财务制度》第二章第七条规定："中小学校财会人员的任职条件、工作职责、工作权限、专业技术职务、任免奖罚，应当严格按照国家会计法律制度执行"（财政部，教育部，2012）。根据《中华人民共和国会计法》（以下简称《会计法》）规定，会计人员应当具备从事会计工作所需要的专业能力（全国人民代表大会常务委员会，2017）。目前中小学校内的财务人员只有报账员，而"报账员"这一称呼，在《会计法》中是没有定义的。从字面上看，报账员是收集整理完原始凭证之后将其报给财务部门的人员，仅从事这项工作，是不需要会计从业资格和能力的，也算不上专业的财务人员；但事实上，报账员是需要进行款项的收、支工作的，即出纳的工作，属于《会计法》中对会计人员的定义。

M区各个学校的报账员，年龄段涵盖了20岁至50岁，职称从无职称、初级到中级都有。在编制属性上，有些报账员是教师编制，有些是教辅编制，有些则无编制。专业性能上，有些是财会专业毕业的，有些是非财务专业半路转岗过来的。造成人员层级如此迥异是有着历史原因的。有些报账员曾经是学校里的专任老师，由于某种原因不再授课，就考个会计上岗证转岗；但是他们的编制属性却还是老师，这样的报账员普遍集中在历史比较悠久的老学校，且他们的年纪比较大。有些报账员自己本身就是老师，且持有会计上岗证，身兼两职，既上课又从事报账员工作，他们的编制属性也是老师。这两类报账员共同特点就是基本上都不是专业财务出身且职称状况为无职称和初级会计师级别。随着事业编制的规范，这几年新招录的学校财务人员包括会计核算中心的财务人员，都是通过事业单位招聘考试录用的，以"财务专业、本科、助理会计师"为基本入职条件，其中不乏有着多年企业工作经验的会计师。这些新鲜血液的加入，让中小学财务人员的队伍更具专业性和活力。

虽然报账员的素质大幅度提高，招录的时候是以会计标准招录的，但是在实际工作中，出纳以及后勤管理的工作占据了主要的时间和精力。出纳工作内容包括票据审核、收付款操作、原始凭证扫描、精细化操作、报账；经费额度的申请、学生代办费的收款、结算、票据开具、核销、装订，月末完成与银行的对账、填制各类报表，如学校基本情况表和公务卡使用情况表等。没有明确是财务人员的工作职责范围但是又通常由学校报账员在做的工作包括：每个月交水、电、煤费，教职工公积金、社保的调整与缴纳，工资、奖金的计算与录入，工资条的打印与发放，学生、教职工保险办理与理赔，平时参与学生安全护导工作。这一状态是报账员面临的尴尬局面：一方面，大量的专业财务人员在进入中小学；另一方面，专业财务人员并没有发挥出巨大的管理作用，他们依然停留在机械的出纳操作层面及后勤琐事上。

除此以外，多数学校报账员还要处理工会账务。工会是独立法人，其账务与行政账是分开的，会计核算中心的会计是不负责工会账目的。鉴于财务工作的专业性，没有会计上岗证的人员是无法从事的；因此工会的账务处理就落在了报账员身上。工会虽小，五脏俱全，从单据审核、资金支付、凭证编制、报表上报，一样都不少，出纳、会计一人承担。

第三节 调查中发现的问题

M区对于中小学教育发展所需要的资金是予以保障的，公用经费的标准高于市标准。在项目经费上，只要项目愿景美好，基本上都能批准，有了充裕的经费保障，如何使用这些经费更是至关重要。从实证调查中发现，目前中小学在预算管理、支出管理、资产管理、目标达成度中存在一些问题。

一、预算管理中的问题

财务预算由收入预算和支出预算组成，预算管理的作用在于充分发挥财务管理的计划和控制职能，及时控制和调整计划执行中存在的各种问题，以及加强收支管理，提高资金使用效益（陈静，2010）。随着我国预算管理制度方面的改革，以部门预算编制、国库集中收付制度和政府采购为主的预算管理新制度，在中小学财务管理中的实践中也产生了新问题。

（一）预算编制环节

部门预算制度作为编制政府预算的制度方法，是市场经济国家财政管理的基本形式。我国部门预算制度是政府财政管理体制改革的主要内容之一，推动了中小学校预算观念的转变以及财务管理水平的提高。但是，随着部门预算制度改革的不断深入，中小学校在实施部门预算的过程中出现了诸多的困境。

1. 目标困境

中小学校在部门预算的编制和执行过程中，存在着政府统一管理与中小学财务自主权之间的冲突。政府实行部门预算目的在于通过对纳入预算的财政性资金进行全面管理,将公共资金管理权限集中到政府财政部门。这一政府在财务管理上收权的形式与中小学校财务自主权产生了冲突。中小学校预算编制"二上二下"必须经由政府审核,而预算考核过程中,政府主管部门通过指标评定学校财务管理是否规范。因此,中小学校的部门预算事实上是处于政府的集中管理与控制之下的,学校并未获得应有的财务自主权。《中小学校财务制度》明确指出:"学校的财务活动在校长的领导下,由学校财务部门统一管理……不改变学校财务管理权"(财政部,教育部,2012)。而在实行部门预算改革之后,中小学校的各项支出均纳入部门预算,由政府统一管理与监督,这对于各中小学校在学校发展的特殊时期合理配置教育资源造成了一定程度的约束。

2. 技术困难

中小学校实行部门预算中面临的技术困境表现在会计基础、编制方法及科目设置等三个方面(杨光,2012)。第一,部门预算编制的基础是会计信息,而现行中小学校会计无法提供详细的财务信息,主要表现在现行中小学校会计核算基本以收付实现制为基础,且未对"固定资产折旧"作强制性要求。另外,在中小学校会计科目中,无须全面反映债权债务关系,这就造成了当前中小学校财务报告不完整、财务状况不清的现象。第二,部门预算要求采用零基预算的编制方法,将支出分为基本支出和项目支出。基本支出编制流程相对固定,主要按定员定额的方法编制;而项目支出则是学校根据本校的发展计划建立项目库,申请项目经费,其特点是专款专用。但我国尚未对专项资金的预算编制建立科学的申报及评定机制,从而造成中小学校编制的项目支出年度预算的随意性。第三,部门预算的会计科目系统,是根据财政部对行政单位日常财务支出的核算框架设置的,并没有考虑中小学校财务管理的特殊性。以基本支出的科目设置为例,部门预算将其分为:人员支出、日常公用支出、对个人和家庭的补助支出、固定资产购建和大修理支出四大项。这样设置的依据是行政单位的日常支出,而没有结合中小学校工作的特点。另一方面,中小学校的财务核算系统是在《中小学校财务制度》的基础上,结合学校工作的特点设置的,它与部门预算编制系统必然存在一定的差异,若两个系统不能有效地结合，将会造成中小学校财务管理的混乱。

3. 管理困境

部门预算的初衷是针对行政部门，实行"统一领导，集中管理"的体制，从而提高整个政府资金的使用效率。基本支出的定员定额编制法以及项目库预算编制法更适用于政府行政部门，而无法完全适用于中小学校的实际情况。由于政府无法对中小学校的具体行为进行审核，因此学校的预算执行具有随意性。目前中小学校的预算"两张皮"现象极为普遍，即中小学校采用形式上的部门预算编制，表面上按照程序要求的"二上二下"，实际只是为获得下一年度的预算批复。在实际执行的过程中，学校按照内部的预算用以操作，这将会降低学校财务管理的有效性，以及资金使用的效率。此外，由于中小学校运行的特殊性，导致中小学校在每年的10月—12月期间突击花钱的现象普遍存在，这与教育行政部门对学校预算执行率的平均化要求不相符，也反映出我国中小学校预算编制方面的不足。

(二) 国库集中支付环节

国际经验表明，国库集中支付制度以及政府采购的改革，对于强化财政预算执行、降低财政资金运行成本、提高财政资金使用效益、健全财政监督机制具有积极的作用。中小学校在推进改革的过程中，以国库集中支付及政府采购的预算执行环节实践，除了一系列积极变化的同时，也给中小学校在预算管理中带来新的挑战。

1. 目标困境

国库集中收付制度的初衷是加强对行政部门的财务管理和监督。实行国库集中收付后，学校的所有预算资金和预算外资金都要上缴财政统一账户下的分类账户中，由银行代收和财政统管，并且财政资金的支出也须经财政部门审核批准后方可使用（邹长城，2005），中小学校也不例外。这样的资金拨付模式促使了中小学校资金的使用权限集中到财政部门，打破了原有学校依据财政部门下达的预算指标，自主使用经费的财务管理格局。虽然国库集中收付制度规定"三不变"原则，即资金性质不变、资金使用和管理权限不变、财务机构不变，财政部门仅对学校资金收付过程管理，不改变学校资金的支配权与管理使用权（杨洁，2008）。但是，国库集中收付制度已将中小学校的所有资金全部上缴到财政部门统一管理，财政部门控制和监督了学校财务管理的全过程。国库集中收付制度实行之后，学校为保证教学业务开展的资金运转，就必须在预算编制环节，对学校下一年度将会发生的全部业务情况进行合理、全面的预测，从而申请充足的财政资金。对学校来说，其财务管理权在很大程度上已经基本收归于国家财政部门，学校的财务管理活动实质上已经成为单一的预算管理活动（廖静梅，2008）。而政府对学校"财权"进行控制，剥夺学校的资金使用权，这与《中华人民共和国教育法》中"学校及其他教育机构具法人条件的，自批准设立或者登记注册之日起取得法人资格"（第十二届全国人民代表大会常务委员会，2015）的学校定位是相矛盾的，中小学校丧失自主的财务管理权，在极大程度上影响了其办学的自主权。

2. 技术困境

中小学校实行国库集中收付制度的技术困境，主要表现在会计基础以及信息系统这两个方面。我国中小学校大部分均以收付实现制作为会计计量基础。在国库集中收付制度的环境下，收付实现制由于不能为财政资金管理者提供完整的政府资源的分布、使用和消耗方面的会计信息，因此很难满足政府对财政资金运用和管理的需要（黄海兰，2008）。在中小学校会计信息系统方面，尚未形成学校与财政部门的电子信息系统的对接，中小学校财务管理信息化水平暂不能满足国库集中收付的要求。完善的财政支付信息系统和银行清算系统的建立，是国库集中收付制度实施的前提条件。预算编制和预算执行信息查询还无法实现，这在一定程度上制约了国库集中收付制度在中小学校的实践（蔡雪辉，2010）。另外，由于国库集中收付系统的主体是财政部门，而原有中小学校的财务信息系统则是按照中小学校财务会计制度架构设计，两者在科目设置、会计核算内容、额度指标等方面存在一定的差异，无法有效衔接。其结果是中小学校日常核算和管理中产生了重复记账核算处理、会计信息数据出现脱节等问题。

3. 管理困境

虽然国库集中收付制度在全国中小学校推行之后，取得了一定的成效，但是由于配套措施建设的滞后，国库集中收付制度在实际实施的过程中给中小学校的财务管理带来了新的问题，具体表现在预算管理、资金管理以及会计核算等三个方面（任小燕，2010）。由于国库集中收付则要求中小学校的预算管理与财政完全相同，因此中小学校在预算管理方面存在诸多困境。在国库集中收付制度的资金管理方面，学校在资金使用过程中，需要编制用款计划；财政部门审核后，对中小学校和代理银行下达用款额度；银行系统具体进行支付中小学校的实际业务额度，或者直接对中小学校下达支付指令（杨洁，2008）。这一操作过程相较于改革前程序复杂，涉及主体增多，在具体执行过程中出现问题的可能性也相应增加。预算指标下达滞后，财政支付存在问题。按照规定，实行国库集中收付单位的用款计划要经过录入人输入—审核人审阅—相关科室经办人审核—相关科室负责人审核—国库经办人审核—国库负责人审核，审核通过后，预算单位可以开具支付令。由于我国预算年度采用的是历年制，而我国人民代表大会是在每年的3月前后召开，两者之间存在时间差；且用款计划经人大通过后，实际下达到各学校一般在5月份以后，导致在这段时间内，学校无法根据审批后的预算向财政部门提出用款申请，造成了中小学校运行的上半年不能及时使用款项。

在财政支付方面，尤其是授权支付方面，零余额账户无法与学校同名的其他账户发生往来。在实行国库集中收付之前，若专项财政经费尚未到账或款项不足时，学校可临时从其他账户垫支资金，待项目资金到位后再进行内部调整偿还。在实施国库集中收付制度之后，根据财政部《关于规范和加强中央预算单位国库集中收付资金归垫管理有关问题》（财库〔2007〕24号）的相关规定，学校不得使用本单位实有资金账户的资金垫付相关支出，而是要通过财政直接支付或是财政授权支付的方式将资金归还原垫付资金账户，这对于学校教学改革和业务开展带来了很大的资金使用制约（祖秉元，2010）。

(三) 政府采购环节

政府采购制度作为市场经济条件下一种有效的支出管理,在各国财政及整个经济生活中具有非常重要的作用(郑慧,2003)。经过多年的实践,我国中小学校政府采购的项目和金额逐年上升,节约了大量的财政资金,强化了预算的约束力,整合了学校资源,从而提高了资产的使用效率。但是在实践过程中,中小学校的政府采购也面临着一系列新问题。

1. 目标困境

政府采购也称公共采购,是指各级政府及其所属实体为提供社会公共产品和服务及满足自身需要,在财政监督下,以法定的程序和方式从国内、国际市场上购买所需商品、工程和服务的经常性活动(刘尚希,杨铁山,2000)。其改革的初衷是针对政府行政部门,从支出管理方面搭起的一个与市场经济接轨的框架(郑慧,2003)。在中小学校实行政府采购之后,其资金运作流程由"财政部门拨款—用款单位采购—财政部门审查",转变为"用款单位申报—教育主管部门、财政采购监管处审批—政府采购中心集中采购(或学校采购中心分散、采购)—用款单位验收—财政结算",这一转变极大程度上强化了财政部门对学校的商品及服务采购行为的监督。事实上,政府采购强化了政府行政部门对中小学校财务的管理,学校并未获得教学业务开展所需的财务自主权,且政府通过财权进一步加强了对学校事权的控制。

2. 技术困境

中小学校在推行政府采购改革的过程中所面临的技术困境主要表现在制度衔接以及信息化网络这两个方面。第一,在制度衔接方面,政府采购改革后,财政资源由分配资金延伸为分配物资,原有的分配方式被改变,这就对目前的财政会计制度提出了新的挑战。首先,《中小学校会计制度》没有对政府采购的相关会计核算作出具体规定,预算科目也未能全面反映政府采购预算支出;其次,政府采购对预算拨款程序作出了改变,实行货款的直接支付。这种做法与现行的预算指标层层分解,预算拨款层层下达,预算结余单位留用的财务管理体制不相吻合（朱彦，2008）。第二，在财务信息化网络方面，中小学校在实行政府采购改革的过程中，一般使用学校内部的软件对采购的预算编制、采购执行、固定资产增置、财务核算加以管理，而这一管理软件与财政部门的政府采购软件在预算编制、科目设置以及会计核算等方面存在一定的出入，两者不能有效对接。第三，中小学校系统还未形成共享的供应商数据库，无法发挥集团采购的优势，也在一定程度上影响了政府采购的效率。

3. 管理困境

政府采购改革对于改变中小学校财政支出粗放型的管理方式发挥了积极的作用，提高了采购预算的科学性，减少重复采购及盲目采购，有助于预算单位加强定员、定额管理和促进工程、货物及服务单价的形成，且有利于加强行政、事业单位国有资产的管理（郑慧，2003）。然而新制度的实施必然伴随新问题的出现，政府采购在中小学校的推行给其带来了预算管理、采购执行以及会计核算等三个方面的挑战。

（1）预算管理方面。政府采购预算具体是指采购单位根据事业发展计划和行政任务编制并经过批准的计划，一般包括采购内容、采购资金来源、采购数量、单价等，是行政事业单位财务预算的重要组成部分。政府采购采用综合预算，也即将预算内资金与预算外资金均纳入预算范围；预算支出划分为基本支出及项目支出，且不得编制赤字预算（苏新龙，2008）。中小学校在实行政府采购的过程中，主要存在以下问题：一是在预算编制上，政府采购预算编制要求与学校业务特殊性之间存在矛盾。政府采购预算表一般要求提前半年编制，且需列明包括采购项目名称、采购规格、采购单位、采购数量、采购单价、资金来源等。但是中小学校的采购业务有其自身特点，所需的设备仪器一般根据学校发展及学生人数来确定，无法在半年前提供准确的技术参数与指标、商品数量与金额等采购信息。这就给采购预算的编制工作带来很大的难度，最终所呈现的采购项目也会与实际状况不符。二是中小学校政府采购预算管理薄弱，主要体现为人员专业素养偏低。中小学校的政府采购预算编制，缺乏专业的政府采购预算编制人员进行相关工作的市场调研及编制；同时，缺乏专业的评审专家库对采购项目进行评审，从而导致了预算过于粗放，采购预算质量低下。

（2）在采购执行方面。经过多年的实践，在目标意旨上已获得了很大的达成。政府采购制度从支出管理方面建立起了与市场经济接轨的体系框架，通过规范市场操作，降低采购成本与价格，利用规模效应提高资金的使用效率。然而，采购执行上存在的一系列问题，给全面推行政府采购带来了阻力。一是采购审批层级多。在学校进入政府采购环节之前，需要经过多层审批。各部门的采购申请只有经过学校审批通过后才能报送上级部门，经由上级部门批复后，学校各采购计划申报部门才能向学校提交采购需求表。二是采购流程复杂，采购周期过长。中小学校正式进入政府采购流程之后，首先学校要描述采购对象，发布采购相关信息，经过编制招标文件、招标公告、开标评标等过程，选择合适的供应商；其次，在确定供应商之后，需要拟定合同文本，组织签订合同以及提交采购人、供应商确认。采购结束后，学校需要组织收货款，结算资产，入账登记和采购信息统计。从中小学校正式开展政府采购至结束的周期一般在3个月左右，涉及包括学校、采购代理机构、供应商，以及政府监管部门在内的多元主体。复杂的程序和漫长的采购周期，很难满足中小学校的需求，也一定程度上影响了政府采购制度改革的推行。三是中小学校在政府采购结束后，必须在有关网站开展后续工作，向上级部门提交合同发票、验收单等复印件材料，申请直接支付。上级部门批准后，学校工作人员须携带发票、合同、验收单等到财务部门办理入账手续。至此政府采购流程才正式结束。

（3）在会计核算方面。随着国库预算管理改革在中小学校的全面实施，政府采购制度也在不断完善。但是由于中小学校会计核算制度与学校的会计实务很少融合，因此中小学校的会计信息缺少全面性和可操作性，主要表现在以下几点。一是中小学校内部会计核算信息不够全面。由于各地的政府采购制度仍处于不断修改完善的过程中，预算会计与财务报告的内容与方法会受到影响。因此各中小学校呈现的会计信息无法真实准确地反映学校的政府采购活动，中小学校的政府采购会计管理与政府采购实务不符的现象越来越突出。二是采购资金的完成情况不清，管理难度增加。在政府采购实施中，存在着采购环节与付款环节相分离的状况，出现"货到款未付"或是"款付货未到"的现象，且存在付款方式多样化，包括一次付款、分期付款，甚至是质保金后期支付等方式。此外，如果按照实际支付金额进行会计的确认和计量，也会加大学校政府采购资金会计核算管理的难度（陈金友，2011）。

4. 预算评价环节

预算评价千校一律，导致资金使用不合理。在预算执行过程中，会计核算中心每个月都会出财务报表给学校，其中财务分析报表是最被看重的一张报表，通过报表，可以看到每个项目全年的预算数、支出额、结余数，以及已使用经费所占总额的比例。这张报表也是衡量一个学校资金使用是否合理的一个标准。报表分为三部分：一块是人员支出，主要是教职工的工资支出；一块是商品服务支出；一块是个人补助支出。其中商品和服务支出中的生均公用经费被分为13个小项，每一个项目的支出都是有生均定额标准的，而这个定额标准是1993年区教育局计财科和会计核算中心根据学校的经费使用情况进行分配后制定的，已延续至今，且所有中小学统一标准。用这样一个标准去判断各个学校的经费使用是否合理，显然是不妥当的；因为每个学校的校情不同，加上现在实行校本管理、校长负责制，每个学校都有着自己的特色，在公用经费使用上必然会存在差异性，况且新、老学校的经费使用也会不同。标准是1993年定的，水电费的价格、使用习惯、使用量都已发生了巨大变化，这个标准本身就带有不合理性，因此在评价学校资金使用合理上势必带有不合理性。

改革前公用经费的使用是可以打统账的，在经费总额内，每个小项之间是可以互补的，比如水电费超了，交通费还有结余，那么年底的时候可以混用，用交通费来付水电费，但是这几年越来越要求不能混用。可是定额标准本身是不符合实际的，因此在实际执行过程中很难操作。

二、支出管理存在的问题

支出是指中小学校为开展教育教学及其他活动发生的各项资金耗费和损失。就资金性质而言，学校的每一项支出都是围绕着教育教学计划而发生的，它是维持学校正常运作及开展教育教学活动的有力保障，用有限的经费尽可能获取较大的收益，是教育资金支出的目标；但是在实际中，效果并非如此。无计划的支出、淡薄的效益观念、被忽视的财务分析，成为财务支出管理中的普遍问题。

(一) 资金的使用缺乏计划性

一些学校在全年经费的使用上缺乏规划,不知道在使用之前先做一个计划,常常是"脚踩西瓜皮",用到哪里是哪里。没有计划性主要表现在:预算执行的比例不均衡,费用的支出比较感性,想到一出是一出。常常造成浪费,发生不必要的开销,大大降低了资金的使用效益。如有的学校会有一个全年支出的大方向,但是却没有做细化工作,导致执行的时候因缺少目标而最终偏离预算。由于没有资金使用计划,所以在支出的时候也背离了教育经费为教育教学工作服务的原则。经费支出的时候用到哪里是哪里,根据财务分析上的执行率,看看哪一块还有没用完的经费,就往哪个方向用钱;而不是根据教育教学的实际需要来选择支出项目。实在没有支出的项目,就盲目购置大量的设备仪器,往往导致资金支出效益低下。无计划的支出,让领导心中没有把握,很容易出现资金超用、短缺、盲目购置设备而又闲置设备等不符合教育事业发展的现象。

(二) 效益观念淡薄

有些学校认为,中小学校作为事业单位,资金是全额拨款的,所以不需要讲效益。财政拨的钱,只要在年底之前用完就可以了。如果当年的钱没有用完,那么会影响"三个增长"目标的实现,就有可能造成第二年的经费减少。为了避免这种情况发生,基本上学校操作的原则都是宁可超支,绝不结余。在年底还有经费没有用完的情况下,通常会选择采购一些大额的办公设备,而这个设备很有可能不是最需要的,买来也是闲置的,或者是可有可无的。虽然资金花得符合规定,在支出范围内,但是它所产生的效益却极其低下,而这种情况在现实中并不少见。

(三) 忽略财务分析的作用

财务分析是信息处理,运用事业计划、会计报表及其他有关资料对学校一定时期内的财务收支状况进行分析。虽然会计核算中心每个月都会给学校发送报表和分析，但是学校对于财务分析的阅读仅限于资金执行率，就看看学校花费了多少，还有多少剩余，很少关注其他的信息，更别提利用财务分析的数据对历史经费做纵向、横向的比较分析。

三、资产管理存在的问题

资产管理意识在学校普遍较为淡薄。因为对资产管理人员没有任职条件的规定，因此很多资产管理人员是没有经过严格培训的，对于资产入账、处置缺乏足够的意识和了解。对于资产管理的认识停留在东西买来入资产账，至于其他就不考虑了，因此一些学校会出现重购买、轻管理，导致单位资产不入账、闲置浪费、流失等。以M区《中小学财务制度》培训中呈现的某一案例为例：

捐赠资产不入账，报废后擅自处置

某学校接受社会捐赠计算机一批，学校为捐赠者举办了捐赠仪式，并将这批计算机用于装备学校计算机教室，对捐赠的计算机未做账务处理。使用多年后，学校觉得这批计算机已无法适应目前的教学需要，就将这批计算机交给回收部门处理，款项作为学校其他收入入账。

在该案例中，学校有三处做得不当之处。一是学校对接受捐赠的计算机，未作固定资产入账，违反了《中小学校财务制度》第四十一条"资产是指中小学校占有或者使用的能以货币计量的经济资源，包括各种财产、债权和其他权利"（财政部，教育部，2012）的规定。二是学校未能严格执行固定资产日常管理工作，违反了《中小学校财务制度》第四十八条"中小学校应当设置固定资产总账、明细账及固定资产卡片"和"中小学校应当对固定资产进行定期或者不定期的清查盘点。年终前应当进行一次全面清查盘点，做到账、卡、物相符。对盘盈、盘亏的固定资产，应当及时查明原因，按照规定处理"（财政部，教育部，2012）的规定。三是学校自行对报废的计算机进行了处理违反了《中小学校财务制度》中第五十四条"中小学校资产处置应当遵循公开、公平、公正和竞争、择优的原则，严格履行相关审批程序"和第五十五条"中小学校资产处置收入应当按照国家有关规定，实行'收支两条线'管理"（财政部，教育部，2012）的规定。虽然这是培训资料内的一个案例，但是从一定程度上也反映出目前中小学校在资产管理中存在的问题。资产管理中的问题主要集中在以下几个方面。

（一）缺乏专业管理人员

对于资产管理员的任职要求中没有说明需要具备什么样的资质；因此，资产管理员的构成相对比较杂，很多学校都是兼任的，有教师兼职的、有后勤兼职的。他们在上岗之前通常都没有接受过专业的指导和培训，也没有这方面的经验，都是一边做一边摸索的。管理以完成面上的工作为主，缺乏整体规划与长远思考。以 B 校为例，B 校是几年前刚开办的学校，资产管理员是应届毕业的数学老师兼任，对于资产管理他一无所知，上级主管部门也没有派人指导，就连咨询、请教的电话也没有，从资产的标准到软件的使用，都是通过询问邻校的资产管理员以及靠自己摸索来完成的。在这种情况下，能完成面上的工作已实属不易，更谈不上什么其他的管理和规划。面对这种情况，学校也不是不想聘请有经验的人来做资产管理员；但是由于人员总额有限，教育局根据开办规模，只给了教师编制，没有教辅的名额。由于资产管理员没有资质要求，就只能从现任的老师中找人兼任。因为是兼任的工作，对于教师而言，他的本职工作是教书，所以主观上也不会投入太多的精力在资产管理上。

（二）资产验收制度执行不力

有些学校缺少资产验收制度；有些学校虽然制定了，但是制度过于高大上，执行者不能完全领悟怎么操作，导致无法落实，验收制度最终成为一纸空文。资产管理员录入固定资产的时候，根据发票名称录入 ET 软件，因为没有现场查看，所以对固定资产实物只有抽象的印象，这样很可能导致在相当一段时间后无法将电脑里的资产名称与实物对应起来，同时也会造成同一类物品在 ET 软件里出现多个不同的名称。这给日后的资产管理埋下很多隐患。

这种情况多发于暑假之后。每年的寒暑假是各个学校最忙碌的时间，装修、采购、添置集中在此时，而这个时候正值假期，资产管理员都不在学校，买来的资产通常会直接就拆箱安装放置到各个部门,而那些被淘汰的资产也就随之搬离原来的地方,被随意丢弃在某个角落。暑假里那些搬东西的工人不负责记录物品搬去哪里了、增添了哪些资产。等到开学,需要付款的时候,发票到了报账员手里,其发现有些符合固定资产条件的,但是没有入库单,就会把发票退回去,要求给资产管理员入账。如果报账员没有发现,那么款项一付,这个资产也就没有被登记,为日后资产的盘盈、流失埋下隐患。那些符合入固定资产条件的资产相对容易被发现,然后入资产,有些价值低于1 000元的经久耐用品则通常不被记录。

(三) 日常管理不到位

资产的日常管理分为资产的使用、维修保养和清查。在使用上,学校的资产管理部门应该建立固定资产登记台账;但是有些学校没有建立台账登记制度或者登记不清晰、不及时,在资产使用过程中,经常发生固定资产严重流失的现象。主要出现在人员离职的时候,由于之前没有完整地登记所领用和购置的资产,所以在其离职的时候无法索回他手中持有的学校资产。有些学校资产移交他人,因为没有履行资产交接手续,所以随着时间的流逝,人员变动,资产的去向无从所知。

在资产的维修保养方面,有些学校没有制定固定资产维修流程,造成资产的日常保养和维修无人问津,出现资产的损耗严重。有些资产只要好好保养,或者稍微修理一下就可以使用了,但是没有专人负责保养与维修,只能丢弃在仓库中。没有专人日常管理,造成的另一个现象就是对公共资产的不爱惜,由于使用不当或者暴力使用,造成固定资产的快速损坏等现象也不是没有。

在清查方面,正常情况下,每学期要对资产进行小规模的清查,一学年全校范围内的普查,对资产的盘盈、盘亏进行整理、登记。但是有些学校没有建立资产清查制度,随着时间的流逝、资产的不断增减,到最终成为一笔糊涂账。

由于资产数量庞大,且分散在各个不同的场所,资产管理员不可能每时每刻都盯着,有些资产在没有备案的情况下私自挪动地方时有发生。甚至还存在没有告知资产管理员的情况下,随意拆分资产,挪到不同场所的现象。Z校曾发生此类事件。如在自然教室原本有一套组合柜,由于当时柜子并没有完全放满东西,而恰巧另外一间多功能教室需要一个柜子,因此就拆分了这套柜子,将其中的几个小柜子挪去多功能教室。这件事情一直没有备案,也没有告知资产管理员。多年后,在一次资产清查过程,发现少了一套组合柜,但是又多了很多不知道何时购买的小柜子,后来通过众人回忆、调查、追问才搞清楚原来组合柜是被拆分了。这给资产管理造成了很大的困难。

四、目标达成度存在的问题

预算管理的基本目标就是为了满足单位长远发展的需要,为各个职能管理部门明确今后努力的方向提供标准。中小学作为事业单位,他的收入来源主要是国家财政拨款,占用和使用了大财政资源,因此他的预算目标应该包含预期的社会效益。综合上述两点,中小学的预算目标应以学校的教学目标为方向,以教学计划为依据进行资金的合理分配,以产生较高的教育效果;而目标达成度则是在设定好预算目标之后,对最终的完成情况进行评价。分析 M 区 A 小学 2012 年的年末财务得知:该校 2012 年生均公用经费超支 27.21%。根据超支不补的原则,超支部分的经费只能从下一年度的生均公用经费中抵扣。"生均公用经费"有水费、电费、邮电费、卫生经费、差旅费、维修(护)费、教师进修费、招待费、专用材料费、宣传活动费、设备购置费、图书购置费、其他费用总计 13 项的支出小项,每个小项都有预算定额数、累计实际发生额、实际发生额占预算额的比例。在这 13 个小项中,完成最好的是电费,完成度 99.2%;超支最厉害的是设备购置费,超支 329.26%;完成最差的是教师进修费,完成度 0%;生均公用经费预算完成率非常不均衡,距离预算完成目标相差很远。显然,有些项目没有使用,有些项目则严重超支。造成这样的结果有两个原因:一是学校没有按照已经制定好的预算额度来使用经费;二是这个预算额度本身就是不合理的。学校在执行过程中没有办法按照这个明细小项目执行,如果按照这个预算额度来使用经费,就会造成资金的使用偏离教学目标。M 区的各个中小学的财务分析指标都是一模一样的,可是校情却千差万别。生均公用经费的标准是全区统一的,但是里面的支出小项就没有必要统一标准了。

"生均公用经费"中每个小项的预算定额数是根据"学生数×生均标准"计算得出的。该生均标准是1993年区教育局和核算中心根据当时的学校支出情况制定的，距今已有20多年。随着形势的发展，已经不符合目前中小学校各项经济业务的发展需求了。此外，中小学校生均公用经费的目标是为了维持学校日常运作和满足日常教学而需要支出的教育经费，只要是符合生均公用经费的使用范围的项目都可以支出；但是财务分析上所列出的支出明细，有一种诱导性，好像生均公用经费只能用在这几个项目上。因此学校在支出的时候会很在意看这个财务分析报表，看每个项目的经费支出额、结余数。很自然地就造成看指标花钱，而不是根据教学计划、教学目标花钱，导致公用经费的使用本末倒置。

生均公用经费下的支出小项是会计核算科目下的部分科目，将这几个科目列出来的目的是上级主管部门了解学校使用经费的情况，进行事中监督；但同时这也是评价中小学经费使用是否合理的一个标准。根据规定这些指标之间是不能混用的，实际上这是很难做到的，因为指标本身没有考虑各个学校的实际情况。比如，宣传活动费这个明细下面的支出主要是用于校园文化建设，校园墙壁的装饰等。案例学校在这个指标中没有超支，只是用了49.46%；但是对于一些新开办的学校，这一项往往会变成超支大户，因为新学校开办，有很多的地方需要校园文化的建设。再比如"卫生经费"这个项目下的支出主要是请保洁公司进行校园保洁，其预算计算是根据学生数来的；但实际结算是根据面积来的。很多老学校建校历史悠久，学生届数完备，人数很多；然而由于建立较早，校园面积并不大。相反新开办的学校硬件设施比较先进，面积通常比较大，但是学生人数少，预算额度自然少，实际花的经费却很高，通常会超支。

第四节　财务管理问题的归因

中小学财务管理问题是多方面因素共同作用的结果，我们将从现行财务管理模式的缺陷、预算编制不合理、内部控制制度缺失、财务人员职业倦怠这四个方面来分析造成中小学财务管理问题的原因。

一、现行财务管理模式的缺陷

会计核算中心与学校之间权责不清。长期以来，中小学校在认识上存在一个误区，认为账务处理既然在教育会计核算中心，那么财务管理自然就是会计核算中心的事情，它已经随着账务处理权的转移而转移了。这是典型的"财务管理就是财务的事情"的观念。正因为有这样的观念，无论是从人员的聘任、工作的安排还是绩效考核上，学校内部削弱了财务管理，导致相当长的一段时间中小学校内部财务人员素质不高，无力参与财务管理的工作。虽然这几年开始重视财务人员的素质，在引进新进人员的时候开始做到了专业与能力并重的要求，但是现有的岗位设置以及长期遗留下来的工作安排，让财务人员依然停留在"出纳"的权限上。会计核算中心认为自己只是为学校提供记账服务，并作为第三方对学校的经济业务的合法性进行监督。学校作为会计主体，财务管理权是学校的；因此财务管理是学校的事。同时会计核算中心作为一个第三方机构，所有的会计都不在基层学校办公，且每个会计从事3—4家学校的账务处理工作，根本没有时间和精力参与中小学的财务管理。会计核算中心设立的本意是强化中小学校的资金管理，同时规范会计行为、提高资金使用效益。会计核算中心的设立，在会计核算上确实起到了相当的作用，会计科目统一、账户设立一致，资金的收入、支出合理合规，大大提高了会计核算工作的质量和效率，但同时也削弱了中小学校内部的财务管理。

误把会计核算看作财务管理。中小学的主要管理者基本上都是专业老师出身，在教学上他们是佼佼者，可是在财务领域都是存在欠缺的。很多学校错误地认为，报账、记账、出报表、出分析就是财务管理，会计核算就是财务管理。既然会计核算中心已经承担了会计核算的工作，那么自然财务管理工作也就在会计核算中心那里。财务核算和财务管理是两个不同的概念。核算重在记录，对已经发生的经济业务用专业的会计术语进行记录，并且定期编制财务报表，为单位外部同单位有经济利益关系的各个组织服务，使他们能及时、准确地了解单位的财务状况和预算执行情况。总之，财务核算主要是向上级、有关部门及和单位有关系的团体和组织提供资料,是属于外部性的。财务管理则是根据历史数据,通过一定的方法从制度、流程上对未来要发生的经济行为进行规范。

二、预算编制不合理

中小学校预算编制的不合理情况已经存在很长时间,在基本支出的预算编制上,虽然采用了较为合理的零基预算编制,但是其中仍然包含了不合理和不科学的因素。不同学校的预算基数基本相同,都是学生数乘以定额标准;但是每个学校的情况是不一样的,在实际支出的时候存在着很大的差别,不同校情的学校采用统一的标准,必定导致预算目标无法完成。

预算编制不合理的原因主要是时间因素。编制下一年基本支出预算需要提供的客观数据是学生数、教职工数和职称、房屋面积、绿化面积、车辆数等;编制的时间是每年6月底之前,基本数据以当年6月底的数据为依据。而中小学校是一个特殊的单位,它是以学年来管理的,每年的7月、8月是教职工流动的时间段,每年的9月是学生数发生变动的时间段;而6月底之前编制基本支出预算所提供的数据都是以当年6月底为依据的,这就决定了基数数据是不确定的。因此学校在提供基础数据的时候会出现随意性,因为这些数据最终将被调整。

编制项目预算比基本支出预算要相对复杂得多,因为需要提供的数据不是即时就能提供出来的,是需要经过调研、测算、比价等一系列的方法得出数据的。比如要申请添置教学设备,那么就需要确定品种、型号规格、比价之后的参考价格、同样的设备已有数、使用年份、需要更换数、添置数。如果是申请业务类的专项,则需要清楚地列出完成这个项目需要哪些内容,每一项目需要细化,并且计算出单价、数量。这就要求做业务类专项申请的老师不仅要清楚完成这项业务需要哪些步骤;同时要将这个业务完成的计划用金额表现出来。这些不是凭空就能计算出来的,脱离了实际的调研、对历史数据的分析是不行的;但是专项预算编制中发生的实际情况是没有分析过历史数据,没有经过实际调查研究,没有经过科学预测就匆忙填制专项预算申报表。这样编制的预算是缺乏科学性、严肃性的，也不利于学校将教学目标和资金使用联系起来，预算与教学计划脱钩。

三、内部控制制度缺失

内部控制制度不能直接产生经济效益，间接效益也需要通过很长的周期才能体现；因此它往往被许多学校所忽视。由于很多学校管理层对内部控制的认识不到位，以致单位内部没有形成长效管理机制。

内部控制制度缺失的第一重要原因是人员配备不足。内控制度，通过设置不同的岗位进行互相监督、互相牵制，这需要足够的人手。中小学目前最缺的就是人，对于一些新开办的学校，目前招录进的都是专职教师，而教辅人员非常少。以 Z 学校为例，在编教职工 61 人，其中教辅人员 1 人、专职教师 60 人，教辅人员所占比例仅为 1.64%。由于没有足够的人手，有些岗位不得不通过专职教师兼任或者聘请非编职工担任。同时由于受到专业的限制，专职教师兼任的工作具有局限性，只能从事一些非专业工作；并且由于对业务的不熟悉和精力不够等原因，由教师兼职的工作会达不到要求。而通过招聘非编人员担任此项工作，由于人员的不稳定性，也难以达到效果。

另一种情况是由后勤人员兼职，由于中小学校的后勤人员一人多岗、负责多项事务，从而出现一人负责多个环节、一手包办的现象。由于实行集中核算，学校只有一名财务人员，财会人员分工中的"内部"牵制原则没有了，不相容职务不再分离，业务处理"一手清"现象时有发生。例如，有些学校报账员除了要编制余额调节表，还要兼任采购、票据购买；有些学校甚至出现报账员兼任资产管理员的状况，有些中小学校内部的报账员还从事工会账务处理，出纳、会计一人做，管钱、管账又管物。内控制度的不健全，源于人手配备不足。

内部控制制度缺失的第二重要原因是不合理的岗位设置。中小学校核算方式采用的是集中记账，学校内部不设立财务机构，也没有会计岗位，只设报账员作为学校内部唯一的专业财务人员。每个学校的报账员的知识背景不相同，有的是中途转岗的，有的是专业毕业的，他们的共性是都具有会计上岗证。目前中小学的财务人员编制分为三类：教师编制、教辅编制、制度外用工。财务管理的主体是学校，学校财务的负责人是校长；但是查阅账套的权限却没有赋予学校。学校在进行财务管理的时候，需要了解某一项目发生了哪些费用，要想了解其中的费用明细，就需要通过核算中心，请求他们来查询，然后将数据导出来发送给学校。财务管理应该是常态化的工作，核算中心每个会计要负责3—4个学校账务，如果每个学校都不断要求核算中心会计不停地查阅，他们肯定是忙不过来的。虽然核算中心会计有这个义务，但是会给他们增加非常大的工作量；因此不如给学校的报账员授权，让他们拥有查阅账套的权限。

中小学内部唯一的财务人员报账员归总务领导，而学校的总务负责采购、基建等一系列支出事项。报账员的职责是需要对每一笔支出进行内部审核，那么他审核的就是自己的直属领导，这在内控制度中本身就存在不合理性。如果说审核的责任在会计核算中心，那么学校内部就没有审核职能，财务管理制度上就出现了问题。任何的事后监督远远不如事前预防来得必要。核算中心的职能是记账，财务管理的重责主要还是需要学校自行承担，因此学校内部需要设置监督岗位。

内部控制制度缺失的第三重要原因是现有制度缺乏实际可操作性。几乎所有的学校都建立了财务制度、内控制度，但是这些制度在内容上不健全、缺乏可操作性，基本上都是限于抄录法律法规、上级领导的文件，或者直接从网上下载，流于形式，没有根据财经法规及政策结合本单位业务特点形成适合的财务制度、内控制度，导致制度缺乏可操作性。比如"加强内控制度"，这是指导性的意见，而中小学校的财务管理更需要微观层面的细则，让它具有可操作性。管理者需要将他细化为：学校内部设置哪几个岗位，每个岗位的职责是什么，彼此之间如何牵制，如何轮岗。中小学校的主要工作人员是教师，他们很多是教学能手，但在财务意识上相对薄弱。因此，学校的财务制度更需要细化成流程式制度，可以增强可操作性，从而有利于将政策落实。

四、财务人员职业倦怠

任何一项管理工作，都离不开人去操作；任何一项制度的实施，也需要由人来完成。在中小学校财务管理中，由具备专业技能的财务人员的参与，会起到事半功倍的作用。中小学校财务人员容易产生职业倦怠，原因在于以下三个方面。

（一）不匹配的绩效待遇

在中小学校，在编人员分为两类：教师编制、教辅编制。教师完成一份工作的系数是 1.00，教辅人员的系数是 0.85。这个系数标准是很多年前根据当时的工作量标准制定的，但近年来，随着公共财政体制的改革，对财务人员的要求越来越高，他们的工作越做越细。单从付款这一件事情来说，早期只要审核完原始凭证无误，手续齐全，开一张贷记凭证去银行就可以了；或者申请网上银行，鼠标一点就完成了付款，不受时间、地点的限制，只要有网络就可以完成。后来开始实施国库集中支付，审核完原始凭证之后，在一体化平台上申请付款，然后将审核完的原始凭证交给会计核算中心的会计审核。根据要求，核算中心的会计需要看到完整的原始凭证才能审核，这就需要报账员将凭证送到会计核算中心，待审核完毕之后将凭证带回学校，然后在一体化平台上将审核后产生的支付指令发送给银行；且指令必须在 14：00 之前发送，否则银行收不到，款项无法支出。发送指令之后打印待机凭证，找领导盖章，在每个工作日 15：00 之前把贷记凭证送到银行，如果时间刚好卡得紧，银行工作人员来不及操作，那么当天这笔款是出不去的。如此一番折腾，一笔款项的支付耗时 3 个工作日以上是经常的事情。2013 年以后，要求财务精细化，将每一笔已经发生的收入、支出、转账业务的原始凭证扫描进电脑，并对每一笔业务做八大类的分类归类。早年制定的 0.85 的标准已经不能与财务人员目前的工作量相匹配了。

（二）职业晋升空间狭窄

中小学校财务人员的职业发展是相对固定的，基本上没有明朗的发展途径。首先体现在职称上，财务的职称是通过考试获得的，会计中级职需要 2 年内通过《经济法》《财务管理》《会计学》三门考试，即可获得。这三门的考试内容主要针对企业，以《会计学》为例，其内容企业会计占了 95%，事业单位会计占 5%；对于账套都没有权限的中小学报账员而言，要通过中级考试并非易事，即使通过了，学校也未必会聘。首先学校要设这样一个中级财务的岗；其次，一旦聘请中级职称财务，就会占教师的一个中级职称名额，在那些连教师的职称都没有名额的学校，怎么可能会聘一个中级职称的财务呢？而且就目前中小学校设置的报账员岗位而言，一般的助理会计师就可以胜任，没有必要聘请会计师。

其次体现在职业发展上，学校报账员没有一个明确的晋升和发展空间，很多人就是在这样一个岗位上做到退休，做到最后几年就是在混日子等退休。每个人刚开始工作的时候都充满热情，但是当日复一日、年复一年重复同样的简单劳动又看不到发展前景方向的时候，很容易产生心理上的倦怠。其后果就是失去工作的原动力，工作态度马虎，完成面上的任务，不深入、不研究。

（三）缺乏激励机制

整个区有多少个学校，就有多少个学校财务人员，他们之间的素质、能力、做事的效果各有差异；但是缺乏一个激励机制去奖励他们优秀人员，做好做坏都是一样的。在这种环境中，抱着多做多错，不做不错的想法，只求完成面上的工作，把必须做的工作完成交差就可以了，根本就没有动力去深入学习或再做一些有利于学校发展的工作。

第五节　学校财务管理的改进

为了理顺学校与教育局、教育会计核算中心、自身内部的关系，在财务管理的过程中，针对调查中发现的学校财务管理过程中存在的问题，从推广校本预算、加强内控制度、增设岗位、完善评价、加强人员建设等，提出解决问题的改进措施。

一、推广校本预算，提高资金效益

校本预算（school-based budget, SBB）是一种将学校相关的教职工、团体等均包括在内，共同参与学校预算编制的方法。这种方法给学校员工提供了参与预算编制的机会。校本预算要求校长及广大教职工能够将学生的需求与可用的资源结合起来，更好地发挥其效用。从学校层面看，它是一个等边三角形：底边是教学计划；三角形的一边是执行计划的必需成本，另外一边则是收益计划。从理论上说，教育计划应该是最先被确定的，随后转换到成本阶段并最终确定预计收益来源。这种次序的理论基础在于教育计划的拟定以学生的需要为依据，而可用的资金数量不成为决定教育计划范围的主导或掣肘因素。

教学计划的确定与办学目标有着直接关系。每学期、每学年各条线、各部门都有着工作计划、教学计划；但是原先管理者们从来没在教学计划中列出完成这个计划所需要的资金需求。教职员工则有着一个共同的误解，他们认为自己只是一名教师，只负责教育学生，资金的使用安排是财务人员的事情、是更高一层的管理者所需要关心的事情。很多学校每年都会开内部预算会议，与会人员是学校中层以上的管理人员。会议上他们会讨论今年学校有哪些项目与活动，需要添置哪些设备。如果能在教学计划、工作计划中列出资金使用需求，那么一旦计划被采纳，资金的使用方向也随即确定，并且肯定是以达成教学目标为需求，符合教育资金使用方向的。当对此项计划效果进行评价的时候，即对资金效益的评价。

就预算目的而言，教育计划如果不能转化为具体的货币成本，那它就是毫无价值的。按照正确的预算理论，除了在校长的指示下，由负责教育计划各条线的中层来具体决定完成这些计划所需的成本，还应该向教职员工提供过去一年或几年的反映预算分配和花费的表格及数据，这些有助于预计来年所需要花费的具体信息。实际上，在学校内部有着明确的分工，每个部门都具体负责某一块项目。比如体育组负责与体育有关的教学，诸如运动会、体健队、体育特色课程，对于每次活动的开销，部门内可以做一下记录和汇总。那么下一年做预算的时候可以有一个参考。记录并保存这些过去年份预算的历史纪录，可以为随后的年份提供有用的财务信息。

让越来越多的学校教职工来参与具体预算的拟定，除了让教师和其他人员各提交一份下一年度的必需品预算建议外，也可以借此要求学校的教职员工大胆地表达其需求。这些需求一旦被满足，则等于实现了个人在当时能够想到的最佳计划。假如这个方法过去就已经得到运用，那些得不到其所建议的设备用具的教师也不至于因此而丧失积极性，不愿再费神思考可能的有效替代品。

而现状是，全体教职工在教育计划确定以及资源分配决策过程中的参与程度仍然相当低。基于各种原因，学校的管理人员常常将上一年度的预算表作为制定下一年预算的唯一依据。这样做的后果就是以前计划中存在的问题会延续到下一年。有些管理者认为，让核算中心或者教育局来决定预算需求，这样更简单，更容易实现，也更容易让许多对预算漠不关心的教职工所接受。这一观念是把预算完全看成是管理层的责任，无须求助于任何教职工。决策机构给人们形成了这样一种印象：预算决定是一个高度复杂的过程，只有极少数经过精挑细选的人才能够胜任，盛行的理论似乎是了解预算过程的人越少，可能出现的干扰和问题也就越少。导致的结果常常是决策者在没有经过合理评估、缺乏其他可选择方案的情况下就已作出了价值判断。

预算的参与，是全方位的、全民的。在学校层面内推广校本预算，有助于鼓励教职工，提高他们的积极性，也有助于提高校内规划过程的质量，有助于培养能够提高学校运转效率的特质。

二、健全内控制度，规范经济行为

学校的内控建设，不仅能够确保学校资产完整，而且能够促进学校效能的提高。进行内部控制建设，主要是指对政策、制度等的完善，并积极落实，以帮助学校实现有效管理，促进管理目标的实现。健全内控制度，是中小学财务管理的重要手段。

公共财政改革带来中小学校财务管理业务变化，因而岗位设置也应随之改变。中小学校财务业务主要包括预算、收支、采购、资产管理、合同管理、基建、内部监督等方面。对于这些关键岗位，应做到不相容岗位相分离，并配备具有岗位胜任能力的人。单位应加强关键岗位人员的业务培训,不断提高其胜任能力。为了取得制度牵制的效果,关键岗位人员应定期进行轮岗,以防舞弊行为发生。

将内控制度落到实处。制度的制定不是为了对付检查,也不是为了形成文件,而是切实起到管理的作用;因此制度的制定首先要了解国家宏观政策,在符合政策的情况下制定符合自己校情的制度,同时制度的制定要具有可行性。在单位内部实行岗位责任制,特别是单位领导、财务主管、业务经办等人员的责任要明确,做到奖惩分明。在执行方面,争取人人参与制度的执行,人人参与监督,把制度落到实处。

三、增设财务管理岗位,提升战略管理能力

中小学财务管理可以借鉴企业战略管理的做法。中小学需要设定一个长远的规划及目标,这个目标是通过预算来巩固的。预算是发展计划量的表现形式,因为有了预算的保障,发展计划得到进一步巩固。实现战略目标是在预算的执行过程中逐渐统一起来的。加强对预算的监控,可以发现未曾发现的机遇和挑战,通过信息反馈,调整计划能提升战略管理能力,确保战略目标的实现。2013年实施的《中小学财务制度》已经对"集中管理,分校核算"进行了更改,改为"集中记账,分校核算"。从管理到记账,已经明确核算中心的主要职责是记账,财务管理权还是学校自己的,那么学校应该承担起这份责任,学校内部应该有专业的财务人员参与财务管理,应该有自己的管理会计。

财务会计的责任是记录事实,用财务专用术语记录已经发生的经济业务。财务会计是一个"史官",需要客观公正地记录,不掺杂个人情感。采用第三方记账并定期轮岗是完全可以做到的,实践中起到了很好的作用。但是管理会计却不一样。管理会计是以财务分析为核心,在事前、事中对经济行为进行控制与分析。管理会计是会计与管理的直接结合,其利用财务会计所产生的信息资料,结合管理信息,让传统的会计从简单的记账功能转变为管理功能。

中小学在财务管理中起领导作用的是校长与总务,总务相当于我们常说的财务经理的角色;但是总务主任在财务知识上是不足的,由于没有财务专业的

背景，他们中的很多人是专职教师与后勤人员，让他们从事自己不了解的领域不如授权给专业财务人员，不如撤销中小学报账员出纳的职责，将这一权限交由会计核算中心，加强其财务管理职责；并赋予报账员查阅账套的权限。这样可以减轻学校报账员的工作量，发挥其专业特长，提升其工作专业性。

财务管理、核算分为两个部门进行。财务核算工作由会计核算中心承担，报账员的出纳职能转移到会计核算中心。目前学校报账员每次付款的时候都需要将收取齐全的原始凭证交由会计核算中心审核，然后才能支付款项，由此导致往返低效，与其这样，会计核算中心设置支付岗位，报账员将手续齐全的原始凭证交到会计核算中心的时候，核算中心审核无误之后直接付款，省去了报账员往返工作，可以提高支付效率。财务管理工作主要是对学校内部的预算工作进行指导，其主要职能有两个。一个是预算管理职能，主要负责管理学校的预算型资源，通过科学有效的预算来优化配置学校资源，使学校的教学、科研等活动能正常进行；向学校管理部门提供有效、及时的财务信息；为学校提供高质量的财务咨询；管理校级各单位财务预算的制定过程。另一个是审核经济业务的合法性与真实性，承担的是单位内部审计的职责。

四、完善绩效评价，提高管理与服务效能

建立完善的经费绩效评价体系，有助于了解中小学校经费使用情况，在经费投入上是否达到要求，在使用过程中是否符合发展需要，在最终产出阶段达到了什么效益，都需要通过一系列的指标来评价。完善绩效评价需要从以下几个方面入手。

（一）合理设定生均公用经费预算绩效目标

中小学校公用经费是指为了维持中小学校正常运行，运用在教育教学活动和后勤保障方面的经费开支。包括教职工办公经费、印刷费、水电煤、物业费、差旅费、教职工培训费、学生实验耗材费、日常零星维修开支等。公用经费的额度是固定的，他有专门的定额标准，至于这个经费的细化标准是由主管部门制定的，学校按照自己的实际需要来设定绩效目标。为了提高经费的效

益，公用经费也应该由学校参与制定绩效目标。设定合理的绩效目标需要目标设定、审核、批复三个环节。目标的审核和批复，由教育主管部门负责；目标的设定，则需要中小学校的共同参与制定，切不可由教育主管部门一手包办，避免出现目标无法实施的窘境。

绩效目标包含绩效指标和绩效内容。绩效指标通常采用的是数值、比例等定量指标。对于那些无法使用定量标准反映的，或者定量标准无法精准反映的，可以用评语式指标来表述。绩效内容是中小学根据本单位提供教育教学的职能，以及学校未来发展的需要，利用公用经费来实现教育教学目标，最终所能达到的效果的一种总体性描述。

中小学校生均公用经费的绩效目标是由教育局统一规定，全区统一，现行标准还是1993年制定；因此这个绩效目标需要调整，让各个学校参与到目标制定的过程中来，与现状要求有差距，需要制定符合实际需要的绩效目标。对于经费的分配比例，要赋予学校自主决定权。教育主管部门可以给出指导性的绩效方向，除了有硬性规定的经费比例之外，其他应该允许各个中小学校在做基本预算的时候根据本校实际情况，结合学校未来发展需要以及教育教学计划，对各项公用经费做出分配，并用表述性语言对其所要达到的目标进行评述。绩效目标审核由区教育局实施，审核的重点是学校报上来的绩效目标是否符合教育事业单位宏观的发展规划和工作重点；绩效目标设定是否明确，是否合理，是否具有可行性；在指标的设定以及资金预算上是否准确。对于符合要求的则通过，进入下一个环节；不符合的，则退回中小学校进行调整、修改。绩效目标批复则需要学校预算经审查批准后，区教育局在学校预算批复中同时批复生均公用经费绩效目标。

（二）进行生均公用经费预算绩效跟踪

在具体实施的过程中，需要主管部门密切关注经费使用的动态，确保经费在使用过程中没有偏离制定的目标，如有偏离，则应立即采取相应的措施，予以纠正。目前实行的会计集中核算制度，为预算的绩效跟踪提供了有利条件，会计核算中心的会计负责对所管辖的学校进行经费绩效跟踪，对于偏离目标的经费可以予以拒付，这也符合目前实施的国库集中支付制度下的管理方法。在具体的实施过程中，核算中心应定期核定预算执行进度和绩效目标完成程度。如果发生特殊情况，属于不可抗力的情况下，可以允许绩效目标发生小范围的调整；但是需要重新审核、备案，尊重预算绩效目标的严肃性。核算中心对于学校的绩效跟踪是外部跟踪，学校对于绩效目标的跟踪则属于内部跟踪，应定期审核核算中心制定的绩效目标完成情况，及时调整好执行的时间点，确保绩效目标顺利完成。

(三) 开展生均公用经费预算绩效评价

评价分为事前、事中、事后三个不同时间点进行。以预算年度为周期，在预算申报初期进行事前评价，预算跟踪执行的时候进行事中评价，年终决算的时候，进行事后评价。评价的方法常见的有成本效益法、专家评议法、比较法等。比较法又包括横向、纵向、目标比较等，通常以目标比较法为主，结合专家评议、成本效益法。在具体评价的过程中，由于教育经费的特殊性，通常是几种方法兼而用之。

绩效评价的工作采用学校自评，结合教育主管部门他评相结合的方式。学校需要及时对本单位的经费使用情况进行绩效自评。评价的时候需要制定评价方案、实施自评、撰写评估报告、反馈、呈报教育主管部门、材料归档。教育主管部门的评价建立在学校自评的基础上，对其自评工作质量和评价报告质量进行集中审核或复评，重点对自评工作情况和自评结果的真实性、合理性实施抽查。区教育局对各学校上报的绩效自评情况进行汇总，并填写年度项目评价完成情况表，随同学校的评价报告及相关材料报送区财政局。

(四) 有效运用绩效评价结果

绩效评价的结果代表了一段时间的成效，对于好的方面要继续保持；不足的地方要改进；对于发现的问题要及时整改，并用书面形式呈报主管部门。教育主管部门对于绩效评价，要建立奖惩制度，对于好的结果，通报表扬，分享经验，帮助全区学校共同成长；对于达不到预期目标或者评价结果不尽如人意的，不但要批评，更要实行督导派遣制，委派专人进入学校进行工作指导，帮助学校负责人了解其中的原因，对下一年度的工作实行专人督导。

五、加强财务人员队伍建设,提高财务管理

中小学财务管理中需要专业的财会人员,需要提供给他们合适的岗位、赋予合理的职责,并且兼顾他们的职业发展与规划。这需要在以下方面加以落实。

(一)加强财务人员的职业培训

随着高等教育大众化的推进,中小学校招录的财务人员普遍都是本科以上学历,至少是助理会计师职称,在专业技能上已经有了大幅度提高。然而由于事业单位的财会工作发生了巨大的变化,有些长期在企业任职、从来没有接触过事业单位的财务人员,初入学校也会碰到很多问题。因此,专业财会人员在进入中小学任职的时候,也是需要进行职业培训的。对一体化平台的操作、国库集中支付的了解、对公务卡的使用操作等,需要有人指导。中小学财务人员一个萝卜一个坑,遇到不明白的问题没有人可以问,只能联系核算中心的会计;但是有些问题核算中心的会计也无法解答。学校的报账员有时候很有一种孤军奋战的感觉,为了提高他们的业务水平,开展中期交流非常重要。鉴于地域宽阔,学校众多,可以"片"为单位,集中某一地段的财务人员进行业务交流;同时会计核算中心的会计、教育局部分业务指导的人员可以一同参加,彼此交流、指导业务,通过这种方式解决在实际工作中遇到的问题,尽可能减少出错,提高财务工作的效率与准确性。

(二)拓宽中小学校财务人员的职业发展渠道

中小学财务人员作为学校的二线人员,无论是在薪资待遇上还是职业地位上,都比较低。同等能力的财务人员,一个在中小学,一个在财务会计核算中心,他们的收入待遇相差很多。这是因为岗位设置的问题,而这个问题又是现行财务管理体制所造成的。如何解决财务人员编制问题,是摆在管理层面前的一大难题。此外,目前中小学校的财务人员中,有一部分是编外人员,虽然他们与有编制的财务人员做着相同的工作,但是在待遇上存在区别,这区别不单

是收入上的，更是一种"归属感"上的。解决中小学财务人员的编制问题是稳定中小学财务管理的一个重要举措。鼓励中小学财务人员自主、积极地进行职业深造，获得更新、更专业的知识技能，在自己的领域不断提高专业水平。此外，还可以通过行政管理的手段来拓宽中小学校财务人员的职业发展渠道，比如对整个区的财务人员进行统一规划，授予他们不同的级次。

(三) 提高中小学各个层级人员的财务能力

首先，校长的财务管理意识和意愿决定了中小学财务管理落实的程度，校长越重视，财务管理工作就越扎实。其次，要加强学校管理人员财务管理意识。要让他们意识到：财务管理不是单纯的花钱，不是把经费用完就是完成财务管理工作，也不是只要对得起自己的良心，不贪赃、不枉法就是财务管理没问题了；更不仅仅是财务的事、后勤的事，是可以把它与日常的教育工作分开管理的另一项管理工作。要将财务管理融入日常的教学管理中，将教育的发展目标与经费的使用结合起来，让每一分钱都能融进教学成果中。再次，要将这些认识在学校教师中间普及，让广大教职工也明白"财务管理，人人有责"。最后，应将学校财务管理工作纳入学校常规的工作考核中，将财务行为的合法合规和经济性作为学校考评的重要指标。

附　录

附录一 2016年中国学生资助发展报告（节选）

……

在义务教育阶段，统一城乡"两免一补"政策，对城乡义务教育学生（含民办学校）免除学杂费，免费提供教科书，对家庭经济困难寄宿生补助生活费。

……

（二）义务教育学生资助

2016年，全国约1.28亿学生享受国家免费教科书政策，6827.09万学生享受地方免费教科书政策，1563.83万学生享受到家庭经济困难寄宿生生活费补助政策。中央及地方各级财政共计投入国家免费教科书资金约167.40亿元（含学生字典工具书采购资金），其中中央财政资金109.83亿元（含兵团），地方各级财政投入地方免费教科书资金37.27亿元。家庭经济困难寄宿生生活费补助资金165.11亿元，其中中央财政资金71.61亿元（含兵团）。

1. 国家免费教科书

2016年，全国约1.28亿学生享受到国家免费教科书政策，平均覆盖率为91.87%。其中，西部地区共资助3608.48万人，覆盖率为88.60%；中部地区共资助4841.14万人，覆盖率为89.14%；东部地区共资助4368.05万人，覆盖率为98.18%。

各级财政用于国家免费教科书资金总额为167.40亿元。其中，中央财政资金 109.83 亿元，占 65.61%；省级财政资金 38.96 亿元，占 23.27%；市级财政资金 2.57 亿元，占 1.54%；县级财政资金 16.04 亿元，占 9.58%。

从区域来看，西部地区资金 43.67 亿元，占 26.09%；中部地区 52.76 亿元，占 31.51%；东部地区 70.97 亿元，占 42.40%。

2. 地方免费教科书

2016 年，全国共有 6 827.09 万学生享受地方免费教科书政策，平均覆盖率约 48.93%。其中，西部地区 1 992.07 万人，覆盖率为 48.91%；中部地区 2 567.40 万人，覆盖率 47.27%；东部地区 2 267.62 万人，覆盖率 50.97%。

地方各级财政共计投入地方免费教科书资金 37.27 亿元，其中，西部地区投入 8.35 亿元，占 22.40%；中部地区 8.55 亿元，占 22.94%；东部地区 20.37 亿元，占 54.66%。

3. 家庭经济困难寄宿生生活补助

2016 年，全国共有 1 563.83 万家庭经济困难寄宿生享受生活费补助政策，政策覆盖率为 53.64%。其中，西部地区 1 010.89 万人，覆盖率（占该地区寄宿生总数）达 79.12%；中部地区 375.28 万人，覆盖率 31.22%；东部地区 177.66 万人，覆盖率 40.74%。

各级财政共计投入资金 165.11 亿元。其中，中央财政资金 71.61 亿元，占 43.37%；省级财政资金 61.62 亿元，占 37.32%；市级财政资金 6.63 亿元，占 4.02%；县级财政资金 25.25 亿元，占 15.29%。

从区域来看，西部地区资金为 110.86 亿元，占 67.14%；中部地区 42.20 亿元，占 25.56%；东部地区 12.05 亿元，占 7.30%。

……

附录二 教育领导者的绩效预期具体指标

序号	一级指标	二级指标
1	愿景、使命和目标	对学校的所有成员均有高期望
		承诺执行愿景、使命和目标
		对愿景、使命和目标持续改进
2	教与学	强势的专业文化
		严格的课程与教学
		评估和问责
3	管理组织系统和安全	有效的操作系统
		匹配的财政和人力资源
		保护学生和员工的福利和安全
4	与利益相关者合作	与家庭和社区成员合作
		社区利益与需求
		社区资源建设
5	伦理与诚信	伦理和法律标准
		个人价值观和信念
		维护自己和他人的高标准
6	教育体系	发挥专业影响力
		促进教育政策环境
		政策投入

附录三 美国教育统计年鉴（USA Digest of Educational Statistics）具体指标

序号	一级指标	二级指标
1	学生就学状况	公立中小学就学人数
		私立学校就学人数
		公立学校学生人口种族分布
		大学就学人数
2	学生学习成绩	国际教育评价成绩
		4年级、8年级学生的阅读成绩
		4年级、8年级学生的数学成绩
		4年级、8年级、12年级学生的科学成绩
		成人文化状况与趋势
3	学校教育发展	学生身份流失率
		各州公立中学毕业率
		中学生升学率
		教育达成度
		大学学科领域与学位
4	学校教育的社会情境	中小学生师比
		父母择校状况
		学校暴力与安全
		公立中小学的开支
		本科生的联邦资助与贷款

说明：在指标选取时，剔除中小学教育评价指标以外的其他指标。

附录四 芝加哥大学全国鉴定研究中心学校效能评估指标体系

序号	一级指标	二级指标
1	学业标准	学业标准高,鼓励所有学生都选修那些把他们引向成功之路的课程
2	基础课程	基础课程能使毕业生达到大学本科的入学要求
3	教学水平	高水平的教师不仅具有任教学科的知识,并且乐于根据学生的需要,来调整自己教学的方式方法
4	教师专业发展	向新教师提供有力的指导和帮助,使他们感到学校领导对他们的支持,避免由于负担过重而导致中途离职
5	家校合作	家长与学校之间的密切合作
6	学校管理	学校的管理人员和教师了解每一个学生
7	出勤率	高出勤率

附录五　经合组织学校效能评价指标体系具体指标

序号	一级指标	二级指标
1	学校的专业领导能力	领导班子团结、坚强有力；权责分工明确；业务能力强
2	学校教职员工有共同的看法和目标	学校办学目的的一贯性；学校实践的连贯性或一致性；学校权利的分享与合作
3	学校是一个有效的学习环境	井然有序的氛围；有吸引力的工作、学习环境
4	教与学是学校过程的中心	最大限度地提高学习的时间；以学术性为重点；以学业成绩为中心
5	有目的的教学	有效的教学组织；教学目的明确；上课条理清楚、适应学生的差异
6	高期望	对学生各个方面的高期望；传达期望；向学生提供智力上的挑战
7	积极强化	清楚和公正的纪律；反馈
8	监测学生的进步	检测学生的表现；评价学校的表现
9	学生的权利和责任	增强学生自尊心；让学生担任责任重大的职位；学生支配自己的学习
10	家庭与学校有效的伙伴关系	家长参与孩子的学习
11	学习化的组织	以学校为本的教职员工发展
12	学校教职员工的稳定性	当前任教的教师和校长于5年前就在学校任教的百分比

续 表

序号	一级指标	二级指标
13	教育领导与管理能力	校长用于管理活动（非教学活动）的时间；校长用于教学的时间
14	教职工的合作	非正式会议频次；全体教学人员会议频次；教师在教学工作上的合作
15	评价实践	检测学生的进步；评价的频次、方法与种类（教师评语、成绩报告单）
16	区别对待	教学适应各个学生的具体需要；以能力为本的小组学习；多年级的班级教学；班级内的分组学习；增加班级的教学人员（如小队教学）
17	成绩取向	注重成绩和对学生表现的高期望；成绩记录的使用（比较不同学校学生达到的标准、比较学生历时的成绩）；有无明确的成绩标准（学生成标准与学校成绩标准）；对优异表现的奖励
18	家长参与	学校鼓励家长参与学校事务的积极措施；家长积极参与各种不同学校活动的百分比

附录六 普通中小学校督导评估工作指导纲要具体指标

序号	一级指标	二级指标
1	办学方向	办学理念
		发展愿景
		办学声誉
2	师资队伍	队伍结构
		队伍建设
		队伍发展
3	课程实施	课程规划
		课程执行
		课程资源
		课程研发
4	学生发展	思想品德
		文化素养
		身心健康
		艺术素养
		劳动实践
		个性发展
5	学校文化	物质文化
		制度文化
		精神文化

续 表

序号	一级指标	二级指标
6	办学特色	特色定位
		特色建设
		特色成果

附录七 我国义务教育学校绩效管理的影响因素调研问卷

尊敬的老师,您好!

感谢您抽空填写本份问卷,本问卷主要目的是了解我国义务教育学校绩效管理现状及其影响因素。研究结果仅用于学术探讨,不会公开您的个人信息。请您依照真实情况进行作答。谢谢您的支持与参与!

2015 年 10 月

概念解释:学校绩效管理是指基于学校的绩效目标,通过管理手段对学校各要素进行的有效管理活动。

A. 个人及学校基本情况

A1. 您的性别是(请在画线处打钩):

(1) 男____ (2) 女____

A2. 您的年龄是____。

A3. 您的职务是:

(1) 专任教师(未兼任行政职务或班主任)____ (2) 教师兼组长____

(3) 教师兼主任____ (4) 教师兼任其他行政职务____

A4. 您的教龄是:

(1) 1 年及以内____ (2) 2—5 年____ (3) 6—10 年____

(4) 11—15 年____ (5) 16 年及以上____

A5. 最高学历是:

(1) 研究生____ (2) 本科____ (3) 专科____ (4) 其他____

A6. 学校地区是：

(1) 教学点____ (2) 乡镇____ (3) 县城____ (4) 市区____

A7. 学校所在地____省____市____县。

A8.1.1　学校教学班是____个。

A8.1.2　平均每班学生是____人。

A8.2　学校最大班额的班级是____人。

A9　任教学校的教师总数是____人。

B. 义务教育学校绩效影响因素调查问卷

该部分题目旨在了解您所在学校绩效水平的影响因素，请您根据实际情况作答。

B1.1　您所任教的班级数量____个。

B1.2　您任教班级中最大班额数是____人。

B1.3　您任教班级中少数民族学生总数____人。

B1.4　您任教班级中留守儿童总数____人。

B1.5.1　您任教的班级中是否有学生参加课外收费补习？

(1) 有____　(2) 没有____

B1.5.2　若有，每班参加补习的学生比例____。

B2.1　您的月收入为____元。

B2.2　您每天的工作时间为____小时，其中教学时间约为____小时。

B2.3　您在目前任教学校工作期间内，每年平均参与____次县级及县级以上的教师培训。

B2.4　您任教学校每月召开____次教研组活动或教学检讨会，教师参与比例为____。

B2.5　您任教学校在校本课程开发方面主要提供以下哪方面的支持？（多选）

(1) 物质奖励____　(2) 奖项表彰____　(3) 邀请专家指导____

(4) 提供设备支持____　(5) 组织其他教师协助____　(6) 不提供支持____

B3.1.1 学校是否每班配备多媒体设施？

(1) 是____ (2) 否____

B3.1.2 是否有功能教室？

(1) 是____ (2) 否____

B3.1.3 是否有图书资料室？

(1) 是____ (2) 否____

B3.2 您任教学校是否设有心理咨询室？

(1) 是____ (2) 否____

B3.3 您任教学校的体育设施状况如何？

(1) 没有专门的体育设施____ (2) 有，但条件简陋____

(3) 有，且配备齐全____

C. 义务教育学校绩效管理现状调查问卷

该部分题目旨在了解您任教学校绩效管理现况。请按实际情况填写，在适当的空格处打√。

		完全符合	大致符合	基本符合	不符合
您任教的学校，在以下学校管理方面的具体表现是：					
C1	学校空间与设备使用均有安全防护措施	□	□	□	□
C2	学校校园环境富有特色，具有教育功能	□	□	□	□
C3	学校有充足的软硬件设施，能有效支持教学	□	□	□	□
C4	学校具有特色的校园文化或学校品牌	□	□	□	□
C5	学校领导能有效处理冲突和危机	□	□	□	□
您任教学校的教师，在以下方面的总体表现是：					
C6	教师通晓所教学科的知识和教学方法	□	□	□	□

续 表

		完全符合	大致符合	基本符合	不符合
您任教学校的教师,在以下方面的总体表现是:					
C7	教师能主动参加培训,强化教学专业知识	□	□	□	□
C8	教师在教学科研中表现良好	□	□	□	□
C9	教师能研究解决教育教学工作中的现实问题	□	□	□	□
C10	教师能有效管理班级和开展班级活动	□	□	□	□
C11	教师能够促进学生的多元发展和身心健康	□	□	□	□
您任教学校的学生,在以下方面的总体表现是:					
C12	学生乐学且成绩良好,有明显的学业进步	□	□	□	□
C13	学生多元发展,在各项活动中表现良好	□	□	□	□
C14	学生具有充分的安全意识	□	□	□	□
C15	学生生活方式健康,身心发展良好	□	□	□	□
C16	学生道德行为表现良好	□	□	□	□
您任教学校与外部公共关系如何:					
C17	家长积极参与或协助学校事务的开展	□	□	□	□
C18	学校能获得来自家长或社会的经费及资助	□	□	□	□
C19	学校能为社区提供服务	□	□	□	□
C20	家长和社会对学校的办学水平有积极的评价	□	□	□	□

主要参考文献

一、中文文献

安鸿章.岗位研究的理论和实践[M].北京:中国建材工业出版社,1991.

鲍传友,冯小敏.徘徊在公平与效率之间:中国基础教育管理体制变迁及其价值向度[J].教育科学研究,2009,(05):27-33.

本杰明.教育改革:从启动到成果[M].项贤明,洪成文,译.北京:教育科学出版社,2004.

财政部,教育部.对农村义务教育阶段家庭经济困难学生免费提供教科书工作暂行管理办法[EB/OL].2004.

财政部,教育部.全国农村义务教育阶段学生免收学杂费的实施管理办法[EB/OL].2006.

财政部,教育部.中小学校财务制度[EB/OL].2022.

常修泽.逐步实现基本公共服务均等化[N].人民日报,2007-01-31(09).

陈彬.教育财政学[M].武汉:武汉工业大学出版社,1992.

陈海威,田侃.我国基本公共服务均等化问题探讨[J].中州学刊,2007,(03):31-34.

陈慧.城市流动儿童义务教育的财政预算绩效管理的研究[D].天津:天津财经大学,2014.

陈静漪.中国义务教育经费保障机制研究[D].长春:东北师范大学,2009.

陈维青.我国农村义务教育中的转移支付问题研究[D].北京:中国农业大学,2005.

陈小华.城市农民工同住子女义务教育政策博弈的利益分析[D].上海:华东师范大学,2011.

陈学军,邬志辉.教育政策执行:问题、成因及对策[J].教育发展研究,2004,(09):

18-20.

陈赟.20世纪90年代教师工资问题研究[J].清华大学教育研究,2003,(01):92-96.

谌启标.澳大利亚"新管理主义"教育改革述评[J].外国教育研究,2003,(04):6-9.

褚宏启.教育政策学[M].北京:北京师范大学出版社,2011.

邓泽军.中国西部农村教师专业发展策论[M].成都:四川大学出版社,2013.

第十二届全国人民代表大会常务委员会.中华人民共和国教育法[EB/OL].2015.

丁煌.西方行政学说史[M].武汉:武汉大学出版社,2004.

董奇.儿童创造力发展心理[M].杭州:浙江教育出版社,1993.

杜育红.论农村基础教育财政体制创新[J].教育发展研究,2001,(11):26-29+3.

范先佐,付卫东.义务教育教师绩效工资改革:背景、成效、问题与对策——基于对中部4省32县(市)的调查[J].华中师范大学学报(人文社会科学版),2011,50(06):128-137.

范先佐.我国基础教育财政体制改革的回顾与反思[J].华中师范大学学报(人文社会科学版),2003,(05):112-121.

冯必扬.人情社会与契约社会——基于社会交换理论的视角[J].社会科学,2011,(09):67-75.

冯文全,许晨莺.解决农民工随迁子女义务教育问题——基于教育券的视角[J].教育与经济,2013,(05):68-72.

冯子标,焦斌龙.城镇化战略与城市化战略[J].中国工业经济,2001,(11):44-49.

谷宝柱,刘月兰."后4%时代"我国农村义务教育财政体制的现状、问题与对策[J].教学与管理,2016,(12):38-41.

郭明超.长春市流动人口子女教育问题研究[D].吉林大学,2012.

郭庆旺,吕冰洋,等.中国分税制:问题与改革[M].北京:中国人民大学出版社,2014.

国家教育督导团.国家教育督导报告2005——义务教育均衡发展:公共教育资源配置状况[EB/OL],2006.

国家统计局农村社会经济调查总队.2004中国农村贫困监测报告[M].北京:中国统计出版社,2004.

贺东航,孔繁斌.公共政策执行的中国经验[J].中国社会科学,2011,(05):61-79+220-221

贺武华.公共教育改革中的新自由主义思想取向与反思[J].教育研究,2009,30(09):79-85.

侯慧君.我国公共教育支出的理论与实践探析[J].教育与经济,2010,(03):21-25.

侯一麟.政府职能、事权事责与财权财力:1978年以来我国财政体制改革中财权事权划分的理论分析[J].公共行政评论,2009,2(02):36-72+203-204.

胡艳.中国当代乡村教师身份认同中的困境研究:基于一位乡村教师的口述历史[J].教师教育研究,2015,27(06):72-78.

胡耀宗,童宏保.义务教育教师绩效工资政策执行中的问题及解决策略[J].教师教育研究,2010,22(04):34-38.

胡业飞,崔杨杨.模糊政策的政策执行研究——以中国社会化养老政策为例[J].公共管理学报,2015,12(02):93-105+157.

胡永新.教师绩效工资制的管理学思考[J].全球教育展望,2013,42(04):68-72.

胡祖才.努力推进基本公共教育服务均等化[J].教育研究,2010,31(09):8-11.

霍伊,米斯克尔.教育管理学:理论·研究·实践[M].范国睿,主译.北京:教育科学出版社,2007.

焦心.不让一个学生因家庭经济困难而失学-教育部财政部有关负责人就健全国家资助政策体系资助家庭经济困难学生答记者问[N].中国教育报,2012-8-31(3).

教育部,财政部,人事部,等.农村义务教育阶段学校教师特设岗位计划实施方案[EB/OL],2006.

金生鈜.什么是正义而又正派的教育——我国教育改革的症结[J].教育研究与实验,2006,(03):1-7.

靳希斌.人力资本学说与教育经济学新进展[M].北京:教育科学出版社,2010.

康叶钦,李曼丽,李越.基础教育阶段学生学业成就评价体系的国际比较[J].外国中小学教育,2013,(05):42-47+54.

劳凯声.公共教育体制改革中的伦理问题[J].教育研究,2005,(02):3-11.

劳凯声.公立学校200年:问题与变革[J].北京大学教育评论,2009,7(04):78-105+189-190.

劳凯声.重构公共教育体制:别国的经验和我国的实践[J].北京师范大学学报(社会科学版),2003,(04):75-86.

劳伦斯·汉密尔顿.应用STATA做统计分析[M].郭志刚,译.重庆:重庆大学出版社,2008.

李介.农村教师自主发展的困境与策略研究[J].中国教育学刊,2016,(04):6-10.

李琳琳,卢乃桂,黎万红.新公共管理理念对中国高等教育政策及学术工作的影响

[J].高等教育研究,2012,33(05):29-35.

李玲,卢锦珍,李婷.西部农村教师补充的模型建构与实证分析——基于补偿性工资差别理论的视角[J].教师教育研究,2015,27(06):45-51.

李强,陈宇琳,刘精明.中国城镇化"推进模式"研究[J].中国社会科学,2012,(07):82-100+204-205.

李瑞昌.中国公共政策实施中的"政策空传"现象研究[J].公共行政评论,2012,5(03):59-85+180.

李书磊.村落中的"国家":文化变迁中的乡村学校[M].杭州:浙江人民出版社,1999.

李祥云.我国财政体制变迁中的义务教育财政制度改革[M].北京:北京大学出版社,2008.

李旭光.日本学校设施改革的新动向——福岛县三春町学校设施改革事例[J].教育科学,2003,(03):51-54.

李燕.政府预算理论与实务:第2版[M].北京:中国财政经济出版社,2010.

李阳,杨东平.流动儿童义务教育经费的政府间转移支付模型[J].北京理工大学学报(社会科学版),2012,14(01):146-149.

理查德·斯科特,杰拉尔德·戴维斯.组织理论:理性、自然与开放系统的视角[M].高俊山,译.北京:中国人民大学出版社,2011.

厉以宁.关于教育产品的性质和对教育的经营[J].教育发展研究,1999,(10):9-14.

练宏.弱排名激励的社会学分析——以环保部门为例[J].中国社会科学,2016,(01):82-99+205.

廖其发.中国农村教育问题研究[M].成都:四川教育出版社,2005.

刘善槐.我国农村教师编制结构优化研究[J].教育研究,2016,37(04):81-88.

刘尚希.政府采购制度研究文集[M].北京:经济科学出版社,2000.

刘泽云.西方发达国家的义务教育财政转移支付制度[J].比较教育研究,2003,(01):35-40.

马海涛.中国分税制改革20周年:回顾与展望[G]//从争论到实践:中国分税制改革20周年论文集.北京:经济科学出版社,2014:70-92.

马基雅弗利.君主论[M].李修建,译.北京:中国社会科学出版社,2009.

孟卫青.义务教育学校奖励性绩效工资制度设计的研究[J].教育研究,2016,37(02):70-77.

宁骚.公共政策学:第二版[M].北京:高等教育出版社,2011.

上海市财政局.关于加强2012年进城务工人员随迁子女接受义务教育中央补助资金使用管理的通知[EB/OL].

石亚军,施正文.我国行政管理体制改革中的"部门利益"问题[J].中国行政管理,2011(5):7-11.

苏新龙,魏勤文.政府采购财务管理:预算编制、执行与绩效[J].财政研究,2008,(04):18-21.

苏永建.高等教育质量保障中的价值冲突与整合[J].中国高教研究,2013,(11):19-25.

孙喜亭.教育原理[M].北京:北京师范大学出版社,2003.

孙阳,杨小微,徐冬青.中国教育公平指标体系研究之探讨[J].教育研究,2013,(10):111-120.

滕玉成,于萍.公共部门人力资源管理[M].北京:中国人民大学出版社,2008.

田汉族.论学校品牌经营策略[J].教育与经济,2005,(03):27-31.

田慧生.农民工子女教育问题研究[M].北京:教育科学出版社,2010.

田雪原.城镇化还是城市化[J].人口学刊,2013,35(06):5-10.

王涤.中国流动人口子女教育调查与研究[M].北京:经济科学出版社,2005.

王国红.地方政府的政策规避与政策创新辨析[J].政治学研究,2007,(02):71-76.

王丽佳,卢乃桂.教育问责的理论基础与实践模式:英、美、澳三国的考察[J].全球教育展望,2013,(01):93-97.

王善迈.教育服务不应产业化[J].求是,2000,(01):52-53.

王善迈.教育经济学简明教程[M].北京:高等教育出版社,2000.

王曙光.中国城市化发展模式研究[D].吉林大学,2012.

王振宇.完善我国现行财政管理体制研究[M].大连:东北财经大学出版社,2008.

卫生部,教育部.农村义务教育学生营养改善计划营养健康状况监测评估工作方案(试行)[EB/OL]2012.

邬志辉,秦玉友.中国农村教育发展报告2013—2014[M].北京:北京师范大学出版社,2015.

吴宏超,刘丽玫.健全义务教育国家助学金制度的政策建议[J].教育发展研究,2013,33(18):70-75.

吴涛.我国历史上的综合中学制及对当前中等教育综合化的启示[D].辽宁师范大学,2009.

西蒙.管理行为[M].北京:北京经济学院出版社,1988.

肖远军.中小学教师绩效管理[M].浙江:浙江大学出版社,2014.

肖正德.农村教师的发展状况和保障机制研究[M].杭州:浙江大学出版社,2014.

谢丽丽.教师"逃离":农村教育的困境——从G县乡村教师考警察说起[J].教师教育研究,2016,28(04):71-76.

谢翌,马云鹏.优质学校的基本理念与文化形态[J].教育研究,2008,(08):62-66.

徐莉,王默,程换弟.全球教育向终身学习迈进的新里程——"教育2030行动框架"目标译解[J].开放教育研究,2015,6:16-25.

许俊良.县级管理体制:义务教育发展突破口[J].教育发展研究,2002,(01):50-51.

杨宝琰,万明钢.父亲受教育程度和经济资本如何影响学业成绩——基于中介效应和调节效应的分析[J].北京大学教育评论,2015,(02):127-145.

杨光.高校实行部门预算制度的困境与对策[J].财务与金融,2012,(05):34-39.

杨宏山.政策执行的路径—激励分析框架:以住房保障政策为例[J].政治学研究,2014,(01):78-92.

杨会良.当代中国教育财政发展史论纲[M].北京:人民出版社,2006.

杨小芳,贺武华.新管理主义对公共教育改革的影响及其反思[J].教育发展研究,2013,(10):73-77.

姚继军,张新平.省以下财政转移支付保障义务教育发展的绩效、问题与改进[J].教育学报,2014,10(04):82-87.

于海洪,胡颂,孙忠凯,等.西部农村教师队伍建设研究[M].成都:西南交通大学出版社,2012.

俞宪忠.是"城市化"还是"城镇"化:一个新型城市化道路的战略发展框架[J].中国人口.资源与环境,2004,(05):88-92.

袁连生.论教育的产品属性、学校的市场化运作及教育市场化[J].教育与经济,2003,(01):11-15.

袁振国.农民工子女教育问题研究[M].北京:经济科学出版社,2012.

张朝伟.改革开放以来我国农村义务教育财政体制沿革及启示[J].江苏教育学院学报(社会科学版),2011,27(05):106-109.

张东娇.中国与西方国家中小学校长职位权力的比较分析:兼论"校长负责制"与"校长管理制度"[J].比较教育研究,2005,(07):52-57.

张绘,郭菲.美国流动儿童教育管理和教育财政问题及应对措施[J].比较教育研究,

2011,33(08):20-25.

张应强,苏永建.高等教育质量保障:反思、批判与变革[J].教育研究,2014,(05):19-27.

张智敏,汪曦.农村义务教育财政新机制的实施及评析:基于湖北省4个县的调查[J].天中学刊,2010,(06):6-10.

章贡区政府.赣州市章贡区(含开发区)义务教育学校绩效工资实施方案[EB/OL].

赵德成.绩效工资如何设计才能有效激励教师——基于心理学理论的分析[J].中国教育学刊,2010,(06):32-35.

赵海利."新机制"对地区间义务教育投入差距的影响研究[J].教育发展研究,2015,33(02):61-68.

赵宏斌,惠祥凤,傅乘波.我国义务教育教师绩效工资实施的现状研究——基于对25个省77个县279所学校的调查[J].教育理论与实践,2011,(28):24-27.

赵忠平,秦玉友.谁更想离开?——机会成本与义务教育教师流动意向的实证研究[J].教育与经济,2016,(01):53-62.

中共中央、国务院.关于促进小城镇健康发展的若干意见[J].小城镇建设,2000,(07):14-17.

中共中央、国务院.中共中央关于构建社会主义和谐社会若干重大问题的决定[EB/OL]2006.

中共中央、国务院.中共中央国务院关于深化教育改革全面推进素质教育的决定[EB/OL]1999.

中共中央、国务院.中国教育改革和发展纲要[EB/OL]1993.

中共中央文献研究室.十二大以来重要文献选编(中)[M].北京:人民出版社,1986.

中共中央.中共中央关于制定国民经济和社会发展第十一个五年规划的建议[EB/OL]2005.

中共中央.中华人民共和国国民经济和社会发展第十二个五年规划纲要[EB/OL]2011.

周宏.关于当前我国农村义务教育管理体制改革的新思考[J].教育发展研究,2001,(01):56-59.

周洪宇,雷万鹏.中国教育黄皮书[M].武汉:湖北教育出版社,2013.

周加来.城市化·城镇化·农村城市化·城乡一体化——城市化概念辨析[J].中国农村经济,2001,(05):40-44.

周文叶.家长参与:概念框架与测量指标[J].外国教育研究,2015,(12):113-122.

朱华山.传统与变革的抉择:细读法国教育[M].沈阳:辽宁人民出版社,2011.

转型期中国重大教育政策案例研究课题组.缩小差距:中国教育政策的重大命题[M].北京:人民教育出版社,2005.

佐藤学,田辉.全球化时代的日本学校教育改革——危机与改革的构想[J].教育研究,2006,(01):49-53.

二、英文文献

ATKINSON A, BURGESS S, CROXSON B, et al. Evaluating the impact of performance-related pay for teachers in England [J]. Labour Economics, 2004,16(3):251-261.

AZMAT G, IRIBERRI N. The provision of relative performance feedback: an analysis of performance and satisfaction [J]. Journal of Economics & Management Strategy, 2016,25(1):77-110.

BALL S J. The teacher's soul and the terrors of performativity [J]. Journal of Education Policy, 2003,18(2):215-228.

Berne R. STIEFEL L. The measurement of equity in school finance: Conceptual, Methodological, and Empirical Dimensions [M]. Baltimore: Johns Hopkins University Press, 1984.

BREG N K. Detrimental effects of performance-related pay in the public sector? On the need for a broader theoretical perspective [J]. Public Organization Review, 2013,13(1):21-35.

CARNEIRO P, HECKMAN J J. The Evidence on Credit Constraints in Post-Secondary Schooling [J]. Economic Journal, 2002,112(482):705-734.

CUTLER T, Waine B. Rewarding better teachers? Performance related pay in schools [J]. Educational Management Administration & Leadership, 1999,27(1):55-70.

DAUN H. Educational restructuring in the context of Globalization and national policy [M]. England: Psychology Press 2002.

FARRELL C, MORRIS J. Resigned compliance: teacher attitudes towards performance-related pay in schools [J]. Educational Management Administration & Leadership, 2004,32(1):81-104.

FIGLIO D N. Teacher salaries and teacher quality [J]. Economics Letters, 1997,55(2): 267-271.

FIRESTONE W A. Merit pay and job enlargement as reforms: incentives, implementation, and teacher response [J]. Educational Evaluation and Policy Analysis, 1991,13(3):269-288.

GLENNERSTER H. Quasi-markets for education? [J]. Economic Journal, 1991, 101(408):1268-1276.

GOODSON I F, HARGREAVES A. Teachers' professional lives [M]. London: Routledge, 2002.

HANUSHEK E A. The single salary schedule and other issues of teacher pay [J]. Peabody Journal of Education, 2007,82(4):574-586.

JOHNSON S M. Merit pay for teachers: a poor prescription for reform [J]. Harvard Educational Review, 1984,54(2):175-186.

KUPER A, KUPER J. The social science encyclopedia [M]. 2nd edition. London: Routledge, 1996.

LAVY V. Using performance-based pay to improve the quality of teachers [J]. Future of Children, 2007,17(1):87-109.

MOHRMAN A M, MOHRMAN S A, ODDEN A R. Aligning teacher compensation with systemic school reform: skill-based pay and group-based performance rewards [J]. Educational Evaluation and Policy Analysis, 1996,18(1):51-71.

SACHS J. The activist professional [J]. Journal of Educational Change, 2000,1(1):77-94.

TOMLINSON H. Proposals for Performance Related Pay for Teachers in English Schools [J]. School Leadership & Management, 2000,20(3):281-298.

WALSH K. Public services and market mechanisms: competition, contracting, and the new public management [M]. London: Macmillan, 1995.